"十三五"国家重点图书出版规划项目

丛书主编　钟秉林

中国教育改革40年

农村教育

范先佐　等／著

科学出版社

北　京

内 容 简 介

农村教育是我国教育体系的重要组成部分。改革开放特别是党的十八大以来，由于党和政府高度重视农村教育，我国农村教育发生了翻天覆地的变化，呈现出蓬勃发展的新局面。

本书将研究重点放在农村教育财政体制改革、农村中小学布局调整、农村中小学教师队伍建设、流动人口子女教育、农村贫困地区的教育发展、农村小规模学校与大规模学校建设、农村学生资助等涉及我国农村教育发展的重要方面，就 40 年来党和政府在这些方面所采取的举措、取得的成效、积累的经验进行深入分析和系统总结，以概括出农村教育发展的中国模式和中国道路，并发出中国声音，从而为国际农村教育的发展贡献中国智慧。

本书可以为从事农村教育工作的管理、研究机构与个人提供学术及实践参考。

图书在版编目（CIP）数据

农村教育/范先佐等著. —北京：科学出版社，2018.12
（中国教育改革 40 年/钟秉林主编）
ISBN 978-7-03-060269-5

Ⅰ. ①农… Ⅱ. ①范… Ⅲ. ①乡村教育-研究-中国 Ⅳ. ①G725

中国版本图书馆 CIP 数据核字（2018）第 292537 号

责任编辑：杜长清 曹彦芳 / 责任校对：王晓茜
责任印制：张克忠 / 封面设计：黄华斌
编辑部电话：010-64033934
E-mail:edu_psy@mail.sciencep.com

科 学 出 版 社 出版
北京东黄城根北街 16 号
邮政编码：100717
http://www.sciencep.com

天津市新科印刷有限公司 印刷
科学出版社发行 各地新华书店经销
*
2018 年 12 月第 一 版 开本：720×1000 1/16
2018 年 12 月第一次印刷 印张：18 3/4
字数：349 000
定价：99.00 元
（如有印装质量问题，我社负责调换）

编 委 会

丛 书 序

（一）

1978 年，恢复高考后第一批学子走进大学。1978 年，党的十一届三中全会做出改革开放这一关乎当代中国命运的关键抉择。改革开放 40 年来，中国缔造了震撼世界的奇迹，解决了 13 亿多人口的温饱问题，实现了最大规模的经济和社会转型，正在实现从人口大国向人力资源强国的历史性转变。

改革开放 40 年来，中国教育事业迅速发展，成就显著。1978 年，我国小学升入初中的比例只有 60.5%，高校在校生只有 85.6 万人；2017 年，全国各级各类学校 51.38 万所，学历教育在校生 2.70 亿人，专任教师 1626.89 万人。[①] 教育普及程度不断提高，在规模上成为名副其实的教育大国。教育投入平稳增加，教育结构不断优化，教育体制改革不断深化，办学效益逐步提高，人才培养质量不断提升，服务国家、服务人民和参与国际竞争的能力显著增强。

目前，虽然我国教育在结构、质量、体制、管理等方面仍存在这样那样的问题，如人才培养质量与经济社会发展需求还有差距、教育国际竞争力还不够强等，但不可否认的是，40 年来教育改革发展取得了举世瞩目的成就，为建设教育强国和

---

① 教育部. 2017 年全国教育事业发展统计公报.（2018-07-19）[2018-12-07]. http://www.moe.edu.cn/jyb_sjzl/sjzl_fztjgb/201807/t20180719_343508.html.

人力资源强国奠定了坚实的基础。

（二）

改革开放40年来，我国教育的功能从社会本位向以人为本转变。40年前，党和国家的工作重心转向经济建设，急需提高全民素质，教育承担了重要的社会功能。40年来，教育逐渐强调以人为本，重视学生的全面健康发展。20世纪80年代以来声势浩大的素质教育热潮，21世纪以来倡导"一切为了学生的发展"的课程改革，教育部发布多道"减负令"减轻学生过重的课业负担，国家启动新一轮高考改革等，都是为了改变不科学的教育评价指挥棒，将立德树人作为教育的根本任务。进入新时代，我们期待教育为实现学生全面发展奠基，注重学生批判性思维、创新精神与实践能力的养成，致力于学生全面而有个性的发展，培养德智体美劳全面发展的社会主义事业建设者和接班人。

改革开放40年来，我国教育的战略地位从战略重点逐步上升为优先发展。40年前，教育经费严重短缺，教育发展水平比较低下。40年来，教育的战略地位稳步提升，逐步由经济发展、科技进步、人力资源开发的战略重点上升为优先发展的战略地位。国家财政性教育经费占全国教育经费投入的比例平稳增加，国家财政性教育经费占GDP的比例从2012年起实现了超过4%的既定目标，2017年为4.14%。[①] 习近平在全国教育大会上强调，"教育是国之大计、党之大计"[②]。教育的基础性、先导性、全局性地位更加凸显。党和国家高度重视职业教育，提出大力发展职业教育、加快发展现代职业教育，构建现代职业教育体系，提升国民素质；高度重视创新型人才培养，加快建设一流大学和一流学科，提升我国高等教育的综合实力和国际竞争力；高度重视教师队伍建设，提高教师政治地位、社会地位、职业地位。进入新时代，我们期待教育引领经济社会发展，致力于为实现"两个一百年"的奋斗目标，实现中华民族伟大复兴的中国梦做出新贡献。

改革开放40年来，我国教育发展的目标已经从规模扩张转向质量提升。40年前，中国教育发展的任务是"两基"攻坚：基本普及义务教育，基本扫除青壮年文盲。40年来，我国教育的普及化程度全面提高，学前三年教育加快普及，

---

① 中央政府门户网站. 国家财政性教育经费占GDP比例连续6年超4%.（2018-10-17）[2018-12-07]. http://www.gov.cn/shuju/2018/10/17/content_5331510.htm.

② 中央政府门户网站. 习近平出席全国教育大会并发表重要讲话.（2018-09-10）[2018-12-07]. http://www.gov.cn/xinwen/2018/09/10/content_5320835.htm.

毛入园率达到 79.6%；九年免费义务教育全面实施，巩固率为 93.8%；高中阶段教育基本实现普及，毛入学率为 88.3%；高等教育正在快速从大众化阶段迈向普及化阶段，毛入学率达到 45.7%；中等职业教育和高等职业教育已经成为高中阶段教育和高等教育的"半壁江山"。[①] 教育领域的主要矛盾已经突出表现为人民群众对优质教育的急迫期盼与优质教育供给不充分、不平衡的冲突，教育公平与质量问题凸显。择校、进城务工人员随迁子女受教育、大学生就业等已经成为社会广泛关注的热点问题。我国教育的发展方式正面临根本性转变，从以规模扩张和空间拓展为主要特征的外延式发展，转变为以提高质量和优化结构为核心的内涵式发展。具体表现在：学前教育要坚持抓好普及与提高保教质量并重；义务教育要兼顾提高巩固率与优质均衡发展；高中阶段教育要坚持多样化发展和特色发展；职业教育要主动适应科技进步和产业革命的需要；高等教育要加快"双一流"建设，实现内涵式发展；民办教育要严格规范和大力扶持，利用市场机制推动教育可持续发展。进入新时代，我们期待更加公平、优质、多样的教育，致力于拓展优质教育资源覆盖面，合理配置有限的优质教育资源，全面提升教育整体水平。

改革开放 40 年来，中国教育信息化发展从无到有，由弱到强。当今世界，信息技术发展日新月异，给世界带来了翻天覆地的变化。我国先后颁布了《新一代人工智能发展规划》《教育信息化 2.0 行动计划》等教育信息化发展战略，教育发展面临着前所未有的机遇与挑战：互联网、大数据、虚拟现实、人工智能等先进信息技术与教育教学深度融合，正在改变着传统的教育教学观念、教学组织形态、教学管理机制、教学方式与学习方式。知识传播方式从传统的单向传递转变为多向互动，教师的角色从知识的传播者转变为学生学习活动的设计者和指导者，学校中的师生关系正在转变为新型的学习伙伴关系。教育界对此要保持敏锐的目光，密切跟踪发展趋势，主动、理性地面对挑战；中小学校和高等学校在为信息科技革命提供人力和智力支撑的同时，要主动适应信息科技与教育融合带来的教育形态和就业市场的变革。进入新时代，我们期待构建信息革命驱动下的教育现代化新形态，同时也呼唤回归生命养成的教育，让学生学会学习，迎接充满挑战的未来社会。

改革开放 40 年来，我国教育体制机制改革逐步深化，现代教育体系和能力

---

① 教育部. 2017 年全国教育事业发展统计公报.（2018-07-19）[2018-12-07]. http://www.moe.edu.cn/jyb_sjzl/sjzl_fztjgb/201807/t20180719_343508.html.

建设取得突破。40 年前，教育领域改革的迫切任务是拨乱反正，1977 年恢复高考成为我国恢复与重建教育新秩序的开端。40 年来，我国教育体制机制改革的重心是简政放权、扩大学校办学自主权，创建现代学校制度，建立与社会主义市场经济体制相适应的教育管理体制；特别是 21 世纪以来，我国进入深化教育领域综合改革、推进教育治理体系与教育治理能力现代化的新阶段。40 年来，我国逐步完善义务教育管理体制，举办农村义务教育的责任主要由政府承担，以县为主，将农村义务教育全面纳入公共财政保障范围，建立中央和地方分项目、按比例分担的农村义务教育经费保障机制。40 年来，我国逐步探索高校招生制度改革，更加注重科学性、自主性、选择性与公平性，人才选拔的标准从知识本位转向能力本位，考试科目从零散分科走向文理融合，考试方式从单一走向多元，招生录取从效率优先转向更加注重公平，强调对弱势群体的补偿。40 年来，我国多渠道拓展经费投入，逐步引入市场机制，民办教育迅速发展，形成了从学前教育到高等教育、从学历教育到非学历教育，层次类型多样、充满生机活力的发展局面，有效增加了教育服务供给。进入新时代，我们期待建立政府主导、多元参与的中国特色现代化教育治理体系，不断深化教育领域综合改革，实现教育治理能力的现代化。

改革开放 40 年来，我国教育发展的模式从照搬模仿转向自主探索。1978 年，我国掀起了"实践是检验真理的唯一标准"的大讨论，教育也开始在照搬、模仿国外经验的基础上，探索中国特色发展道路。习近平同志在全国教育大会上的重要讲话中强调指出："在实践中，我们就教育改革发展提出一系列新理念新思想新观点，主要有以下几个方面，坚持党对教育事业的全面领导，坚持把立德树人作为根本任务，坚持优先发展教育事业，坚持社会主义办学方向，坚持扎根中国大地办教育，坚持以人民为中心发展教育，坚持深化教育改革创新，坚持把服务中华民族伟大复兴作为教育的重要使命，坚持把教师队伍建设作为基础工作。这是我们对我国教育事业规律性认识的深化，来之不易，要始终坚持并不断丰富发展。"[1] 教育发展的模式要根据各国不同的历史传统、现实国情和发展方向来进行抉择，不能走趋同的道路。进入新时代，我们期待培养具有中国灵魂、国际视野、国际理解力与参与能力的世界公民，探索教育发展的中国经验与中国方案，为教育国际化做出中国贡献。

---

① 中央政府门户网站. 习近平出席全国教育大会并发表重要讲话. (2018-09-10) [2018-12-07]. http://www. gov.cn/xinwen/2018/09/10/content_5320835.htm.

《论语·为政》有云,"四十而不惑"。回首 40 年来我国波澜壮阔的教育改革发展历程,这是中国教育史上浓墨重彩的一笔,也必将引起国际社会的广泛关注。可以预见,中国教育在国际舞台上将扮演越来越重要的角色。

2018 年教师节,党中央召开了具有历史意义的全国教育大会,习近平同志在大会上作了重要讲话。全国教育大会在新的历史起点上开启了教育事业新征程,对加快推进教育现代化、建设教育强国、办好人民满意的教育进行了总体部署,为未来我国教育改革发展指明了方向。展望新时代,就是要扎根中国大地办教育,坚持中国优良文化传统,拓展国际视野,追求质量卓越,促进教育公平,建设教育强国。

(三)

科学出版社乔宇尚编辑策划的"中国教育改革 40 年"丛书为"十三五"国家重点图书出版规划项目,聘请国内教育学界的权威专家和知名学者担任主编,丛书包括 10 卷:《学前教育》(虞永平 张斌)、《义务教育》(宋乃庆 陈婷 张辉蓉)、《高中教育》(朱益明)、《高等教育》(张应强)、《农村教育》(范先佐)、《教育信息化》(黄荣怀 王运武)、《民办教育》(周海涛)、《学校德育》(冯建军)、《高考改革》(郑若玲)、《职业教育》(石伟平 匡瑛),力图从不同层次、不同领域、多角度展示改革开放 40 年来中国教育的改革进程、发展成就、改革经验和最新进展。

《学前教育》分为三编,分别从社会事业、育人活动和学术关注的角度,对40 年来我国学前教育在办园、管理、经费投入、师资队伍、基本理念、保教环境、课程建设、质量评价和学术研究等方面的改革发展进行了客观、理性的阐述与分析。该书旨在回顾 40 年来我国学前教育改革发展的历史,揭示成就,总结经验,破解问题,概括具有中国特色的学前教育发展模式,为未来我国和国际学前教育的发展提供专业智慧。

《义务教育》在《中国义务教育发展报告》《义务教育第三方评估报告》《中国基础教育改革与发展》等系列研究成果的基础上,坚持辩证唯物主义,定量与定性相结合,点面结合,尤其注重史料、数据、典型经验案例等支撑,回眸改革开放 40 年中国义务教育发展的伟大历程,总结改革开放 40 年中国义务教育改革的成就和经验,反思存在的问题和不足,并提出对策建议,凝练改革开放 40 年义务教育改革发展的中国模式。

《高中教育》从普通高中教育发展与制度体系、教育经费投入、课程改革、教师培养与培训、现代高中学校管理、现代高中学校制度、薄弱学校改进与普及攻坚等七大方面，系统介绍了普通高中改革与发展的政策轨迹与实践成效。面对新时代中国教育现代化发展要求，分析了当前中国普及高中教育面临的新形势，提出了改革与发展的行动策略和普通高中学校改革的逻辑建构。

《高等教育》遵循两条基本思路：一是全面反映 40 年来我国高等教育改革发展的历史进程和重要成就，从学术角度系统总结我国高等教育改革发展的成果、经验及面临的问题，概括高等教育改革发展的中国模式和中国道路。二是遵循"合—分—合"的逻辑，以主题或专题形式，抓住主要方面，对我国高等教育 40 年的改革发展做出准确概述和客观评价，体现研究性和学术性。专题包括：高等教育大众化、高等教育体制改革和结构调整、高等教育质量建设、世界一流大学建设、高等教育体系建设、学位与研究生教育、高等教育法治化建设、高等教育对外开放与国际合作等。各个专题研究在坚持全面和准确概述的基础上，力求突出核心问题，体现创新性。

《农村教育》将关注的重点放在农村教育财政体制、农村中小学布局调整、农村中小学教师队伍建设、流动人口子女教育、农村贫困地区教育发展、农村小规模学校与大规模学校建设、农村学生资助等涉及我国农村教育发展的重要方面，就 40 年来党和政府在这些方面所采取的举措、取得的成效、积累的经验进行深入分析和系统总结，力图概括农村教育发展的中国模式和中国道路，发出中国声音，为国际农村教育的发展贡献中国智慧。

《教育信息化》回顾与剖析中国教育信息化改革与发展 40 年历程，将教育信息化发展历程分为计算机教学起步、计算机教育发展、基础设施建设大发展、教育信息化应用水平大力提升、特色教育信息化发展五个阶段，并展望了教育信息化未来发展趋势。该书以教育信息化领域权威性、国际性、引领性和战略性为追求目标，以推动中国教育改革和发展为根本宗旨，助力实现中国伟大的"教育梦"。

《民办教育》以民办教育 40 年发展历程为主线，以民办教育法律法规为依据，坚持改革导向、问题导向和政策导向，针对民办教育总体概况、民办教育发展数据变化、民办教育法律制度变迁、民办教育规范和管理、民办教育扶持和服务、民办学校办学体制机制、民办学校育人特色、民办教育未来展望等重要问题进行客观分析，总结改革成效，剖析突出问题，提出具体建议，努力为民办教育改革发展提供一定的理论支持和实践参考。

《学校德育》以改革开放 40 年德育发展的历史为经，以学校德育要素为纬，依照"总—分—总"的思路，全面回顾总结了改革开放 40 年德育发展的阶段、特点与经验，并从德育方针与政策、德育价值与目标、德育内容与课程、德育教学与实施、师德与德育队伍、德育理论研究与德育模式探索等方面分析了 40 年的变革及发展趋向，最后以习近平新时代中国特色社会主义思想为指导，分析新时代我国德育面临的机遇与挑战以及未来的发展。

《高考改革》在概述高考制度发展的基础上，对高考的形式、科目、内容、录取等高考制度各主要方面的发展与改革进行细致梳理，对其中一些较为突出的问题进行深入分析，并对高考制度的最新改革进行追踪与反思。研究成果既是对高考制度发展与改革的学术加工与思考，可以丰富相关理论成果，又可为高考综合改革实践提供学理支持，平稳推进改革进程。

《职业教育》总括性地描述改革开放 40 年职业教育事业发展的基本阶段、主要成就、核心特征；在此基础上分别聚焦 8 个职业教育发展中的核心问题进行深入研究，涉及理念变迁、体系建构、办学模式嬗变、专业课程改革、师资培养培训、农村职教改革、德育改革和国际化发展；最后基于对新时代背景的分析，提出中国职业教育未来发展的路径。

综上所述，丛书力图展示 1978—2018 年我国教育改革与发展的历史进程和重要成就，梳理国内学者在各专业领域的研究和探索，系统总结我国教育改革与发展的成果、经验及面临的问题。丛书旨在讲述中国教育故事，增强文化自信；总结中国经验，提高文化软实力；探寻中国教育模式，扩大中国教育国际影响力。希望丛书的出版，能够为广大读者提供参考和借鉴。

（四）

教育是梦想和希望的载体，我们都在憧憬教育的未来，构筑教育现代化的中国梦。

未来的教育，将是体现"有教无类"教育理念的公平的教育，每个公民都可以在学习型社会框架下，随时、随地、随意地学习，不断丰富和完善自己；未来的教育，将是体现"因材施教"教育理念的多样化的教育，每个公民都可以接受适合自己的教育，彰显个性和特长；未来的中国教育，将是体现"人尽其才"

教育理念的高质量的教育，每个公民都可以在学习中成长，在服务国家和社会的过程中实现自我价值。

当前，我国教育已经进入深化综合改革、加强内涵建设、优质均衡发展的新时代，现实与理想的距离在不断拉近。我们有充分的理由相信，只要认真学习贯彻落实党的十九大精神和习近平同志在全国教育大会上重要讲话的精神，坚定不移地走中国特色教育发展道路，坚持改革开放，励精图治、锐意创新、厚积薄发，中国教育一定能够取得更大的发展成就，建设教育强国和人力资源强国的战略目标一定能够早日实现。

对此，我们充满期待。

是为序。

钟秉林

2018 年 12 月 7 日

前　言

　　党的十九大确立了决胜全面建成小康社会、开启全面建设社会主义现代化国家新征程的宏伟目标，其中包括两个与农村教育有关的目标：一是强调优先发展教育，推动城乡义务教育一体化发展，高度重视农村义务教育，加快教育现代化，办好人民满意的教育；二是按照产业兴旺、生态宜居、乡风文明、治理有效、生活富裕的总体要求，实施乡村振兴战略。两大目标为新时代农村教育发展提供了重要依据。

　　农村，又称乡村，通常是指当社会生产力发展到一定阶段时所产生的相对独立的且具有特定的经济、社会和自然景观特点的地区综合体。在我国，一般来讲，农村是指县城以下的广大地区。改革开放以来，尽管我国的城镇化步伐不断加快，但仍然有超过半数的人口生活在农村，一半以上的学龄儿童也在农村。没有农村教育的发展就没有农村社会的发展，没有农村社会的复兴也就没有整个中国社会的复兴，没有农村的发展也就没有国家的发展，没有中国农村生活的现代化也就没有中国的现代化，从这个意义上说，农村教育是农村的希望。因为农村教育的发展及农民素质的提高会形成巨大的人力资源优势，所以今天广大农村的亿万名在校生，正是明天国家建设的主力军；相反，如果农村教育跟不上，不努力提高农村人口的文化素质，那么众多的农村人口就会成为发展的巨大压力。因此，中国教育必须关注农村、重视农村，从这个意义上讲，农村教育直接关系到全面建设小康社会和现代化目标的实现。

　　我国农村教育源远流长，历来就有"耕读传家"的传统。

中华文明起源于农耕社会，中华文化的根脉在农村，教育是传承文化的主要途径。历史上许多私塾、书院曾盛极一时，但都不是在大城市，而是在山野乡村。那里不但是教育子弟、培养人才的学校，而且是一个地区的文化中心，甚至是学术中心，其薪火相传、生生不息，成为中国人的精神家园。人们常说："自古寒门出俊才。"中国历史上的许多伟大人物都是来自农村的寒家子弟，他们靠勤学苦读奋斗成才。"头悬梁锥刺股"的故事，就是告诉我们：一个人要想出类拔萃，成为对社会有用的人，就必须自觉地刻苦读书。因为求知识这件事任何人都代替不了，只有通过自己努力才能学到。中国家长普遍都懂得物质上的贫穷只是暂时的，只要孩子有文化、有知识，就能改变其人生和命运，生活就会有奔头。所以家长普遍都认为读书很重要，只要孩子愿读书、会读书，自己无论砸锅卖铁都会供孩子读书。

近代以来，我国许多有识之士都认识到农村教育对启迪民智是必不可少的。中国近代民族民主主义革命开拓者、中国民主革命伟大先行者孙中山先生说："吾国虽自号文物之邦，男子教育，不及十分之六，女子教育，不及十分之三，其中有志无力者，颇不乏人，其故在何？国家教育不能普及也。"[1]著名教育家陶行知先生亲自创办了晓庄试验乡村师范（今南京晓庄学院），指出："乡村教育是立国之大本"，"人民贫，非教育莫与富之；人民愚，非教育莫与智之。"[2]早在20世纪二三十年代，晏阳初、陶行知、梁漱溟等一批有识之士就把目光投向了农村教育，他们在河北、江苏、四川等地发起农村教育运动，倡导"教育救国"。晏阳初先生提出"除文盲，作新民"，在河北推出"定县模式"，在重庆歇马镇创办中国乡村建设育才院（今西南大学中国乡村建设学院）。这些先辈为我国农村教育躬身实践、终身投入、无私奉献，成为现代农村教育事业的开拓者。

中华人民共和国成立后，党和政府大力发展各级各类教育事业，农村教育面貌焕然一新。中华人民共和国成立初期，一场轰轰烈烈的扫盲运动在全国范围内展开，堪称世界教育史上的创举。1949年全国文盲数量占总人口的80%以上，农村文盲率更是高达95%。经过几次大规模扫盲之后，我国先后有1亿多人摘掉了文盲的帽子。与此同时，农村教育伴随着国家教育的发展，全面实现了教育模式、教育内容、教育体制的变革，全民"能读书、能学习"成为新时代教育的特征。然而，1966—1976年的"文化大革命"及"读书无用论"的泛滥使整个社会倒退，其中尤以教育倒退最为突出。

改革开放以来，教育发展再次迎来了春天。农村处处办学校，县乡普遍普教、

---

[1] 中国社科院近代史研究所. 孙中山全集（第1卷）. 北京：中华书局，1982：552.

[2] 陶行知. 陶行知全集（第1卷）. 成都：四川教育出版社，2005：221.

职教、幼教、特教、成教等多种教育并存发展。学校还承担着扫盲、农民教育等任务。但由于改革开放之初国家经济建设方兴未艾，可以说当时是用最少的教育经费，兴办世界上最大规模的教育。因此当时除了国家的投入，群众集资成为办学的重要支撑。在广大的农村地区，由于对知识的渴求，对教育的向往，勤劳善良的村民捐钱捐物，筹资筹劳，重建了农村教育体系。21世纪初，由于国家西部地区"基本普及九年义务教育和基本扫除青壮年文盲"（以下简称"两基"）攻坚计划的顺利实施，我国基本扫除了西部地区青壮年文盲。从初步实现"两基"到"两基"巩固提高，从西部"两基"攻坚到高水平、高质量地普及九年义务教育（以下简称"双高普九"），中国用25年的时间，完成了发达国家100多年才完成的任务。奇迹背后，是中国共产党的坚强领导，是中国政府对人民的高度负责，是一代又一代农村教师的默默坚守与付出，是广大村民怀着的朴实信念和采取的实际行动，这些共同撑起了农村教育的脊梁，铸就了中国教育史上的丰碑。

中国经济高速发展，教育无疑是强有力的引擎。世界银行研究表明，劳动力受教育平均年限每增加1年，国民生产总值就可提高9%[①]。人们不会忘记，一大批活跃在中国制造舞台上的产业工人，正是在村小、教学点获得了最初的文化启蒙，感知了外部世界，也正是农村教育点燃了他们的梦想。从中国制造到中国创造，从人力资源大国到人力资源强国，农村教育起着至关重要的作用。

党的十八大以来，党和各级政府把教育事业摆在更加优先发展的位置，包括农村教育在内的整个教育事业发生了翻天覆地的变化，呈现出蓬勃发展的新局面。在党的十九大报告中又进一步强调要"高度重视农村义务教育"。因此，就改革开放40年来，特别是党的十八大以来，对党和政府在农村教育方面所采取的举措、取得的成效、积累的经验进行深入分析和系统总结，具有十分重要的理论意义和现实意义。

现在展示在读者面前的是中国教育学会会长钟秉林教授主持的国家"十三五"规划重点出版项目"中国教育改革40年"丛书之《农村教育》。

本书立足于新时代习近平中国特色社会主义思想，深入研究习近平教育思想精髓，从新时代教育改革发展的理论和实践出发，结合华中师范大学研究团队长期研究农村教育的优势，试图反映改革开放40年来中国农村教育主要领域改革发展的历史进程、主要成就与经验，揭示发展规律，概括出中国模式。

本书各章作者如下：范先佐（前言、第一章），郭清扬（第二章、第四章），付卫东（第三章），张河森（第五章），叶庆娜（第六章），唐斌（第七章），郭清扬、付卫东（第八章）；叶庆娜负责本书作者之间的联络和协调工作，张河

---

① 钟曜平. 致敬！乡村教师——写在第32个教师节之际. 中国教育报, 2016-09-09（01）.

森负责目录、注释、图表的技术处理，最后由范先佐修改定稿。

在本书的撰写过程中，参阅和引用了国内外许多同行、各级政府及有关行政管理部门的相关著作和文献，特此说明并表示衷心感谢。限于作者的学识与水平，书中难免存在不足之处，恳切期待读者批评指正，以便再做修改，使之更臻完善。

本书能够比较顺利地出版，是与科学出版社的努力分不开的，特别是丛书策划编辑乔宇尚女士和责任编辑杜长清女士为本书的出版做了大量的工作，付出了辛勤的劳动，在此，向她们表示深深的谢意。

范先佐

2018 年 11 月 30 日

目　录

第一章
农村教育财政体制改革

　　农村教育是我国教育体系中极为重要的组成部分。而农村教育要发展，最根本的物质保证是教育投资，换言之，要谋求农村教育的发展，则必须有充裕的经费予以保障。在我国，农村人口多，是国情之一。农村人口多，其教育规模与经费需求就大。改革开放以来，党和政府高度重视农村教育，不断加大农村教育财政体制改革和农村教育投资的力度，这使我国农村教育发生了翻天覆地的变化。因此，回顾改革开放 40 年来我国农村教育财政体制改革的历程，系统总结所取得的主要成就和经验，为未来我国农村教育财政体制改革提供指引，是我国农村教育迈向中国特色社会主义新时代的重要一步。

第一节　农村教育财政体制概述

教育财政是国家对教育经费及其他相关教育资源的管理，包括国家对教育经费及其他教育资源的筹措、分配及使用的监督等。国家通过立法、行政、司法等机关行使教育财政的职能。教育财政支出作为政府公共财政支出的重要内容之一，其分类与财政收支的分类有着密切的联系。但教育财政支出又有其本身的特性，它与政府教育体制和政府财政管理体制及各国的具体情况、历史背景密不可分，因此，它的分类角度与分类方法是不同的。

在我国，农村教育包括农村幼儿教育、义务教育、普通高中教育。其中，义务教育经费主要由政府财政承担。这是因为义务教育从其性质来看具有三个显著特点：一是强制性，二是普及性，三是采取免费的学校教育形式。其中，采取免费的学校教育形式是实施义务教育的重要支柱，是强制性和普及性的经济保障，也是维护教育公平和促进义务教育均衡发展的必然要求。正是基于这一原因，自19世纪以来，无论是否有财政能力真正实行免费的义务教育，在制度设计上越来越多的国家都把义务教育视为政府的责任，要求由政府予以保障，这已成为各国普遍的共识，这一共识在各国宪法上得到了具体的体现。当然，从世界各国普及义务教育的实践来看，绝大多数国家都经历了由收费到免费的过程。并且，随着经济的发展，免费的范围不断扩大，从免除学杂费，到供应书本，再到免除部分饮食、衣服、住宿、医疗等费用，以及提供上学交通补贴，甚至给家庭提供一定的经济补贴。义务教育的普及率随之提高，普及的年限逐步延长，水平不断提高。

不过，一个国家的教育财政体制并不是一成不变的，而是随着整个国家政治经济形势的变化，以及财政预算管理体制的变化而不断变化的。在我国，1949—1952年底，国民经济处在恢复时期。这一时期，国家没收了官僚资本，打击了投机资本，统一了全国财政收支，并逐步形成和实行中央统一财政收支，三级预算管理的体制。与这种统收统支的体制相适应，整个教育经费的管理也采取了集中统一管理的体制。1950年3月，政务院颁布《关于统一国家财政经济工作的决定》，对教育经费的预算、支出、管理做出了如下规定："中央直接管理的大中小学经费列入中央人民政府预算，由财政部掌管；各大行政区、省（市）管理的县立中学以上教育事业费，分别列入各大行政区及省（市）预算内。乡村小学、县简师①、教育馆的经费，可由县人民政府随国家公粮征收地方附加公粮解决，但地方附加公粮不得超过国家公粮的15%。各城市的小学教育经费，可征收城市附加教育事业费。"②在这一体制中，无论是城镇还是农村小学，经费无论是来自中央拨款还是来自地方的附加教育事业费或附加公粮，都是由各级政府统一筹划、统一支出。随着后来对私立学校的接管、改造，全国绝大部分学校的经费管理都纳入了这一体系。不过，为了满足当时小学教育快速发展的需要，我国也同时提出了政府统筹管理和允许群众在自愿的基础上发展民办小学的方针。另外，为了进一步扩大中小学的教育经费来源，1955年财政部、教育部又共同制定颁布了中小学收取学杂费的办法。

随着全国财政经济状况的好转，1953年以后，我国逐步进入有计划的经济建设时期，开始实行"统一领导，分级管理"的新财政管理体制。这种体制的构造，除了侧重统一领导，在收支事项上多采取"以支定收，一年一变"的做法。具体内容包括：一是根据国民经济有关指标计算出地方应组织的财政收入和按"条条"核定的应由地方管理的支出指标；二是根据核定的地方收支指标，划出地方财政收入中应留给地方使用的数额，确定应上缴中央或应补助给地方的数额；三是地方的财政支出中大多采用由中央主管部门按"条条"戴帽下达，地方无权调剂或留用，由地方统筹安排的情况很少；四是到年终，当年的地方财政收支划分作废，第二年再重新计算并确定收支指标。虽然以后不同时期在财政收支划分的具体办法上有所差异，但只不过是在中央和地方政府之间、在各系统与地方政府之间算账。与此相适应，从1957年开始，我国提出了必须大力提倡群众办学、动员社会各单位集资办学的方针，于是1958年开始下放教育事业的管理权限并规定，今后对教育事业的领导，必须改变过去以"条条"为主的管理体制，应根据中央集权和地方分权相结合的原则，加强地方对教育事业的领导和管理。例如，普通中小学、一般的中等专业学校和各级业余学校的设置与发展，无论公办还是民办都由地方政府自行决定。

然而，教育事业管理权限下放后，很多地方出现了大量挤占、挪用教育经费的现象。为了制止这一现象，1959年国务院要求各级政府的财政部门和教育部门根据"条块"结合、以"块"为主的精神，共同管好教育经费；各级政府财政部门在编制教育经费概算和核定下级教育经费预算时，应与同级教育行政部门协商拟定；省（自治区、直辖市）人民委员会对于中央下达的教育经费指标，根据教育事业计划和各项教育经费开支妥善安排后，如果认为不足或有结余时，可以进行调剂；省（自治区、直辖市）应根据中央有关部门规定的全国统一教育经费开支标准，并结合本

---

① "县简师"是指中华人民共和国成立初期一些县接管或兴办的简易师范学校的简称。
② 《中国教育年鉴》编辑部. 中国教育年鉴1949—1981. 北京：中国大百科全书出版社，1984：79.

地区的实际情况，具体制定本地区统一执行的各项教育经费标准定额。另外，原来由县市教育经费开支而下放到人民公社管理的普通中小学教育所需的经费，仍应列入县市教育经费预算内，以利于这部分事业的发展与巩固。同时中小学收取的学杂费按预算特种资金办法管理，不列入预算内，由县市教育部门掌握使用。通过上述的规定，并经过各方的努力，到1965年基本上制止了地方挪用教育经费的现象，并适当增加了中小学的经费来源。

1966年后，由于受"文化大革命"的冲击，我国的教育事业管理和发展曾处于相对混乱的状态中。1971年为改变当时教育事业管理相对混乱的局面，国家决定从1972年起，中央在安排下达国家财政预算时，把教育事业经费支出单列一款，戴帽下达，专款专用。这在一定程度上加强了国家对教育事业的管理。1974年，为扩大中小学的经费来源，促进各地区教育事业的发展，国家又提出中小学勤工俭学收入不上缴财政，并在税收上向学校给予适当照顾；对民办公助学校和民办教师，要逐步做到以国家财政补助为主；对少数民族地区和边境地区应给予一定的困难补助。

从以上分析可以看出，1949—1978年，我国的教育财政体制虽然经过多次调整和变革，但历次变革中，考虑调整中央和地方管理权限的情况多，触及和解决国家、企业与个人家庭关系的情况少；变革主要是在现有的行政系统范围内进行，基本上囿于行政机构权限职责的划分，很少跳出行政手段的框架。所以总的来说，计划经济时期我国的教育财政实行的是一种高度集中、统一计划的管理体制。

在这种高度集中、统一计划的教育财政体制下，国家在发展教育方面，为弥补财政预算内投入不足，作为一项辅助性的财政措施，始终坚持"两条腿走路"和通过多渠道筹措教育经费尤其是基础教育办学经费的方针。早在1951年11月，教育部在《关于第一次全国初等教育会议报告》中提出，小学教育经费应采取政府统筹与发动群众办学相结合的原则，在城市依靠工、矿、机关等单位办学。1952年教育部在《关于整顿和发展民办小学的指示》中提出："一方面政府应有计划地增设公立小学，同时应允许群众在自愿的基础上出钱出力有条件地发展民办小学。"[1]1958年9月19日，中共中央、国务院在发布的《中共中央 国务院关于教育工作的指示》中强调："在统一的目标下，办学的形式应该是多样的，即国家办学与厂矿、企业、农业合作社办学并举。""我们的原则是两条腿走路，不是一条腿走路。"[2]1962年教育部召开全国教育会议，明确提出小学以公办为主、民办为辅的原则，强调国家创办的全日制中小学是中小学教育的主体，同时大力提

---

[1]《中国教育年鉴》编辑部. 中国教育年鉴 1949—1981. 北京：中国大百科全书出版社，1984：88.

[2]《中国教育年鉴》编辑部. 中国教育年鉴 1949—1981. 北京：中国大百科全书出版社，1984：196.

倡民办学校。对于社办小学，1960 年财政部、教育部颁发的《财政部 教育部关于人民公社社办中小学经费补助的规定》中强调，社办小学应力求自力更生，教育经费筹措办法可以多种多样。公社可以从公益金中抽出一定比例，也可以通过向学生收取杂费、分摊工分或拨给学校一定土地组织学生劳动等方式筹措教育经费，除此之外，国家还可以给予适当的补助。但国家主要是对山区、少数民族地区、严重遭灾地区和一般经济条件差的地区由公社所办学校进行临时性或定期性补助，而且以解决教师工资、专职教师的集体福利问题为主，补助费和奖励费列入国家预算。

总之，计划经济时期我国教育财政体制的形成，主要是由当时的制度环境——经济体制和财政体制决定的。中华人民共和国成立之初，百废待兴，国家财力紧张，资金短缺，分散在社会、家庭和个人手中的资金也十分有限，客观上要求集中力量，通过政府这一主体来配置资源。这不仅对恢复与发展经济、文化、科学等各项事业有利，而且对需要投入大量人力、物力、财力的教育发展都是十分必要的。但这种集中过多、控制过死的教育财政管理体制会成为教育发展的羁绊，它不利于调动微观教育单位的积极性，会使学校失去生机和活力，难以满足广大人民群众日益增长的教育需求，这从 20 世纪 50 年代中期的教育规模上就可以看出来。20 世纪 50 年代中期，我国小学学龄儿童的入学率一直在 50%上下波动，初中招生规模为 100 万～200 万人，占同期小学毕业生的 40%，占初中学龄少年的 20%。也就是说，在 20 世纪 50 年代中期，国家每年只能为全国 50%左右的小学学龄儿童提供接受小学教育的机会，只能为全国 20%的初中学龄少年提供接受初中教育的机会，至于高等教育的规模就更小了，多数年份的招生量都维持在 10 万人左右[①]。随着经济形势的发展和教育规模的日益扩大，教育投资方式、投资内容及投资环境日趋复杂化，这种教育财政体制的弊端也日益显露。

第二节　改革开放后我国农村教育财政体制的改革与调整

改革开放后，中国的经济和教育进入了一个新的历史发展时期，党的十二大

---

① 国家教育委员会计划财务司. 中国教育成就统计资料 1980—1985. 北京：人民教育出版社，1986：25，26，226.

更是明确提出要把教育摆在优先发展的战略地位。然而发展教育需要大量的经费投入，仍实行计划经济时期的农村教育财政体制，不进行农村教育财政体制的创新，要在较短的时间内使我国农村教育得到较大的发展几乎是不可能的。因此，对计划经济时期的农村教育财政体制进行改革和调整是历史的必然。

一、改革开放后我国农村教育财政体制改革与调整的背景

一个国家的农村教育财政体制是同它的经济体制密切相关的。改革开放前，我国实行的是以公有制为主体的计划经济体制，国民收入的大部分集中在国家手中。"1952—1957年，个人可支配的收入占国内生产总值的比重长期徘徊在50%左右的低水平。在全民所有制企业，纯收入中上缴国家财政的部分达85%以上；农村集体所有制经济中，纯收入上缴国家的部分虽然不多，约占27%左右，但集体提留的部分相当大。"[①]在这种情况下，学校必然要由国家、集体来兴办，教育投资也必然主要由政府来负担，因为群众的收入无论是来自工资还是工分，都只够支配基本生活费用，根本负担不了更多的教育费用。

20世纪80年代以后，特别是党的十三大确立城市经济体制改革目标时，确定了这样的分配改革指导思想：变藏富于国为藏富于民；改原来国家对企业统收统支为中央与地方、企业共同分享共同发展，并从理论上承认了以按劳分配为主体的多种分配形式并存；职工工资增长开始同企业经济效益挂钩，建立了部分范围的职工工资增长机制。这种以改变原有的国家财政高度集中统一管理体制为特征的改革使经济利益产生了较大调整，从而使国民收入的分配格局发生了显著的变化。

变化的突出特点之一是国民收入中分配给个人的部分不断增加。1978—1995年，按当时现价计算，我国的国民生产总值由3 624亿元增加到57 277亿元，年平均增长率为17.63%。从国民生产总值的分配结果来看，国家所得由1978年的1 144.44亿元增加到1995年的5 939.69亿元，年均增长率为10.17%；个人所得由1978年的1 861.16亿元增加到1995年39 491.65亿元，年均增长率为19.69%；企业所得由1978年的618.50亿元增加到1995年11 845.96亿元，年均增长率为18.97%。个人所得增长速度明显高于国家所得增长速度，也高于同期国民生产总值的增长速度。从三大收入主体所得占国民生产总值的比重看，国家所得份额总体呈下降趋势，由1978年的31.58%下降到1995年的10.37%，下降了21.21个百分点，年均下降1.25个百分点；企业所得份额经历了一个先下降后上升的过程，从全时期来看，变化幅度也比较大，最高和最低年份相差了12.34个百

---

① 苗苏菲. 从无偿教育到有偿教育. 成都：四川教育出版社，1994：39.

分点。由于企业所得份额是按剩余法计算出来的，故其变化取决于国家所得份额和个人所得份额的变化。个人所得份额呈波动状上升趋势，由 1978 年的 51.36% 上升到 1995 年的 68.95%，上升了 17.59 个百分点，年均上升 1.03 个百分点（表 1-1）。

表 1-1　三大收入主体所得份额

指标 年份	国民生产 总值/亿元	国家所得 份额/%	个人所得 份额/%	企业所得 份额/%	国民生产总 值增长率/%	个人所得 增长率/%
1978	3 624	31.58	51.36	17.06		
1979	4 040	28.82	54.65	16.53	11.48	18.63
1980	4 518	26.3	57.84	16.03	11.83	18.35
1981	4 869	24.55	60.14	15.31	7.76	12.05
1982	5 300	23.33	61.36	15.31	8.85	11.06
1983	5 983	23.28	63.09	13.63	12.90	16.08
1984	7 174	23.32	62.74	13.94	19.91	19.24
1985	8 989	22.45	63.18	14.37	25.30	26.19
1986	10 201	18.35	63.99	17.66	13.49	14.93
1987	11 955	15.99	64.35	19.66	17.18	17.84
1988	14 922	13.72	66.28	20.00	24.83	28.57
1989	16 918	13.57	65.11	21.32	13.37	11.37
1990	18 598	13.77	65.26	20.96	9.93	10.20
1991	21 663	12.82	64.09	23.09	16.48	14.37
1992	26 652	11.95	63.36	24.69	23.03	21.64
1993	34 561	11.83	62.20	25.97	29.67	27.30
1994	46 533	10.63	65.14	24.23	34.64	41.00
1995	57 277	10.37	68.95	20.68	23.09	30.30

资料来源：根据 1978—1995 年《中国统计年鉴》有关数据整理计算

国民收入分配长期地、持续地向个人倾斜，一方面导致居民收入的急剧上升，到 1998 年 5 月底，我国城乡居民储蓄存款已近 5 万亿元，大约是改革开放初 1978 年 210.6 亿元的 237 倍。如果加上各种债券、股票等，我国城乡居民金融资产在国家整个金融资产中已占相当大的比重。另一方面，财政收入在国内生产总值和国民收入中的比重却不断下降，政府的"钱袋子"逐渐缩小。例如，财政收入占国内生产总值的比重，从 1978 年的 31.2% 下降到 1996 年的 10.9%，平均每年下降 1.1 个百分点[①]，但财政支出并没有随财政收入的降低而降低，反而平均高于财政收入增长，"七五"时期平均高出 1.1 个百分点，"八五"时期平均高出 0.9

---

① 蔡彦. 对当前我国居民收入分配格局的基本判断. 财贸经济，1997（2）：31-34.

个百分点。财政赤字"六五"时期为 80.43 亿元，"七五"时期增加到 585.07 亿元，"八五"时期猛增到 1 945.36 亿元。1996 年中央财政赤字为 610 亿元[①]，在财政收入减少、财政支出增加的情况下，国家债务负担沉重，中央财政债务依存度不断加大。年度国家债务收入从 1979 年的 35.31 亿元，猛增到 1996 年的 1 967.42 亿元，增长了 54.7 倍。1995 年，国内债务收入相当于财政收入的 27%左右，大大高于西方国家一般在 20%以内的水平。1996 年国家债务年度改造规模占国内生产总值的比重为 2.9%，接近国际警戒线。中央财政债务依存度从 1991 年的 34.5%猛增到 1996 年的 56.9%，也就是说，中央财政每花 100 元，其中大约有 57 元是借来的[②]。

国家财政收入的减少必然影响国家教育投资的数量和比例与教育供给能力。与教育供给不足形成鲜明对照的是，社会对教育的需求却存在着日益膨胀的趋向。首先，我国人口众多，且增长过快，对教育造成的需求压力巨大。20 世纪 80 年代末 90 年代初，我国人口已接近 13 亿人，即使在严格执行计划生育政策的条件下，一段时期内每年新出生人口仍将维持在 2 500 万人左右，这在全世界是绝无仅有的。新出生人口直接决定初等教育的规模，而且在一定程度上将传递给中等教育乃至高等教育，社会要满足新生人口对教育的需求，必然会引起教育需求的膨胀。其次，为了与我国经济社会发展相适应，人民群众受教育的范围不断扩大，程度也逐步提高，这也必将引起对教育需求的扩张和膨胀。最后，由于个人和家庭对教育重视程度的日益提高，个人和家庭只要条件允许就总有获得更高层次教育的冲动，总是认为所受教育程度越高越好，这就使我国教育发展面临着十分尖锐的供求矛盾。

为了缓解这一矛盾，进入 20 世纪 80 年代后，随着经济体制和教育体制改革的不断深入发展，中央对省（自治区、直辖市）实行"划分收支，分级包干"的财政预算管理体制，即按照经济管理体制规定的隶属关系，明确划分中央和地方的预算收支范围、收支分类方式，支出按隶属关系划分。与此同时，教育经费的管理相应改为由中央和地方两级财政切块安排的管理体制，即中央财政只负担中央各部门所属高等学校、中等专业学校和技工学校的经费，并对地方教育进行专项补助；地方财政只负责地方管理的高等学校和中等学校、初等学校的经费。从此，普通初等和中等教育经费的分配与管理开始交由地方负责。不过，为了保证普通教育在体制转型后的正常发展，我国在实行这一新体制的同时曾规定，"今后普通教育经费应由省、自治区、直辖市政府戴帽下达到县，专款专用，严禁挪用"[③]。也就是说，这一时期初等教育经费管理体制仍然是一种相对比较集中的管

---

① 丛明. 我国财政改革与发展的政策取向. 中国社会科学，1997（5）：69-82.

② 国家统计局. 中国统计摘要. 北京：中国统计出版社，1997：49，60.

③ 国务院. 关于普及小学教育若干问题的决定. 北京：中国财政经济出版社，1981：105.

理体制，只是集中的主体由中央下放到省（自治区、直辖市）一级政府。

随着整个经济体制改革的不断深入，为适应进一步扩大地方自主权改革的需要，1985 年，在《中共中央关于教育体制改革的决定》中进一步明确指出："基础教育管理权属于地方。""实行基础教育由地方负责，分级管理的原则"，从而极大地调动了地方各级政府，尤其是县、乡两级政府办学的积极性。1986 年，国家提出实施九年制义务教育的战略目标并颁布《中华人民共和国义务教育法》，该文件规定："义务教育是国家统一实施的所有适龄儿童、少年必须接受的教育，是国家必须予以保障的公益性事业。实施义务教育，不收学费、杂费。""义务教育经费投入实行国务院和地方各级人民政府根据职责共同负担，省、自治区、直辖市人民政府根据国务院的规定分项目、按比例分担。"尽管如此，然而相当长的时间内，我国实行的是"免收学费、收取杂费"的义务教育政策，杂费一直是义务教育经费的重要来源。如国家教育委员会（以下简称国家教委）在 1992 年 3 月 14 日颁布的《中华人民共和国义务教育法实施细则》就允许"实施义务教育的学校可收取杂费"。1999 年，全国初中教育经费中，杂费占 10.8%，其中农村占 11.4%；小学教育经费中，杂费占 9.9%，其中农村占 10.6%。除杂费外，学生家长还要负担课本资料费、文具费、住宿费、伙食费等多项费用。因此，事实上学费与杂费并不存在本质上的区别，都是个人对于义务教育经费的一种分担。20 世纪 90 年代初期，我国实行税费改革后，国家取消了对农村的各项教育收费，学杂费就成为农村中小学公用经费的唯一来源。义务教育实施"以县为主"的体制改革后，在制度安排上，农村义务教育经费由各级政府共同分担，但实际上，学杂费比例的上升导致农村学生家长的教育负担依然沉重。学杂费加重了低收入家庭的经济负担，学生因此辍学的不在少数，这显然不利于义务教育的普及，也有违教育机会均等的原则。"据有关的统计资料，1997 年因家境贫困缴不起学杂费而失学的，约占辍学总数的 30%。"[①]

为加快和保证义务教育的顺利实施，我国在继续坚持地方负责，分级管理原则的同时，又提出了义务教育经费必须实行多渠道筹措的方针，并具体规定了义务教育经费筹措与管理的基本原则和方法，即实施义务教育所需的事业费和基本建设投资，由国务院与地方各级人民政府负责筹措和负担；地方各级人民政府按照国务院规定，在城乡征收教育事业费附加，主要用于实施义务教育；义务教育所需的基本建设投资，采取地方拨款与群众捐资相结合的办法筹措和负担，其中农村中小学的校舍投资，以乡、村自筹为主；中央只负责对经济困难地区提供适当补助，等等，同时，允许中小学收取一定的学杂费。这样，经过不断的补充与

---

① 王善迈，袁连生. 建立规范的义务教育财政转移支付制度. 教育研究，2002（6）：3-8.

完善，我国逐步构建起了以国家各级财政拨款和征收用于教育的税费为主，辅之以学杂费、校产收入、社会捐资、集资和设立教育基金等多渠道筹措教育经费的农村基础教育财政体制。

二、改革开放后我国农村教育财政体制的主要特点

由计划经济时期演化而来的农村教育财政体制，经过改革开放后的不断完善与发展，大致呈现出以下几方面的特点。

（一）形成了以政府投资为主，企业单位、个人家庭和社会团体共同筹措教育经费的格局

据统计，2000 年我国用于教育的经费总额为 3 849 亿元，各渠道教育投资构成比例为：国家财政预算内教育经费拨款 2 086 亿元，占 54.19%；各级政府征收用于教育的税费 284 亿元，占 7.38%；企业办学教育经费 136 亿元，占 3.53%；校办产业、勤工俭学和社会服务收入用于教育的经费 57 亿元，占 1.48%；社会团体和公民个人办学经费 86 亿元，占 2.24%；社会捐资、集资办学经费 114 亿元，占 2.96%；学费、杂费 595 亿元，占 15.46%；其他 491 亿元，占 12.76%。由于实行多种渠道筹措教育经费的政策，国家财政预算外教育经费得到了迅速增长，2000年达到 1 763 亿元，占教育投资总额的比例为 45.81%（表 1-2）。

表 1-2　2000 年我国各渠道教育投资的构成及其比重

项目	金额/亿元	比重/%
1. 国家财政预算内教育经费拨款	2 086	54.20
2. 各级政府征收用于教育的税费	284	7.38
3. 企业办学教育经费	136	3.53
4. 校办产业、勤工俭学和社会服务收入用于教育的经费	57	1.48
5. 社会团体和公民个人办学经费	86	2.23
6. 社会捐资、集资办学经费	114	2.96
7. 学费、杂费	595	15.46
8. 其他	491	12.76
合计	3 849	100

资料来源：教育部，国家统计局，财政部. 2000 年全国教育经费执行情况统计公告. 中国教育报，2001-12-31（01）

（二）调动了地方政府、企业单位、个人家庭及其他社会团体投资办学的积极性

地方政府、企业单位、个人家庭和学校的投资决策权的扩大，使其在一定程度上能根据社会经济的发展需要，相对灵活地调整自身的教育投资方向和重点。例如，根据 1986 年颁布的《中华人民共和国义务教育法》中关于"义务教育事业，在国务院领导下，实行地方负责，分级管理"的规定，地方政府，尤其是地方基层政府是实施义务教育的主体，承担着实施义务教育 90%以上的经费。其中，城市普及义务教育的经费主要由市政府财政负担，农村普及义务教育的经费主要由县乡政府财政负担。中央政府在整个义务教育经费的筹措与分配中仅占有较低的比重或份额。国家教育发展研究中心对全国 7 省（自治区、直辖市）、26 个县进行抽样调查发现，1998 年样本县义务教育经费总支出（含预算外经费）中各级政府负担的比例是：县以上各级财政的义务教育补助专款约占 12%，县财政约占 9.8%，其余 78.2%为农村负担[①]。由此可见，县以上财政的预算内教育经费拨款主要用于非义务教育，对义务教育的支持十分有限。此外，个人及家庭不仅要负担相当部分非义务教育的费用，还要直接负担一部分义务教育费用。如 1995 年、1996 年我国普通初中生均缴纳学费 79 元和 92 元，普通小学生均缴纳学费 42 元和 50 元，分别占 1995 年与 1996 年普通中学经常性成本的 10.6%和 11%，普通小学经常性成本的 10.3%和 10.7%[②]。在农村，特别是经济贫困地区由县（乡）征收的教育费附加也基本上由个人家庭平均负担。

（三）民办学校开始成为我国教育发展中的一个重要组成部分

民办学校在西方国家和我国 20 世纪 50 年代初期之前也称作私立学校，私立学校是一个与公立学校相对应的概念。习惯上，人们把一切由政府直接举办的学校称为公立学校，把一切非政府组织举办的学校称为民办学校或私立学校。在我国，自 1952 年教育部明令"将全国私立中小学全部由政府接办，改为公办"之后，私立学校逐渐消失。在改革开放的推动下，随着计划经济体制向社会主义市场经济体制的转轨，民办学校在我国消失了 40 余年后又得到迅速发展。自 20 世纪 80 年代末成都出现第一所民办学校以来，到 2001 年，经教育部门审批的各级各类民办学校总数达到了 5.62 万所，在校生或注册在学人数的总规模为 907.41

① 王善迈. 2000 年中国教育发展报告：教育体制的变革与创新. 北京：北京师范大学出版社，2001：35.
② 国家教育委员会财务司，上海教科院智力开发研究所. 1996 年全国教育经费统计快报. 教育研究信息，1997（5）：1-5.

万人。到 2001 年底，经教育部批准或授权省级政府批准的具有颁发学历文凭资格的民办高等学校已达 89 所。社会力量举办的普通中学和职业中学分别为 4 571 所和 1 040 所，在校生分别为 232.87 万人和 37.73 万人；小学和幼儿园分别为 4 846 所和 4.45 万所，在校生和在园儿童分别为 181.84 万人和 341.93 万人①。民办学校的出现，顺应了我国社会主义市场经济发展的需要。随着市场经济的发展和广大人民群众对教育需求的日益迫切，单纯指望国家包办教育或出更多的钱来办教育实际上是有一定困难的。要改变这一现状，采取多种途径筹措教育经费，走多种形式办学的路子就成为必然。实践证明，民办教育的发展是弥补教育经费不足的有效途径。2000年全国民办学校办学经费达 85.85 亿元，为加速我国教育发展起到了积极作用。

三、改革开放后我国农村教育财政体制运行的绩效

改革开放后我国农村教育财政体制从实施的效果来看，大大消除了计划经济时期农村教育财政体制所固有的一些缺陷和弊端，对促进整个教育和社会经济的发展起到了十分重要且积极的作用。

（一）全国教育经费总量逐年增加，尤其是国家财政性教育经费和预算内教育经费增长速度加快

据教育部财务司提供的数据，2000 年全国教育经费总收入为 3 849.08 亿元（当年价格），按可比价格计算为 3 521.57 亿元，比 1995 年提高了 87.52%。整个"九五"期间，全国教育经费总收入的年平均增长速度为 13.40%，比同期国内生产总值的平均增长速度（8.3%）高出近 5.7 个百分点。1995 年，国家财政性教育经费和预算内教育经费拨款（不含城市教育费附加）分别是 1 411.50 亿元和 1 028.40 亿元，到 2000 年已分别达到了 2 344.57 亿元和 1 908.22 亿元，分别比 1995 年提高了 66.10% 和 85.55%。1995—2000 年，国家财政性教育经费和预算内教育经费拨款的年平均增长速度分别为 10.68% 和 13.16%（表 1-3）。

表 1-3　1995—2000 年全国教育经费收入（按可比价格计算）　　单位：亿元

年份	全国教育经费总收入	国家财政性教育经费	预算内教育经费拨款
1995	1 877.95	1 411.50	1 028.40
1996	2 088.96	1 543.58	1 119.03

---

① 张力，国家教育发展研究中心. 2002 年中国教育绿皮书：中国教育政策年度分析报告. 北京：教育科学出版社，2002：15.

续表

年份	全国教育经费总收入	国家财政性教育经费	预算内教育经费拨款
1997	2 234.54	1 643.90	1 198.35
1998	2 671.25	1 840.99	1 418.11
1999	3 075.34	2 100.26	1 667.36
2000	3 521.57	2 344.57	1 908.22

资料来源：根据 1997—2000 年《中国教育经费统计年鉴》历年数据整理所得

（二）农村各级各类教育均有较大发展，各级各类学校学生人数大幅度增加

2001 年已通过全国"两基"验收的县达到 2 573 个，人口覆盖率达到 85% 以上。已经通过"两基"验收的不同发展水平的地区，在努力巩固、普及验收成果的基础上，正在把提高教育质量、改善办学条件作为今后工作的重点。高中阶段教育规模逐步扩大，2001 年，高中阶段教育呈现出较快的发展速度，初中毕业生升入高中阶段教育学校的比例达到 52.9%，创造了 20 世纪 90 年代以来最高的升学率水平。其中，普通高中在校生 1 404.97 万人，高中阶段职业教育（包括职业高中、普通中专、成人中专和技工学校）在校生 1 170.34 万人[①]。此外，农村地区其他教育事业也在稳步发展。

（三）教师地位和待遇得到进一步提高，教师职业日益受到人们的羡慕和向往

新华网孙玲姿 2002 年 9 月 8 日提供的数据显示，1978 年，我国中小学教师的人均年收入为 559 元，然而到了 2001 年，这一数字已增至 10 194 元，增长了17 倍还多[②]。随着全国绝大部分省（自治区、直辖市）实行教师公费医疗同当地公务员享受同等待遇的政策，教师看病难的问题已得到进一步缓解。随着《中华人民共和国教师法》的贯彻执行，全国绝大部分省、自治区、直辖市都提高了当地教师的退休金标准，规定教龄满 30 年（女满 25 年）的农村乡（镇）及其以下教师退休金按原工资的 100% 发放。此外，国家还规定了对农村年老病残教师实行离岗退养制度。中央和各级政府逐年加大对教育经费的投入，中央又拨出教师工资专款，使拖欠教师工资这一"老大难"问题得到了解决或缓解。根据农村义务

---

① 教育部. 2001 年全国教育事业发展统计公报. 中国教育报，2002-06-14（01）.
② 孙玲姿. 地位和待遇不断提高 我国教师职业令人羡慕向往. （2002-09-08）[2018-03-23].http://news.sina.com.cn/c/2002-09-08/2042713491.html.

教育管理体制改革的要求，教师工资改由县统一发放，教师不再为工资发愁。

（四）教育的物质基础得到加强，办学条件得到一定程度的改善

到 2000 年，小学理科教学仪器设备达标率由 26.02%提高到 45.13%，教学分组实验达标率由 20.28%提高到 39.93%，图书配备达标率由 34.19%提高到 65.22%；初中理科教学仪器设备达标率由 45.38%提高到 72.74%，教学分组实验达标率由 41.66%提高到 69.65%，图书配备达标率由 41.23%提高到 75.15%；普通高中理科实验设备达标率由 51.35%提高到 65.35%，实验室建筑面积达标率由 50.06%提高到 67.6%，体育场馆面积达标率由 46.32%提高到 60.27%，图书达标率由 49%提高到 64.3%[①]。

四、改革开放后，我国农村教育财政体制存在的问题

我国教育在改革开放后所出现的巨大变化和快速发展，与改革开放后我国农村教育财政体制的改革与调整有很大关系。不过，总体来讲，我国农村教育财政体制仍是不太完善的，尤其是以市场经济体制为改革目标的方向确定后，这种体制在很多方面更是暴露出诸多的难以适应市场经济与市场经济条件下教育及教育投资自身特点和要求的问题与缺陷。

（一）政府的教育投入与其所提出的目标相比尚有较大差距

1993 年，中共中央、国务院在《中国教育改革与发展纲要》中明确提出，要"逐步提高国家财政性教育经费支出（包括：各级财政对教育的拨款、城乡教育费附加，企业用于举办中小学的经费，校办产业减免税部分）占国民生产总值的比例"，在 20 世纪末达到 4%。"要提高各级财政支出中教育经费所占的比例。"但从实际情况来看，国家财政性教育经费支出占国民生产总值的比例在 1990—1995 年总体呈现下降的趋势，由 1990 年的 3.04%降至 1995 年的 2.45%，1996 年回升到 2.47%（表 1-4）。在接下来的 5 年里，这一比例逐年上升，到 2000 年达到了 2.91%，2001 年达到了 3.19%，达到中华人民共和国成立以来的最高水平。从 1998 年开始，连续 5 年我国政府每年在中央本级财政支出中，为教育经费支出增加 1 个百分点。这说明"九五"以来，国家财政对教育的倾斜力度逐年加大。但以绝对数值来看，距离《中国教育改革与发展纲要》提出的 4%的目标尚有较大

---

① 范先佐. 教育经济学新编（第四版）. 北京：人民教育出版社，2015：281.

差距,低于当时世界的平均水平,也低于低收入国家和中等收入国家的平均水平①。此外,从预算内教育经费支出占财政支出的比例来看,"九五"以来却一直处于下降的趋势,从 1996 年的 16.28%下降到 2000 年的 13.80%,下降幅度较大,而且从 1999 年开始已低于 15%,这说明在政府财政支出这块大蛋糕中,分给教育的比例变小了。

表 1-4   1990—1996 年我国教育经费投入与经济发展比例关系   单位:%

年份	国家财政性教育经费支出占国民生产总值比例	财政收入年增长速度(扣除债务收入)	预算内教育经费拨款年增长速度	预算内教育经费支出占财政支出比例(新统计口径)	预算内教育经费支出占财政支出比例(旧统计口径)
1990	3.04	10.21	7.15	3.30	12.34
1991	2.85	7.18	7.88	13.52	12.05
1992	2.73	10.60	16.97	14.30	12.25
1993	2.52	24.84	19.84	13.67	12.19
1994	2.62	19.98	37.18	16.07	14.04
1995	2.45	19.34	16.34	16.05	13.39
1996	2.47	18.68	17.85	16.28	13.14

资料来源:根据 1990—1996 年《中国教育经费统计年鉴》历年数据整理所得

(二)教育经费总量不足,导致中小学乱收费现象屡禁不止

20 世纪 90 年代后期,我国教育经费总量大幅度增加,2000 年达到 3 849 亿元。但是相对于教育事业的快速发展,教育经费短缺的状况仍然没有得到缓解,甚至在部分地区有所加剧,教育经费总量缺口巨大。教育经费增长缓慢,导致办学经费短缺,而办学经费短缺又致使一些学校向学生乱收费。20 世纪 90 年代,我国中小学乱收费现象之所以屡禁不止,问题异常突出,其中最主要的原因是,政府没有给学校提供必要的办学经费,如果不乱收费,很多学校就无法维持正常的运行。"在基本办学经费没有保证,教师工资无法发放的学校不乱收费反而是不正常的。农村中小学乱收费很大程度上是政府没有承担教育财政责任的表现,是政府逼使或默认的结果。当然,确实也有学校利用资金不足浑水摸鱼、搭车收费的问题,还有不少学校在择校费、借读费、赞助费等项目上乱开口子乱收费,这属于政府管理不到位的问题。"②

---

① 根据世界银行《2000/2001 发展报告》中国财政经济出版社 2001 年版提供的数据,1997 年全世界公共教育经费支出占国民生产总值比重的平均值为 4.8%,低收入国家平均值为 3.3%,中等收入国家为 4.8%,高收入国家为 5.4%,中国被列入中下等收入国家,而当年公共教育经费占国民生产总值的比重为 2.55%。

② 王善迈,袁连生.2001 年中国教育发展报告:90 年代后半期的教育财政与教育财政体制. 北京:北京师范大学出版社,2002:17.

（三）教育经费短缺状况没有缓解，更加剧了经费短缺的矛盾

自 1990 年以来，经费短缺状况没有根本缓解，更加剧了教育经费尤其是公用经费短缺的矛盾。如 2000 年，全国普通小学、普通初中、普通高中、职业中学和普通高等学校的生均教育事业费比上年均有不同程度的增长，增幅分别为 18.52%、6.28%、3.6%、12.07% 和 1.5%；但是生均预算内公用经费支出，除普通小学增加 4.09% 外，其余 4 类学校却比上年分别下降了 3.75%、6.66%、5.98% 和 1.39%[①]，这说明在学生规模扩展过程中，预算内公用经费并没有足够配套。教育需求的巨大压力、教育规模快速扩展与公共教育经费投入不足，已经形成比较突出的矛盾。此外，由于我国地区发展很不平衡，不少地区限于财政能力，财政性教育经费仍然存在着较大缺口，增长速度较慢，成为长期以来制约教育发展的瓶颈之一。一些省（自治区、直辖市）连续几年没有达到 1995 年颁布的《中华人民共和国教育法》规定的教育投入增长要求，有些省（自治区、直辖市）预算内教育经费支出占财政支出比例还有不同程度地下降，其中，西部省（自治区、直辖市）占了多数。由于历史原因，西部地区教育存量资源长期短缺，少数增量资源既难以弥补以前的欠账，又不能满足近期教育发展的迫切需要，在这种情况下，自 20 世纪 90 年代以来，拖欠教师工资等问题就开始出现并日趋突出。1998 年 4 月至 2000 年 4 月，全国拖欠教师工资累计达 127 亿元，全国 2 300 个县中，有 1/3 的县存在不同程度的拖欠问题[②]。

（四）中央政府宏观调控能力减弱，致使地区间教育投入增长差距大于经济增长差距

我国历史上形成的城乡经济发展水平差异与改革开放以来所实行的区域经济倾斜政策，致使东部与西部，南部与北部经济发展水平、发展层次及与此相适应的财政收支状况，出现日益扩大的差距。经济发展的不平衡必然导致当地政府、企业单位和个人家庭的教育投入能力差异。正因为如此，我国城乡、经济发达地区和落后地区教育投入差异已明显地显现出来。"八五"以来，财政进一步逐级包干，各级财政特别是中央财政宏观调控能力减弱，致使地区间教育投入增长差距大于经济增长差距，打破了原来地区间教育投入增长差距小于经济增长差距的格局。1990 年，我国东、中、西部地区人均教育经费支出比例为

---

① 教育部，国家统计局，财政部. 2000 年全国教育经费执行情况统计公告. 中国教育报，2001-12-31（01）.
② 蒋鸣和. 中国农村义务教育投资：基本格局和政策讨论//袁振国. 中国教育政策评论（2001）. 北京：教育科学出版社，2001：56.

1：0.80：0.71，小于东、中、西部农村人均纯收入比例 1：0.67：0.57，到 1995 年，东、中、西部地区人均教育经费支出比例扩大为 1：0.62：0.54，基本上已与东、中、西部地区农村人均纯收入比例 1：0.61：0.57 接近①。到 2000 年，东部地区人均教育经费为 362.72 元，西部地区则为 195.08 元，仅为东部地区的 53.78%②，这种地区间教育投入水平差距的扩大，给中西部地区教育的发展和劳动力素质的提高带来了新的难度。例如，北京、上海在 20 世纪末就已经普及高中阶段教育，而贵州初中毛入学率在 52%左右。以上仅是就数量来看，而从质量上看，西部地区教育质量更是显著低于东部地区。

第三节　21 世纪以来我国农村教育财政体制改革的新特点

长期以来，我国农村教育财政体制一直是低重心、分散型的，在承认和接受各种差别的前提下，实行分级管理。如 1949 年至改革开放初，我国中小学一直坚持的是"两条腿走路"的办学方针，即在强调政府通过财政预算内拨款直接开办中小学的同时，大力提倡城市企业和农村社队开办中小学。改革开放后的 1985 年，中央基于当时以"放权让利"为主调的经济体制改革所形成的制度环境，更是将义务教育财政管理和筹资责任转嫁给地方政府，为弥补地方政府义务教育财政经费投入不足，在具体制度安排中又引入了多元化的筹资机制。

如果说早期我国教育确实存在"穷国办大教育"的问题，把教育的部分筹资责任转嫁给社会负担是不得已而为之，那么随着我国经济和财政收入多年持续地高速增长，政府再以财政困难为由，继续推卸办教育的责任则会受到社会的广泛质疑。一些地方政府无节制地将义务教育筹资责任转嫁给农民，导致农民负担过重，因此，迫切需要对我国农村教育财政体制进行改革和调整。

---

① 蒋鸣和. 中国教育经费投入的"八五"回顾与"九五"展望. 中小学管理，1997（1）：18-21.
② 张贡生. 东西部地区经济增长的实证因素对比分析. 兰州商学院学报，2002，18（2）：36-46.

一、"以县为主"的农村义务教育财政体制得以确立

迫于人们对教育财政公平的强烈诉求，加之政府发展观的转变和构建和谐社会的战略目标提出，2001 年，中央在农村税费改革中取消了面向农民的教育集资和教育附加，对农村义务教育财政体制进行了重大调整，其具体的制度安排，在 2001 年颁布的《国务院关于基础教育改革与发展的决定》和随后国务院办公厅发出的《国务院办公厅关于完善农村义务教育管理体制的通知》中做出了具体的规定。两文件要求：农村义务教育实行"国务院领导下，由地方政府负责、分级管理、以县为主"的体制。县级人民政府对农村义务教育负有主要责任，省、地（市）、乡等地方各级人民政府承担相应责任，中央政府给予必要的支持，自此"以县为主"的农村义务教育财政体制得以确立。

（一）"以县为主"的农村义务教育财政体制对各级政府责任的划分

按照《国务院关于基础教育改革与发展的决定》和《国务院办公厅关于完善农村义务教育管理体制的通知》的规定：省级人民政府负责统筹制订本省、自治区、直辖市农村义务教育发展规划；根据国家中小学教职工编制标准，制定具体实施办法，核批各县（市、区、旗，以下统称县）农村中小学教职工编制；逐县核实财力水平，统筹安排财力，对财力不足、发放财政供养人员工资确实有困难的县，通过调整财政体制和财政支出结构、增加省级财政转移支付资金、合理安排中央财政转移支付资金等办法，帮助并督促县级人民政府确保农村中小学教职工工资按时足额发放；核定本地区农村中小学公用经费的标准和定额，确定农村中小学收费项目和标准；增加危房改造专项资金投入，建立消除农村中小学危房的工作机制；组织实施教育对口支援工作，推动建立助学制度；加强对下级政府教育工作的督导检查，组织开展督导评估工作。

地市级人民政府负责制订本地区农村义务教育发展规划，组织协调农村义务教育发展；根据国家中小学教职工编制标准和省级人民政府的实施办法，审核上报本地区各县农村中小学教职工编制；根据省级人民政府的要求，对财力不足、发放财政供养人员工资确实有困难的县，给予财政支付，对农村中小学危房改造给予补助；组织实施助学活动；加强教育督导检查。

县级人民政府负责制订本地区农村义务教育发展规划，组织实施农村义务教育；从实际出发，因地制宜，逐步调整农村中小学布局；根据国家中小学教职工编制标准和省级人民政府的实施办法，提出农村中小学教职工编制方案，并根据省级人民政府核批的农村中小学教职工编制，核定学校的教职工编制；负责农村

中小学校长、教职工的管理；调整本级财政支出结构，增加教育经费预算，合理安排使用上级转移支付资金，确保按时足额统一发放教职工工资；统筹安排农村中小学公用经费，安排使用校舍建设和危房改造资金，组织实施农村中小学危房改造和校舍建设，改善办学条件；指导农村中小学的教育教学工作；维护学校的治安、安全和正常教学秩序；开展助学活动；对乡镇人民政府有关教育工作和农村中小学进行督导评估。

乡（镇）人民政府负责组织适龄儿童少年入学，严格控制义务教育阶段学生辍学；维护学校的治安、安全和正常教学秩序，治理校园周边环境；按有关规定划拨新建、扩建校舍所必需的土地。经济条件较好的乡（镇）要积极筹措经费，改善农村中小学办学条件，支持农村义务教育发展。

（二）"以县为主"的农村义务教育财政体制经费保障责任的划分

在划分地方政府间义务教育事权责任的基础上，《国务院关于基础教育改革与发展的决定》和《国务院办公厅关于完善农村义务教育管理体制的通知》又对义务教育的支出和筹资保障责任在政府间如何分担做出了初步规定，其要点有以下几个方面。

1. 农村中小学教职工工资支出及筹资责任保障

县级人民政府按照省级人民政府核定的教职工编制和国家统一规定的工资项目与标准，结合本级财力和上级给予的转移支付资金，将农村中小学教职工工资全额纳入本级财政预算，通过银行按时足额地直接拨到在银行开设的教职工个人工资账户中，保证教职工工资按时足额发放。同时，按照《中华人民共和国教师法》的规定，保证教师工资不低于当地公务员的平均水平。安排使用上级的工资性转移支付资金、农村税费改革转移支付资金和一般性转移支付资金，首先要用于保证农村中小学教职工工资。

在合理确定农村中小学教职工编制的基础上，省级人民政府要统筹安排解决财力困难县的农村中小学教职工工资的发放问题，并实行省长（主席、市长）负责制。通过调整财政体制和财政支出结构，逐县核实财力并建立确保农村中小学教职工工资发放的运行机制。根据各县财力状况和保障力度，增加工资性转移支付资金。安排使用中央下达的一般性转移支付和工资性转移支付，省级、地（市）级不留用，全部补助到县，对所属各县不能平均分配，主要补助财力困难而自身保障力度大的县用于工资发放，并在年初将转移支付资金指标下达到县。财力较好的地（市）级人民政府也要安排相应的工资性转移支付资金。通过上述资金统筹安排，确保国家统一规定的农村中小学教职工工资按时足额发放,不再发生新的拖欠。县级人民政府负责清理历年拖欠的农村中小学教职工工资,并制订计划,限期补发。

2. 农村中小学公用经费支出及筹资责任保障

县级人民政府要按照省级人民政府核定的农村中小学公用经费标准和定额,统筹安排,予以保证。经济和财力较好的县,标准和定额可以适当提高。农村中小学公用经费资金来源除学校按规定向学生收取的杂费外,其余部分由县、乡两级人民政府预算安排。农村中小学按省级人民政府规定向学生收取的杂费,全部用于公用经费开支,不得用于教职工工资、津贴、福利、基建等开支,不得用于平衡财政预算,不得从中提取任何性质的调节基金;国家扶贫开发工作重点县的农村中小学按国家有关规定实行"一费制"①,并严格按标准收取,不得超标。对实行"一费制"后形成的农村中小学公用经费缺口,应按照省级人民政府核定的农村中小学公用经费标准和定额,在上级人民政府的转移支付资金中安排。

3. 农村中小学危房改造和学校建设经费投入保障

各地要建立定期的危房勘查、鉴定工作制度和危房改造经费保障机制。县级人民政府要将新增危房的改造列入本级事业发展重点,多渠道筹措经费,确保及时消除新增危房。省级、地(市)级和财力较好的县级人民政府要设立农村中小学危房改造专项资金,中央政府通过专项补助重点扶持困难地区的农村中小学危房改造。实行农村税费改革试点的地区,可以通过村民自愿提供劳务等方式,支持农村中小学校舍的维护和修缮。农村中小学进一步发展所需的校舍建设项目,由县级人民政府列入基础设施建设统一规划,经省级人民政府审批后,由省、地(市)、县级人民政府多渠道筹措建设资金。农村中小学购置教学仪器设备和图书资料所需经费,由县级人民政府安排。中央和省级人民政府设立的专项资金,今后将继续扶持贫困地区、少数民族地区的农村中小学学校建设,改善办学条件。县级人民政府要采取有效措施,清理核实农村中小学普及九年义务教育过程中的欠债,摸清债务来源和使用情况,并尽力偿还。

---

① "一费制"是对义务教育收费方法的规范,是指每学期开学后,在严格核定杂费、课本费和作业本费标准的基础上,一次性向学生收取每学期的杂费(国家允许含部分信息技术教育费和取暖费)、课本费、作业本费等三项费用的合计总额。借读费、住宿费、初中升学考试费、学生自愿选择的服务性收费仍按省物价局、省财政厅、省教育厅的有关规定执行,不包括在"一费制"标准内。

（三）"以县为主"的农村义务教育财政体制的特点

与"以乡镇为主"的农村义务教育财政体制相比，税费改革后，"以县为主"的义务教育财政体制呈现以下几个方面特点。

1. 在义务教育财政管理体制上，由原来高度分散转变为适度集中

在原先高度分散的管理体制下，农村中小学名义上实行的是县乡两级管理，实际上主要是乡镇在管理。就筹资责任而言，公办教师的工资由乡镇财政预算安排；对于其他方面的筹资，初中由乡镇负责筹措，小学由村负责筹措，县级以上政府给予少量专项补助。在"以县为主"的体制下，义务教育事权和筹资责任上收到县，省级和地市级政府尤其是省负责制定中小学教育支出的标准，并负有辖区范围内义务教育统筹和平衡的责任，乡镇政府主要责任是为学校发展提供土地支持和维护学校的安全，村基本上不再承担义务教育的筹资和管理责任。调整后的农村义务教育财政体制，至少在义务教育管理和经费筹措的政府级次上，对农村义务教育给予了和城市相同的待遇。

2. 在义务教育筹资模式上，突出了政府对义务教育的投资责任

在原先高度分散的管理体制下，义务教育尤其是农村义务教育经费采取了多元的筹资模式，即公办教师的工资部分由乡镇财政预算安排，部分靠收费，公用经费主要靠收费，民办教师工资和学校维修与新建主要靠农民的教育集资和附加，县级以上政府给予少量补助。税费改革后取消了面向农民的教育集资和教育附加，为规范对学生的收费行为，在贫困县实行了"一费制"，将原来义务教育财政筹资模式由多元变为以政府为主，强化了政府义务教育财政筹资责任，基本终结了过去长期依靠农民投入办农村教育的格局。

3. 着眼于摆脱税费改革后义务教育财政困难，带有明显的过渡色彩

税费改革后的农村义务教育财政体制调整主要是基于乡镇财政困难，以及由此引发的农村中小学教师工资普遍拖欠、学校运转失灵问题。决策者试图通过筹资责任上移，即通过实行"以县为主"的义务教育财政体制，确保税费改革后的农村中小学教职工工资按国家统一规定的项目和标准按时足额发放；确保农村中小学公用经费维持学校正常运转，特别地要包括教师正常培训费用和新技术手段应用后的维持与运转费用；确保师生安全，保障学校危房改造所需的专项资金；也就是所谓的"三保"。

4. 县级政府义务教育的管理责任较为具体明确，但中央、省和地市级政府的管理责任不太清晰

"以县为主"的义务教育财政体制初步在各级政府间划分了义务教育事权、支出和筹资责任，但义务教育管理和筹资是实的，县以上的中央、省和地市级政府的责任却不太清晰。表面上看，国务院 2001 年颁布的《国务院关于基础教育改革与发展的决定》和随后发出的《国务院办公厅关于完善农村义务教育管理体制的通知》，就义务教育的事权、支出和筹资责任在中央和省、地市、县和乡镇四级政府间进行划分，但从相关规定来看，县一级政府，无论是义务教育的管理责任还是支出和筹资责任都是具体的、明确的，且具有硬性约束，而中央、省和地市都只是做了一些原则性规定，在落实中操作性较差。这充分体现了义务教育事权、支出和筹资责任"以县为主"的特征。

二、农村义务教育经费保障机制得以建立

随着我国经济实力的不断增强，广大人民群众对实施免费义务教育的呼声也日益高涨。为了巩固义务教育普及成果，促进义务教育均衡发展，保障教育公平，基于"以县为主"的义务教育财政体制在其运行过程中出现的问题，2005 年 12 月，国务院发布了《国务院关于深化农村义务教育经费保障机制改革的通知》，对"以县为主"的义务教育财政体制进行了进一步调整和完善。该通知要求按照"明确各级责任、中央地方共担、加大财政投入、提高保障水平、分步组织实施"的基本原则，将农村义务教育全面纳入公共财政保障范围，建立中央和地方分项目、按比例分担的农村义务教育经费保障机制，具体内容包括以下几个方面。

1）从 2006 年开始，全部免除西部地区农村义务教育阶段学生学杂费，2007 年扩大到中部和东部地区；对贫困家庭学生免费提供教科书并补助寄宿生生活费。免学杂费资金由中央和地方按比例分担，贫困家庭学生免费提供教科书的资金，中西部地区由中央全额承担，补助寄宿生生活费资金由地方承担。

2）提高农村义务教育阶段中小学公用经费保障水平。

3）建立农村义务教育阶段中小学校舍维修改造长效机制，校舍维修改造所需资金，中西部地区由中央和地方共同承担，东部地区主要由地方承担，中央适当给予奖励性支持。

4）巩固和完善农村中小学教师工作保障机制。

同时，该通知就如何落实这些经费确定了中央和地方具体分担的比例：①对免学杂费和提高公用经费水平，中央与地方的分担比例，西部地区为 8∶2，中部

地区为 6 : 4，东部地区除直辖市外，按照财力状况分省确定；②对校舍维修改造资金，中央与地方的分担比例，中西部地区为 5 : 5，东部地区主要由地方承担，中央给予适当奖励性支持；③对贫困学生提供免费教科书资金，中西部地区由中央全额承担，东部地区由地方自行承担；对贫困寄宿学生的生活费补助，由地方政府承担。

各地也根据《国务院关于深化农村义务教育经费保障机制改革的通知》的精神，分项目、按比例划分了各级政府承担义务教育经费的比例。如 2006 年 7 月 24 日，湖北省人民政府颁布了《湖北省人民政府关于实施农村义务教育经费保障机制改革的通知》，在以下几方面做了明确规定。

1）全面免除农村义务教育阶段学生学杂费，对贫困家庭学生免费提供教科书并补助寄宿生生活费。①按照省政府确定的"一费制"标准，免除农村义务教育阶段学生学杂费，所需资金由中央和地方按比例分担，其中，恩施土家族苗族自治州（以下简称恩施州）所属县（市）为 8 : 2，其他县（市）及带农村市辖区为 6 : 4；②对贫困家庭学生免费提供教科书资金由中央全额负担；③对寄宿生中的贫困学生生活费补助由县（市、区）承担，补助标准及方式由县（市、区）人民政府确定。

2）提高农村义务教育阶段公用经费保障水平。所需资金由中央和地方按比例承担，其中，恩施州所属县市为 8 : 2，其他县（市）及带农村的市辖区为 6 : 4；29 个贫困县（市）属地方负担的公用经费全部由省级财政负担；其他县（市）属地方负担的公用经费按省与县（市）5 : 5 的比例分担；带农村的市辖区属地方负担的公用经费按省、市、区 2 : 5 : 3 的比例分担。

3）建立农村义务教育阶段中小学校舍维修改造长效机制。根据农村义务教育阶段中小学在校生人数和校舍生均面积、使用年限、单位造价等因素，测定每年校舍维修改造所需资金，由中央和地方按照 5 : 5 比例共同承担；29 个贫困县（市）不足部分全部由省级财政负担；其他县市不足部分按省与县（市）5 : 5 的比例分担；带农村的市辖区不足的部分按省、市、区 2 : 5 : 3 的比例分担。

4）巩固和完善农村中小学教师工资保障机制。各地在编制财政预算时，对教师工资必须足额安排，不得留"缺口"。省人民政府进一步加大对财力薄弱地区的转移支付力度，确保农村中小学教师工资按国家标准按时足额发放。教师各项政策性津贴、补贴不得低于当地公务员水平。

2007 年 11 月 26 日，财政部、教育部又发布了《财政部 教育部关于调整完善农村义务教育经费保障机制改革有关政策的通知》，并陆续采取了许多具体措施，对农村义务教育经费保障机制做了进一步的调整和完善，取得了良好成效。

1）进一步落实农村义务教育阶段家庭经济困难寄宿生的生活费补助政策。对中西部地区，从 2007 年秋季学期起，小学生每生每天补助 2 元，初中生每生每天补助 3 元，学生每年在校天数均按 250 天计算。享受寄宿生生活费补助的家庭经济困难学生的比例，由省级财政、教育部门根据当地实际情况确定。中央财政对中西部地区落实基本标准所需资金按照 50% 的比例给予奖励性补助。中西部地区地方财政应承担的 50% 部分，由省级财政统筹落实。中西部地区可在中央确定的基本标准的基础上，根据实际情况调高标准。调高标准所需资金，由地方财政负责解决。目前中西部地区家庭经济困难寄宿生补助标准已经达到小学每年 1 000 元，初中每年 1 250 元；困难学生比例由各地根据实际情况确定，中央与地方财政按 5：5 的比例分担经费。

2）向全国农村义务教育阶段学生免费提供教科书，提高中央财政免费教科书补助标准，推进教科书循环使用工作。从 2007 年秋季学期开始，向全国农村义务教育阶段学生免费提供国家课程的教科书，所需资金由中央财政承担。从 2008 年春季学期开始，免费提供地方课程的教科书，所需资金由地方财政承担。此外，还将中小学生字典纳入免费教科书保障范围。

3）提高中西部地区部分省（自治区、直辖市）农村义务教育阶段中小学的生均公用经费基本标准，提前落实基准定额。从 2007 年开始，对中西部地区农村义务教育阶段中小学的生均公用经费基本标准，小学低于 150 元或初中低于 250 元的省（自治区、直辖市），分别提高到 150 元和 250 元（其县镇标准相应达到 180 元和 280 元）。2008 年，中央出台农村义务教育阶段中小学公用经费基准定额，分两年将基准定额落实到位，2008 年和 2009 年，每年落实公用经费基本标准与基准定额差额的 50%。至 2016 年，经过 6 次较大幅度提高标准，义务教育阶段生均公用经费基准定额达到：中西部地区普通小学每生每年 600 元、普通初中每生每年 800 元；东部地区普通小学每生每年 650 元、普通初中每生每年 850 元[1]。同时，对寄宿制学校适当提高了补助标准，并要求地方在分配资金时向寄宿制学校、规模较小学校和教学点等薄弱学校倾斜，并从 2010 年起，执行"对不足 100 人的农村小学教学点按 100 人核定公用经费"的政策[2]。

4）适当提高中西部地区农村义务教育阶段中小学校舍维修改造测算单价标准。从 2007 年起，提高中西部地区农村义务教育阶段中小学校舍维修改造的测算单价标准，中部地区每平方米由 300 元提高到 400 元，西部地区每平方米由 400 元提高到 500 元。在此基础上，对校舍维修改造成本较高的高寒等地区，进一步提高测算单价标准。在校舍安全工程结束后，中央财政将校舍安全工程支持内容

---

① 刘延东.打赢全面改善薄弱学校基本办学条件攻坚战. 中国社会科学报，2016-09-23（01）.
② 姚晓丹. 教育带来的是希望. 光明日报，2018-11-04（04）.

并入农村中小学校舍维修改造长效机制，学校校舍维修改造单位面积补助标准已经提高到中部地区每平方米 600 元，西部地区每平方米 700 元，对校舍维修改造成本较高的高寒等地区也进一步提高了单位面积补助标准[①]。2015 年，中央财政继续完善城乡义务教育经费保障机制有关政策，进一步提高农村中小学校舍维修改造单位面积补助标准。中部地区每平方米由 600 元提高到 800 元，西部地区每平方米由 700 元提高到 900 元，并继续对东部地区采取"以奖代补"方式给予支持[②]。

总之，农村义务教育新机制及免费义务教育制度的实施，是我国义务教育发展中具有里程碑意义的重要决策，它使义务教育回归到本来面目，并在很大程度上减轻了弱势家庭的义务教育负担，这为义务教育的均衡发展和教育公平奠定了良好的基础。教育部、财政部和国家统计局 2017 年 10 月 10 日联合公布的《教育部 国家统计局 财政部关于 2016 年全国教育经费执行情况统计公告》显示，2016 年国家财政性教育经费为 31 396.25 亿元，首次超过 3 万亿元，较 2015 年增长 7.44%；占国内生产总值比例为 4.22%，连续 5 年保持在 4%以上。2016 年财政性教育经费呈现三个"一半以上"的特点：一半以上经费投入义务教育，占资金总额的 52.85%；一半以上经费用于中西部，达到 1.71 万亿元，占全国地方的 59%，进一步向中西部倾斜；一半以上经费用于教师工资和学生资助，占总经费的 61%，呈现从投资"物"转向投资"人"的趋势[③]。《国务院关于深化农村义务教育经费保障机制改革的通知》免除了义务教育阶段学生的学杂费和免费提供教科书，对贫困寄宿生还提供生活补助，使免费义务教育由理想变为了现实，缩小了城乡义务教育发展的差距，促进了城乡义务教育的均衡发展和教育公平。这种分区域、分步实施的稳健方式十分值得肯定，值得一提的是，该通知在整个实施过程中遵循的是先农村后城市的原则，这体现了义务教育均衡发展和教育公平政策的价值取向。

三、教育基本公共服务均等化得以大力推进

基本公共服务均等化是指一国范围内全体居民应当享有水平大致相当的基本公共服务。教育服务是政府提供公共服务的重要组成部分，提供均等化的教育服务是公共财政的基本职能，是公共财政公共性的重要表现，也是公共财政改革与发展的基本目标之一。党的十六届六中全会首次提出"以发展社会事业和解决民

---

① 李忠峰. 中央财政多举措力促义务教育均衡发展. 中国财经报，2014-08-16（03）.
② 人民网. 中央财政下拨 2015 年城乡义务教育补助经费 1 305.8 亿元.（2015-04-29）[2018-03-27]. http://politics. people.com.cn/n/2015/0429/c1001-26922732.html.
③ 教育部，财政部，国家统计局. 2016 年全国教育经费执行情况统计公告. 中国教育报，2017-10-26（007）.

生问题为重点，优化公共资源配置，注重向农村、基层和欠发达地区倾斜，逐步形成惠及全民的基本公共服务体系"，"实现基本服务均等化"。党的十七大要求"加快推进以改善民生为重点的社会建设"，扩大公共服务，让人们共同享有社会发展成果。党的十八大以来，以习近平同志为核心的党中央更加重视基本公共服务的均等化。党的十八届三中全会强调，要"紧紧围绕更好保障和改善民生、促进社会公平正义深化社会体制改革，改革收入分配制度，促进共同富裕，推进社会领域制度创新，推进基本公共服务均等化"[1]。党的十九大再次强调，"坚持在发展中保障和改善民生。增进民生福祉是发展的根本目的"，要"推动城乡义务教育一体化发展，高度重视农村义务教育""努力让每个孩子都能享有公平而有质量的教育"。[2]

为了大力推进教育基本公共服务均等化，根据中央的部署，教育部会同财政部与国家发展和改革委员会（以下简称国家发改委）采取了诸多措施。十八大以来，中央财政对地方教育转移支付规模由 2012 年的 2 460 亿元增加到 2017 年的 3 118 亿元，其中 80%以上用于中西部地区并重点实现了"四个倾斜"。

（一）专项倾斜

面向困难地区和薄弱环节，国家实施了 10 多个重大教育专项，比如，农村义务教育学生营养改善计划、"农村义务教育薄弱学校改造计划"（以下简称"改薄计划"）、"农村义务教育阶段学校教师特设岗位计划"（以下简称"特岗计划"）、农村教师生活补助政策等，实现对集中连片特殊困难地区全覆盖，有的还扩大到省级扶贫开发工作重点县。

（二）分担倾斜

在中西部地区，城乡义务教育公用经费、普通高中、中等职业教育、普通高等学校学生资助等需要的资金，中央财政都出大头，中央与地方财政分担比例为西部地区 8∶2，中部地区 6∶4，体现了国家对困难地区的倾斜支持。

（三）因素倾斜

改革完善中央财政对地方教育专项转移分配方式，将贫困人口数、贫困发生

---

① 第十八届三中全会报告全文．（2016-07-29）[2018-04-30]. https://wenku.baidu.com/view/2992eee7ba1aa8114531d936.html?from=search.

② 人民网．习近平在中国共产党第十九次全国代表大会上的报告．（2017-10-28）[2018-04-30]. http://cpc.people.com.cn/n1/2017/1028/c64094-29613660.html.

率这两项指标作为资金测算的重要因素。同时要求地方加强省级统筹，向省域内困难地区和薄弱环节倾斜。

（四）资助倾斜

近年来，国家相继出台普通高中建档立卡及家庭经济困难学生免学杂费等 6 项新资助政策，并完善了 11 项资助政策。基础教育阶段学生资助资金 80% 左右用于中西部地区。

2012—2017 年，国家财政性教育经费的使用呈现出"两快一加强"的趋势。"两快"是指从区域上看，西部地区增长最快，增长 50%，特别是"三区三州"[①]增长得更快，增长 82%，远远高于全国平均增幅；从教育阶段看，学前教育增长最快，5 年翻了一番。"一加强"是指对学生资助的力度持续加强。2017 年全国资助困难学生的经费已经达到 1 400 多亿元，5 年增长了 62%[②]。

此外，根据教育部、国家统计局、财政部《2016 年全国教育经费执行情况统计公告》和教育部《2017 年全国教育经费统计快报》提供的数据，2016 年，全国教育经费总投入为 38 888.39 亿元，比 2015 年的 36 129.19 亿元增长 7.64%。其中，国家财政性教育经费（主要包括公共财政预算安排的教育经费、政府性基金预算安排的教育经费、企业办学中的企业拨款、校办产业和社会服务收入用于教育的经费等）为 31 396.25 亿元，占到全国教育经费总投入的 80.73%，比 2015 年的 29 221.45 亿元增长了 7.44%。2017 年，全国教育经费总投入为 42 557 亿元，比 2016 年增长了 9.43%。其中，国家财政性教育经费为 34 204 亿元，比 2016 年增长了 8.94%。

总之，党的十八大以来，在以习近平同志为核心的党中央的坚强领导下，党和各级政府尤其是中央与省级政府切实履行教育公共服务的职责，将教育作为公共财政支出的重点，继续将新增教育经费主要用于农村义务教育，逐步缩小义务教育的地区间和城乡间的差距，促进义务教育均等化，让更多的人享受到社会发展成果。

---

① "三区三州" 是指位于西藏、新疆、甘肃、四川和云南国家层面的深度贫困地区，其中"三区"指西藏、新疆南疆四地州和四川省藏区，"三州"指甘肃的临夏州、四川的凉山州和云南的怒江州。

② 刘博超. 教育投入都去哪儿了——详解教育投入向困难地区和薄弱环节倾斜工作. 光明日报，2018-05-26（03）.

第二章
农村中小学布局调整

自 20 世纪 90 年代中后期开始，随着计划生育政策的落实，农村学龄人口不断减少和城镇化水平不断提高，我国农村地区特别是中西部农村地区不少中小学生源不足，学校布局分散、规模小、质量低的矛盾日益突出。因此，通过农村中小学布局结构调整，合理配置好公共教育资源，适当集中办学，调整和撤销一批生源不足、办学条件差和教育质量低的学校，实现区域（县、市、区）内或更大范围内中小学教育的均衡发展，就成了各级政府的共识。进入 21 世纪，针对农村税费改革后的实际情况，国务院于 2001 年 5 月 29 日颁布的《国务院关于基础教育改革与发展的决定》要求，"因地制宜调整农村义务教育布局。按照小学就近入学、初中相对集中、优化教育资源配置的原则，合理规划和调整学校布局"。同年 7 月，教育部公布了《全国教育事业第十个五年计划》，提出"适应城镇化进程和学龄人口波动的需要，按照小学就近入学、初中相对集中、优化教育资源配置的原则，合理规划和调整中、初等学校布局"。自此以后，我国农村地区，特别是中西部农村地区开始了新一轮中小学布局的大调整。

第一节　农村中小学布局调整的背景

农村中小学布局是指农村中小学在哪里办学的问题。合理的农村中小学布局不仅能够使教育资源得到充分有效的利用，而且有利于义务教育的均衡发展。但是在哪里办学不是静止不变的，而是要随着经济社会的发展，特别是人口的年龄结构和空间分布变化而不断调整，并且这种调整不是一个突变的过程，而是一个渐进的、长期的过程，每一次大规模的农村中小学布局结构的调整都是在特定的历史背景下进行的，我国 20 世纪 90 年代后期开始的农村中小学布局结构大调整也不例外。

一、学龄人口减少的客观要求

20 世纪 70 年代以来，我国开始强有力地推行计划生育政策，到 90 年代中后期，由于计划生育政策的落实，农村人口出生率下降，加之城镇化的发展，农村中小学生源减少成为一种普遍现象。

根据 2005 年全国 1%人口抽样调查数据，我国 0～14 岁人口数量为 26 478 万人，占总人口的 20.27%，与 2000 年第五次全国人口普查相比，下降了 2.62%[①]。另外，根据教育部《2005 年全国教育事业发展统计公报》提供的数据，由于小学学龄人口的逐年减少，2002—2005 年全国小学生入学人数共减少 1 300 万人，2005 年全国小学在校生人数 10 864.07 万人，比上一年减少 381.04 万人。小学学校的数量也较 2002 年减少了 9 万多所。随着"普九"目标的实现和学龄人口的减少，初中学校数量和学生人数也在发生变化。2005 年全国初中学校比 2004 年减少 1 271 所，在校学生比 2004 年减少 312 万人。

华中师范大学教育经济与管理专业的师生（以下简称我校教管专业师生）2005—2008 年对中西部 6 省（自治区）2001—2005 年 0～14 岁人口变化情况的调

---

① 四川省统计局. 2005 年全国 1%人口抽样调查主要数据公报. 四川省情，2006（4）：9-10.

查显示[①]，同全国一样，当时 6 省区 0～14 岁年龄段的儿童数量也在普遍减少，在总人口中所占的比例也在持续降低。其中，中部地区人口降低的幅度较大，西部地区由于少数民族准生二胎，人口下降的幅度要小一些，但也呈下降趋势（表 2-1）。

表 2-1　6 省（自治区）2001—2005 年 0～14 岁人口变化情况

省区	年份	0～14 岁人口数量/万人	占总人口比例/%	下降比例/%
湖北	2001	1 360.74	22.87	5.64
	2005	—	—	—
河南	2001	2 401	25.94	7.14
	2005	1 981	21.14	4.75
陕西	2001	902	25.0	3.9
	2005	735	19.76	5.25
内蒙古	2001	505.56	21.28	7.17
	2005	408	17.1	4.18
广西	2001	1 177.88	26.24	7.14
	2005	1 106	23.76	2.44
云南	2001	1 102.1	26.02	5.64
	2005	1 069.30	24.07	1.89

—表示调查时未查到数据

注：2001 年下降的百分比是与第四次人口普查数据比较得来的，2005 年下降百分比是与 2001 年的数据比较得来的

资料来源：根据 2001 年各省（自治区）人口普查公报和 2005 年各省（自治区）1%人口抽样调查公报整理

对 6 省区的个案调查同样印证了农村中小学学龄人口减少是一个普遍现象。例如，1998 年陕西省农村小学在校学生人数为 496.58 万人，达到最高峰，2002 年下降到 433.20 万人，2005 年下降到 340 多万人；该省石泉县迎丰镇，1996 年农村中小学学龄人口为 1 200 人，2006 年已经减少到 600 多人，而且学龄人口仍继续呈现下滑的趋势。

---

① 为了客观把握我国农村中小学布局调整、农村中小学教师队伍建设、进城务工人员子女教育、农村贫困地区教育发展、农村小规模学校与大规模学校建设、农村学生资助等方面的真实情况，全面总结改革开放以来我国农村教育发展的经验及其存在的主要问题，探讨科学、合理地解决上述问题的途径和方法，并结合我国农村地区的实际情况，提出一套科学、合理地解决上述问题的方案，我校教管专业师生利用多次参与有关农村重大课题调研的便利，从 2005 年开始，10 多年来先后多次对我国 20 多个省（自治区、直辖市）200 多个县市进行了深入、细致的调查研究。其中，第一批对中西部地区的湖北、河南、广西壮族自治区（以下简称广西）、云南、陕西、内蒙古自治区（以下简称内蒙古）等 6 个省、自治区（以下简称 6 省区）38 个县（市）、177 个乡镇的中小学布局调整情况进行了调研。调查采用问卷、访谈、查阅文献、观察等方式进行。书中未注明出处的数据和案例均来自上述调研和访谈。

　　广西桂林市兴安县位于湘江和漓江交汇处，是个典型的农业县，经济水平在广西处于上游。2005 年该县总人口为 37.2 万人，其中农村人口为 31.1 万人，占全县总人口的 83.6%。1996 年全县共有小学生 52 485 人，1999 年在校小学生人数减少到 38 677 人，2004 年在校小学生总数为 17 560 人，而 2006 年全县小学生人数只有 16 496 人，仅为 10 年前的 31%。与小学相比，初中学生数量急剧下降的时间虽然晚一些，但是在 2002 年以后也出现了下降的趋势。

　　湖北钟祥市是一个人口超过百万的县级市，2010 年全市农村 6～14 岁学龄人口从 2005 年的 117 708 人减少到 74 142 人，6 年累计减少人数达到 43 566 人。该省沙洋县是一个农业县，人口为 60.5 万人，全县一周岁儿童数量最高的年份曾达到 1.6 万～1.7 万人，2004 年为 1.2 万人，2005 年仅为 6 000 多人。

　　内蒙古四子王旗地处祖国边陲，北与蒙古国接壤。全旗总面积 25 513 平方公里（1 公里=1 千米），人口为 20.7 万人。2006 年该旗小学生和初中生分别为 11 162 人、9 168 人，5 年后小学生和初中生分别降为 8 672 人和 7 292 人，降幅分别达 22%和 20%。学龄人口的减少导致学校规模越来越小，一个村子一所小学，一个乡镇一所初中的布局模式迫切需要改变。

　　不仅所调查的省区情况如此，其他省（自治区、直辖市）的情况也一样，学龄人口均呈下降趋势。例如，湖南省平江县板江乡共有 17 个村，人口不足 1.4 万人，分布在 73 平方公里的山林里，1999—2001 年没有一个村子的年出生人口在 20 人以上。2001 年全乡出生人口为 89 人，比 2000 年减少 35 人，比 1999 年减少 51 人。表 2-2 是该乡计划生育办提供的 1999—2001 年部分村子的出生人口数[①]，从中可以看出，3 年间各村的年出生人口数都在不断下降。

表 2-2　湖南平江县板江乡部分村 1999—2001 年出生人口数统计表　单位：人

村名	1999 年	2000 年	2001 年
过墩	12	9	2
南源	16	12	6
板江	7	5	4
大丰	9	7	5
星月	7	8	3
黄苏	6	3	1

资料来源：李向东.农村幼教现状堪忧.湖南教育，2004（2）：8-9

　　由于农村学龄人口大幅下降，许多学校和教学点的学生减少，有的学校甚至无

①　李向东. 农村幼教现状堪忧. 湖南教育，2004（2）：8-9.

学生可教，一度出现空校现象。绝大多数学校的平均规模比20世纪80年代缩小了1/3以上，80年代学校规模在300～500人的村小大多已降至100人以内，有些保留下来的小学教学点，总计不过10～20个学生，通常只有一个教师授课。例如，湖北省英山县陈家岩小学，总共只有20个学生，并且分为两个年级———一年级和三年级，采用复式教学法，上课时，一年级学生面朝前坐，三年级学生面朝后坐，教室前后都有黑板。为了增加学生人数，学校不得不隔年招生，但是学校只有一个代课教师。

虽然湖北省钟祥市人口较密集，但有些小学学生数也较少，如邵台小学是一所完全小学，服务范围为4个行政村，学校从学前班到六年级共7个年级，在校生总数仅为170人，每个年级的学生数分别为17人、25人、31人、10人、21人、28人和38人。富裕小学的服务范围也是4个行政村，最远的学生距离学校10公里。学校从幼儿园到六年级总共有270个学生，分别为16人、10人、15人、50人、55人、48人和76人。三年级以上的学生之所以较多，是因为富裕小学有两个教学点，教学点上的学生到三年级就会升到富裕小学来，这两个教学点都只有20多个学生。

在广西、云南，类似这样的教学点更多、在校学生数更少，还有少数教学点只有一个学生，有些教学点当年没有学生就停办，下一年有了学生就又恢复。一些过去的完全小学现在也因学生数量减少而变成新的教学点，如广西桂林市荔浦县杜莫镇六部小学，在20世纪60年代作为农村扫盲学校，容纳了800多名学生，80年代扫盲教育停办后，单是小学学龄儿童就有300多人，但2006年调查时，学校只开设了一至四年级，总共有50多名学生。据该校提供的数据，该校服务范围内的几个行政村，2000年以来，少的时候每年出生约10个孩子；多的时候，每年就只有14～16个孩子。云南玉溪市元江县，在学校布局调整以前，全县共有完全小学80所，教学点222个。小学教学班共计951个，在校学生23 862人。学校规模小，班级学生少，学校教师少。在222个教学点中，"一师一校"的教学点多达126个。全县小学校均规模仅为79人。

在农村中小学规模不断下降的同时，班级规模也在持续萎缩。国家规定的标准班级规模为45人，但是自20世纪90年代中后期开始，农村地区大多数小学的班级规模都难以达标，中西部地区的农村小学尤其如此。

表2-3反映的是广西部分调研县布局调整后小学班级规模和学校规模情况，表中列举了28所小学，只有4所小学人数超过了200人，11所完全小学和教学点人数在100人以下，而这些学校都是经过几次布局调整之后才形成了现有的规模。

表 2-3　2006 年广西部分调研县布局调整后小学班级规模和学校规模情况　单位：人

| 县 | 乡镇 | 学校 | 年级 | | | | | | 学前 | 校规模 |
			一	二	三	四	五	六		
南丹县	车河镇	八步小学	19	18	21	25	18	17	31	149
		骆马小学	6	8	—	9	—	—	10	33
	八圩瑶族乡	甲坪小学	20	19	20	14	9	11	21	114
		利乐小学	42	21	23	12	9	10	0	117
	月里镇	纳弄小学	39	19	39	41	41	19	38	236
	吾隘镇	那地小学	17	18	20	14	17	22	44	152
		丹炉小学	6	4	—	—	—	—	0	10
		昌里小学	26	17	20	13	17	13	0	106
		德竹小学	9	15	18	24	13	10	28	117
		古兰小学	6	17	9	11	9	9	15	76
	里湖瑶族乡	八雅小学	10	12	7	16	—	9	0	54
		仁广小学	25	31	27	28	26	37	48	222
龙胜县	瓢里镇	大云小学	9	8	13	—	—	—	16	46
		上塘小学	4	11	9	—	—	—	12	36
	三门镇	双朗小学	15	17	19	16	24	27	18	136
	乐江乡	江口小学	12	6	12	11	8	12	21	82
	青山镇	荔江小学	44	35	34	39	43	54	92	341
		永华小学	38	55	51	42	40	54	63	343
		拱秀小学	25	19	22	14	15	13	25	133
荔浦县	杜莫镇	满洞小学	27	23	26	34	23	26	9	168
		榕洞小学	13	16	10	8	—	—	27	74
		屯顿小学	21	23	16	—	—	—	38	116
	东昌镇	沙河小学	15	15	23	22	16	10	33	134
		滩头小学	17	17	15	17	18	16	42	142
		东阳小学	22	22	16	17	26	27	28	158
兴安县	华江瑶族乡	升平小学	13	14	10	—	—	—	16	53
		同仁小学	4	4	8	—	—	—	9	25
	漠川乡	庄子小学	—	—	—	21	37	35	—	93

—表示没有学生
资料来源：由访谈资料整理得出

　　表 2-3 中所列大多数小学的班级人数在 20 人左右，20 人（不包括 20 人的班级在内）以下的班级有 86 个，约占列表中被统计小学班级总数的 61%；20～30

人（不包括 30 人的班级在内）的班级共有 33 个，约占 23.40%；30 人以上的班级仅有 22 个，约占 15.60%。

针对上述情况，各地开始进行学校布局调整。例如，根据生源状况，2010 年 9 月，湖北钟祥市将全市农村初中、小学学校数量从 2005 年的 283 所调减到 164 所（含教学点），逐年累计减少 119 所；计划设九年一贯制学校 8 所、初中 25 所、完全小学 99 所、初级小学（以下简称初小）23 所、教学点 8 个、特殊教育学校 1 所。该省沙洋县则按照"1 万人一所小学，3 万人一所初中，20 万人一所高中"的原则来规划布局中小学。

河南省许昌市 2001 年完成第一次布局调整之后学校总数为 263 所，为了促进城乡教育的均衡发展，2005 年开始第二次布局调整，当地布局调整的目标是：82 万人口应保留小学 100 所、初中 20 所，其中留给社会力量办学 20% 的发展空间，市政府支持兴建 3 所民办初中。布局调整后小学服务范围为 2.5 公里，服务人口 8 000 人，每所学校 500 人左右，每校 20 多名教师。

伴随着学生数量的下降，广西兴安县的教学点由 2000 年的 136 个缩减为 2005 年的 80 个，完全小学由 2000 年的 126 所缩减为 2005 年的 100 所。龙胜县泗水乡在 20 世纪 90 年代中期基本上每村都有一所完全小学，当时全乡共有 23 所完全小学，到 2006 年只剩下 6 所完全小学和 5 个教学点，撤点并校（以下简称"撤并"）力度之大可见一斑。

云南省玉溪地区为了在学生数量持续减少的现实背景下形成教育投入的聚集效应，提出"减校增效""撤小强大"的布局调整思路，撤并生源少、效益低、质量差的校点。根据人口增长态势，乡镇先建设好中心小学和规模较大的村完全小学，提高教育发展的集中度，提高教育规模效益[1]。

陕西省农村中小学的布局从 2002 年开始大规模调整，按照"适当撤并，扩大规模；合理布局，优化配置；改善条件，确保入学；提高质量，群众比较满意"的原则，从 2002 年至 2006 年，用 5 年时间基本完成了全省农村中小学布局调整工作。5 年内全省农村小学数量由 2000 年的 33 336 所调整到 26 336 所，减少了 7 000 所，校均规模由 144 人增加到 180 人；初中数量由 2000 年的 2 020 所调整到 1 844 所，减少 176 所，校均规模由 930 人增加到 1 000 人以上。

在调查中，我校教管专业师生设计了这样几个问题，如"学龄人口减少""税费改革导致的经费不足""城镇化的要求""行政区划的变化""上级政府的要求""其他"，作为反映农村中小学布局调整背景的有关因素。其中，选择"学龄人口减少"一项的人数占 45.6%（表 2-4）。从对地方教育行政人员和学校校长

---

[1] 玉溪市教育局党委书记、局长李世华《在 2005 年全市寄宿制小学管理工作现场会上的讲话》。

与教师问卷作单独分析的结果来看，地方教育行政人员选择"学龄人口减少"一项的比例达 53.5%，学校校长和教师选择的比例占到 46.1%（表 2-5），相对其他选项均占多数。

表 2-4　6 省区学校及教育行政人员问卷统计分析结果

选项	频数/人	人数百分比/%	样本百分比/%
学龄人口减少	7 586	45.6	77.9
税费改革导致的经费不足	2 573	15.5	26.4
城镇化的要求	2 048	12.3	21.0
行政区划的变化	1 337	8.0	13.7
上级政府的要求	2 837	17.1	29.1
其他	245	1.5	2.5
总计	16 626	100.0	170.6

注：$n=9 735$①。本题为多项选择题，人数百分比是指应答人数占全部人数的百分比；样本百分比是指应答人数占全部有效样本数的百分比，因此百分比合计超过 100%

表 2-5　6 省区行政卷和学校卷单独统计分析结果　　　　单位：%

选项	行政卷所占比重	学校卷所占比重
学龄人口减少	53.5	46.1
税费改革导致的经费不足	13.7	15.3
城镇化的要求	10.9	12.4
行政区划的变化	6.7	8.3
上级政府的要求	14.1	17.0
其他	1.1	0.9
总计	100	100

注：行政卷 $n=168$；学校卷 $n=9 562$

在进行问卷调查的同时，我校教管专业师生对部分县乡行政部门负责人、学校校长和教师、家长及学生进行了随机访谈。从访谈结果来看，在此次布局调整前，各地也一直在撤并，其中因为学龄人口减少导致学校在校生过少而进行的学校撤并占绝对多数，有少数是因为校舍成为危房而将学校撤并，但撤掉的大多数都是教学点。学校校长和教师们普遍认为学校生源下降、班额不足，每村一校，

① 在回收的有效问卷中由于存在部分题项没有做答或不符合要求而被剔除的数据，因此具体到某一题项，其实际有效问卷数有时会小于有效问卷数，在表中用"n"表示某一题项的实际有效问卷数。在书中其他处若不加说明，其有效问卷数均指针对具体题项实际做答的有效数据份数，用备注"n"加以说明。

经费会严重不足。再加上教师编制有限，从确定合理的生师比的角度来看，应该进行布局调整。家长和学生也都意识到学龄人口减少必然会进行布局调整。农村中小学布局调整是农村学龄人口减少的客观要求。

二、农村税费改革的自然选择

进入 20 世纪 90 年代以后，"有些地方和部门不顾国家三令五申，随意向农民伸手，面向农民的各种收费、集资、罚款和摊派项目多，数额大；有些地方虚报农民收入，超标准提取村提留和乡统筹费，强迫农民以资代劳；有些地方违反国家规定，按田亩或人头平摊征收农业特产税和屠宰税；有些部门要求基层进行的各种名目的达标升级活动屡禁不止，所需资金最后摊派到农民身上；有些地方基层干部采取非法手段强行向农民收钱收物，酿成恶性案件和群体性事件。这些问题严重侵害了农民的物质利益和民主权利，挫伤了农民的生产积极性，伤害了农民对党和政府的感情，影响了农村社会稳定"①，引起了党和政府的高度关注。2000 年 6 月中共中央、国务院决定进行农村税费改革试点工作，要求通过税费改革，规范农村分配制度，遏制面向农民的乱收费、乱集资、乱罚款和各种摊派现象，从根本上解决农民的负担问题。

中共中央、国务院关于农村税费改革的决策是完全正确的，得到了亿万农民的衷心拥护，但税费改革也引发了一些新的问题。就农村教育而言，税费改革之前，农村中小学教育投入主要来源于乡镇，即教育费附加、教育集资和财政拨款（县乡财政）。由于国家投入甚少，县乡财力薄弱，农村教育费附加和教育集资实际上是农村义务教育的主要经费来源。税费改革后，国家对农村义务教育管理体制进行了重大调整，实行"在国务院领导下，由地方政府负责、分级管理、以县为主"的基础教育管理体制，由过去的乡镇政府和当地农民集资办学，改为由县级政府举办和管理，教育经费纳入县级财政，并建立和完善农村义务教育经费保障机制，县级财政主要保证教师工资按国家规定标准及时足额发放和弥补学校公用经费的不足；中央和省级政府加大对农村义务教育的转移支付力度。但由于投入机制没有建立起来，资金投入出现"空档"，导致农村义务教育投入普遍减少，基本办学条件得不到保证，特别是农村中小学的危房改造面临困境。过去，农村学校危房改造资金主要靠农民集资解决，但是税费改革取消了教育集资，又没有规定相应的资金来源，这样一来，县级财政在客观上不得不对教育投入更多的资金。一个简单的逻辑推理是：如果改革前县级财政没有富余的财力，乡、村普遍

---

① 中华人民共和国监察部. 中国监察年鉴 1998—2002（上册）. 北京：中国方正出版社，2007：800-804.

存在义务教育的资金缺口，那么该县义务教育经费总量肯定不足；税费改革后将义务教育的统筹层次提高到县一级，只是将乡、村的资金缺口集中到了县级财政，总量不足问题并没有真正解决，而与此同时又切断了向农民不定时收取教育经费的可能性，农村教育经费紧张的问题必然会凸显出来。特别是中西部地区贫困县基本属于吃饭财政和教育财政，教育经费在财政投入中占有重要比重，因而影响也就更大。

从全国的情况来看，项继权、袁方成的研究结论是，税费改革导致教育每年减少收入 200 亿～300 亿元。以 1998 年为例，我国农村教育费附加总额已经达到 165 亿元。这表明，仅农村税费改革后取消农村教育费附加这一项来看，农村义务教育减收量就达 165 亿元。除此之外，税费改革还采取了取消教育集资、禁止摊派及减少学杂费和实行"一费制"等措施，由此导致农村中小学教育经费也大幅度减少。从 1995 年到 1999 年的 5 年间，全国义务教育总投入 6 944 亿元，其中各级政府财务投入 3 713 亿元（不含财政一般性转移支付数额），教育费附加 965 亿元，农村捐集资经费达到 596 亿元，杂费 631 亿元，其他 1 039 亿元。据此，除各级政府财政投入之外，5 年共有 3 231 亿元其他收入，平均每年其他收入 646.2 亿元，这表明税费改革后，农村教育经费每年至少减收 300 多亿元[①]。

对 6 省（自治区）调查了解的情况也验证了以上事实，被调查的 6 省（自治区）中，陕西、河南、湖北和内蒙古 4 省（自治区）均在 2002 年开始进行税费改革试点，云南和广西则在 2003 年与全国一道进行税费改革。

以陕西省为例，该省在税费改革后农村义务教育财政性投入获得增长，但与此同时，农村学校办学经费却依然紧张，2004 年教育经费投入总量为 40.7 亿元，比税费改革前的 2001 年增长 64.68%，同年用于农村义务教育的税费改革转移支付资金为 7.2 亿元，占到全省财政转移支付资金的 56.3%，然而在实际运行中农村中小学的办学经费紧张状况却依然严重，危房改造举步维艰，学校负债不断增加，部分县、区负担义务教育的经费支出更加困难。比如，陕北的洛川、宜川、富县、黄龙 4 县，2004 年县财政收入分别为 5 715 万元、1 320 万元、2 813 万元、681 万元，但该年仅教师工资一项，4 县就分别支出 4 649 万元、2 606 万元、3 243 万元、1 772 万元。除洛川县外，其余 3 县的地方财政收入全部用于发放教师工资之后尚有不小的缺口[②]。再如永寿县 2004 年全县财政收入 1 919 万元，但财政支出却达到 9 375.8 万元，其中教育支出达 3 768 万元。咸阳市在取消农村教育费附

① 项继权，袁方成. 税费改革背景下的农村义务教育——当前农村义务教育的财政困境与政策选择（咨询报告）. 华中师范大学中国农村研究院，2004-02-02.

② 张克俭，冯家臻. 农村基础教育投入保障机制问题——基于陕西省相关调研的思考. 教育发展研究，2005（8）：23-26.

加和依法用于农村中小学危房改造的群众性教育集资后，全市义务教育阶段的教育投入直接减少了近1.3亿元，占全市义务教育总投入的21.76%，再加上历年累计拖欠的中小学教师工资和"普九"欠账等，农村义务教育经费十分紧张①。陕西省教育经费紧张的原因主要有三点：一是财政预算内教育经费（包括转移支付）绝大部分被用于教师工资发放。2004年陕西省财政预算内农村义务教育阶段学校教职工工资共支出30.6亿元，占农村义务教育财政投入总量的91.89%，比2001年净增加4.73亿元。二是"普九"、危房改造、教师工资发放等各类教育负债需要逐年偿还。截至2004年底，陕西全省各类教育欠债高达41.86亿元。三是现代化教育教学设施的启用及物价上涨等因素，使得学校运行成本明显加大。

2004年河南省许昌市6县（市、区）农村中小学生均公用经费发放中，6个县（市、区）中只有3个县（区）保证了预算内教育经费，另外3个县（市）对于预算内生均公用经费没有投入一分钱（表2-6）。中西部地区农村学校公用经费到位情况可见一斑。

表2-6　2004年河南省许昌市农村中小学生均公用经费和预算内生均公用经费拨款情况表

县（市、区）	生均公用经费/元	预算内生均公用经费/元
魏都区	小学 110	小学 10
	初中 160	初中 20
建安区	小学 100	小学 10
	初中 130	初中 10
鄢陵县	小学 105	小学 15
	初中 135	初中 15
襄城县	小学 90	小学 0
	初中 120	初中 0
禹州市	小学 90	小学 0
	初中 120	初中 0
长葛市	小学 90	小学 0
	初中 120	初中 0

资料来源：河南省许昌市教育局《关于落实农村教育工作会议精神的情况汇报》

云南省税费改革后尽管对教育的财政投入逐年增长，但相对于学校的需求来讲，财政投入分到学校的只是杯水车薪，学校教师们把学校现状概括为"年年建

---

① 海宏. 税费改革后陕西农村办学经费之痛. 校长阅刊, 2005（11）: 12-15.

新房，年年有危房"，这从一个侧面反映了农村义务教育办学经费紧张的严峻现实。时任云南省教育厅副厅长和福生坦言，云南省的义务教育依然十分薄弱，到2006年，还有17个县需要实现"普九""两基"，教育欠债高达39亿元。云南省保山市农村教育硬件设施历史欠账较多，2005年全市农村中小学校舍中危房达67万平方米，占农村中小学校舍总面积的25%，而"十一五"时期新增10万平方米，同时，截至2005年，农村中小学校舍建设还有1.5亿元历史欠债。

从内蒙古四子王旗教育局了解到，2005年全旗的"两免一补"保障资金有567万元，加上上级政府用于教育的转移支付资金317万元，共有884万元，但是全旗学校的经费一共需要998万元，还缺100多万元。保障资金按学校学生数下拨，因此对规模较小的学校影响较大，因为规模较小的学校开支其实与规模较大的学校差不多。寄宿制学校建设主要由国家下拨的寄宿制学校建设资金和旗政府的配套资金解决，此外施工队还要垫付一部分钱，2005年教育局欠了90多万元的外债，只能依靠旗政府和上级资金帮助解决。

湖北省钟祥市2002年参加农村税费改革试点，2001年税费改革前各乡镇存在着严重的拖欠教师工资问题。据统计，2001年1月至3月按基本工资"五块"计算，各乡镇公办教师工资应兑现1 472.91万元，但到2001年4月只有胡集镇兑现75.62万元；文集镇兑现25.19万元；长滩镇兑现10.4万元。其他14个乡镇的公办教师工资分文未发。加上2000年拖欠部分，乡镇公办教师工资累计拖欠数额已达1 773.67万元。教师工资拖欠的原因，从客观上来讲，一是财政困难，无力拨付。2000年底，为解决教师工资问题，市乡两级财政透支都很严重。2001年前3个月，财政收入形势依然很紧张，财政拨款受到很大限制。二是乡镇统筹经费到位差。1—3月，按照预算，即使财政拨款到位，乡镇政府也要解决672万元的预算缺口。三是经济环境趋紧，学校自筹能力弱化。随着减负政策的落实，各种集资项目已经完全停止。校办产业、勤工俭学收入较大幅度减少，开拓创收渠道更难。为了减少学生流失，学生拖欠学杂费的现象也比较严重。税费改革后教师工资基本得到保障，都能按时足额发放。但与此同时，各学校频繁地上报学校日常开支经费短缺情况，如学校教学、办公用品、教师补助等。农村教育管理体制改革对农村教育经费问题的解决不过是拆东墙补西墙，预算经费用来保证教师工资按时足额发放后，县财政用于公用经费的投入就所剩无几了。

再以当时率先进行税费改革试点的安徽省为例，在1994—1998年，安徽省农村教育费附加和农村教育集资两项资金每年均有11亿元左右，约占同期农村义务教育投入总量的30%。税费改革后的2000年，按可比口径计算，农村义务教育财政预算内投入2.65亿元，加上社会捐资、专项资金及返还1999年拖欠的教育费附加收入共约 2.53 亿元，总计 5.18 亿元，和税费改革前平均 11 亿元相比，相差 5.82 亿元[1]。另外，由于税费改革后一系列政策的变化，危房改造资金不足问题日益突出，已经多年不见的"露天学堂""庵棚学堂""民宅学堂"在安徽省农村再次大量出现。

综上所述，不难发现，尽管国家对农村义务教育管理体制进行了重大调整，将义务教育责任上收至县，但是在各级政府关于农村义务教育的责任没有划分清楚的情况下，只是简单地将义务教育的统筹层次提高到县一级，将乡、镇的资金缺口集中到了县级财政，总量不足的问题很难得到真正解决。因此，面对越来越大的财政压力，县及县级以上政府均希望通过压缩校点，扩大学校规模，来提高教育资源利用效率，减轻财政压力，于是农村中小学布局调整就成为农村税费改革后政府的一种自然选择。

三、城镇化的必然结果

城镇化是指农村人口转化为城镇人口的过程。反映城镇化水平高低的一个重要指标为城镇化率，即一个地区常住在城镇的人口占该地区总人口的比例。城镇化是人口持续向城镇集聚的过程，从经济学角度来看，经济发展、工业化、现代化的过程，就是自然经济状态的农村不断衰退、城镇不断发展的过程，也是世界各国工业化进程中必然经历的历史阶段。2000 年，世界城镇化率已超过 50%，有一半以上的人口居住在城市。随着城镇化的快速发展，我国的城镇化水平有了较大幅度的提高，2011 年，中国城镇人口达 6.9 亿人，占总人口的比重已超过 50%，国内城镇人口首次超过农村人口[2]。

随着城镇化水平的大幅度提高，大量农村人口和学龄儿童转移到城镇，城镇人口和学龄儿童不断增多，原先的那种乡土农村的经济社会发育程度、人口集聚程度及相应的文化教育事业发展程度等都出现了与以往明显的差异，农村教育历来以行政区划为基础的布局方式已陈旧过时，"乡办高中、村办初中、小学办到家门口（自然村）"的布局方式也早已被淘汰，就是"县办高中，乡办初中，村办小学"的格局也受到了城镇化和计划生育后学龄人口减少的冲击。有大部分行政村年出生人口已不足以办起一座完整的小学。在这种情况下，打破按行政建制设点布校，分散人力、财力、物力的旧的分配格局，撤乡并镇或在中心镇重点加强初中学校建设，在县城和有条件的中心镇设置与发展高中阶段的教育，在乡镇

---

[1] 邓聿文. 谁该为农村义务教育买单? 乡音，2002（12）：10.
[2] 汝信，陆学艺，李培林. 2012 年中国社会形式分析与预测. 北京：社会科学文献出版社，2011：12.

或交通便利、集贸发达的行政村办小学，即按人口规模和转移趋势规划学校布局就成为历史的必然。

调查发现，在有些偏远的村办小学就读的学生只占该服务区适龄人口的 1/10，造成这一现象的原因在于：一是随着中国城镇化进程的加快，越来越多的农村剩余劳动力及其子女流入城市；二是人们为了追求优质教育纷纷将子女就地送入城镇中小学就读，如湖北省沙洋县全县每年有近 100 名学生转向沙洋城区，有近 1 000 名学生从村办小学转向各镇中心小学。在流向城镇的学生中，常住城镇流动人口子女占有相当比例。

内蒙古四子王旗的库伦图镇是一个贫困镇，正常年份 1 亩（1 亩 ≈ 666.7 平方米）土豆可以收获 1 300～1 500 斤（1 斤=500 克），大约可以有 200 元的收入，农民年人均收入 2 000 余元，除去支出后，所剩无几。2005 年当地遇到了 50 年一遇的干旱天气，上半年基本上没有任何降水，粮食（主要是土豆）颗粒无收。2005 年以后，内蒙古实行退耕还林政策，国家按每年每亩土地 200 元的标准对农户进行退耕还林补助，该镇靠近山区，因可耕地减少，部分村民只好移民他乡。由于土地减少，加之土地收入低，2005 年以后，当地政府结合本地区城镇化发展规划号召年轻人进城务工，所以当地年轻人进城务工人数已经占到全镇人口的 50%～60%，举家进城务工并将孩子带到外地读书的人数占到总人口的 30%～40%。

对 6 省区的调研发现，在推进城镇化的过程中，各地政府都特别重视教育的作用，因为通过增加城镇教育基础设施建设的投入，可以极大地提高各类城镇对人口的吸纳能力。所以，对 6 省区行政卷与学校卷关于农村中小学布局调整原因的统计分析也表明（表 2-7），城镇化是重要的原因之一。

表 2-7　6 省区农村中小学布局调整的原因统计表（行政卷与学校卷）

选项	人次百分比/%					
	湖北	河南	陕西	内蒙古	云南	广西
学龄人口减少	53.2	48.9	48.3	34.4	35.5	52.2
税费改革导致的经费不足	18.8	18.7	13.5	19.6	12.9	14.7
上级政府的要求	13.0	18.0	13.0	18.3	21.7	18.2
城镇化的要求	8.2	9.4	13.1	19.4	17.0	8.0
行政区划的变化	5.6	3.6	10.8	7.2	11.5	5.9
其他	1.2	1.4	1.3	1.0	1.3	0.8

注：各省区数据总和不足 100% 的，是因为包含了缺失值

总之，学龄人口的持续减少和农村人口向城镇的大规模流动使农村中小学办学规模日渐萎缩，既造成了教育资源的浪费，使本来就不足的教育投入得不到有效利用，又使农村学校的教育质量难以保证，农村学生的教育公平受到严重的损害，更加大了城乡间教育发展的不均衡；税费改革客观上造成了农村教育经费紧张的局面；撤乡并镇、并村的行政区划改变直接造成长期依赖行政区划来进行中小学布局的格局被打破等。加之20世纪90年代中后期正是全国"普九"达标的最后阶段，中西部贫困地区"普九"攻坚战拉开序幕，国家对中西部贫困农村地区给予了许多财力、物力支持和政策倾斜。在这样的大背景下，20世纪90年代中后期，一些地方政府和教育行政部门自发地进行过小范围的农村中小学布局调整，之后在中央政府和国家部委制定的学校布局调整政策的指导下，农村中小学布局调整在全国范围内大规模开展起来。

第二节　农村中小学布局调整的方式

农村中小学布局调整的方式是指在农村中小学布局调整过程中具体采用哪种做法来达到布局调整的目的。按照布局调整在实践中的具体实施方式可以分为完全合并式、集中分散式、兼并式和交叉式四种主要方式。

一、完全合并式

完全合并式是指在学龄人口普遍减少、班额不足的情况下将两所或多所学校合并为一所学校，学生按年级整体上加以合并和重新编班，校产和师资集中在一起。这种方式具体可以分为两种样式：一种是分离式，将一所或几所学校分离到另一所或几所学校；另一种是联合式，就是几所学校同时撤并，然后再根据情况进行重新建设或设置新的校点。

关于学校布局调整方式的问卷调查结果详见表2-8。在180份有效行政卷中，完全合并式应答人数为93人，占样本总量的51.7%，位居各种方式的第二位；在11 006份有效学校卷中，完全合并式应答人数为4 937人，占样本总量的44.9%，也位居各种方式的第二位。

表 2-8　关于行政卷和学校卷对学校布局调整具体方式的调查结果

布局调整具体方式	行政卷				学校卷			
	人数/人	人次百分比/%	样本百分比/%	排名	人数/人	人次百分比/%	样本百分比/%	排名
完全合并式	93	32.2	51.7	2	4 937	32.1	44.9	2
兼并式	98	33.9	54.4	1	3 761	24.5	34.2	3
交叉式	32	11.1	17.8	4	1 446	9.4	13.1	4
集中分散式	59	20.4	32.8	3	5 030	32.7	45.7	1
其他	7	2.4	3.9	5	204	1.3	1.9	5
总计	289	100.0	160.6	—	15 378	100.0	139.8	—

注：行政卷 $n=180$ ，学校卷 $n=11\,006$

完全合并式的优点在于能最大限度地实现教育资源的合理配置和优化，能够实现教育教学工作的统一管理和教育质量的提高。从布局调整追求效益和质量提高的角度而言，这是一种最理想的方式，因此也是各地在布局调整过程中采用的最基本的方式之一。

该种方式适合人口分布比较集中，原学校规模较小、校舍陈旧的地方。平原地区及交通相对便利的地区采用这种方式较多。

从实地调查结果来看，不少地方在农村中小学布局调整过程中就是采用了完全合并式。例如，湖北省钟祥市东桥镇黄集小学就是将邻近的 4 个村小同时撤并后集中在被撤销的原黄集初中合并而成的；湖北沙洋县后港镇田桥小学则是在撤销了 8 个村小的基础上重新选择了一个最佳位置后新建而成的；内蒙古四子王旗库伦图总校则是将三元井、库伦图、朝克文都三个乡的中心校合并，在库伦图初中撤销后的原有校舍基础上办起来的；云南省元江县那诺乡农村中小学布局调整采用的也是这种方式，2005 年全乡共撤并了 8 个教学点，其中涉及学生 74 人，教师 9 人，这些学生和教师被全部分散到 4 个村完全小学。

由于完全合并式具有适用性强、应用面广的特点，因而是各地农村中小学布局调整过程中所采用的基本方式之一。

二、集中分散式

集中分散式是指在中心学校的统一管理下设置一个或几个教学点的形式。其具体做法是在人口相对集中、办学条件比较好的村镇设立一所以完全小学为中心的学校，就近辐射多个村，根据具体情况在原村小设立教学点，教学点由中心学校统一管理。高年级学生可到中心学校上学，低年级学生仍在原村小上学。学生较少的教学点则进行复式教学。对于教学点师资无法教授的课程，如美术、音乐等，由中心学校统一协调，安排教师巡回授课。

从问卷调查结果来看，集中分散式在行政卷中的应答人数为 59 人，占样本总量的 32.8%，位居各种方式的第三位；在学校卷中该种方式的应答人数为 5 030 人，占样本总量的 45.7%，位居各种方式之首（表 2-8）。行政卷和学校卷对集中分散式的认同程度明显不同，前者居第三位，后者却居首位。之所以出现这种差异，原因可能在于：农村中小学布局调整是一个连续、持久的过程，教育行政管理工作人员由于工作连续性的原因对布局调整具体采用什么方式的认识是基于长期、多次调整的视角来考察的，而学校教职员工的视角却是基于对近期布局调整方式的认识。经过前期几轮农村中小学布局调整后，近期的布局调整进入了最困难的阶段，集中分散式又是布局调整过程中利益关系难以调和的产物，因而在近期采用的比重也较高，但从长期来看，却并非当地布局调整的首选方式。所以教育行政管理工作人员和学校教职员工认识上会出现这种差异。

从布局调整追求效益的角度来讲，集中分散式不符合规模效益的原则，因而是不彻底的；从管理学角度来讲，校点分散也不利于统一管理；从教育均衡发展的角度来讲，教学点的办学条件无论如何也不能与中心学校相提并论，因而也不利于教育的均衡发展。但是这种模式既方便了学生就近上学，又在一定程度上减轻了家庭的经济负担，特别是在交通不便的山区和丘陵地区及布局调整过程中矛盾相对突出的地方，尤为适合采用这种方式，因而也是农村中小学布局调整过程中采用的一种比较理想的方式。

对按照地理特征分类的学校卷数据进行分析后得出，山区和丘陵地区采用最多的方式就是集中分散式。其中，山区总样本数为 6 526 份，该方式的应答比例为 50.8%；丘陵地区的总样本数为 1 793 份，选该方式的人数所占比重为 44.6%（表 2-9）。

表 2-9　学校卷不同地区布局调整方式选取的差异表

地形类别	完全合并式所占比重/%	兼并式所占比重/%	交叉式所占比重/%	集中分散式所占比重/%	其他所占比重/%	样本数/份
山区	43.0	33.1	12.0	50.8	2.0	6 526
丘陵	42.0	34.4	13.4	44.6	1.6	1 793

地形类别	完全合并式所占比重/%	兼并式所占比重/%	交叉式所占比重/%	集中分散式所占比重/%	其他所占比重/%	样本数/份
平原	49.6	38.4	17.1	34.7	1.6	2 263
牧区	79.7	24.2	1.3	15.7	7	153
矿区	42.9	57.1	14.3	42.9	—	7
湖（库）区	63.2	31.6	—	36.8	—	19

—表示无人选取，所以不占比重

注：$n = 10\ 761$

从 6 省区行政卷的数据分析结果来看，各地采用集中分散式的比重差异比较大。其中，云南采用集中分散式的比重最高，为 47.1%；其次是陕西，为 40.5%；再次是广西和河南，分别为 36.7% 和 28.0%；最后是湖北，仅为 11.5%，内蒙古则没有样本对该方式应答（表 2-10）。

表 2-10　6 省区布局调整具体方式选取的差异表（行政卷）

布局调整具体方式	各省区方式选择样本百分比/%						各省区方式选择排序位次					
	内蒙古	陕西	广西	云南	河南	湖北	内蒙古	陕西	广西	云南	河南	湖北
完全合并式	100.0	45.9	36.7	55.9	40.0	76.9	1	2	2	1	2	1
兼并式	11.1	64.9	57.1	41.2	72.0	50.0	3	1	1	3	1	2
交叉式	66.7	10.8	6.1	26.5	36.0	3.8	2	4	3	4	3	4
集中分散式	0	40.5	36.7	47.1	28.0	11.5	0	3	2	2	4	3
其他	0	5.4	6.1	2.9	0	3.8	0	5	3	5	0	4

对 6 省区学校卷的分析结果也显示了集中分散式在各省区被采用的比重差异也很明显。学校卷中采用集中分散式最多的是云南省，比重高达 60.7%，其次是陕西省，比重高达 51.4%，再次是广西，比重为 45.6%。这三个省区采用集中分散式的比重是最高的（表 2-11）。而这三个省区又都是西部省区，经济相对落后，样本县（市）又以山区和丘陵居多，布局调整矛盾突出，因此当地政府在布局调整过程中更加谨慎，更倾向于采用有利于社会稳定、避免冲突的集中分散式。

表 2-11　6省区布局调整具体方式选取的差异表（学校卷）

布局调整具体方式	各省区方式选择样本百分比/%						各省区方式选择排序位次					
	内蒙古	陕西	广西	云南	河南	湖北	内蒙古	陕西	广西	云南	河南	湖北
完全合并式	76.2	37.9	39.6	39.3	48.3	56.7	1	2	2	2	1	1
兼并式	25.0	35.9	33.5	29.5	39.3	39.2	2	3	3	3	2	2
交叉式	3.6	15.0	12.5	11.8	22.0	8.3	4	4	4	4	4	4
集中分散式	17.9	51.4	45.6	60.7	33.8	31.5	3	1	1	1	3	3
其他	0.7	1.2	2.6	2.6	1.5	1.5	5	5	5	5	5	5

在一些山区和边远贫困地区之所以要保留教学点，采用集中分散式的布局调整方式主要基于以下原因。

（一）方便学生上学

教学点所在地区地处山区或其他特殊地理环境中，学生上学路途遥远，不方便或不安全，而布点学校由于缺乏寄宿条件或寄宿条件尚不完善，低龄儿童若到并入学校读书就面临上学不方便、生活难自理等困难。此种情况下的教学点，学生人数特别少的，通常是几个年级一起组成复式班，由 1 名教师负责复式班的全部教育教学工作，人数较多的教学点就由几位教师以分科目或包班的形式负责教育教学工作。

例如，广西桂林市兴安县金石乡产江村教学点位于广西兴安县、临桂区、资源县、龙胜各族自治县四地交界处，距离最近的学校也有 10 公里，而且都是山路，因此当地政府在进行布局调整过程中采用集中分散式，保留了该村教学点，并向村民承诺只要该村还有一个适龄儿童就会继续保留该教学点并派教师任教。

广西百色市那坡县坡荷乡善合村完全小学下辖的善合异布教学点，也是为了方便学生上学而保留下来的。该教学点如果被撤销，学生到村完全小学上学就要走 6 公里的山路。因此，尽管该教学点只有分属 5 个年级的 17 名学生和 1 位教师，但仍被保留了下来，从而与村完全小学形成了校点关系，保留后的教学点采用复式教学。

内蒙古武川县耗赖山乡中心学校沙岱教学点原是一所村小，布局调整后距离耗赖山乡中心学校较远，如果完全撤掉该村小，低年级学生上学就不方便，极易造成适龄儿童失学的危险。因此，当地政府在沙岱村小学保留了 1～3 年级，使其成为耗赖山乡中心学校的一个教学点。

河南罗山县教育体育局基础教育股的刘股长认为，山区儿童居住地点分散，不便于集中，也并非每一所学校都具备寄宿条件，因此山区的布局调整应该采用集中分散式的方式，保留必要的教学点。他还强调，即使中心学校具备了完善的寄宿条件，配备了保育人员，路远的山区儿童上学也会面临很多求学困难，家长接送子女也会很不方便，经济贫困家庭子女读书还会有经济困难，教学点如果不保留就会变成"失学点"。因此他认为教学点要长期保留，集中分散式应该长期采用。

（二）缓行布局调整计划

在一些地方的布局调整过程中，有些校点虽然已经被列入撤销计划，但由于条件不成熟而暂时被保留，因此教学点作为缓期执行布局调整计划的过渡形式而存在。例如，湖北钟祥市洋梓镇富裕小学教学点本已被列入该镇学校布局调整的撤销规划中，但由于布点学校容量有限，到 2006 年还无法容纳该教学点的 60 名学生，只能推迟到学龄人口高峰期过去后再完全撤销该教学点。

（三）解决特殊问题

还有一些地方之所以保留教学点是存在特殊原因的。例如，湖北英山县雷家店镇五一中心小学万家冲教学点在布局调整之前本是村里的一所完全小学。布局调整之后，该小学 3～6 年级并入五一中心小学，只保留一、二年级作为中心小学的教学点。该教学点可谓是英山县最"豪华"的教学点，有一栋三层教学楼和一栋教师宿舍楼，校园风景秀丽，绿树成荫，还有两块草坪、一个运动场和一个篮球场。但由于该校所处的位置缺水，不适合作为规模较大的中心小学。为了避免教育资源的浪费，当地政府只好忍痛撤销该小学，仅保留一、二年级。

广西桂林市龙胜各族自治县乐江乡同乐教学点因为学龄儿童很少，生源不足，曾经停办过两年。后来，这个教学点服务范围内适龄儿童增加到了十几个，达到了开办的要求，又被恢复。之所以恢复该教学点还有另一方面的原因：该教学点服务范围大多是苗族和瑶族学生，学龄儿童初次上学时语言障碍比较大，如果直接到完全小学去读书很难适应语言环境。因此，当地政府就在这种人口稀少的地方保留教学点，采用隔年招生、办复式班或跟读的方法避免适龄儿童失学。

集中分散式便于化解布局调整矛盾，因而是最基本，也是应用最广泛的布局调整方式之一。

三、兼并式

兼并式就是由一所社会声誉和教学质量都比较高的学校兼并另外一所或几所相对薄弱的学校，将校产、师资集中，学校规模扩大，实现以强扶弱、共同发展的目的。

兼并式有利于提高区域内的教育质量和实现教育的均衡发展。而且这种方式经常与政府布局调整所采用的示范方式紧密结合在一起，从某种意义上讲，兼并式就是政府在进行布局调整过程中采用示范方式取得良好效果的一种反映。采用兼并式并不是受地理环境的影响，而是为了提高教育质量或实现教育均衡发展，因而是一种适应性很强、选用比例较高的布局调整方式。凡是村与村之间相距比较近、学校办学条件差别较大情况下的学校撤并都适宜采用这种方式。

实地调查发现，各地在中小学布局调整过程中采用兼并式是一种最普遍的做法，就是用本县（市、区）、乡镇较好的中心小学、完全小学和本乡镇最好的初中兼并其他村小或薄弱初中，从而实现布局调整。如湖北省沙洋县高阳镇的垢冢小学是一所教育质量相对较高的完全小学，当地政府在布局调整中为了提高本地的教育质量，促使该小学先后兼并了本镇的新户小学和黄集小学，实现了布局调整。湖北钟祥市石牌镇中心学校则是由原来本镇最好的镇一中兼并另一所初中后完成初中布局调整的。

总之，兼并式突出强调教育质量的提高，将教育质量的提高与布局调整过程紧密结合，符合人民群众追求高质量教育的要求，因此是一种追求教育质量提高的农村中小学布局调整方式。

四、交叉式

交叉式是指每所学校校产不动，几个年级集中于甲校，另外几个年级集中于乙校；或者几所学校同时保留几个年级，另外几个年级的学生则全部集中在另一所学校，由一名校长总负责，对教师进行统一调配，每所学校独立运行的学校布局调整方式。这种方式与集中分散式不同的是，尽管存在两个或多个校点，但各个校点的地位是平等的，不是中心校和教学点的关系，而是一种分工协作的联合办学形式，并且每个校点的学生人数相对比较多。

交叉式适合在学校相距较近，校舍相对较好，且校舍不便改作其他用途的地方采用。该模式的优点是便于充分利用教育资源，利于化解布局调整中的村际矛盾。

交叉式的存在主要基于以下原因。

（一）矛盾冲突难解决

在部分地区，当地布局调整中的利益关系难以协调，为了化解矛盾，推进布局调整工作，政府采用交叉式来作为一种过渡形式。如河南省之所以采用交叉式的比重较高，就出于这方面的考虑。布局调整之前，河南省地方政府受经济条件的限制，对村小的投入很少，村小几乎都是依靠村民集资建设而成的。村民对村小的投入很大，感情也很深，很难接受撤并本村村小而让孩子到外村的学校读书，同时也不想让本村校舍闲置浪费。定点学校所在的村民则认为他村村民此前没有对本村学校建设投入或做出贡献，也不愿意接受外村学生就读，而且一旦学校合并，本村学校还要同时负担并入学校带来的"普九"债务，村际关系很难协调。

河南省是人口大省，人口相对集中，即使生源下降，村小的学龄人口数量也仍然较多，再加上地处平原地区，交通便利，村小之间的距离较近，因此，当地政府就将两所或几所距离比较近的学校几个年级的学生，如1~3年级，全部集中起来放在甲校，另外几个年级的学生，如4~6年级，放在乙校，实现了生源的相对集中，以充分利用教育资源，同时也化解了各村之间的矛盾。

（二）撤并学校学制不统一

学校合并时，一所学校是"五四制"，另一所却是"六三制"，"五四制"在兼并"六三制"学校时，无法容纳六年级学生，因此作为一种过渡形式，在"六三制"学校暂且保留五、六年级，而另一所学校却是完全小学。正在实现"五四制"向"六三制"过渡的河南省禹州市、罗山县及安徽省的濉溪县更多的是采用这种方式。

（三）学龄人口变化落差大

在农村中小学布局调整过程中很多学校尽管早已被列入布局调整计划，但受布点学校容量的限制，只得依据学龄人口的自然变化，首先从低年级学生逐步撤并，高年级学生则仍然留在原学校。

（四）撤并短期难以实现

在布局调整过程中由于家长的反对，政府就从低年级开始，采取每学年只撤并一个或两个年级的过渡办法，来缓和家长情绪。随着时间的推移，初中在3年后，小学在 3～6 年后会自然消亡。作为一种过渡方式，这种做法导致在一段时间出现一所学校有几个年级，另一所学校也有几个年级的情况。

例如，陕西省汉阴县涧池镇在将本地的另外 2 所初中合并到涧池中学时，部分家长也不理解。为此，该镇政府在撤并这 2 所初中时并不是一次性地整体并入，而是每年只并入初一年级新生，3 年后，原来的学校自然消失，家长也无法反对。

交叉式是不少地方在农村中小学布局调整过程中化解矛盾的一种有效方式，体现了农村广大干部和群众的智慧。因而也是各地农村中小学布局调整过程中被广泛采用的方式之一。

总之，农村中小学布局调整方式的选择是村民、家长与政府围绕各自利益相互协调的结果。各地在实践中具体采用哪种方式，有赖于各地政府对本地实际情况的把握和利益的协调。

第三节　农村中小学布局调整的成效

经过多年的努力，我国农村中小学布局调整已取得明显成效，初步解决了农村中小学存在 "数量多、规模小" 的问题，通过布局调整，教育资源的配置更加合理，农村学校办学条件得到较大改善，解决了偏远农村地区学生上学远的问题，学校的规模效益和教育质量得到了提高，并且促进了区域内教育的均衡发展。

一、整合了农村义务教育资源

教育资源的合理配置是实现义务教育均衡发展的基础。在布局调整之前，各地农村中小学普遍存在着布局分散，校点过多，规模过小，需要改造的危房多等问题。由于教育资源的投入具有整体性和不可分割性，学校无论规模大小，都要有校舍建筑和教学设备等固定资本投入，都要有教师、行政管理人员等人力资源投入，这使得本来就短缺的资源过于分散，难以合理配置和形成规模效益。

布局调整后一些规模小的学校和教学点被撤并，各地将有限的教育资源集中使用，改变了以往农村学校网点分散、规模小的状况，缓解了财政压力，规范了农村办学，优化了教育资源配置，改善了农村学校的办学条件，从而避免了过去分散办学时普遍存在的教育资源利用效率低下的问题。无论是在中部人口稠密地区的调研，还是在西部偏远地区的调研都印证了这一点。

例如，1998年以前，江西省铜鼓县共有中小学181所，其中，初中14所，小学167所。11所农村初中平均在校生470人，西向中学和幽居中学仅100多人。165所村小和教学点平均在校生62人，其中学生不足50人的学校98所，"一师一校"的教学点达53个，港口乡人口仅4 000人，682名学生分布在21所小学、1所初中，校均学生仅31人。经过布局调整，铜鼓县小学由167所减少到44所，初中由原来的14所撤并为5所，建成了3所九年一贯制学校。布局调整扩大了办学规模，降低了义务教育成本，改善了办学条件，促进了县域内义务教育资源的合理配置。2004年，全县小学共有学生8 751人，专任教师669人，2007年学生数上升到9 970人，而专任教师总数却减少到584人，按教师人均年工资40 000元计算，每年就节约资金340万元，这样就大大减轻了财政压力。节约资金并没有产生"挤出效应"，县政府及时拨付专项资金，以农村寄宿制学校建设为突破口，解决布局调整带来的新问题，努力缩小城乡办学条件的差距。为了克服因学校撤并而产生的上学远的矛盾，县政府根据山区特点，把中小学危房改造、薄弱学校建设和布局调整有机结合起来，创办新型的山区寄宿制学校，探索出一条降低山区教育成本、提高"普九"水平和办学效益的新路子。

武汉市新洲区是一个远城区。它背倚大别山，面临长江水，方圆1500.66平方公里的土地就镶嵌在这一山一水之间。全区现有10个行政街道，3个镇，1个开发区和1个风景旅游区，555个行政村，37个居民委员会。全区总人口98.7万人，人口密度为每平方公里635人，其中农业人口74万人，全区在校学生总数135 760人。1998年以来，新洲区中小学布局调整的力度是前所未有的，全区小学由原来的516所调整为63所，初中由原来的68所调整为29所。经过农村中小学布局调整，全区办学条件大为改观。校园面积和校舍面积保持着增长态势，现代化教学装备能力越来越强，全区所有学校均达到国家二类实验室标准；计算机室由原来的总共8间增至现在的每校接近2间；计算机台数由原来的139台增至现在的9 680台；多媒体教室由原来的2间增至现在的113间；闭路教学系统由原来的2套到目前实现了校校有闭路教学系统；并实现校校有宽带接入。教育资源的优化和整合，不仅实现了教育资源的综合利用，而且保证了教学质量的稳步提高，小学教育适龄儿童入学率99.9%，在校学生年度巩固率99.96%；15周岁人口初等教育完成率99.9%；初中教育适龄儿童入学率99.3%，在校学生年度巩固率97.9%，中考成绩在武汉市各区中各项指标连续稳居前列。

江西省分宜县根据城乡建设发展规划和城镇人口的增长趋势，科学合理地调整中小学布局，2004 年以后，将全县初中生逐步集中在县城就读，并将原有的 13 所乡镇初中改办为高标准的寄宿制中心小学，将乡镇三、四年级以上的小学生集中到中心学校就读。同时，对乡镇小学进行整合，调整乡镇小学（含教学点）40 所，将原中心小学用于举办中心幼儿园，原村小用于举办学前教育。目前，全县 70%以上的小学生集中在乡镇寄宿制中心小学就读。这充分利用了学校闲置资源，改善了城乡学校教育资源不均的状况，促进了城乡教育资源均衡配置。

陕西省南郑县黄官镇魏家桥小学地处山区，在布局调整之前学校规模小、教师少，缺少教室、实验室和宿舍，还存在大量危房，许多课程如计算机、音乐、美术都开设不了。农村中小学布局调整之后，该校合并了一所小学和几个教学点，学校规模扩大了 1 倍多，学校利用上级专项资金建设了微机室、物理化学实验室、科学课实验室，配置了较为齐全的音乐美术教学设备，还改造了几间旧平房做学生宿舍。教师由 8 人增加到 20 多人，每位教师承担的课程减少了，教学质量得到提高。由于学校条件的改善，许多距离较远的教学点的家长自愿把孩子转到这里上学。

为了了解农村中小学布局调整是否有助于促进教育资源的合理配置，我校教管专业师生对中西部地区的湖北、河南、广西、云南、陕西、内蒙古等 6 个省（自治区）、38 个县（市）、177 个乡镇中县乡两级教育行政人员和学校校长及教师的两种问卷中都设计了这样一道选题："您认为当地农村中小学布局调整的成效是什么？"

结果显示，接受调查的县乡两级教育行政人员中有高达 95.5%的人认为，农村中小学布局调整促进了教育资源的合理配置，而在所有接受调查的县教育局局长（副局长）中，这一比例高达 100%。接受调查的学校校长、中层干部、教师及其他（教辅和工勤人员）人员对此的认同比例则分别为 78.7%、77.6%、69.8%、66.9%（表 2-12）。总之，尽管教育行政人员、学校校长、中层干部、教师及教辅、工勤人员对这一问题的看法不完全一致，但大多数人认为，农村中小学布局调整促进了教育资源的合理配置。

表 2-12　不同样本群体对当地农村中小学布局调整的看法

人员类别	有效样本/份	提高了学校规模效益/%	促进了教育资源的合理配置/%	提高了教育质量/%	减轻了教师的负担/%	有助于教育的均衡发展/%	其他/%
行政人员	178	70.8	95.5	78.7	37.1	70.8	3.2
学校校长	893	57.6	78.7	64.7	28.8	56.1	2.7
中层干部	736	56.0	77.6	52.4	21.6	53.7	3.5

人员类别	有效样本/份	提高了学校规模效益/%	促进了教育资源的合理配置/%	提高了教育质量/%	减轻了教师的负担/%	有助于教育的均衡发展/%	其他/%
教师	8 884	50.3	69.8	47.6	19.1	50.1	3.2
其他	121	49.6	66.9	52.1	19.8	48.8	5.0

注：县乡两级教育行政人员卷缺失值为3，学校卷缺失值为829

二、提高了农村学校的规模效益

农村中小学布局调整不仅促进了教育资源的合理配置，而且有利于农村学校形成适度规模，提高学校的规模效益。所谓学校规模是指在教育的其他条件不变的情况下，学校拥有恰好可以使所有资源得以充分和恰当利用，并在不违背教育规律的前提下，保证培养规格、教育质量不受影响的合理限额的班级数和学生人数。因此，学校规模是判断和评价农村中小学布局是否合理的主要标准之一。因为在教育资源一定时，如果学校过多、单个学校规模较小，那么每所学校就无法发挥规模效益，必然导致教育资源的利用效率低下。农村中小学布局调整后，学校数量得以减少，每所学校可支配的教育资源大大增加，形成了规模效益，其教育资源利用效率整体得到提高。

从实地调研情况来看，各地对农村中小学布局调整的幅度都很大，效果比较明显。

如湖北省钟祥市 2000 年前共有 368 所小学（含教学点），2005 年调至 204 所，初中尽管处在入学高峰期，但也由 46 所调至 42 所；该省石首市的小学由 2000 年的 229 所调至 108 所，初中由 26 所调至 22 所；沙洋县小学由 126 所调整为 73 所，初中由 29 所调至 20 所。各地区学校的在校生人数均较布局调整前有了明显提高。

陕西省彬县中小学由布局调整前的 365 所减少到 252 所（含教学点），2006 年进一步缩减为 201 所。该省石泉县 2000 年有 280 所中小学，"十五"期间撤并了近百所，现有中小学 184 所。汉阴县实行了统一规划，中小学由原来的 305 所合并为 187 所。勉县于 2001 年开始布局调整，学校数量由原来的 396 所调整到 234 所。南郑县中小学由 2000 年的 501 所调整为 335 所。由于陕西省各县在学校布局调整中减少了学校数量，当地农村中小学学校规模接近或达到了基本合理的水平。根据对该省调查问卷结果分析显示，5 个县的小学校均学生为 360 人，初中为 1 100 人，九年一贯制学校为 1 100 人，高中为 1 400 人，学校规模均较学布局调整之前有了显著扩大。

　　在人口稠密地区，合并邻近学校可以提高规模效益，而在西部人烟稀少的地方，由于长期以来实行"村办小学，镇办初中"的办学模式，形成了大批的"麻雀校"，更需要重新进行资源的整合。布局调整以后，学校规模的扩大为规模效应的发挥创造了条件。

　　云南省石林彝族自治县坚持"对内收缩，对外开放，整合资源，增强效益"的中小学布局调整方针，采取"集"（初中生尽可能地集中到县城就读）、"靠"（小学高年级学生靠到乡镇中学就读，四、五年级靠到乡镇中心完全小学就读）、"收"（尽力收缩"一师一校"教学点，大力发展寄宿制学校）等有效措施，全县初中由原来的10所撤并为7所，小学由原来的115所撤并为90所、教学点由原来的36个撤并为20个，基本改变了该县农村中小学"散"（校点分散）、"小"（办学规模小）、"弱"（基础设施薄弱）、"低"（办学效益低）的不经济、不合理的局面。

三、改善了农村中小学的办学条件

　　农村中小学布局调整最直接的成效就是优化了教育资源配置，大大改善了农村中小学的办学条件。

　　例如，云南省昆明市石林彝族自治县是一个经济相对较发达的县，该县西街口镇在布局调整过程中根据当地实际，采取了撤销、扩建、合并、保留、搬迁等多种方式，其目的就是要改变过去教学点分散，学校规模小，办学条件差，教育质量不高的状况，全面提升办学水平和效益。在布局调整前全镇有25个校点，调整后保留11个。这11个校点分别是10所完全小学和1所初中，即西街口中学。布局调整后的西街口中学负责全镇所有初中生和小学六年级学生的教学。之所以将小学六年级的学生并入初中，主要是为了充分利用镇中学优质的教学资源和相对宽敞的校舍条件，让全镇的孩子平等地享受优质的教学资源，提前熟悉初中的环境。

　　湖北省石首市是地级荆州市代管的一个县级市。全市土地面积1 427平方公里，辖14个乡、镇、办事处和经济开发区，总人口62.6万人。在农村中小学布局调整过程中，按照"边远靠中心，无路靠有路，小村靠大村，平房靠楼房"的基本原则撤并薄弱学校，节省下来的资金用于改善布点学校的办学条件，更新了教学设备。撤并学校的资产向布点的中心学校集中，中心学校增加部分投入完善了教学实验设备和文体设施；布局调整与危房改造相结合，节省了大量的修缮费用。同时，布局调整精简了部分教师，节省了财政支出，这样使有限的财政支出得以集中，教师的工资能够及时足额发放。

据云南省寻甸回族彝族自治县（以下简称寻甸县）教育局办公室主任介绍，随着城镇化的推进，大量的农村人口流向城镇，农村学校学生人数减少，为了优化办学效益，整合教学资源，各地都对农村教学点进行了大规模的撤并活动，实行集中办学。而寻甸县早在2003年就开始进行撤并工作。这一工作的开展缘于7个村委会的村民联名递交申请书，他们要求对所在村小进行资源整合，以提高教育质量。寻甸县教育局则因势利导地对相应的教学点进行了撤并，按照"初中逐步集中到县城，小学5年级以上集中到乡镇，小学1~4年级分区域集中"的思想原则进行集中化办学，目前这一格局在寻甸县内已基本形成。据该办公室主任介绍，家长对这一办学模式也较为认可，城乡教育资源得到有效整合。

广西桂林市龙胜各族自治县因境内有苗、瑶、侗、壮等多个少数民族聚居而得名。该县素有"九山半水半分田"之称，学校规模普遍较小。该县三门镇中心小学本来是一所服务范围只有2个村的小学，农村中小学布局调整后该校合并了附近村的一所学校，服务范围扩大为5个村。学校合并以后，中心学校对师资和教育经费进行合理的安排，从整体上提高了学校的教学质量。合并以后的学校开设了二胡、篮球、书法等免费的特长班。针对合并以后学生住宿条件较差的情况，学校通过努力获得了当地一家企业的资助，修建了一栋学生宿舍楼。宿舍楼每个房间里都有卫生间和热水器。学校还配备了两个生活老师，并建立了由校领导和总务处负责的学生宿舍管理机构。优良的住宿条件，为学生的生活学习提供了有力的保障。

在中国农村，尤其是在一个贫困县的农村小学，能有这样的教学和住宿条件非常不易，而学校布局调整是学校条件改善的一个重要原因。只有学校达到一定的规模，才能更加充分地集中和利用各种教育资源。

四、促进了农村中小学教育质量的提高

追求教育质量的提高，是农村中小学布局调整的最终目的。6省区有78.7%的教育行政人员、64.7%的学校校长、52.4%的中层干部和47.6%的教师认为，农村中小学布局调整促进了教育质量的提高（表2-12）。

农村中小学布局调整之所以能促进农村学校教育质量的提高，是因为布局调整后师资得到了合理配置，办学条件得到改善，教学管理也比较规范，教师的责任心增强了。所以，我校教管专业师生在调研中发现，农村中小学布局调整和兴

办寄宿制学校促进了教育质量的提高。

从对各方的访谈结果来看也印证了这一点，当问到当地村民对布局调整的态度时，大部分县乡两级教育行政人员和教师的回答是，调整之初反应比较大，但后来看到中心学校的教学条件和教学质量好，很多家长宁愿孩子到更远的学校上学，主动要求撤掉村小，村民态度的转变反映了调整后学校教学质量的提高。例如，湖北省钟祥市东桥镇政府当时考虑到路程远的孩子上学困难的问题，计划在离定点学校较远的村设立教学点，但是遭到了村民的反对，这是因为定点学校在布局调整以后管理更加规范，教育质量有了明显的提高，村民们宁愿走远路也要把孩子送到定点学校去读书，因而反对政府设立教学点。

我校教管专业师生在其他省（自治区、直辖市）调研时，也发现了不少家长主动要求送孩子到中心学校读书的情况，这反映了学生和家长对于布局调整后学校教学质量提高的肯定。的确，布局调整以后，小规模学校的学生撤并到大规模的学校，就可以享受到更好的学习条件。从这个角度看，学校布局调整为家住偏远地区的孩子接受比以前更好的教育提供了条件。学生到规模较大、条件较好的学校学习，就能够受到较为优质的教育，因为这些学校的师资配备大多较为合理，教学管理也比较规范。

五、促进了区域内义务教育均衡发展

义务教育的均衡发展，是进入 21 世纪以来我国政府一直致力的目标，是建设社会主义和谐社会，促进社会公平正义的重要方面。2005 年 5 月，教育部颁布《教育部关于进一步推进义务教育均衡发展的若干意见》把推进义务教育均衡发展摆上了重要议事日程，明确要求各地把义务教育工作重心进一步落实到办好每一所学校和关注每一个孩子健康成长上来。而 2006 年修订的《中华人民共和国义务教育法》的一个基本要求，就是更加均衡地配置义务教育资源。教育均衡发展的最基本要求是在教育机构和教育群体之间，公平地配置教育资源，达到教育需求与教育供给的相对均衡[1]。那么，农村中小学布局调整是否促进了教育的均衡发展呢？

我校教管专业师生对 6 省区的调研结果显示，有关各方都认为农村中小学布局调整有助于教育的均衡发展，其比例分别达到了 70.8%（县乡两级教育行政人员）、56.1%（学校校长）、53.7%（中层干部）和 50.1%（教师）（表 2-12）。各方超过 50% 的认同度反映出农村中小学布局调整对于促进教育均衡发展，缩小

---

[1] 翟博. 教育均衡发展需要明确哪些理论问题.（2006-08-01）[2015-08-11]. http://theory.people.com.cn/GB/49157/49166/4655422.html.

地区之间、城乡之间、学校之间的差距确实起到了积极作用。

　　在实地调研中我们看到，农村中小学布局调整以后，一些基础设施较好、教学质量较高的农村中心学校，由于投入加大、资源集中，其办学条件在当地农村达到一流水平，其师资、教学仪器设备、管理水平等与城镇学校的差距不断缩小。在这样的情况下，农村学龄儿童可就近接受高质量、高水平的教育。从长远来看，对缩小区域内、城乡之间的教育差距，推进区域内、城乡间的教育均衡起到了积极作用。另外，布局调整对于推动县域、乡域之间的教育均衡起了积极作用。由于当前我国农村教育管理体制的一个重要特点就是"以县为主"，县级政府负有组织实施义务教育方面的主要责任，包括统筹管理教育经费、调配和管理中小学校长和教师、指导中小学教育教学工作等。因此，虽然一个县域内各乡镇的经济发展程度有差别，但由于县级政府有权对全县的教育经费进行统筹安排，有权对全县的教育资源进行合理布局和调整，这对促进县域、乡域的教育均衡发展有着十分积极的意义。比如，在广西，很多乡镇中心学校的校长认为，当地在进行学校布局调整以后，除了乡镇中心小学条件要明显好一些以外，其他的所有小学条件都差不多，学生可以选择在全乡镇范围内的任何一所小学就读。

　　总之，经历农村中小学布局调整，一大批规模小、办学条件差的中小学被调整和撤销，教育资源得以进一步集中，师资队伍进一步优化，定点学校的教育质量不断提高，这使得更多孩子享受到了优质的学校教育，促进了区域内义务教育的均衡发展，为进一步缩小城乡之间的教育差距打下了良好的基础。

第四节　农村中小学布局调整的经验

　　农村中小学布局调整在国家层面上是具有战略性和全局性的政策导向，但由于我国各地区的具体情况千差万别，该政策又具有在不同环境、条件下的局部性和相对性，因而如何既能把握战略性和全局性，又能把握局部性和相对性，各地在布局调整过程中都积累了丰富的经验。

一、坚持"集中办学与分散办学"相结合的原则

集中办学与分散办学是农村中小学两种重要的办学模式。集中办学有助于形成规模效益，实现教育资源的合理配置和提高教育资源的利用效率；分散办学则有助于方便学生就近入学，解决学生上学难的问题，防止学生因上学路程远而导致失学和辍学问题的产生。

从各地农村的具体做法来看，所采用的布局调整模式大多数是撤并，在交通不便的地方建立寄宿制学校。在这一办学模式的指导下，一些成班率不足、校均人数未达标的校点很快便被撤并。的确，从各地的实践来看，在一些山区、交通不便地区建立寄宿制学校，将离校远的孩子统一安排在学校住读，由学校进行统一管理，无疑是解决因布局调整导致学生上学难问题的较好途径。但与此同时，也应当看到，布局调整前的分散型办学模式固然有其不合理的地方，但在方便农村学生就近入学方面确实有它的长处。比如，教学点的学生，在他们的学前班及小学低年级阶段，由于是在本村本乡的教学点接受启蒙教育，他们白天在学校上学，学校的老师和同学全是乡里乡亲的，因此，学校虽破败不堪，但乡情温暖，不受歧视，放学后又与父母兄弟姐妹相处，生活虽苦，但亲情融融，能满足他们身心发展的需要。

基于上述原因，在农村中小学布局调整过程中，各地区如何根据自己所处的地理环境、学龄人口特点、经济状况等，既坚持扩大规模，又方便学生上学；既坚持追求预期的办学效益，又保证学龄儿童都能上得起学，这确实是布局调整的最大难点之一。而这个难点事实上就是分散与集中、效益与公平之间的平衡问题。过去的分散型办学是一个教师管一个教学点，一个教学点少的只有几个学生，结果教与学的活力无法显示，当然不利于学生的学习，也不利于农村教育的发展。但如果集中办学只有走读和寄宿两种模式，则容易使一些年龄幼小的学生不得不推迟上学的年龄，或把一些因交不起寄宿费的学生拒之中小学的大门之外，这样不利于农村基础教育的发展。因此，实事求是，坚持"集中办学与分散办学"相结合，是各地农村中小学布局调整的一条重要经验。

二、坚持"公平优先、兼顾效率"的原则

公平与效率是一个经典的公共政策目标的权衡问题。农村中小学布局调整尽管不是解决教育公平与效率的唯一途径，但公平与效率是政府推进布局调整在政策选择上的主要依据或追求目标。因此，农村中小学布局调整必然涉及公平与效

率问题。

当然，严格地说，公平与效率并不是一对哲学意义的范畴，与公平相对的是非公平，与效率相对的是非效率，虽然公平与效率并不构成一对范畴，但是在经济学领域中两者之间存在相互影响和相互制约的关系，有着较为密切的内在联系。一般认为效率是指"资源的有效使用和有效配置""在经济领域内，任何资源总是有限的，不同的资源只是有限供给的程度不一而已。有限的资源，使用得当、配置得当，就可以发挥更大的作用；反之，使用不得当，有限的资源只能发挥较小的作用，甚至可能产生负作用。这就是高效率与低效率的区别"[①]。而公平"主要是指如何处理经济活动中的各种经济利益关系，其实质是合理的分配原则"[②]。经济领域内公平与效率的矛盾主要表现在制定经济政策时把何者放在更优先的位置上，即公平优先还是效率优先。

教育领域内的效率与经济领域内的效率在含义上没有太大的差别，教育领域内的效率从本质上讲是指"资源配置的结果要使效率最大化，即教育资源配置要形成一定的优势结构"[③]。如果有限的教育资源配置得当，使用得当，就能发挥更大的作用，具体表现为：投入有限的教育资源使教育规模得到扩大并使教育质量得到提高，如果有限的教育资源使用不得当，配置不合理，就只能发挥较小的作用，具体体现为投入一定的资源却不能使教育规模得到扩大和使教育质量得到提高。但教育领域内的公平与经济领域内的公平在含义上有一定差别。瑞典著名教育学家 Husen 认为，教育公平主要是指教育权利平等和教育机会均等，包括教育起点的平等、教育过程的平等和教育结果的平等。而要实现教育机会均等，教育资源在各参与分配者之间就应"以大体均等的占有量加以分配，即教育资源在各级各类教育之间、各学校之间、地区之间，以及不同受教育者个人之间，按照与其规模和需求相对应的数量加以分配"[③]。根据 Husen 的观点，教育公平主要包括教育权利平等和教育机会均等两个方面，教育权利平等主要是指法律上要保证每个公民都享有同等的受教育权利，教育机会均等是指能力相同的儿童，不论其性别、种族、地域，都有相等的接受教育的机会，与此相对应，在同等条件下受到不平等的待遇就叫不公平。

农村中小学布局调整的一个重要目的，就是要实现教育资源的合理配置，提高教育资源的利用效率。这从总体上来看，应该说是正确的，因为与农村中小学布局调整相结合的撤并工作对经济条件好、交通便利的村镇具有积极的意义，主

① 厉以宁. 经济学的伦理问题. 北京：生活·读书·新知三联书店，1995：2.
② 余源培，荆忠. 寻找新的学苑——经济哲学成为新的学科生长点. 上海：上海社会科学院出版社，2001：151.
③ 王善迈. 教育经济学简明教程. 北京：高等教育出版社，2002：172.

要表现为教育资源的集中和优化不仅提高了教育资源的利用率，也为农村学生接受更好的教育提供了条件。但由于各地经济社会发展的不平衡和不充分，经济条件比较好的地区和经济条件比较好的家庭，他们有能力投资教育，对教育的需求有更高的目标，对教育有更自由的选择空间，因此，当布局调整的决策有利于他们子女教育发展的时候，这些地区和家庭有能力在财力、物力上给予积极的支持，这对于促进农村教育的发展，缩小区域之间、城乡之间、学校之间教育的差距无疑具有积极的意义。但由于布局调整后保留的学校或新建的学校大多位于经济基础较好、教育较发达、交通较便利的地区，这就必然出现在效率目标的追求下对公平的牺牲。这表现在那些最薄弱、最分散、最不经济的校点被撤并后，所有的学生被集中到条件稍好的学校就读，这对他们来说，可以增加接受优质教育的机会，但其前提是边远地区的孩子、贫困生能上得起学、留得住，然后才能谈得上接受好的教育，否则，只能是一句空话。因此，要切实让布局调整的政策造福于民，就不能让边远贫困地区的孩子做出政策性的牺牲，而解决这一问题的根本办法就是国家在实施农村中小学布局调整的过程中，必须制定相应的财政补贴政策，资助因布局调整而在教育上受到损失的边远贫困地区的孩子，让他们不因布局调整而失去受教育的机会和使受教育的条件进一步恶化。只有这样，才有利于教育的均衡发展，保证边远贫困地区的孩子都能公平接受教育。因此，农村中小学布局调整必须坚持"公平优先、兼顾效率"的原则。

三、坚持"重点支持集中办学又适当照顾分散校点"的原则

由于教育资源本身具有整体性和不可分割性，即使学校规模再小，也因其教育功能的需求而必须投入相应的资源，这样，投入的资源会因为学校规模小而未能获得充分的利用，这是我国实施布局调整的重要原因。如何使教育资源得到合理配置，使有限的教育资源能够依据其教育功能的特性和需求而得到有效利用，不是布局调整所能完全解决的，这是因为以下几点。

1）布局调整的时机如果把握不好，就会出现教育资源匮乏与闲置并存的结构性浪费。

将分散的、规模过小的中小学和教学点逐步撤并，把分散在这些校点的教育资源进行优化重组和合理配置，使师资和生源相对集中，扩大办学规模，提高办学效益，是农村中小学布局调整的宗旨，也是今后农村中小学教育发展的趋势。但是教育资源的合理配置，学校网点的重新布局需要较多的经费投入，无论是新

建学校，还是布局调整予以保留的学校，都必须增加教学楼、办公楼、运动场、校舍、学生食堂等建设，否则就无法满足从其他校点集中过来的学生的学习和生活需要。调查发现，有些县、乡政府和教育行政部门对布局调整由理想蓝图变成真正现实所必备的人力、物力、资金等硬件条件估计不足，在基本办学条件尚不具备的前提下，便急忙把周边的一些校点撤并，结果，周边学校有的教育资源如校舍、运动场等因无法搬迁而被闲置和毁坏，然而被政府定为集中办学的中心学校却因基础设施不完备而一时又无法容纳更多的师生。这当然会引起村民对布局调整的不满，严重的甚至造成学生的失学和辍学。

2）集中与分散的关系如果处理不好，就会出现教育资源在教学点与集中办学学校之间的重复性浪费。

在有些边远地区，一些农村的教学点被撤并后，由于一些儿童面临着失学和辍学，当地政府在权衡利弊之后，本着实事求是的态度自动恢复了一些不该撤并的教学点。此外，由于村民不放心让自己年幼的孩子到离家很远的中心学校上学，于是，他们有些宁愿让孩子失学在家也不把孩子送到邻村或中心学校就读，或者自行聘请教师，利用布局调整后废弃的教学点办学。这样，一方面造成中心学校的生源严重不足；另一方面则是本该撤并的教学点无法撤并。可见，虽然从长远看，农村中小学布局调整确实有它的优势，但是如果与村民的现实生活相差太远，则不但达不到提高教育资源利用效率的目的，相反还会带来教育资源的更大浪费，甚至还会造成大量学龄儿童无法上学。

3）新建校点与保留校点的关系如果处理不当，就会出现教育资源的过剩与紧张并存的供给性浪费。

在农村中小学布局调整过程中，有些县、乡镇政府和教育行政部门由于没有对学校覆盖范围内的学龄人口、村民意愿、地理位置等进行充分的论证就急忙进行布局调整，结果一方面造成布局调整后集中办学的学校出现生源不足，校舍、师资、教学仪器设备等教育资源的过剩或浪费；另一方面计划撤并但由于各种原因不能撤并的校点因长期得不到教育经费的补充而办学效益日益低下，维持学校正常运转的基本物质条件日益匮乏。这种反差极大的教育资源配置方式，应引起各级政府及教育行政部门的关注。

总之，农村中小学布局调整既要考虑教育资源适当的集中配置，同时又要兼顾边远贫困地区农村一些分散校点对教育资源的需求。因此，农村中小学合理布局既要重点支持集中办学，又要适当兼顾分散校点的建设。

四、坚持"区域内经济发达地区与边远贫困地区义务教育均衡发展"的原则

20世纪90年代以来，随着我国九年制义务教育的普及，义务教育均衡发展已成为我国教育政策的重要内容。而这里所说的教育均衡发展，是指受教育者接受相同数量和质量的教育，其基础是教育资源配置的均衡，包括初中教育在内的义务教育阶段是教育均衡的重点。因此，如何使农村义务教育实现均衡发展，是农村中小学布局调整面临的重大课题。从各地布局调整的实践来看，撤并一批过于分散的教学点，在交通不便、人口居住分散的地区建设一批寄宿制学校，把有限的农村教育资源集中到办学能力强的中心学校，以中心学校带动分校，以强校合并弱校，是其布局调整工作的主导方针。经过撤并，各地农村教育是否实现了均衡；不同县域、乡域的不同学校之间，城乡之间的办学条件是否已相对均衡；边远贫困山区儿童、孤残儿童、贫困儿童、留守儿童等社会弱势群体是否获得与其他同龄人一样的受教育权利等等，无疑是衡量和评价农村中小学布局调整是否合理的重要方面。

毫无疑问，农村中小学布局调整对促进区域（主要是县域）内的教育均衡发展具有积极作用，但是我们在调查中也发现，在一些边远贫困地区，农村中小学布局调整不但没有改善农村学校的条件，反而使部分校点办学条件恶化；不但无法缩小边远贫困地区农村与发达地区农村之间教育的差距，反而拉大了这种差距。

造成这一问题的主要原因是，主观愿望与实际情形相矛盾。主观上人们寄希望通过布局调整为所有边远贫困地区的孩子提供良好的办学条件和高质量的教育，但一个不容回避的现实是边远贫困地区义务教育目前只能在数量上予以保障，只能以完成基本的义务教育培养目标为限度，高质量教育的追求既受政府财力的制约，也与边远贫困地区老百姓脆弱的支付能力相悖。因此，边远贫困地区的教育供求矛盾与经济发达地区教育供求矛盾的区别在于：它不是优质教育资源的稀缺导致的教育不公，而是因绝对数量不足，教育活动最基本条件难以保障导致儿童受教育机会的缺失。因此，就边远贫困地区的农村而言，撤并过散、过小的校点，扩大中心学校的规模，创办寄宿制学校，追求生师比例达到或接近国家标准等，都从理论上有利于边远贫困地区农村义务教育的发展，有利于提高这些地区的教育质量与教育水平。但是，如果没有一定的经费支撑，这种主观愿望与边远贫困地区农村的实际情形就难以相符，然而在布局调整过程中，一些边远贫困地区政府却不顾当地的实际情况，仅凭主观愿望，一哄而起，在基本办学条件不具备的情况下，过早、过快地撤并一些还应暂时保留的校点，结果事与愿违，不但

无法实现布局调整的预期目标，反而出现与预想目标相反的结果。

当然，国家可以通过财政转移支付、专项拨款等途径加大对边远贫困地区教育的资助，但在集中资源办学的方针政策下，这些资金多数被投入到集中办学的中心学校，而中心学校以下的教学点往往变成了"被遗忘的角落"。

中小学教育是必须分散组织的社会事业，其管理权主要属于地方，因而地方经济的发展对农村中小学教育的发展及其布局的影响是很大的，如果地方区域经济比较发达，可提供的教育经费就相应充足，中小学教育的发展就有了根本保证，反之，中小学教育的发展就很难得到经费支持。同理，农村中小学布局调整是一项具有长远发展的战略决策，随着这一决策的实施，一批标准化、现代化的农村中小学诞生了，这对于区域内经济发达地区的农村孩子获取与城市孩子一样的教育，进而通过教育的途径缩小我国城乡教育差距是具有重要意义的。但由于同一区域内边远落后地区与经济发达地区之间仍存在着较大的差距，在投资教育就意味着投资未来的今天，经济发达地区对教育的投资越大，它们获得的发展机会和潜力就越大，因此，它们的发展速度会更快。而边远贫困地区，则由于地方财力和家庭支付能力的限制而无法承担因布局调整所导致教育财政支出和家庭教育消费支出的增加，这些地区教育的发展和农民子女接受优质教育的机会也将受到限制。长久下去，同一区域内边远落后地区与经济发达地区的教育差距会进一步拉大。因此，农村中小学布局调整必须兼顾到同一区域内经济发达地区与边远贫困地区的学校，协调好区域内经济发达地区与边远贫困地区教育的发展。

第三章

农村中小学教师队伍建设

　　百年大计，教育为本；教育大计，教师为本。中小学教师队伍建设不仅关系到义务教育的均衡发展，而且直接影响广大中小学学生的成长，关系到社会的公平、公正和和谐。2014 年 9 月 9 日上午，习近平在北京师范大学考察时强调，"国家繁荣、民族振兴、教育发展，需要我们大力培养造就一支师德高尚、业务精湛、结构合理、充满活力的高素质专业化教师队伍，需要涌现一大批好老师"。他强调指出，"一个人遇到好老师是人生的幸运，一个学校拥有好老师是学校的光荣，一个民族源源不断涌现出一批又一批好老师则是民族的希望"。①因此，大力加强农村中小学教师队伍建设，是确保城乡教育真正实现一体化发展和均衡发展，让广大农村适龄儿童都能公平接受教育的关键。

----

①习近平在北京师范大学考察时号召全国广大教师做党和人民满意的好老师. （2014-09-09）[2016-08-09]. http://www.xinhuanet.com/politics/2014-09/09/c_1112412989.htm.

第一节　农村中小学教师队伍建设概述

农村教育在全面建设小康社会和实现农村全面振兴中具有基础性、先导性、全局性的重要作用。发展农村教育，办好农村学校，是直接关系广大农民切身利益，满足广大农村人口学习需求的一件大事。中国教育最大的分母在农村，基本实现教育现代化的短板也在农村。发展农村教育，教师是关键。打通教育现代化的"最后一公里"，要充分依靠农村教师。

我国一半以上的学龄儿童在农村，农村教育质量如何，很大程度上关系着国家整体教育质量和发展水平。要基本实现教育现代化，重点在农村，而发展农村教育，根本在教师。教师是影响学生健康成长的关键，是一切重大教育改革的核心力量。在硬件资源相对缺乏的情况下，教师在一定程度上可以弥补硬件配置的不足，教师的作用是任何其他资源都不能替代的。多年来，我国城乡教育差距巨大，尽管原因很多，但根本原因是教师的差距。长期以来，在我国农村，特别是偏远地区的农村学校，由于办学条件差，往往既吸引不到又留不住优秀教师，致使农村学校教师队伍现状堪忧。

一、农村优秀教师不愿意留守农村

由于农村地区教师待遇普遍偏低、生活环境艰苦，工作任务繁重，身心压力大，个人发展机会少，农村教师岗位变得越来越不具有竞争性，越来越缺乏吸引力，这不仅造成优秀毕业生不愿到农村任教，而且导致农村优秀教师不愿意留守农村，进而造成教师的大量减少和流失。我校教管专业师生对一些艰苦农村地区学校的抽样调查表明，50%的校长反映有教师流失的情况，而流失的主要是骨干教师和35岁以下的青年教师。另据我校教管专业师生对湖北地区一些城市、乡镇和村小教学点教师的抽样调查，"60%的城市优秀教师希望流动到北京、上海、广州、深圳等经济发达的一线城市""85%的乡镇教师希望到县城及以上城市学校任教，90%的村小教学点的教师希望到乡镇及以上地区学校任教"。

当城市优秀教师流失以后，就从农村引进教师，特别是随着城镇化的快速推进，城区新建学校需要大量教师，农村优秀教师就成为强力引进对象，如武汉某开发区近年来由于新建学校，就从湖北农村引进了 5 名优秀校长、7 名副校长、17 名特级教师。农村教师的大量流失加剧了农村地区师资短缺，尤其流失的大多是优秀年轻教师、骨干教师，这使农村教育发展面临巨大的挑战。

二、农村教师年龄老化成为普遍现象

世界著名教育学者菲利普·库姆斯曾一针见血地指出："发展中国家农村地区常常像半干旱的教育荒漠一样而没有教育质量可言，不但教师通常都是水平最低的，而且贫穷儿童的比例也很高，这些儿童真正需要最好的老师，然而他们却是最后才得到。"[1]在我国农村，特别是偏远农村地区的学校，由于办学条件差，往往吸引不到优秀教师，在农村学校任教的教师年龄老化是一种普遍现象，并且学段越低，学校越偏远，老化的程度越严重。从年龄结构上看，50 岁以上的老教师居多，30 岁以下的年轻教师很少，一些农村偏远薄弱学校教师的平均年龄达到 50 岁以上。"三个老师七颗牙，爷爷奶奶教小娃"，正是相当长一段时间内我国农村中小学教师年龄结构的真实写照。例如，云南省寻甸县2014 年小学阶段共有 1 937 位教师，24 岁及以下者仅 35 人，占教师总数的 1.8%，50 岁及以上者为 423 人，占总人数的 21.8%，也就是说平均每 5 位小学教师中就有一位为 50 岁以上者，这表明小学教师队伍老龄化问题严重（图 3-1）。这一点在我校教管专业师生 2015 年对该县的调研过程中也得到了印证，该县河口镇中心完全小学 9 位教师平均年龄 45 岁，而栽开回民小学 5 位教师分别为 28 岁、43 岁、45 岁、52 岁、56 岁，平均年龄 44.8 岁。该县教育局一位负责人告诉我校调研师生，该县 50 岁以上的公办教师大部分是由民办教师转化来的，虽然承认这些教师把毕生的心血奉献给了基层教育事业，值得肯定与敬佩，但他们大多学历层次较低，知识与教学技能提高较慢也是不争的事实。其他调研数据也显示，2013 年云南泸西县向阳乡村小教师平均年龄 43.1 岁，8.5%的村小没有 46 岁以下的教师，6.2%的村小一半以上教师超过 55 岁。这些教师对多媒体技术掌握程度低，更缺乏通过网络获取信息的机会，因此无法通过教与学的方式让学生们的眼界变得更开阔。如此一来，这些本已落后于城镇孩子的农村娃就更缺乏竞争力了[2]。

---

① 菲利普·库姆斯. 世界教育危机. 赵宝恒，李环，等译. 北京：人民教育出版社，2001：126.
② 靳晓燕. 乡村教育的喜与忧. 光明日报，2013-12-19（06）.

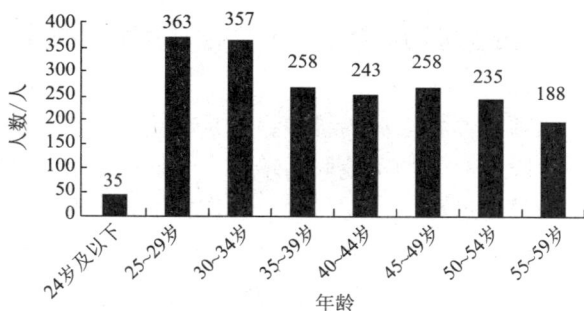

图 3-1　寻甸县小学教师年龄结构图

数据来源：寻甸县教育局《寻甸县 2014 年教育事业统计报表》

三、英音体美等学科教师远不能满足需求

英音体美等课程的开设，对于学生全面发展来讲具有重要的意义。但在一些农村中小学，由于教师资源匮乏，远不能满足学生需求，这些课程形同虚设，如江西省分宜县共有 123 所中小学，而全县所有英语教师加起来不足 100 名，其中英语专业毕业的教师还不足 50 名，英语教师严重不足，一些农村小学英语课程根本无法开设，严重影响到学校正常的教育教学。同样，偏远农村学校音体美等学科教师更是严重短缺，特别是一些村小和教学点基本上没有专职的音体美教师，学校的音体美课程根本无法开设。造成这一问题的根本原因，不是我国的教育没有培养出上述学科的教师，而是农村教师工资待遇低，特别是艺术类教师往往求学成本高，所以到农村学校从教的意愿都比较低。例如，近几年湖北省按新机制招录农村教师，报名最少、缺考最多的往往是音体美类教师，这类教师即使被录用，也不去报到。他们要么到北上广等经济发达地区去拼搏，要么自己创业，办一个校外舞蹈班或美术班等，既能充分发挥自己的专业特长，又能留在城市，挣的钱比到农村学校当老师多得多，所以他们往往不愿到农村学校从教。当然，尽管我们一直倡导个人应从公民责任出发，到国家最需要的地方去奉献，到农村学校去从教，但在市场经济条件下，仅仅以公民精神去鼓励现职教师或想成为教师的人去为农村孩子服务，是有一定难度的，到什么样的学校任教是教师的个人选择行为，教师全凭职业精神和责任意识进行抉择，然而强迫是达不到良好效果的。如果政府对农村教师给予特殊的支持，让农村教师职业具有吸引力，那么教师就会在公民精神和自由选择之间取得平衡，最终造福农村儿童。

四、不少农村教师没有受过严格的教师教育

教师教育是对教师培养和培训的统称，就是在终身教育思想指导下，按照教师专业发展的不同阶段，对教师实施职前培养、入职培训和在职研修等连续的、可发展的、一体化的教育过程。目前尽管一些农村学校教师学历已达标，但大多是通过函授、自学考试、民师转正等途径获得的，很多教师并没有受过严格的教师教育，并且很多教师的所学专业与所教授学科往往不一致，所教非所学。如湖北省监利县芜湖管理区芜湖小学 2013 年有 1 162 名学生、18 个班，平均每班 64.6 人；芜湖中学有学生 576 人，最高峰达 1 582 人。但 10 多年来两所学校基本上都未补充年轻教师，教师平均年龄接近 50 岁，并且多是 20 世纪"普九"期间从农村一些初高中毕业生中招收的"土八路"，绝大多数没受过正规的教师教育。造成这一问题的原因，除农村教师待遇低，缺乏职业吸引力外，一段时间内师范教育的急剧萎缩不能不说是一个非常重要的原因。如为满足农村教育对师资的需求，20 世纪 80 年代，几乎每个县都设有一所中等师范学校、每个地区都建有一所高等师范专科学校，主要为农村学校培养教师。以湖北省为例，当时全省主要培养农村小学教师的中等师范学校有 83 所，培养农村中学教师的高等师范专科学校有 11 所，为湖北省农村教育的发展培养了大批优秀教师。但是，随着国家对中小学教师学历要求的提高，即小学教师要求达到专科及以上学历，中学教师要求达到本科及以上学历。师范教育体系随之进行了较大幅度的调整，曾经主要为农村培养小学教师的中等师范学校完全被撤销，培养中学教师的高等师范专科学校绝大多数升格为综合性的本科院校，师范教育急剧萎缩，直接造成今天师范教育的现状，即培养农村教师的中等师范学校和高等师范专科学校被撤销，本科院校的学生又不愿到农村学校从教，虽然不得已走上农村教师岗位，但是并没有受到基本的教师教育。

五、农村学校代课教师一直大量存在

代课教师是指没有事业编制的临时教师。他们没有任何"名分"，却在特定历史阶段发挥着积极作用。特别是在中西部地区和偏远农村，代课教师为维系农村教育的发展承担着历史责任。1984 年底以前代课教师被称为民办教师，在此前从教的临时教师基本被转正或清退。1985 年开始，教育部为提高基础教育的师资质量，在全国范围内不允许再出现民办教师。但不少偏远贫困山区因财政困难而招不到公办教师或公办教师不愿去，这些空缺仍需临时教师来填补，

他们转而被称为代课教师。"站在讲台上是教师，离开岗位是农民"，代课教师被不少媒体称为"教师中的农民工"。因此，从一定意义上讲，代课教师是我国教师队伍中一个特殊群体。他们在极为艰苦的条件下坚守农村教育第一线，兢兢业业，任劳任怨，弥补了农村学校师资的不足，缓解了广大农村特别是偏远、贫困地区教育师资的供求矛盾，实际上已成为支撑我国中西部贫困地区农村教育的重要力量。

如 2013 年湖北省浠水县绿杨乡有 1 所中学、6 所小学、5 个教学点，其中，绿杨中学 46 位教师中有 3 位是代课教师；读书中心小学 17 位教师中有 4 位代课教师；程畈小学 10 位教师中有 3 位是代课教师；而 5 个教学点由于都是在地理位置偏远的高山上和一座大型水库库尾，最近的教学点离乡中心学校也有约 20 公里，交通尤为不便，所以在该校 10 多位教师中，除了一位 50 多岁的公办教师是自愿申请到教学点任教外，几乎再也没有公办教师或按新机制录用的教师愿意到该校任教，其他教师均是聘请本地的代课教师，如李宕教学点 2 位代课教师教 3 个班 28 位学生；鸡鸣教学点一位 60 多岁的老民办教师教 8 位学生。据绿杨乡教研组的教师介绍，该乡每所学校均至少有 3～4 名代课教师。由此可见，农村学校中代课教师所占比例仍然很高。

总之，到 2020 年基本实现教育现代化，短板在农村，根本在教师。如果没有一支结构合理、素质优良、受过专业培训、认真负责且得到充分支持的农村教师队伍，那么提升农村教育质量、缩小城乡教育差距和实现教育现代化将无从谈起。

第二节 农村中小学教师队伍建设的举措

教师承担着传播知识、传播思想、传播真理的历史使命，肩负着塑造灵魂、塑造生命、塑造人的时代重任，是教育发展的第一资源，是国家富强、民族振兴、人民幸福的重要基石。改革开放以来，党和各级政府将教师队伍建设摆在突出位置，做出了一系列重大决策部署，采取了许多行之有效的措施，努力建设高素质专业化的农村中小学教师队伍，为农村教育的持续、健康发展提供了有力的师资保障。

一、实施"特岗计划"

"特岗计划"通过公开招募高等学校毕业生到西部"两基"攻坚县县以下农村义务教育阶段学校任教,引导和鼓励高等学校毕业生从事农村教育工作,逐步解决农村师资总量不足和结构不合理等问题,提高农村教师队伍的整体素质。21 世纪初,鉴于我国中西部农村贫困地区、民族地区中小学教师数量不足、专任教师缺乏的实际情况,从 2003 年开始,共青团中央、教育部、财政部、人事部共同组织实施了"大学生志愿服务西部计划",按照公开招募、自愿报名、组织选拔、集中派遣的方式,每年招募一定数量的普通高等学校应届毕业生,到西部贫困县的乡镇从事为期 1~2 年的教育、卫生、农技、扶贫及青年中心建设和管理等方面的志愿服务工作。其目的在于加强中西部农村贫困地区、民族地区中小学教师队伍建设,缩小城乡间和地区间教育的差距,促进义务教育均衡发展。

2006 年 2 月 26 日,人事部颁布了《关于组织开展高校毕业生到农村基层从事支教、支农、支医和扶贫工作的通知》,以公开招募、自愿报名、组织选拔、统一派遣的方式,组织开展大学毕业生到农村基层从事支教、支农、支医和扶贫工作。同年 6 月 25 日,教育部、财政部、人事部、中央机构编制委员会办公室(以下简称中央编办)联合启动实施的"特岗计划",公开招募高等学校毕业生到西部"两基"攻坚县县以下农村义务教育阶段学校任教,以创新教师补充机制,逐步解决农村师资总量不足和结构不合理等问题,提高农村教师队伍的整体素质,促进农村义务教育均衡发展。"特岗计划"通过公开招聘的方式,引导和鼓励高等学校毕业生从事农村义务教育工作,特设岗位教师聘期 3 年。2009 年以后继续实施"特岗计划",并将实施范围扩大到中西部地区国家扶贫开发工作重点县,"特岗计划"所需资金由中央和地方财政共同承担,以中央财政为主。"特岗计划"的实施范围以中西部地区"两基"攻坚县为主,适当兼顾一些缺编较多、有特殊困难的少数民族自治县、享受少数民族地区待遇县和国家扶贫开发工作重点县。2006 年以来,"特岗计划"覆盖范围不断扩大,人数不断增加,工资性补助标准不断提高。

2012 年 8 月 20 日,国务院颁发的《国务院关于加强教师队伍建设的意见》重申,要继续实施并逐步完善"特岗计划",探索吸引高等学校毕业生到村小、教学点任教的新机制。当年,中央财政对特岗教师的工资性补助标准从 2006 年的人均 1.5 万元提高到西部人均 2.7 万元、中部人均 2.4 万元。据统计,2006—2013 年中央财政共安排 191 亿元。从实施的效果来看,各地总体反映"特岗计划"受到了当地政府和群众欢迎,是加强农村,特别是中西部农村贫困地区、民族地区中小学教师队伍建设的重大举措,对改变农村教师队伍面貌将会产生深远影响。同时,从 2014 年 10 月 1 日起提高特岗教师工资性标准,年人均工资西部由 2.7 万元提高到 3.1 万元、中部由 2.4 万元提高到 2.8 万元。从 2015 年起,国家扩大"特岗计划"实施范围,将连片特困地区以外的省级扶贫开发工作重点县纳入政策覆盖范围。截至 2015 年,中央对"特岗计划"累计投入 290 多亿元[①],吸引 50.2 万名优秀大学毕业生到农村中小学任教。其中,约 88%的特岗教师在服务期满后选择留在当地继续任教,这为中西部农村地区补充了大批高素质教师。2018 年 1 月 20 日,中共中央、国务院出台的《中共中央 国务院关于全面深化新时代教师队伍建设改革的意见》再次强调,要"逐步扩大农村教师特岗计划实施规模,适时提高特岗教师工资性补助标准。鼓励优秀特岗教师攻读教育硕士"。

二、实施"农村学校教育硕士师资培养计划"

自 2004 年起,教育部启动实施了"农村学校教育硕士师资培养计划"(以下简称"硕师计划"),通过推荐免试攻读教育硕士、"特岗计划"等政策导向,鼓励、吸引优秀大学应届本科毕业生到国家扶贫开发工作重点县和省扶贫开发工作重点县的农村中学任教。经自愿报名、学校推荐并通过复试,取得"硕师计划"入学资格的学生,将先到签约的农村学校任教 3 年,取得教育教学实践经验,第 4 年农村师资教育硕士生到培养学校注册入学,脱产学习教育硕士专业学位研究生课程,第 5 年农村师资教育硕士生在任教学校工作岗位上边工作、边学习,通过现代远程教育等方式完成课程学习,并撰写学位论文,通过论文答辩后,由学校按规定授予教育硕士学位,并颁发硕士研究生学历证书。实施"硕师计划",是创新教师培养模式,吸引高学历人才从事农村义务教育的重要改革;是巩固"两基"攻坚成果,完善农村义务教育保障机制的必然要求;是提高农村教育质量,促进农村义务教育均衡发展的有效措施。为进一步加强农村教师队伍建设,在总结经验基础上,教育部决定从 2010 年开始,进一步扩大"硕师计划"规模,并与"特岗计划"结合实施,为县镇及以下农村学校培养具有教育硕士专业学位的骨干教师,提高农村教师学历水平和整体素质,让农村孩子上得起学,接受好的教育,进而实现城乡教育一体化。

"硕师计划"报名条件是:政治思想素质好,热爱教育工作;应届普通本科毕业生,且毕业时获得学士学位;志愿到县镇及以下农村学校任教,具备教师资格

---

① 教育部对十二届全国人大四次会议第 5964 号建议的答复.(2016-10-11)[2016-11-13]. http://www.moe.gov.cn/jyb_xxgk/xxgk_jyta/jyta_jiaoshisi/201611/t20161107_287912.html.

条件；本科所学专业为思想政治教育、汉语言文学、汉语言、历史学、英语、数学与应用数学、信息与计算科学、物理学、应用物理学、化学、应用化学、生物科学、生物技术、地理科学、计算机科学与技术、教育技术学、音乐学、美术学、体育教育等相关专业。2012年9月20日，教育部、中央编办、国家发改委、财政部、人力资源和社会保障部发布的《教育部 中央编办 国家发展改革委 财政部 人力资源社会保障部关于大力推进农村义务教育教师队伍建设的意见》再次要求，扩大实施"硕师计划"和"服务期满特岗教师免试攻读教育硕士计划"。采取定向委托培养等特殊招生方式，扩大双语教师、音体美等紧缺薄弱学科和小学全科教师培养规模，在师范生免费教育和"特岗计划"中向音体美教师倾斜。依托现有资源，加强少数民族地区双语教师培养培训基地建设，每年培训一批少数民族双语教师。

自2004年实施以来，"硕师计划"取得了显著成效，为农村学校培养了一批骨干教师，截至2015年，通过"硕师计划"共吸引1.2万名优秀大学毕业生到农村中小学任教①。实施"硕师计划"，是通过推荐免试攻读教育硕士、"特岗计划"等政策导向，鼓励和吸引优秀大学毕业生服务农村教育事业的重要途径；是通过教育硕士培养，为立志长期从教的教师专业发展创造条件的有效办法；是创新教师培养模式，造就大批高层次、高素质的骨干教师的重要举措。实施"硕师计划"对于加强农村教师队伍建设，提高农村教育质量具有重要意义。

三、积极推进城镇教师支援农村教育工作

针对农村师资力量总体薄弱的实际情况，2006年2月，教育部出台的《教育部关于大力推进城镇教师支援农村教育工作的意见》指出，要解决农村教师队伍建设面临的突出问题，逐步缩小城乡教师队伍差距，实施城镇教师支援农村教育，是加强农村教师队伍建设的一项重要措施。为此，该意见要求"县级教育行政部门要在县委、县政府的领导下，加强教师统筹管理工作，合理配置城乡教师资源，认真做好县域内城镇教师支援农村教育的规划""定期选派城镇学校教师到农村学校交流任教，并统筹安排落实好其他城市的教师到当地农村支教的工作""城镇中小学教师和高校新聘青年教师支教期限应不少于一年""城镇中小学教师晋升高级教师职务以及参评优秀教师和特级教师应有在农村学校任教一年以上的经历。选派城镇中小学教师支教，其中骨干教师应占一定比例"。根据该意见要求，

① 教育部对十二届全国人大四次会议第7953号建议的答复. 教建议〔2016〕第498号.（2016-10-11）[2016-11-13]. http://www.moe.gov.cn/jyb_xxgk/xxgk_jyta/jyta_jiaoshisi/201611/t20161107_287924.html.

各地积极出台相关保证政策，采取多项措施大力推进：一是城镇教师下乡支教；二是县域内城镇教师定期支教；三是大学生志愿支教；四是特级教师讲学等智力支教；五是师范生实习支教。2006 年以来，教育部先后多次召开专题交流研讨会，推广西南大学、河北师范大学、忻州师范学院和新疆维吾尔自治区等学校和地方的经验，推动师范生实习在更大范围内展开。2007 年教育部下发《教育部关于大力推进师范生实习支教工作的意见》，要求高等师范院校高年级师范生到中小学实习半年。师范生实习支教是创新教师培养模式，提高教师培养质量的有效措施，也是促进高等师范院校与中小学联系，服务基础教育的重要纽带，具有一举多得的意义。

2012 年 8 月 20 日国务院颁发的《国务院关于加强教师队伍建设的意见》及同年 9 月 20 日教育部、中央编办、国家发改委、财政部、人力资源和社会保障部发布的《教育部 中央编办 国家发展改革委 财政部 人力资源社会保障部关于大力推进农村义务教育教师队伍建设的意见》都再次要求，"建立健全城乡教师校长轮岗交流制度。各地要建立县（区）域内教师校长轮岗交流机制，建立县（区）域内城镇中小学教师到乡村学校任教服务期制度，引导、鼓励优秀教师到乡村薄弱学校或教学点工作。城镇中小学教师在评聘高级职务（职称）时，要有一年以上在农村学校或薄弱学校任教的经历。支持退休的特级教师、高级教师到农村学校支教讲学"。

2014 年 8 月 13 日教育部、财政部、人力资源和社会保障部在《教育部 财政部 人力资源和社会保障部关于推进县（区）域内义务教育学校校长教师交流轮岗的意见》中又一次重申，校长教师交流轮岗是加强农村学校、薄弱学校校长教师补充配备，破解择校难题，促进教育公平，推进义务教育均衡发展的重要举措。各地要充分认识校长教师交流轮岗工作的重要性、紧迫性，加快建立和不断完善义务教育校长教师交流轮岗制度，推进校长教师优质资源的合理配置，重点引导优秀校长和骨干教师向农村学校、薄弱学校流动。力争用 3 至 5 年时间实现县（区）域内校长教师交流轮岗的制度化、常态化，率先实现县（区）域内校长教师资源均衡配置，支持鼓励有条件的地区在更大范围内推进，为义务教育均衡发展提供坚强的师资保障。目前，全国大部分省（自治区、直辖市）已出台推进县（区）域内义务教育学校校长教师交流轮岗工作的政策。上述举措有力地推进了城镇教师支援农村教育工作，促进了农村师资水平的提高和义务教育均衡发展。2018 年 1 月中共中央、国务院出台的《中共中央 国务院关于全面深化新时代教师队伍建设改革的意见》再次要求，"深入推进县域内义务教育学校教师、校长交流轮岗，实行教师聘期制、校长任期制管理，推动城镇优秀教师、校长向乡村学校、薄弱学校流动。实行学区（乡镇）内走教制度，地方政府可根据实际给予相应补贴""实施银龄讲学计划，鼓励支持乐于奉献、身体健康的退休优秀教师到乡村和基层学校支教讲学"。

四、实行师范生免费教育

为了培养大批优秀的教师，鼓励更多的优秀青年终身从事教育工作，国务院决定从 2007 年秋季开始，在北京师范大学、华东师范大学、东北师范大学、华中师范大学、陕西师范大学和西南大学 6 所教育部直属（以下简称部属）师范大学实施师范生免费教育试点。采取这一重大举措，就是要进一步形成尊师重教的浓厚氛围，让教育成为全社会最受尊重的事业；就是要培养大批优秀的教师；就是要提倡教育家办学。2012 年 12 月，教育部、国家发改委、财政部颁布的《教育部 国家发展改革委 财政部关于深化教师教育改革的意见》中又要求，加强中小学幼儿园教师、职业学校教师、特殊教育教师和民族地区双语教师培养培训基地建设，鼓励支持地方结合实际实行师范生免费教育制度。免费师范生在校学习期间免除学费，免缴住宿费，并补助生活费，所需经费由中央财政安排。免费师范生入学前与学校和生源所在地省级教育行政部门签订协议，毕业后须在中小学履约任教服务 10 年。免费师范毕业生一般回生源所在省（自治区、直辖市）中小学任教，在协议规定服务期内，可在学校间流动或从事教育管理工作。省级教育行政部门负责组织用人学校与毕业生进行双向选择，为每一位毕业生安排落实任教学校，确保有编有岗。免费师范毕业生到中小学任教满一学期后，均可申请免试在职攻读教育硕士专业学位，经任教学校考核合格，部属师范大学根据工作考核结果、本科学习成绩和综合表现考核录取。免费师范毕业生攻读教育硕士专业学位采取在职学习方式，学习年限一般为 2～3 年，实行学分制。在职攻读教育硕士专业学位的免费师范毕业生修满规定课程学分，通过论文答辩，经学校学位评定委员会审核批准，授予教育硕士专业学位，并颁发硕士研究生毕业证书。免费师范毕业生未按协议从事中小学教育工作的，要按规定退还已享受的免费教育费用，并缴纳该费用 50% 的违约金，同时记入诚信档案。

2018 年 1 月 20 日，中共中央、国务院在《中共中央 国务院关于全面深化新时代教师队伍建设改革的意见》要求"完善教育部直属师范大学师范生公费教育政策，履约任教服务期调整为 6 年"。2018 年 2 月 11 日，教育部等五部门印发了《教师教育振兴行动计划（2018—2022 年）》，进一步要求，"改进完善教育部直属师范大学师范生免费教育政策，将'免费师范生'改称为'公费师范生'，履约任教服务期调整为 6 年。推进地方积极开展师范生公费教育工作"。对"部分办学条件好、教学质量高的高校师范专业实行提前批次录取。加大入校后二次选拔力度，鼓励设立面试考核环节，考察学生的综合素养和从教潜质，招收乐教适教善教的优秀学生就读师范专业。鼓励高水平综合性大学成立教师教育学院，设立师范类专业，招收学科知识扎实、专业能力突出、具有教育情怀的学生，重点培养教育硕士，适度培养教育博士。建立健全符合教育行业特点的教师招聘办法，畅通优秀师范毕业生就业渠道"。2018 年 7 月 30 日，国务院办公厅转发的《教育部直属师范大学师范生公费教育实施办法的通知》，从选拔录取、履约任教、激励措施、条件保障等方面，对 6 所部属师范大学的师范生公费教育政策予以改进，标志着我国师范生"免费教育"正式升级为新时代"公费教育"。

五、实施"中小学教师国家级培训计划"

为进一步加强教师培训，全面提高中小学教师队伍素质，2010 年，教育部、财政部正式启动并全面实施"中小学教师国家级培训计划"（以下简称"国培计划"）。2012 年 9 月 6 日，教育部、国家发改委、财政部颁布的《教育部 国家发展改革委 财政部关于深化教师教育改革的意见》中又要求，建立教师学习培训制度。实行 5 年一周期不少于 360 学时的教师全员培训制度，推行教师培训学分制度。采取顶岗置换研修、校本研修、远程培训等多种模式，大力开展中小学、幼儿园教师特别是农村教师培训。加大民族地区双语教师和音乐、体育、美术等师资紧缺学科教师培训。加强校长培训，重视辅导员和班主任培训。推动信息技术与教师教育深度融合，建设教师网络研修社区和终身学习支持服务体系，促进教师自主学习，推动教学方式变革。继续实施"幼儿园和中小学教师国家级培训计划"等。同年 9 月 20 日，教育部、中央编办、国家发改委、财政部、人力资源和社会保障部发布的《教育部 中央编办 国家发展改革委 财政部 人力资源社会保障部关于大力推进农村义务教育教师队伍建设的意见》再次重申，大力促进农村教师专业发展。继续实施"国培计划"。加强农村教师国家级示范培训，积极探索农村教师远程网络培训的有效模式，为农村义务教育教师建立网络研修社区。加强音体美、科学、综合实践等农村紧缺薄弱学科课程教师和民族地区双语教师培训。支持农村名师名校长专业发展，造就一批农村教育家。

2010—2013 年，中央财政共安排 41 亿元专项资金，支持开展中西部地区各种形式的教师培训工作，提高农村中小学教师队伍素质。"国培计划"通过创新培训机制，采取骨干教师脱产研修、集中培训和大规模教师远程培训相结合方式，对中西部农村义务教育骨干教师有针对性地进行专业培训。它主要包括"中小学教师示范性培训项目"和"中西部农村骨干教师培训项目"两项内容。

"中小学教师示范性培训项目"是由中央本级财政每年划拨 5 000 万元专项经费支持，教育部直接组织实施面向各省（自治区、直辖市）的中小学教师示范性培训，主要包括中小学骨干教师培训、中小学教师远程培训、班主任教师培训、中小学紧缺薄弱学科教师培训等示范性项目，为全国中小学教师培训培养骨干做出示范，并开发和提供一批优质培训课程教学资源，为"中西部农村骨干教师培训项目"和中小学教师专业发展提供有力支持。

"中西部农村骨干教师培训项目"主要包括农村中小学教师置换脱产研修、农村中小学教师短期集中培训、农村中小学教师远程培训。该项目采取转移支付的方式支持中西部省（自治区、直辖市）按照"国培计划"总体要求实施，目的在于引导地方完善教师培训体系，加大农村教师培训力度，提高农村教师的教学能力和专业水平。

实施"国培计划"旨在发挥示范引领、"雪中送炭"和促进改革的作用。通过该计划培训一批"种子"教师，使他们在推进素质教育和教师培训方面发挥骨干示范作用；开发教师培训优质资源，创新教师培训模式和方法，推动全国大规模中小学教师培训的开展；重点支持中西部农村教师培训，引导和鼓励地方完善教师培训体系，加大农村教师培训力度，提高农村教师队伍素质；促进教师教育改革，推动高等师范院校面向基础教育，服务基础教育，提高教育质量。

2014 年 9 月 9 日，习近平来到北京师范大学考察，在与学校师生代表座谈时强调，"一个人遇到好老师是人生的幸运，一个学校拥有好老师是学校的光荣，一个民族源源不断涌现出一批又一批好老师则是民族的希望"。[①]

2015 年 4 月 1 日，中央全面深化改革领导小组第十一次会议审议通过了《国务院办公厅关于印发乡村教师支持计划（2015—2020 年）的通知》，6 月初，国务院办公厅向社会正式公布了该计划，根据该计划的总体部署，教育部、财政部印发《教育部 财政部关于改革实施中小学幼儿园教师国家级培训计划的通知》，决定从 2015 年起，"国培计划"集中支持中西部地区农村教师校长培训，采取顶岗置换、送教下乡、网络研修、短期集中、专家指导、校本研修等方式，对中西部地区农村中小学幼儿园教师进行专业化培训。自 2010 年以来，中央财政在"国培计划"项目中累计投入资金 85.5 亿元，累计培训中小学、幼儿园教师 900 多万人次[②]。

2015 年 9 月 9 日，在第三十一个教师节来临之际，习近平给"国培计划（2014）"

① 人民网. 习近平同北京师范大学师生代表座谈时的讲话（全文）.（2014-09-10）[2018-05-11]. http://politics.people.com.cn/n/2014/0910/c70731-25629093.html.
② 教育部对十二届全国人大四次会议第 5854 号建议的答复. 教建议〔2016〕第 345 号.（2016-9-20）[2016-11-13]. http://www.moe.gcv.cn/jyb_xxgk/xxgk_jyta/jyta_jiaoshisi/201610/t20161019_285637.html.

北京师范大学贵州研修班全体参训教师回信，对他们提出殷切希望，并强调，发展教育事业，广大教师责任重大、使命光荣。希望广大教师牢记使命、不忘初衷，扎根西部、服务学生，努力做教育改革的奋进者、教育扶贫的先行者、学生成长的引导者，为贫困地区教育事业发展、为祖国下一代健康成长继续做出自己的贡献[①]。

六、实施义务教育学校教师绩效工资制度改革

义务教育均衡发展的关键是学校的均衡，学校均衡的关键在于教师的均衡。可以说，义务教育能否均衡发展关键看教师，教师队伍能否均衡看流动，教师流动能否实现关键在于教师收入分配制度的改革[②]。如果说经济社会发展不平衡是义务教育和义务教育阶段师资发展不均衡的主要原因，那么，这种经济发展的不平衡引起教师收入的巨大差距，则是导致义务教育阶段师资无序流动的根本原因。因此，若想实现义务教育阶段师资的均衡配置，应该消除教师收入的过大差距，实现义务教育阶段教师收入的均衡。从教育均衡发展角度看，只有提高贫困地区、农村地区学校教师的待遇，才能吸引和留住优秀教师，并能为教师合理流动提供长效保证。长期以来，我国义务教育学校教师收入差距过大已成为不争的事实，这种差距具体表现在不同区域及同一区域的不同学校之间。例如，《国家教育督导报告 2008（摘要）》抽样调查结果表明，全国近 50% 的农村教师和县镇教师反映没有按时或足额领到津贴补贴。全国农村小学、初中教职工人均年工资收入分别仅相当于城市教职工的 68.8% 和 69.2%。其中广东省小学、初中农村教职工人均年工资收入仅为城市教职工的 48.2% 和 55.2%。2006 年与 2005 年相比，分别有 13 个省、自治区、直辖市农村小学、初中城乡教职工工资收入差距有所拉大，不利于农村教师队伍的稳定[③]，造成了义务教育阶段师资配置严重不均衡，这无疑给农村地区义务教育的发展带来了十分不利的影响。

为了改善和提高教师的经济待遇，缩小义务教育学校教师收入的巨大差距，促进义务教育阶段师资的均衡配置和义务教育的均衡发展，根据 2006 年修订的《中华人民共和国义务教育法》和事业单位工作人员收入分配制度改革的要求，结合义务教育学校的特点和具体情况，2009 年 9 月 2 日国务院常务会议决定，从 2009 年 1 月 1 日起，我国开始在义务教育学校率先实施绩效工资制度改革。实施绩效

---

① 中央政府门户网站. 习近平总书记给"国培计划（2014）"北京师范大学贵州研修班参训教师的回信全文.（2015-09-09）[2018-05-11]. http://www.gov.cn/xinwen/2015/09/09/content_2927778.htm.
② 王晋堂. 教育均衡发展重在规范教师工资待遇. 人民教育，2008（2）：26-29.
③ 国家教育督导团. 国家教育督导报告 2008（摘要）——关注义务教育教师. 教育发展研究，2009（1）：1-5.

工资制度改革，通过政府有目的地调控和引导，可以在一个特定的行政区域内使义务教育学校教师工资水平达到基本均衡。这是党中央、国务院优先发展教育的重大决策，充分体现了党和政府对广大教师的亲切关怀，是教育改革和发展的重大基础性工程。

义务教育学校绩效工资总量按学校工作人员 2008 年 12 月份基本工资额度和规范后的津贴补贴水平核定；其中，义务教育教师规范后的津贴补贴平均水平，由县级以上人民政府人事、财政部门按照教师平均工资水平不低于当地公务员平均工资水平的原则确定。义务教育学校教师绩效工资制度改革，为确保《中华人民共和国义务教育法》规定的教师的平均工资水平不低于当地公务员的平均工资水平提供了重要的制度保障。义务教育学校绩效工资总量的 70% 作为基础性部分，绩效工资总量的 30% 作为奖励性绩效工资，由学校按照规范的程序和办法自主分配，主要体现工作量和实际贡献等因素。在绩效考核的基础上，合理确定奖励性绩效工资分配等次，一般按学期或者学年发放。

2010 年起，中央财政全面推进县级基本财力保障机制建设，把义务教育阶段教师工资保障问题作为一个重要因素予以考虑。2012 年 8 月 20 日，国务院在《国务院关于加强教师队伍建设的意见》中要求，"强化教师工资保障机制。依法保证教师平均工资水平不低于或者高于国家公务员的平均工资水平，并逐步提高，保障教师工资按时足额发放。健全符合教师职业特点、体现岗位绩效的工资分配激励约束机制。进一步做好义务教育学校教师绩效工资实施工作，按照'管理以县为主、经费省级统筹、中央适当支持'的原则，确保绩效工资所需资金落实到位。对长期在农村基层和艰苦边远地区工作的教师，实行工资倾斜政策"。同时要求，"健全教师社会保障制度。按照事业单位改革的总体部署，推进教师养老保障制度改革，按规定为教师缴纳社会保险费及住房公积金。中央在基建投资中安排资金，支持加快建设农村艰苦边远地区学校教师周转宿舍。鼓励地方政府将符合条件的农村教师住房纳入当地住房保障范围统筹予以解决"。

2013 年 9 月 13 日，教育部、财政部印发《教育部 财政部关于落实 2013 年中央 1 号文件要求对在连片特困地区工作的乡村教师给予生活补助的通知》，对连片特困地区义务教育乡、村学校和教学点工作的教师给予生活补助。这对于进一步提高教师的社会地位，充分调动广大教师的工作积极性，吸引和鼓励各类优秀人才到义务教育学校，特别是到农村义务教育学校长期从教、终生从教，具有十分重要的意义。

2015 年 6 月初，国务院办公厅向社会正式公布的《国务院办公厅关于印发乡村教师支持计划（2015—2020 年）的通知》指出，到 2020 年全面建成小康社会、基本实现教育现代化，薄弱环节和短板在农村，在中西部老少边穷岛等边远贫困地区。发展农村教育，让每个农村孩子都能接受公平、有质量的教育，阻止贫困现象代际传递，是功在当代、利在千秋的大事。要把农村教师队伍建设摆在优先发展的战略位置，多措并举，定向施策，精准发力，通过全面提高农村教师思想政治素质和师德水平、拓展农村教师补充渠道、提高农村教师生活待遇、统一城乡教职工编制标准、职称（职务）评聘向农村学校倾斜、推动城市优秀教师向农村学校流动、全面提升农村教师能力素质、建立农村教师荣誉制度等关键举措，努力造就一支素质优良、甘于奉献、扎根农村的教师队伍。各级党委和政府要加强组织领导，因地制宜地制定符合农村学校实际的有效措施，把准支持重点，着力改革体制，鼓励和引导社会力量参与支持农村教师队伍建设。

2018年1月，中共中央、国务院在《中共中央 国务院关于全面深化新时代教师队伍建设改革的意见》中则进一步要求，大力提升农村教师待遇。深入实施农村教师支持计划，关心农村教师生活。认真落实艰苦边远地区津贴等政策，全面落实集中连片特困地区农村教师生活补助政策，依据学校艰苦边远程度实行差别化补助，鼓励有条件的地方提高补助标准，努力惠及更多农村教师。加强农村教师周转宿舍建设，按规定将符合条件的教师纳入当地住房保障范围，让农村教师住有所居。拿出务实举措，帮助农村青年教师解决困难，关心农村青年教师工作生活，巩固农村青年教师队伍。在培训、职称评聘、表彰奖励等方面向农村青年教师倾斜，优化农村青年教师发展环境，加快农村青年教师成长步伐。为农村教师配备相应设施，丰富精神文化生活。

总之，这些政策措施抓住了教育改革的薄弱环节，回应了农村基层教师的热切期盼，体现了党和政府对农村教师队伍建设的高度重视。

七、实施"'三区'人才支持计划"教师派出专项

为贯彻落实《国家中长期人才发展规划纲要（2010—2020年）》，在中央人才工作协调小组的领导下，由中央组织部、教育部、科学技术部（以下简称科技部）、民政部、人力资源和社会保障部、农业农村部、文化和旅游部、国家卫生健康委员会（以下简称国家卫生健康委）、国务院扶贫开发领导小组办公室（以下简称国务院扶贫办）共同组织实施"边远贫困地区、边疆民族地区和革命老区（以下简称'三区'）人才支持计划"。从2011年起至2020年，每年引导10万名优秀教师、医生、科技人员、社会工作者、文化工作者到"三区"工作或提供服务。每年重点扶持培养1万名"三区"急需紧缺人才。该计划以县为基本单元，主要是国家确定的连片特困地区覆盖的县、国家扶贫开发工作重点县和省级扶贫

开发工作重点县，以及新疆生产建设兵团困难团场。针对西藏、新疆和四川、云南、甘肃、青海四省藏区实际，各专项可制订专门计划，实行相对特殊的组织形式和政策措施。其中，教师专项计划2013—2020年每年选派3万名优秀幼儿园、中小学（含普通高中）和中等职业学校教师到"三区"支教一年。受援县义务教育阶段教师选派工作经费，由中央财政和地方财政按照年人均2万元标准共同分担。截至2016年，中央财政累计安排专项工作经费10.8亿元，已选派8.3万名教师到1 272个"三区"县义务教育学校支教[①]，大大促进了"三区"教育的发展。

八、建立健全教师管理制度

教师是教育事业发展的基础，是提高教育质量、办好人民满意教育的关键。为了形成一支师德高尚、业务精湛、结构合理、充满活力的高素质专业化教师队伍，造就一批德才兼备的教育家，国家根据当前我国教师队伍整体素质有待提高，队伍结构不尽合理，教师管理体制机制有待完善，农村教师职业吸引力亟待提升的现实情况，逐步建立和健全了教师管理制度，归纳起来，主要包括以下几方面。

（一）严格教师资格和准入制度

为了提高教师任职学历标准、品行和教育教学能力要求，教育部决定全面实施教师资格考试和定期注册制度。2011年教育部在浙江、湖北两省率先启动了中小学教师资格考试改革和定期注册试点工作。2012年又将试点范围扩大到河北、上海、海南、广西等6省（自治区、直辖市）。改革试点的内容不仅统一了教师资格考试的标准和考试大纲，同时还提出师范毕业生不再直接认定教师资格，需要统一纳入考试范围。此外，这一试点工作还打破了教师资格终身制，实行5年一周期的定期注册。经过一段时间的试点，6省（自治区、直辖市）参加考试人数为28.08万人，通过考试人数为7.72万人，通过率仅为27.5%。这与改革前各试点省（自治区、直辖市）考试70%以上的通过率相比着实下降了不少。这意味着教师资格考试对标准的把握更加严格，提升了教师队伍来源的质量[②]。2013年8月15日教育部印发了《中小学教师资格考试暂行办法》和《中小学教师资格定期注册暂行办法》的通知，明确要求中小学教师资格考试实行全国统一考试和5年一周期的定期注册，定期注册不合格或逾期不注册的人员，不得从事教育教学工

---

① 教育部对十二届全国人大四次会议第 7027 号建议的答复. 教建议〔2016〕第 427 号.（2016-10-12）[2016-11-13]. http://www.moe.gov.cn/jyb_xxgk/xxgk_jyta/jyta_jiaoshisi/201611/t20161107_287919.html.

② 王璐. 教育部：教师资格实行 5 年一注册，将设师德红线. 北京晨报，2013-09-04（06）.

作，以确保建立国家教师资格考试和定期注册制度，严格教师职业准入，保障教师队伍质量。目前，除内蒙古、西藏、新疆和新疆生产建设兵团外，其他 28 个省（自治区、直辖市）均参加改革试点，中小学教师资格考试和定期注册制度改革已经形成全面推进之势①。通过教师资格考试与定期注册试点改革，提高教师职业准入的门槛和教师队伍的来源质量，破除了教师资格终身制，打破了体制壁垒，有利于人才脱颖而出。

2018 年 1 月，中共中央、国务院在《中共中央 国务院关于全面深化新时代教师队伍建设改革的意见》则进一步要求，完善中小学教师准入和招聘制度。完善教师资格考试政策，逐步将修习教师教育课程、参加教育教学实践作为认定教育教学能力、取得教师资格的必备条件。新入职教师必须取得教师资格。严格教师准入，提高入职标准，重视思想政治素质和业务能力，根据教育行业特点，分区域规划，分类别指导，结合实际，逐步将幼儿园教师学历提升至专科，小学教师学历提升至师范专业专科和非师范专业本科，初中教师学历提升至本科，有条件的地方将普通高中教师学历提升至研究生。

（二）加快推进教师职务（职称）制度改革

教师职称与中小学教师的权益息息相关，职称评定是对教师教学、科研能力、工作业绩等方面的综合素质的评价，教师职称与教师的福利待遇、地位等都有着极为密切的关系。教师的职称影响着教师的工作积极性、教师自身的职业满意度，对于提高教师工作积极性、优化师资队伍结构都有着极大的促进作用。为了调动农村教师的工作积极性，必须建立统一的中小学教师职务（职称）系列。研究完善符合村小和教学点实际的职务（职称）评定标准，职务（职称）晋升向村小和教学点专任教师倾斜。《国务院办公厅关于印发乡村教师支持计划（2015—2020年）的通知》要求健全向农村教师倾斜政策，各地要结合实际研究完善针对农村教师的职称（职务）的评聘条件和程序办法；增加农村学校中高级岗位数量，实现县域内城乡学校教师岗位结构比例总体平衡；改进农村教师评审标准，不作外语成绩（外语教师除外）、发表论文的刚性要求。城镇中小学教师在评聘高级职务（职称）时，要有一年以上在农村学校或薄弱学校任教经历。2015 年 8 月 26日国务院常务会议决定全面推行中小学教师职称制度改革：一是将分设的中学、小学教师职称（职务）系列统一为初、中、高级，打通教师职业发展通道，打破中小学教师的职业"天花板"，让小学教师也有机会评上教授级职称，彻底改变

---

① 教育部对十二届全国人大四次会议第 5854 号建议的答复. 教建议〔2016〕第 345 号. （2016-9-20）[2016-11-13]. http://www.moe.gov.cn/jyb_xxgk/xxgk_jyta/jyta_jiaoshisi/201610/t20161019_285637.html.

多年来中小学教师最高职称是副高级，评起职称来级别低人一等的状况，从而拓展中小学教师的职业发展空间，提升教师的职业地位和职业吸引力。二是修订评价标准，注重师德、实绩和实践经历，让评价标准更公平，向农村和边远地区教师倾斜，彻底打破城市学校高于农村学校，重点学校高于一般学校，中心学校高于村小教学点的原有规则，以吸引和稳定优秀教师到农村学校、一般学校及村小教学点任教，保证偏远农村地区的孩子也能享受到较好的教育。三是评价标准更加多元，让教学更能出成果，彻底改变过分强调论文、学历的倾向，使中小学教师将更多心思花在教学上，花在学生身上，用成果说话，引导教师爱国守法、爱岗敬业、关爱学生、教书育人、为人师表、终身学习。四是建立以同行专家评审为基础的评价机制，并公示结果、接受监督。同行专家评审可以淡化行政部门的作用，让一线教师受益，彻底改变评职称上级行政部门说了算的格局。五是坚持职称评审与岗位聘用相结合，实现人尽其才、才尽其用，彻底改变以前评聘分开，即使评上了也不代表就能享受相应的待遇，有了职位空缺才能拿职称工资、享受待遇的做法。

（三）全面推进"县管校聘"管理改革

为加强县（区）域内义务教育教师的统筹管理，教育部、财政部、人力资源和社会保障部要求全面推进义务教育教师队伍"县管校聘"管理改革，打破教师交流轮岗的管理体制障碍。县（区）级教育行政部门要会同有关部门制定本县（区）域内教师岗位结构比例标准、公开招聘和聘用管理办法、培养培训计划、业绩考核和工资待遇方案，规范人事档案管理和退休管理服务。学校依法与教师签订聘用合同，负责教师的使用和日常管理。教师交流轮岗经历纳入其人事档案管理。国家层面推动义务教育教师队伍"县管校聘"示范区建设，总结推广各地成功经验，全面推进"县管校聘"管理改革，为教师交流轮岗工作提供制度保障。2018年1月出台的《中共中央 国务院关于全面深化新时代教师队伍建设改革的意见》则进一步明确，实行义务教育教师"县管校聘"。深入推进县（区）域内义务教育学校教师、校长交流轮岗，实行教师聘期制、校长任期制管理，推动城镇优秀教师、校长向农村学校、薄弱学校流动。实行学区（乡镇）内走教制度，地方政府可根据实际给予相应补贴。

（四）健全教师考核评价制度

完善重师德、重能力、重业绩、重贡献的教师考核评价标准，探索实行学校、学生、教师和社会等多方参与的评价办法，引导教师潜心教书育人。严禁简单用升学率和考试成绩评价中小学教师。加强教师管理，严禁公办、在职中小学教师从事有偿补课。

（五）加强教师资源配置管理

逐步实行城乡统一的中小学教职工编制标准，采取各种有效措施，吸引优秀高等学校毕业生和志愿者到农村学校或薄弱学校任教。对长期在农村基层和艰苦边远地区工作的教师，在工资、职称等方面实行倾斜政策，在核准岗位结构比例时高级教师岗位向农村学校和薄弱学校倾斜。完善医疗、养老等社会保障制度建设，切实维护农村教师社会保障权益。合理配置各学科教师，配齐体育、音乐、美术等课程教师。重点为"三区"培养和补充紧缺教师。实行教师资格证有效期制度，加强教师培训，提升教师师德修养和业务能力。

（六）构建师德建设长效机制

教师是教育的根本，师德是教师的灵魂。党和政府高度重视师德建设，十分注重引导教师立德树人，为人师表，不断提升教师人格修养和学识修养，努力建设一支师德高尚、业务精湛、结构合理、充满活力的中小学教师队伍。2008 年修订的《中小学教师职业道德规范》将教师职业道德规范为六条，即爱国守法、爱岗敬业、关爱学生、教书育人、为人师表、终身学习。这六条规范是每一个教师义不容辞的责任，也是规范教师的育人行为，提高教师职业道德修养的具体表现。2012 年，国务院在《国务院关于加强教师队伍建设的意见》中要求"构建师德建设长效机制。建立健全教育、宣传、考核、监督与奖惩相结合的师德建设工作机制""研究制定科学合理的师德考评方式，完善师德考评制度，将师德建设作为学校工作考核和办学质量评估的重要指标，把师德表现作为教师资格定期注册、业绩考核、职称评审、岗位聘用、评优奖励的首要内容，对教师实行师德表现一票否决制"。2013 年 9 月，教育部发布了《教育部关于建立健全中小学师德建设长效机制的意见》，就建立健全教育、宣传、考核、监督与奖惩相结合的中小学师德建设长效机制提出了具体意见。对师德考核不合格者年度考核评定为不合格，并在教师资格定期注册、职称评审、岗位聘用、评优奖励和特级教师评选等环节实行一票否决①。2014 年 1 月，教育部正式公布《中小学教师违反职业道德行为处理办法》，规定中小学教师对学生进行体罚、变相体罚、有偿补课、收受学生物品、礼物、骚扰学生等行为均属于触犯师德"红线"的行为，有关部门都将依据情节严重程度给予处分。2015 年教育部印发《严禁中小学校和在职中小学教师有偿补课的规定》的通知，要求对于在课

---

① 教育部对十二届全国人大四次会议第 5854 号建议的答复. 教建议〔2016〕第 345 号.（2016-09-20）[2016-11-13]. http://www.moe.gov.cn/jyb_xxgk/xxgk_jyta/jyta_jiaoshisi/201610/t20161019_285637.html.

堂上故意不完成教育教学任务、课上不讲课后讲并收取补课费的，以及打击报复不参与有偿补课学生等严重违纪、败坏师德的行为要重点查办，实行"零容忍"。

总之，教师是人类灵魂的工程师，是青少年学生成长的引路人。教师的思想政治素质和职业道德水平直接关系到中小学德育工作状况和亿万青少年的健康成长，关系到国家的前途命运和民族的未来。加强中小学教师职业道德建设，提高教师的师德素养，构建师德建设长效机制，对于确保党的事业后继有人和社会主义事业兴旺发达，全面建设小康社会，构建社会主义和谐社会，实现中华民族伟大复兴，具有十分重要的意义。

第三节　农村中小学教师队伍建设的成效

改革开放40年来，特别是党的十八大以来，为了大力加强农村中小学教师队伍建设，党和政府根据我国经济社会发展的实际情况，积极探索建立提高农村中小学教师队伍整体水平的新机制、新办法，解决农村中小学教师队伍面临的突出问题，取得了显著的成效。

一、开展多种形式的师德教育，农村教师的师德水平得到整体提升

教师职业不同于其他职业，教师面对的主体是人，教师的教育活动也是育人的过程，因此，必须全面提高农村教师思想政治素质和师德水平。为此，党和政府坚持不懈地用中国特色社会主义理论体系武装农村教师头脑，开展多种形式的师德教育，把教师职业理想、职业道德、法治教育、心理健康教育等融入职前培训、职业准入、职后培训和管理的全过程。落实教育、宣传、考核、监督与奖惩相结合的师德建设长效机制。建立健全农村教师师德监督机制，严格执行师德"一票否决制"。激发和弘扬了农村教师精神，采取多种形式宣传优秀农村教师的先进事迹，引导农村教师加强职业修养，模范践行教师职业道德规范，使农村教师思想政治素质和师德水平得到整体提升。教师对于职业的认同感及责任感大大提高，体罚、辱骂学生

的现象几乎消失，教师与学生平等的交流、教师关心学生成长已蔚然成风。

二、创新教师补充机制，缓解了农村中小学教师短缺的紧张局面

农村教师来源单一，职业缺乏吸引力，补充渠道不畅通，优秀人才难以进入农村中小学教师队伍，一直是困扰农村教育的"老大难"问题。改革开放以来，我国不断创新农村中小学教师补充机制，使农村中小学教师队伍得到持续、稳定补充。

（一）"特岗计划"为农村中小学教师队伍提供了重要补充

2006年以来，"特岗计划"覆盖范围不断扩大，人数不断增加。国家通过"特岗计划"将大学毕业生充实到中西部地区的农村教师队伍之中，改善了农村教师队伍结构，促进教师资源的均衡配置，有效缓解了农村教师匮乏的问题。如湖北省恩施州咸丰县是国家级贫困县，属于老、少、边、贫地区。从2004年开始，该县共引进支教生及特岗教师557人，覆盖咸丰县全部11个乡镇，48所学校。目前在岗的特岗教师为212人，约占全县在岗教师总数的1/10，并且该县新进编制内教师几乎都有特岗教师经历，其学历全部为大学普通本科。该县民族中学的一位老师讲到，"这些特岗教师来之前，我们这里大概有10年没有新进一位教师了，并且很多教师流失到恩施州和沿海的一些条件待遇好的学校去了"。农村教师的匮乏，对农村教育的生存与发展造成严重影响。

该县大路坝区中学是一所处于鄂渝交界的初级中学，学校服务人口8 000多人，在校生约400人，学校共有教师24人。据了解，10年前当地人习惯将这所学校称为"和尚庙"，因为当时这所学校没有一个女教师。由于地处偏远，生活条件艰苦，尤其每年有限的新进教师都不愿意到大路坝任教，而在编教师则想方设法调往城里，众多骨干教师流失到县直属中学和县城周边学校。调研时，一位家长这样说道："我们这里缺好老师，跟我一起读书长大的，全军覆没，没有一个孩子是读书出去的。"2005年以来，该校先后引进18位特岗教师，其学历全部为普通本科，其中来自湖北省重点高等学校的有2人，"211"工程大学的有4人，且现在新进教师全部拥有特岗经历。"特岗计划"的实施，有效地解决了农村学校教师匮乏问题，改善了农村教师队伍结构，现在的大路坝区初级中学，40岁以上教师仅3人，30岁以上教师有4人。教师队伍结构明显改善，学校现有教师学历达标率100%，学科专业教师分布更加合理。

2004年，湖北省启动"农村教师资助行动计划"，高等学校毕业生以特岗教

师的身份补充到农村中小学教师队伍中，从而改善了农村教师队伍结构，提高了农村教育质量。该省恩施州恩施市龙凤镇初中 2010 年招聘来 4 名特岗教师，分别毕业于武汉音乐学院、中南民族大学、安徽工业大学和湖北民族学院，不仅提高了该校师资队伍的学历水平，而且有效改善了原来音体美专任教师缺编的问题。例如，该校原来仅有 1 名专任美术教师，负责全校 1 600 多名学生的美术课，工作负担异常沉重，毕业于湖北民族学院美术专业的 1 名特岗教师的到来，减轻了该教师的工作负担，使美术课的教学问题得到较好的解决。龙凤镇初中 100 多名教师中，特岗教师有近 20 名，成为该校教师队伍中的一支重要力量。特岗教师为农村中小学教师队伍提供了重要补充。

（二）师范生免费教育给农村中小学培养造就了大批优秀教师

教师教育是教育事业的工作母机，是提升教育质量的动力源泉。改革开放以来，教师教育制度逐步健全，教师教育改革不断深化，教师队伍整体素质和专业化水平持续提升。师范生免费教育政策的实行，是国家为促进教师教育发展与教育质量提升采取的又一项重大政策措施，其目的是通过培养教育，使在读师范生树立先进的教育理念，热爱教育事业，具有长期从教的职业理想，为培养造就大批优秀中小学教师和教育家打下牢固的根基，同时也为师范教育改革、创新师范教育模式提供了新的机遇。截至 2017 年，6 所部属师范大学已累计招收免费师范生 10.1 万人，在校就读 3.1 万人，毕业履约 7 万人，其中 90%到中西部省（自治区、直辖市）中小学任教。试点实施后，许多中西部地区中小学实现了接收北京师范大学、华东师范大学等高等学校毕业生"零的突破"，为地方源源不断地补充了具有较高素质的优秀教师，受到了地方教育行政部门、基层学校、学生家长的热烈欢迎。师范生免费教育试点工作还带动了 28 个省（自治区、直辖市）实施地方师范生免费教育，每年培养补充 4 万余名毕业生直接到农村中小学任教，在改善和均衡薄弱地区师资配置、帮助寒门学子圆大学梦等方面的社会效果显著①。

（三）校长教师交流轮岗推进了城镇教师支援农村教育工作

改革开放以来，全国各地为有效地推进城乡师资的均衡配置，一直努力推进校长教师交流轮岗工作。国内外的经验表明，实行校长和教师的交流轮岗制度，是有效提高农村和边远地区教育质量的方法之一。为组织城市教师到农村学校任教提供制度保障，各地采取定期交流、跨校竞聘、学区一体化管理、学校联盟、

---

① 王家源. 九成免费师范生到中西部任教. 中国教育报，2018-08-11（01）.

对口支援、乡镇中心学校教师走教等多种途径和方式，重点引导优秀校长和骨干教师向农村学校流动。县域内重点推动县城学校教师到农村学校交流轮岗，乡镇范围内重点推动中心学校教师到村小学、教学点交流轮岗。采取有效措施，保持农村优秀教师相对稳定。

例如，陕西省商州区和云南省广南县农村教师实施区域内"小学区制"管理，相邻的几个乡镇同属一个学区，由乡镇中心学校统一管理，包括教师交流，该县遵循"严控总量，城乡统筹，按需配备，结构优化，动态管理"的原则，重点引导优秀校长和骨干教师由超编校向缺编校、优质校向薄弱校、城镇校向农村校合理流动；四川省蓬安县教师交流轮岗分为指导型（以支教帮扶的形式鼓励优秀教师交流轮岗，指导农村薄弱学校的学科建设和教师队伍建设）、顶岗型（城区学校建立农村薄弱学校信任教师培训基地）、优化型（特长教师向特色学校流动，加强特色学校建设；超编学校向缺编学校流动，优化学校编制结构）和合作型（"名校集团化""城乡互助共同体""联盟学校"等形式交流轮岗）。2014—2016年，蓬安县交流校长和教师达677人，有力地促进了该县城乡优质教师资源共享。校长教师交流轮岗推进了城镇校长教师支援农村教育工作，使农村学校长期保持一支优秀校长和骨干教师队伍，有利于城乡义务教育优质均衡发展。

三、坚持制度创新，全面提升了农村中小学教师质量

发展农村教育，必须全面提高农村中小学教师质量，建设一支真正"进得去""留得住""教得好"的农村教师队伍。为此，党和政府根据我国农村中小学教师队伍建设的实际情况，坚持制度创新，精准施策，不仅缓解了农村中小学教师短缺的紧张局面，而且全面提升了农村中小学教师质量。

（一）"特岗计划"为农村中小学输送了大批有潜质的优秀教师

"特岗计划"教师的招聘遵循"公开、公平、自愿、择优"的原则。按计划要求，"特岗计划"教师招聘对象为高等师范院校和其他全日制普通高等学校应届本科毕业生和应届师范类专业专科毕业生；取得教师资格，具有一定教育教学实践经验，年龄在30岁以下的全日制普通高等学校往届本科生；参加过"大学生支援服务西部计划""三支一扶"计划支教服务且服务期满的志愿者和参加过半年以上实习支教的师范院校毕业生及生源地考生在同等条件下优先招聘。特岗教师的基本条件是，政治素质好，热爱社会主义祖国，拥护党的各项方针、政策，热爱教育事业，有强烈的事业心和责任感，品行端正，遵纪守法，在校或工作（待

业）期间表现良好，未受过任何纪律处分，为人师表，志愿服务农村基层教育；符合教师资格条件要求和服务岗位要求（应聘初中教师的学历要求原则上为本科及以上，所学专业与申请服务的岗位学科一致或相近）；身体条件符合申请认定教师资格人员体检工作规定要求，并能适应设岗地区工作、生活环境条件。"特岗计划"教师 3 年聘期结束后，对考核合格，自愿留在本地学校的，经县级政府教育行政部门审核，县级政府人事行政部门批准，由县级教育行政部门办理事业单位人员聘用手续，按照有关规定办理上编制、核定工资基金等手续，并分别报省、市（州）人事、教育行政部门备案，同时将其工资发放纳入当地财政负担范围，保证其享受与当地教师同等的待遇。各市、县（区）、乡镇学校教师岗位空缺需补充人员时，要优先聘用聘期已满、考核合格的特岗教师。这些举措为农村中小学输送了大批有潜质的优秀教师，在一定程度上保障了农村教师的质量。

此外，"特岗计划"分为国家级特岗和省级特岗，均面向全国招纳符合条件的有志青年教师，打破了原有"公招教师"模式对于户籍要求的限制。以贵州省威宁县为例，该县现在有来自外省的毕业生，如湖南、湖北、甚至黑龙江省的毕业生，同样，也有很多本省外县的毕业生，外省、外县的毕业生占全部特岗教师比例的近3/4。不同地域的特岗教师有着不同文化背景，他们融入当地教育事业的过程也是不同地区文化交融、学习、借鉴的过程，对于教师而言，这也是一次实践学习、积累经验的宝贵经历，对各自的专业发展产生潜移默化、深远持久的影响[1]。

（二）师范生免费教育为农村中小学源源不断地提供了优质的后备教师

师范生免费教育政策实施后，其生源数量、质量和生源结构均得到有效的保证。首先，免费师范生数量充足。例如，2007 年重点线上报考免费师范生的人数大大超出计划数，6 所部属高等学校均达到数倍以上，如 2009 年报考华中师范大学的湖北考生数与招生计划数达到 10：1 的比例[2]。我国西部一些省（自治区、直辖市），报考免费师范生的考生更是高分云集，如贵州达到 44：1，新疆 15：1，广西 13：1。[3]其次，免费师范生的质量优良。例如，2007 年 6 所部属师范大学免费师范生的平均成绩高出所在省市区重点线 41.7 分[3]；2009 年高出重点线 42.5 分，录取最低分平均高出所在省市区重点线 31.2 分，录取最高分平均高出重点线 64.3 分[2]。再次，

① 郑新蓉，等. 中国特岗教师蓝皮书. 北京：教育科学出版社，2012：72.
② 编辑部. 2009 年部属师范大学免费师范生招生工作进展顺利. 中国教师，2009（22）：5-7.
③ 王卫东，付卫东. 师范生免费教育政策：背景、成效、问题及对策——基于全国六所部属师范大学的调查. 河北师范大学学报（教育科学版），2013，15（8）：10-15.

免费师范生的生源结构稳定，如 2007 年中西部生源占全部生源的 90.8%；农村生源占 60.2%，比 2006 年上升了 16 个百分点；男生的比例达到 38.7%。2009 年中西部生源占 89.38%，农村生源占 59.4%，男生占 35.1%。此后，一直保持上述比例。这种招收比例有利于师范生免费教育政策的落实，尤其有利于促进师范生毕业后到中小学、基层学校及农村地区任教，也有利于促进城乡教育一体化发展。

此外，2004 年开始启动的"硕师计划"，规模逐渐扩大。通过免试教育硕士、在职培养和农村支教相结合的途径不仅为农村贫困地区学校培养输送了一批高学历优秀人才，更重要的是为农村中小学培养补充高素质骨干教师探索了有效途径。

（三）教师培训大大提高了农村中小学教师的教育教学技能

教育改革与发展对教师整体素质的要求越来越高，为了提高中小学教师特别是农村教师队伍整体素质，缩小城乡教师队伍整体水平差距，党和政府坚持把农村教师培训纳入基本公共服务体系，保障经费投入，确保农村教师培训时间和质量。2007 年教育部制定的《国家教育事业发展"十一五"规划纲要》就明确指出，"实施乡村教师培训计划，到 2010 年，使中西部地区 50%的乡村教师得到一次专业培训"。2010 年始实施的"国培计划"更是明确要求，要将"国培计划"纳入教师队伍建设和教师培训总体规划，加强领导，统筹规划，精心实施，并以实施"国培计划"为契机，以农村教师为重点，分类、分层、分岗、分科大规模组织教师培训，全面提高中小学教师队伍整体素质，为促进教育改革发展提供师资保障。通过中小学教师"国培计划"，仅 2016—2017 年就对 360 余万名农村校长、教师进行了专业化培训①。

"国培计划"的示范引领推动了各地加强教师培训，提高了教师的教育教学能力和专业水平，促进了教师队伍整体素质的提升。如陕西省结合该省的实际，实施以全面提升农村教师教育教学能力为重点的农村教师全员提升计划。将教师、校长培训经费纳入各相关区县政府预算，将农村中小学年度公用经费预算总额的 5%作为活动经费安排给教师培训。该省西安市辖县周至县，紧扣教师培训和校园长培训，组织了一系列培训活动，活动群体覆盖较广。其组织和开展的活动主要有：校园长培训交流工作。先后选派中小学管理干部参加国家、省、市相关培训 44 人次；配合县委组织部做好科级干部和学校管理人员网络教育培训

---

① 底部攻坚，补齐农村教育短板——党的十八大以来我国城乡义务教育一体化改革取得新进展. 中国教育报，2018-08-17（01）.

工作；周至县与西安市莲湖区组建了 4 个学段的 5 所学校及幼儿园的跨行政区域大学区，并针对课堂教学开展了 3 次交流研讨活动。系列活动的开展使该县看到了差距，借鉴了经验，改变了观念。2016 年 11 月，周至县组织全县 12 所研学旅行试点学校的 24 名校长和教师分批次参加了"全国中小学研学旅行工作试点区校长教师"培训，学习新思路和新方法。2016 年，周至县招聘新任教师 237 人，完成县级以上教师培训 11 300 人次，安排 596 名校长及教师参加交流支教。积极加强中小学骨干教师队伍建设，教师节前夕，县委县政府和县教育局共表彰各类"优模先进"人员 287 人。2014—2016 年该县 82.8%的教师参加过培训，教师平均培训次数为 5.3 次。通过培训，周至县教师教育教学能力大大提高，如为提高教师利用信息技术进行教学，创新教学手段与内容，提高教学质量，调动农村教师教学的积极性和创造性，2016 年 6 月，该县制订下发了 2015—2016 年度"一师一优课、一课一名师"活动实施方案。同年 7—9 月，全县教师在西安市大学区平台共晒课 2 223 节，县教育局评选表彰优质课 199 节，在国家教育资源平台共晒课 1 395 节，县局评选表彰优质课 192 节。

四、统一城乡教师编制标准，促进了教师资源合理配置

编制通常是指组织机构的设置及其人员数量的定额和职务的分配，由财政拨款的编制数额由各级人事部门制定，财政部门据此拨款，通常分为行政编制和事业编制。早在 2001 年 5 月，国务院在《国务院关于基础教育改革与发展的决定》中就要求，"加强中小学教师编制管理"。同年，中央编办、教育部、财政部联合推出《关于制定中小学教职工编制标准的意见》规定，乡镇以下的小学按照生师比 23∶1，县城学校按 21∶1，城市学校按 19∶1 配备师资。农村中小学的编制标准显然低于城市，加之农村中小学人数少，校点分散、成班率低等问题的存在，这样农村学校教师编制就少了，而开的课程并不少。由于农村中小学教师紧缺，特别是边远山区学校教师严重不足，这些学校的教师工作量特别大，任务繁重，每天工作时间很长。一些乡村小学或教学点有的教师要包一个班甚至两个班，所有的课程都是一个人任教，每天在学校从早忙到晚，回家还要批改作业，教师负担加重。

为贯彻落实党的十八大和十八届三中全会精神，大力促进教育公平，统筹城乡教育资源均衡配置，2014 年 11 月 13 日，中央编办、教育部、财政部颁发了《中央编办 教育部 财政部关于统一城乡中小学教职工编制标准的通知》，将县镇、农村中小学教职工编制标准统一到城市标准，即高中师生比为 1∶12.5、初中为 1∶13.5、

小学为 1∶19。并要求各地要考虑实际需求，对农村边远地区适当倾斜，重点对学生规模较小的村小、教学点，按照教职工与学生比例和教职工与班级比例相结合的方式核定教职工编制。在县域范围内统筹中小学教师资源，确保基本开齐开足国家规定课程，特别是体育、音乐、美术、科学技术等课程，以保障基础教育发展需要和素质教育全面实施。2015 年 6 月和 2018 年 5 月，国务院办公厅分别印发的《国务院办公厅关于印发乡村教师支持计划（2015—2020 年）的通知》和《国务院办公厅关于全面加强乡村小规模学校和乡镇寄宿制学校建设的指导意见》又都反复强调，农村小规模学校按照生师比与班师比相结合的方式核定编制。农村中小学教职工编制按照城市标准统一核定，人员配备进一步向人口稀少的教学点、村小倾斜，重点解决教师全覆盖问题，确保农村学校开足开齐国家规定课程，促进了城乡教师资源的合理配置。

五、教师待遇明显提高，初步稳定了农村中小学教师队伍

农村中小学由于各方面条件差，导致教师待遇差，很难留住人才，骨干教师少。因此，为了加强农村中小学教师队伍建设，吸引大批优秀教师到农村任教，稳定农村教师队伍，调动农村教师的工作积极性，国家一直大力提高教师的经济待遇，改善教师的物质生活条件。如依法保证教师平均工资水平不低于或者高于国家公务员的平均工资水平，建立和当地公务员工资联动机制，保证农村中小学教师工资随本地公务员工资同步增长并逐步提高；依据学校艰苦边远程度实行差别化的补助标准，吸引优秀教师长期留在农村偏远学校任教；依法为教师缴纳住房公积金和各项社会保险费，做好农村教师重大疾病救助工作；实施边远艰苦地区农村学校教师周转宿舍建设，按规定将符合条件的农村教师住房纳入当地住房保障范围；消除教师收入的过大差距，保证县域内农村中小学教师工资大致平衡等。这些举措大大提高了我国农村中小学教师的经济待遇，改变了农村中小学教师收入过低的状况，稳定了农村中小学教师队伍，提高了农村中小学教师的工作满意度，增强了他们的荣誉感和自豪感，激发了广大农村中小学教师的工作积极性。

如四川省南充市高坪区除了农村教师补助以外，还有乡镇教师补贴、交通补贴、年终目标奖。其中该区 39 所农村学校教师享受农村教师补贴，其标准为每月400 元，农村教师之间基本没有差异。乡镇工作补贴覆盖的人群为乡镇（不含街道办事处）机关事业单位在编在岗工作人员，标准是每人每月 300 元；交通补贴分为三个等级，分别为每月 50 元、100 元和 150 元；年终目标奖是仿照本地公务员的做法，2016 年为 1.1 万元，2017 年约为 2 万元。就此推算，高坪区农村教师

新增收入达到 2 400～2 500 元。同样，该省蓬安县实行农村教师补助政策，其标准为每月 400 元，对在职在岗的农村教师和农村特岗教师，依据所在学校艰苦边远程度和从教年限，实行差异化补助政策。并且，该县 2014 年拿出资金 3 000 万元（人均 5 000 元）、2015 年拿出资金 6 780 万元（人均 12 000 元）给在岗教职工安排年终教学绩效奖。蓬安县农村教师每月新增收入 1 200～1 600 元。为了调动特岗教师工作积极性，蓬安县和高坪区参照在编农村教师发放特岗教师农村边远补贴和农村教师津贴。

云南省以"提高农村教师生活待遇"来吸引和稳定优秀教师，通过全面落实集中连片特困地区农村教师生活补助来提高教师生活待遇，各州市、县（区）政府根据学校艰苦边远程度，按照"以岗定补、在岗享有、离岗取消、实名发放、动态管理"的办法，实行农村教师差别化生活补助政策，重点向条件艰苦学校、村小及教学点倾斜，让他们在农村学校长期任教、安心从教。如该省寻甸县农村教师生活补助发放标准每月为 500～1 500 元不等，根据学校环境、地理区位、交通条件、边远艰苦程度等情况，同时依据与"两个中心"（"县城区中心"和"乡镇政府所在地中心"）的远近，按照公平化、差别化原则和向村小、教学点及艰苦边远地区学校倾斜的原则，划分 10 个档次，其中少数民族教师在所在学校执行标准基础上提高 20%，双语教师提高 30%。寻甸县的农村教师还享受自治县补贴每月 800 元、乡镇工作补贴 500 元/月的优惠政策，该县农村教师每月新增收入 1 800～2 800 元。同样，该省广南县农村教师生活补助按照 500 元/月、600 元/月、700 元/月三个梯度档次，根据是否为少数民族、学校位置偏僻程度和经济发展状况进行差异化发放，依次是乡镇中小学、农村中小学，以及更偏远的村小和教学点。此外，广南县农村教师还享受每月 1 000 元的自治州补贴和 500 元的乡镇工作补贴，全部加起来，广南县农村教师每月新增收入 2 000～2 200 元。

湖北省罗田县和咸宁市咸安区除了执行农村教师生活补助每月 300 元、每月 400 元、每月 600 元三个梯度档次以外，还建立了"农村教师关爱基金"和"农村教师奖励基金"，让生患重病的农村教师看到生命的希望，也给予了长期默默坚守基层一线的农村教师物质上的安慰。

安徽省无为县除了要求全面实施 400 元/月的差异化补贴外，还鼓励有条件的地方通过社会捐赠等渠道建立县级教师重大疾病救助制度，将符合条件的农村教师住房纳入"十三五"公共租赁住房建设规划。陕西省商州区针对城区以外的义务教育阶段在编在岗的公办中小学教师、幼儿园教师（含特岗教师）及支教和轮岗教师，按照生活艰苦边远程度，将农村教师生活补助分为 600 元/月、400 元/月、200 元/月三个档次，以往没人愿意去的最偏远的教学点也能留住优秀高等学校毕业生。

此外，职称评定和教师培训向农村学校倾斜，拓宽了农村中小学教师职业发展渠道，实施农村教师荣誉制度，使农村中小学教师的劳动得到充分肯定，从而达到吸引和鼓励优秀教师到农村任教，稳定农村教师队伍的目的，提高了农村教师的教育教学水平，保证了农村教育教学质量。

第四节　农村中小学教师队伍建设的经验

改革开放 40 年来，党和政府高度重视农村中小学教师队伍建设，采取了许多行之有效的措施，大大提升了农村中小学教师的整体素质，积累了宝贵的经验。这些经验应当加以很好地总结和推广，使我国农村中小学教师队伍建设永葆生机和活力。

一、重师德是加强农村中小学教师队伍建设的根本保证

"学为人师，行为世范"是对高素质教师队伍的基本要求。一所学校能不能为社会主义建设培养合格的人才，培养德智体美全面发展、有社会主义觉悟的有文化的劳动者，关键在教师。2014 年 9 月 9 日，习近平在北京师范大学考察时号召全国广大教师做党和人民满意的好老师，强调广大教师"要有理想信念""要有道德情操""要有扎实知识""要有仁爱之心"①，师德作为教师最重要的素质，关系着教育的质量，更影响国家的未来。为了加强农村中小学教师队伍建设，2012年 8 月，国务院印发《国务院关于加强教师队伍建设的意见》，要求完善师德考评制度，将师德建设作为学校考核和办学质量评估的重要指标，对教师师德表现实行"一票否决制"；对严重失德的教师应该按有关规定严肃处理直至撤销教师资格。2013 年 5 月，教育部发布《教育部关于深化中小学教师培训模式改革全面提升培训质量的指导意见》，将中小学教师师德教育等作为通识课程，作为培训必修模块。同年 9 月，教育部出台《教育部关于建立健全中小学师德建设长效机

---

① 习近平在北京师范大学考察时号召全国广大教师做党和人民满意的好老师.（2014-09-09）[2015-10-11]. http://www.xinhuanet.com/politics/2014/09/09/c_1112412989.htm.

制的意见》，要求创新师德教育，突出师德激励，强化师德监督。2014 年 1 月和
2015 年 6 月，教育部印发《中小学教师违反职业道德行为处理方法》和《严禁中
小学校和在职中小学教师有偿补课的规定》，将师德建设落到实处。2015 年 6 月
颁布的《国务院办公厅关于印发乡村教师支持计划（2015—2020 年）的通知》则
要求，"开展多种形式的师德教育，把教师职业理想、职业道德、法治教育、心
理健康教育等融入职前培养、准入、职后培训和管理的全过程。落实教育、宣传、
考核、监督与奖惩相结合的师德建设长效机制"。教育是以人育人的工作，教师
素养决定教育的质量。通过长效机制和综合措施来提升师德修养，注重精神倡导
与制度规范来引导教师以德立教，使农村中小学师德建设既有榜样引领又有监督
规范。

二、抓源头是加强农村中小学教师队伍建设的基础

"问渠那得清如许，为有源头活水来。"建设一支高素质、专业化农村中小学
教师队伍，其基本经验就是从源头抓起，从师范生生源质量、师范生培养、教师
资格和教师注册等方面入手，来保证农村中小学教师质量。

（一）改善师范生生源质量，从源头上保证农村中小学教师质量

师范生免费教育政策实施后，国家采取"大类招生、二次选拔"等方式来改
善师范生生源质量，对提升农村中小学教师质量起到了积极的作用。另外，国家
适度扩大教育硕士招生规模，提升教师培养层次，助力教师队伍素质提升；创新
师范生培养方式方法，指导各地及相关学会、协会、高等学校开展师范生技能展
示活动，强化"三字一话"（钢笔字、毛笔字、粉笔字和普通话）等师范生基本
技能训练，提高师范生培养质量，为中小学提供高质量的未来教师[①]。

（二）启动卓越教师培养计划，培养让党和人民满意的好教师

为了贯彻落实习近平 2014 年教师节重要讲话精神，推动教师教育综合改革，
培养让党和人民满意的好教师，国家启动了卓越教师培养计划，旨在全方位推
进幼儿园、小学、初中和高中等教师培养模式改革，建立高等学校、政府、中
小学校协同培养师范生的新机制，改变过去师范生毕业难以站稳讲台，不会讲
课、不会管理学生等实践动手能力不足的问题，从根本上提高农村中小学教师

---

① 田慧生，邓友超. 让十三亿人民享有更好更公平的教育. 北京：教育科学出版社，2017：360.

队伍质量，努力培养一大批有理想信念、有道德情操、有扎实学识、有仁爱之心的好教师。

（三）实行教师资格考试和定期注册制度，规范和提高农村中小学教师准入门槛

教师资格是国家对专门从事教育教学工作人员的基本要求，是公民获得教师职位的前提条件。教师资格制度是国家对教师实行的一种法定的职业许可制度，它规定了教师资格的基本条件、教师资格认定程序等①。实施教师资格制度是优化教师队伍结构，提高教师队伍整体素质，拓宽教师来源渠道，严把教师队伍"入口关"的重要手段②。2012 年 9 月，教育部等部门发布《教育部 中央编办 财政部 人力资源社会保障部关于加强幼儿园教师队伍建设的意见》，建立幼儿园园长任职资格制度。2013 年 8 月，教育部印发《中小学教师资格考试暂行办法》和《中小学教师资格定期注册暂行办法》，提出教师资格考试合格证明有效期为 3 年，中小学教师资格实行 5 年一周期的定期注册。自中小学教师资格考试和定期注册制度改革试点启动以来，各地全面推进试点，提高教师准入门槛，破除教师资格终身制，提高教师队伍的质量和水平。2015 年 7 月，教育部办公厅发布《教育部办公厅关于进一步扩大中小学教师资格考试与定期注册制度改革试点的通知》，进一步扩大中小学教师资格考试和定期注册制度改革试点范围。新增试点省（自治区、直辖市）原则上选择 1～2 个地级市开展中小学教师资格定期注册制度改革试点。全面推进试点，严把教师"入口关"，为教师队伍质量提升提供了重要保障③。

三、补数量、提质量是加强农村中小学教师队伍建设的重点

农村教师数量不足、整体素质不高，这是农村中小学教师队伍建设存在的主要问题，是农村中小学教师队伍建设的短板，这些问题制约了农村中小学教师队伍质量的提升。因此，采取多种措施，补充农村教师数量和提升农村教师质量，是加强农村中小学教师队伍建设的重中之重。

---

① 杜晓利. 教师政策. 上海：上海教育出版社，2012：33.
② 朱旭东，胡艳. 中国教育改革 30 年：教师教育卷. 北京：北京师范大学出版社，2009：34.
③ 田慧生，邓友超. 让十三亿人民享有更好更公平的教育. 北京：教育科学出版社，2017：361.

（一）大力补充农村中小学教师数量

改革开放40年来,党和政府始终将农村中小学教师队伍建设放在重要战略地位,采取多种措施补充农村中小学教师队伍。例如,通过实施"特岗计划"和免费师范生教育,大力补充农村中小学教师数量。目前"特岗计划"规模不断扩大,中央财政10年投入290亿元,累计招聘特岗教师50万人,覆盖中西部1 000多个县、3万多所农村学校;河南、贵州、吉林、新疆等地实施地方特岗计划,每年招聘1万多名高等学校毕业生到农村任教。国家在实施免费师范生政策的同时,积极引领地方开展师范生免费教育,湖南、重庆、广西等27个省(自治区、直辖市)采取在学免费、上岗退费等方式,每年吸引近3.5万名高等学校毕业生到农村中小学任教①。这项计划创新了农村教师补充机制,一定程度上缓解了中西部农村中小学教师素质不高、数量不足的问题。而且,"特岗计划"显现出明显的政策效应,不仅为农村地区补充了合格的教师,而且对创新教师的补充机制,特别是农村教师的补充机制具有重要意义。2007年,国家决定在6所部属师范大学实行师范生免费教育,以培养大批优秀的教师,鼓励更多的优秀青年终身从教。目前除6所部属师范大学以外,湖南、江西、新疆等省(自治区、直辖市)的地方高等学校近年来也开始陆续招收免费师范生。由于高考考生报考活跃,免费师范生生源质量良好,录取的免费师范生平均成绩高出所在省(自治区、直辖市)重点线40分以上。这些师范生走上工作岗位以后必将为中小学教师队伍注入新的生机和活力②。

（二）全面提升农村中小学教师质量

农村中小学教师质量提升是提高农村教育质量的关键。改革开放40年来,党和政府采取多种措施全面提升农村中小学教师质量,例如,通过"硕师计划""国培计划"等战略性举措,加强对农村中小学教师的培养和培训。2013年5月,教育部发布《教育部关于深化中小学教师培训模式改革全面提升培训质量的指导意见》,要求按需施训,改进培训内容,转变培训方式,强化培训自主性,规范培训管理。2013年12月31日,教育部、国家发改委、财政部颁发的《教育部 国家发展改革委 财政部关于全面改善贫困地区义务教育薄弱学校基本办学条件的意见》明确规定,"面向乡镇以下农村学校培养能承担多门学科教学任务的小学教师和'一专多能'的初中教师。提高中小学教师国家级培训计划的针对性和有效性,省级教师培训要向农村义务教育教师、校长倾斜"。2013年

---

① 刘延东. 在全国乡村教师队伍建设工作推进会上的讲话. 中国教育报, 2016-09-07(01).
② 曾天山,等. 中国教育改革进展报告2012. 北京:教育科学出版社,2013:66.

《"国培计划"中西部农村中小学骨干教师培训项目和幼儿园教师培训项目管理办法》也强调，要"通过对农村义务教育阶段教师和农村幼儿园教师进行有针对性的专业培训，提高教师教育教学能力和整体素质，引导各地规范教师培训管理"。《国务院办公厅关于印发乡村教师支持计划（2015—2020 年）的通知》则从培训制度、培训资源支持、培训内容、培训手段和方式、培训经费等方面提升农村中小学教师能力素质。据统计，2010—2014 年"国培计划"中央财政投入 64 亿元，培训全国中小学幼儿园教师 730 万余人次，完成对 640 多万名中西部农村教师新一轮培训[①]。该计划培训了一批"种子"教师，使其在推进素质教育和教师培训方面发挥骨干示范作用，全面提高农村中小学教师整体素质。

四、提待遇是吸引和留住农村中小学优秀教师的关键

教师工资待遇问题是事关教师生计的大问题，这个问题处理不好，会影响教师队伍稳定；教师待遇的高低在某种程度上决定着教师地位的高低[②]。教师待遇尤其是农村中小学教师待遇与其他行业或职业存在着收入上的差距，容易促使他们向城市流动，向发达地区流动，向高收入行业流动。如果不提高农村中小学教师的待遇，即使有约束条款，素质高的教师也可能会放弃教师资格，离开教师岗位，去从事别的工作或者不惜支付违约金到发达地区任职。要保障师资源头有活水而不枯竭，就要从根本上提高教师待遇。改革开放 40 年来，党和国家非常重视提高农村中小学教师的待遇，先后制定了一系列改善农村中小学教师待遇的措施，这些措施有力地改善了农村中小学教师的工作和生活条件，为农村中小学教师更积极地投身于农村教育事业奠定了良好的经济基础。

（一）提高工资待遇有助于吸引优秀人才加入农村中小学教师队伍

自 2009 年起，义务教育学校率先实施绩效工资，保证义务教育教师平均工资水平不低于当地公务员平均工资水平。义务教育教师绩效工资实施后，有效地保证了农村中小学教师工资待遇，解决了农村中小学教师工资多年被拖欠的难题；建立了和当地公务员工资联动机制，保证了农村中小学教师工资随公务员工资同步增长；保证了县域内教师工资水平大体平衡，促进了城乡师资配置均衡。教师工资待遇保障机制的逐步完善保证了农村中小学教师工资待遇的落实，也吸引了大批优秀人才到农村中小学任教。实行农村教师津贴和全面落实集中

---

① 田慧生，邓友超. 让十三亿人民享有更好更公平的教育. 北京：教育科学出版社，2017：66.
② 朱旭东，胡艳. 中国教育改革 30 年：教师教育卷. 北京：北京师范大学出版社，2009：23.

连片贫困地区农村教师生活补助政策，有利于农村偏远学校尤其是村小和教学点获得优秀的年轻教师。由于农村偏远学校地理位置偏僻，条件艰苦，优秀年轻教师不愿去那里任教是情有可原的，正如《全民教育全球监测报告（2009）》中指出："偏远贫困以及处于不利环境的民族、种族或阶层群体所在的地区通常教师资源——尤其是有经验的教师——配备不足，这并不奇怪，如果由教师做出选择，他们是不愿意去地处偏远、住房条件差、没有水电、几乎没有公共服务的地区工作的。"实行差异化农村教师津贴和农村教师生活补助，条件越艰苦的农村偏远学校尤其是村小和教学点教师，他们获得的农村教师津贴和农村教师生活补助就越多，这些津贴和补助能有效地弥补农村中小学教师在农村偏远学校任教带来的不便。据统计，2013—2015年，中央财政下达综合奖励补助资金达44亿元，惠及604个县的近95万名农村教师[1]，有效地调动了农村中小学教师工作积极性。

（二）改善住宿条件有助于稳定农村中小学教师队伍

近年来，教育部会同国家发改委开展艰苦边远地区农村学校教师周转房宿舍建设，重点为特岗教师、支教和交流教师及离校较远的寄宿制学校教师提供保障条件，加快建设边远艰苦地区农村教师周转宿舍。《国家中长期教育改革和发展规划纲要（2010—2020年）》提出，"建设农村艰苦边远地区学校教师周转宿舍"。《国务院关于加强教师队伍建设的意见》进一步明确提出，"支持加快建设农村艰苦边远地区学校教师周转宿舍。鼓励地方政府将符合条件的农村教师住房纳入当地住房保障范围统筹予以解决"。2015年6月，国务院办公厅印发《国务院办公厅关于印发乡村教师支持计划（2015—2020年）的通知》，提出了加快实施边远艰苦地区农村学校教师周转房建设，将符合条件的农村教师住房纳入当地住房保障范围，统筹予以解决。为了为边远艰苦地区农村教师建设周转宿舍，"十二五"期间中央财政安排160多亿元、建成28万套周转宿舍，解决了34万名教师的住房困难[2]。这对于吸引优秀青年到农村从教，稳定农村中小学教师队伍起到积极作用。

五、加强督导和评估是确保农村中小学教师队伍建设各项政策得到有效落实的重要手段

为了避免政策执行失真，确保加强农村中小学教师队伍建设的各项政策能够

---

① 李文姬. 教育部：未来五年教师绩效工资比将大幅提升. 法制晚报，2015-12-07（01）.
② 刘延东. 在全国乡村教师队伍建设工作推进会上的讲话. 中国教育报，2016-09-07（01）.

有效落实，国家加强了督导和评估。通过定期对政策执行主体和项目本身进行科学评价、结果反馈，面向社会公开信息来加大群众民主监督的力度，督促政策执行主体和项目本身持续改进，从而更好地实现评估和督导的目的。

国家及各地教育督导评估机构在加强农村中小学教师队伍建设中起到了关键的作用，国家及地方出台的各项政策也强调了督导检查是重要的保障措施。例如，2010 年，教育部和财政部发布的《教育部 财政部关于实施"中小学教师国家级培训计划"的通知》就要求，"做好培训项目的督促检查""加强项目实施计划和培训方案的审核，建立培训项目监管机制，督促检查教师培训计划的落实，保证培训经费的及时到位。建立教师培训效果评价制度，以建设高素质专业化教师队伍为目标导向，制定评价标准，及时对教师培训机构的培训内容、教学安排、管理服务情况、学员满意率等状况进行调查。承担培训任务的院校和培训机构要加强自评，不断改进工作，力求高质量地完成培训任务"。《关于义务教育学校实施绩效工资的指导意见》则提出，"加大督查力度，确保一抓到底、工作落实"。而《国务院办公厅关于印发乡村教师支持计划（2015—2020 年）的通知》要求，"地方各级人民政府教育督导机构要会同有关部门，每年对乡村教师支持计划实施情况进行专项督导，及时通报督导情况并适时公布"。通过评估和督导，激励和约束地方各级政府采取有效措施，积极加强农村中小学教师队伍建设，保证了农村中小学教师有效供给，初步实现了城乡教师资源均衡配置。

第四章

流动人口子女教育

　　20 世纪 80 年代以来，伴随着中国工业化和城市化进程的加快，越来越多的农村剩余劳动力进入城市务工就业，他们的子女要么随父母进入城市，要么被留在农村户籍所在地，前者被称为流动儿童，后者被称为留守儿童，这些儿童被笼统称为流动人口子女。这是一个庞大的群体，如何保证流动人口子女公平接受教育，为他们健康成长创造良好的条件，成为推进农村教育发展中必须高度重视的一个独特的社会问题。可以这样讲，流动人口子女如果不能公平地接受教育，就谈不上农村教育的健康、均衡发展。因此，流动人口子女的教育问题引起了社会的广泛关注，受到党和各级政府的高度重视，自 20 世纪 90 年代开始，国家陆续出台了一系列保障流动人口子女教育的政策、法规，采取了一系列相应的措施，并取得了显著的成效，积累了丰富的经验。

第一节　党和政府高度重视

随着国家放宽农民进城务工的条件，国家对进城务工人员的管理政策由"控制盲目流动"调整为"鼓励、引导和实行宏观调控下的有序流动"，大批农村剩余劳动力开始进城务工，流动人口子女数量也急剧增加，由此所引发的流动人口子女教育问题开始显现出来。

针对这一情况，为依法保障流动人口子女接受义务教育的权利，早在1995年，国家教委就将研究解决流动人口子女教育问题列入当年的议事日程，国家教委基础教育司义务教育处与北京市教育科学研究所开始调查、研究流动人口子女入学问题。同年，国家教委在北京丰台等全国6个地区进行了试点，在此基础上于1996年印发了《城镇流动人口中适龄儿童少年就学办法（试行）》，对流动人口及流动人口子女进行了界定。该文件指出，"城镇流动人口，是指在流入地从事务工经商等经济活动或其他社会活动，并持有流入地暂住户口的人员"，"城镇流动人口中适龄儿童、少年，是指年满6至14周岁（或7至15周岁），有学习能力的子女或其他被监护人"。该就学办法第一次对流动人口子女的就学做出了规定，要求流入地人民政府（市、区、镇）要为流动人口中适龄儿童、少年创造条件，提供接受义务教育的机会；流入地教育行政部门，应具体承担城镇流动人口中适龄儿童、少年接受义务教育的管理职责。但对流动人口子女进城上学称为借读，并且要收取一定的费用。

该就学办法出台后，城市公办学校大门逐渐向流动人口子女开放，这相对于之前流动人口子女无学可上的状况来说，已经有了很大的改观。为了使流动儿童少年依法接受规定年限的义务教育，根据《中华人民共和国义务教育法》及《中华人民共和国教育法实施细则》的规定，结合流动儿童少年实际情况，1998年3月2日，国家教委、公安部联合颁布的《流动儿童少年就学暂行办法》，对解决流动人口子女就学问题进行了较为详细的规定：流动人口子女在有监护条件的户口所在地入学，户口所在地无监护条件的，在流入地入学；流入地政府负责管理流动儿童的教育，流动儿童入学以在公立学校借读为主；经流入地县级以上政府审批，允许企事业组织、社会团体、社会组织、公民个人办民工子弟学校或简易学校；公办学校招收流动儿童可以收取借读费，但不能以盈利为目的收取高额费用；流动儿童少年常住户籍所在地人民政府和流入地人民政府要互相配合，加强联系，共同做好流动儿童少年接受义务教育工作。这一暂行办法的出台表明，政府已认识到解决流动人口子女教育问题的紧迫性，也试图通过各种途径来解决这个问题。但是该暂行办法对进城务工就业农民子女进城上学仍采取限制政策，要求"流动儿童少年常住户籍所在地人民政府应严格控制义务教育阶段适龄儿童少年外流"，在城市学校上学只能是在有条件的地方借读，而且要缴纳一定的借读费才能入读。

随着流动人口数量与规模的不断增加，从2000年下半年开始，国家在清理和取消进城务工人员进城务工的各种不合理限制的同时，积极推进就业、社会保障等多方面的配套改革，为进城务工人员创设了良好的就业环境。于是流动人口在数量与规模不断增加的同时，其流动结构也发生了明显的变化。越来越多的农村剩余劳动力由过去分散的"单身外出"流动方式逐渐转变为"举家迁徙"，"家庭化"的人口流动模式开始出现，而且这一态势仍在延续，由此所引发的流动人口子女上学难的问题引起了社会各界的高度关注。

为了解决这一问题，2001年5月22日国务院颁布了《中国妇女发展纲要（2001—2010年）》和《中国儿童发展纲要（2001—2010年）》，对流动人口子女的就学问题和妇女、儿童的卫生保健问题都提出了具体的目标要求及应采取的策略措施，明确规定"全面普及九年义务教育，保障所有儿童受教育的权利。小学适龄儿童净入学率达到99%左右，小学5年巩固率提高到95%左右"，"流动人口中的儿童基本能接受九年义务教育"。同年6月，国务院颁布的《国务院关于基础教育改革与发展的决定》，重申"要重视解决流动儿童少年接受义务教育问题"，并基本上确定了农民工子女教育"两为主"的方针，提出"以流入地区政府管理为主，以全日制公办中小学为主，采取多种形式，依法保障流动人口子女接受义务教育的权利"。国家对农民工子女进城上学逐渐从限制转向支持。

随着我国城镇化速度进一步加快，中央开始高度重视农民工就业权益的保障及就业环境的改善，并于2003年前后制定和出台了一系列相关政策。如2003年1月15日，国务院办公厅印发了《国务院办公厅关于做好农民进城务工就业管理和服务工作的通知》，提出"要保障农民工子女接受义务教育的权利"。该通知要求"流入地政府应采取多种形式，接收农民工子女在当地的全日制公办中小学入学，在入学条件等方面与当地学生一视同仁，不得违反国家规定乱收费，对家庭经济困难的学生要酌情减免费用"，"流入地政府要专门安排一部分经费，用于农民工子女就学工作。流出地政府要配合流入地政府安置农民工子女入学"。

另外，在简易学校的问题上，该通知也做出了明确的规定："要加强对社会力量兴办的农民工子女简易学校的扶持，将其纳入当地教育发展规划和体系，统一管理。简易学校的办学标准和审批办法可适当放宽，但应消除卫生、安全等隐患，教师要取得相应任职资格。教育部门对简易学校要在师资力量、教学等方面给予积极指导，帮助完善办学条件，逐步规范办学，不得采取简单的关停办法，造成农民工子女失学。"对流出地政府，该通知要求要配合流入地政府安置农民工子女入学，对返回原籍就学的，当地学校应当无条件接收，不得违规收费。这些政策措施的出台，使农民工子女教育问题的处理方式更加清晰化。地方各级政府部门在认真落实中央有关政策的同时，也进行了大量认真细致的工作，取得了明显成效。

2003 年 9 月 19 日，全国农村教育工作会议在北京召开。会议再次强调以"两为主"的方针来指导解决进城务工就业农民子女接受义务教育问题。根据这次会议的精神，9 月 30 日国务院办公厅转发了教育部等六部门《关于进一步做好进城务工就业农民子女义务教育工作的意见》，第一次把政策对象指向进城务工就业农民子女，其核心内容是强化一个"责任"，实行两个"一视同仁"。所谓强化一个"责任"，就是明确指出：流入地政府负责进城务工就业农民子女接受义务教育工作，以全日制公办中小学为主。地方各级政府特别是教育行政部门和全日制公办中小学要建立完善保障进城务工就业农民子女接受义务教育的工作制度和机制。"教育行政部门要将进城务工就业农民子女义务教育工作纳入当地普及九年义务教育工作范畴和重要工作内容，指导和督促中小学认真做好接收就学和教育教学工作。"两个"一视同仁"，是指"进城务工就业农民子女九年义务教育普及程度达到当地水平"，以及"流入地政府要制订进城务工就业农民子女接受义务教育的收费标准，减免有关费用，做到收费与当地学生一视同仁"。

特别值得指出的是，2004 年农村留守儿童的教育问题引起了政府的高度关注和重视。同年 5 月教育部基础教育司召开了"中国农村留守儿童问题研究"研讨会，邀请了中华全国妇女联合会（以下简称全国妇联）、公安部、共青团中央、国家统计局、中央教育科学研究所、国家教育发展研究中心及部分高等学校的专家、学者参加。会议围绕农村留守儿童教育、生活、发展面临的现实问题及其解决问题的途径展开对话与交流。会上，专家、学者一致认为农村留守儿童问题是当前和今后相当长一个时期内存在的一个严重问题，开展这方面的研究具有非常重要的现实意义。

2005 年 5 月，《教育部关于进一步推进义务教育均衡发展的若干意见》对农村留守儿童的教育问题又做了专门规定，明确要求，"地方各级教育行政部门和学校要有针对性地采取措施，及时解决进城务工农民托留在农村的'留守儿童'在思想、学习、生活等方面存在的问题和困难"。各地方政府，尤其是县级政府教育主管部门在农村留守儿童的教育和管理方面更是倾注了大量心血，做了大量的工作。

2006年3月27日，在经历了一年多调研基础上，国务院颁布了《国务院关于解决农民工问题的若干意见》，要求"保障农民工子女平等接受义务教育"。为了实现这一目标，国务院明确提出了"两为主"的原则，即以流入地政府为主，负责农民工子女义务教育；以全日制公办中小学为主，接收农民工子女入学。该文件强调"输入地政府要承担起农民工同住子女义务教育的责任，将农民工子女义务教育纳入当地教育发展规划，列入教育经费预算，以全日制公办中小学为主接收农民工子女入学"。同时，要求"城市公办学校对农民工子女接受义务教育要与当地学生在收费、管理等方面同等对待，不得违反国家规定向农民工子女加收借读费及其他任何费用"。该文件充分肯定了农民工在我国经济社会发展中的地位和作用，深刻阐述了解决好农民工问题的紧迫性、重要性和长期性，明确提出了做好农民工工作的指导思想、基本原则和政策措施。落实好这个文件，解决好农民工外出务工遇到的困难和问题，必将会极大地保护和调动广大农民工的积极性，推动城乡共同繁荣，促进社会和谐稳定。

2006年6月，全国人民代表大会常务委员会（以下简称全国人大常委会）审议通过了修订的《中华人民共和国义务教育法》，明确规定"父母或者其他法定监护人在非户籍所在地工作或者居住的适龄儿童、少年，在其父母或其他法定监护人工作或者居住地接受义务教育的，当地人民政府应当为其提供平等接受义务教育的条件"。这在很大程度上标志着流动人口子女公平接受义务教育问题被提上了法律层面，转变成一个以法律为依据的政府行为[①]。

2006年8月28日，公安部专门发布了《关于做好留守儿童有关工作的通知》，明确要求：各级公安部门要"密切会同有关部门做好留守儿童的有关工作"，"严密防范、严厉打击侵害留守儿童人身安全的违法犯罪活动"。这是我国政府有关部门就做好农村留守儿童有关工作专门发出的通知，它表明农村留守儿童的教育及其相关问题已引起政府的高度重视。

2008年8月30日国务院常务会议决定，从2008年秋季起城市义务教育免除学杂费。会议要求"要切实解决好进城务工人员随迁子女就学问题。进城务工人员随迁子女接受义务教育以流入地为主、公办学校为主解决；对符合当地政府规定接受条件的随迁子女，要统筹安排在就近的公办学校就读，免除学杂费，不收借读费"，对"在接受政府委托、承担义务教育任务的民办学校就读的学生，按

---

① 范先佐. 进城务工就业农民子女的教育公平与制度保障. 河北师范大学学报（教育科学版），2007（1）：13-20.

照当地公办学校免除学杂费的标准，享受补助"。国务院的这一决定，是我国教育史上又一座里程碑，它对保证流动人口子女公平接受义务教育无疑会起决定性作用。

2010年7月颁布的《国家中长期教育改革和发展规划纲要（2010—2020年）》则进一步要求"坚持以输入地政府管理为主、以全日制公办中小学为主，确保进城务工人员随迁子女平等接受义务教育，研究制定进城务工人员随迁子女接受义务教育后在当地参加升学考试的办法。建立健全政府主导、社会参与的农村留守儿童关爱服务体系和动态监测机制。加快农村寄宿制学校建设，优先满足留守儿童住宿需求。采取必要措施，确保适龄儿童少年不因家庭经济困难、就学困难、学习困难等原因而失学，努力消除辍学现象"。

依据《国家中长期教育改革和发展规划纲要（2010—2020年）》的要求，2012年9月5日，国务院在《国务院关于深入推进义务教育均衡发展的意见》中重申，要保障进城务工人员随迁子女平等接受义务教育。要坚持以流入地政府管理为主，以全日制公办中小学为主的"两为主"政策，将常住人口纳入区域教育发展规划，推行按照进城务工人员随迁子女在校人数拨付教育经费，适度扩大公办学校资源，尽力满足进城务工人员随迁子女在公办学校平等接受义务教育的需要。在公办学校不能满足需要的情况下，可采取政府购买服务等方式保障进城务工人员随迁子女在依法举办的民办学校接受义务教育。建立健全农村留守义务教育学生关爱服务体系。把关爱留守学生工作纳入社会管理创新体系之中，构建学校、家庭和社会各界广泛参与的关爱网络，创新关爱模式。统筹协调留守学生教育管理工作，实行留守学生的普查登记制度和社会结对帮扶制度。加强对留守学生心理健康教育，建立留守学生安全保护预警与应急机制。优先满足留守学生进入寄宿制学校的需求。为支持进城务工人员随迁子女平等接受义务教育，2008—2013年，中央财政安排进城务工农民工随迁子女奖励性补助资金241亿元，2014年拨付城市义务教育补助经费130.4亿元，比上年增长8.35%[①]，主要用于对各地实施城市免学杂费政策给予奖励性补助，以及对进城务工农民随迁子女接受义务教育问题解决较好的省（自治区、直辖市）给予适当奖励。

2013年11月12日党的十八届三中全会通过的《中共中央关于全面深化改革若干重大问题的决定》提出，"必须健全体制机制，形成以工促农、以城带乡、工农互惠、城乡一体的新型工农城乡关系，让广大农民平等参与现代化进程、共同分享现代化成果"。同年12月召开的中央城镇化工作会议指出，要加强农民工职业培训和保障随迁子女接受义务教育，努力改善城市生态环境质量；推进农业

---

① 周建辉. 中央财政4年投入6000亿力促义务教育均衡发展. 中国财经报，2014-08-18（01）.

转移人口市民化，解决已经转移到城镇就业的农业转移人口落户问题，努力提高农民工融入城镇的素质和能力。

2014年7月24日，公布的《国务院关于进一步推进户籍制度改革的意见》决定，"建立城乡统一的户口登记制度"，取消农业户口与非农业户口的性质区分，以及由此所衍生出来的蓝印户口等户口类型，"统一登记为居民户口"，并且再一次强调，要切实保障农业转移人口及其他常住人口合法权益，不断扩大教育、就业、医疗、养老、住房保障等城镇基本公共服务覆盖面。因此，这次户籍制度改革的目标是推进市民化，过去城镇化对农民工来讲是没有市民化的城镇化，农民工实现了从农村到城市的地域转移，从农业到非农业的职业转换，但是他们没有成为市民，没有成为市民就是指城市的基本公共服务都是由有户籍的人口享受，这次通过户籍制度改革和居住证制度改革，最重要的是要实现有市民化的城镇化。因此，户籍制度改革最重要的目标是市民化，这种市民化采取的是双重路径，一个是靠落户，一个是靠居住证制度，把包括义务教育在内的基本公共服务覆盖到这些农民工头上。2014年9月，国务院发布的《国务院关于进一步做好为农民工服务工作的意见》再次强调，保障农民工随迁子女平等接受教育的权利。输入地政府要将符合规定条件的农民工随迁子女教育纳入当地教育发展规划，合理规划学校布局，科学核定公办学校教师编制，加大公办学校教育经费投入，保障农民工随迁子女平等接受义务教育权利。

2016年7月2日，国务院发布的《国务院关于统筹推进县域内城乡义务教育一体化改革发展的若干意见》更加严厉要求，各地"要进一步强化流入地政府责任，将随迁子女义务教育纳入城镇发展规划和财政保障范围，坚持积极进取、实事求是、稳步推进，适应户籍制度改革要求，建立以居住证为主要依据的随迁子女入学政策，切实简化优化随迁子女入学流程和证明要求，提供便民服务，依法保障随迁子女平等接受义务教育"，"要落实县、乡人民政府属地责任，建立家庭、政府、学校尽职尽责，社会力量积极参与的农村留守儿童关爱保护工作体系，促进农村留守儿童健康成长"。

总之，国家对流动人口子女教育政策的转变，是和对他们的父辈——农民工的政策转变紧密联系在一起的。在我国城市化过程中，进城务工人员为国家的建设发展做出了巨大的贡献，在这个过程中，国家对其的政策经历了一个由紧到松、从无序到规范、由歧视到公平的过程。与此相应，国家在流动人口子女的教育政策上，也经历了一个由限制到认可、由重视到强化的过程。

第二节 地方政府和教育部门措施得力

　　为了认真贯彻党中央和国务院关于解决流动人口子女教育问题的一系列指示精神,地方政府和教育行政部门都高度重视流动人口子女教育问题,纷纷将流动人口子女教育问题列入政府应给老百姓办的实事之一,大力加强了有关制度建设,切实担负起了统筹安排流动人口子女接受义务教育的责任,并明确了教育、财政、编制、劳动等部门和社区在流动人口子女义务教育工作中的职责,采取了一系列重要措施。

　　如上海是我国第一大城市,是我国的经济、金融、贸易和航运中心,也是全国流动人口的主要流入地之一,流动人口及其子女占全市人口的 1/4 以上。为了认真贯彻"以流入地政府管理为主、以全日制公办中小学为主"的原则,2004 年2 月 10 日,《上海市人民政府办公厅转发市教委等七部门关于切实做好进城务工就业农民子女义务教育工作意见的通知》,要求市政府有关部门将进城务工就业农民子女的义务教育纳入全市社会事业发展计划和本市义务教育工作规划,制订切实有效的具体政策措施,在加强指导、协调和管理的同时,在经费、编制等方面给予相应的支持。各区县政府要按照"两级政府、三级管理、四级网络"的要求,建立相应的工作机制和保障机制,在充分挖掘现有全日制公办中小学潜力的同时,积极创造条件,确保符合就学条件的进城务工就业农民子女在本市接受义务教育,确保已就学的进城务工就业农民子女接受与本市同龄学生同等的义务教育。凡持有流出地政府开具的证明,证实其确属进城务工就业农民,并由本市有关部门和单位证明其确实在本市务工就业、有合法固定住所并居住满一定时间的,可到暂住地所属区(县)教育部门或乡镇政府为其子女提出接受义务教育的就学申请。凡符合规定就学条件的,有关部门应准予其到相应的学校办理入学事项。支持社会力量举办以接收进城务工就业农民子女为主的学校,并将其纳入本市民办学校管理范围。在进城务工就业农民比较集中的地区,符合法律规定的社会组织和公民个人可以参照本市义务教育的办学条件和标准,在报经所在区(县)教育行政部门审核批准后,可举办以接收进城务工就业农民子女为主的学校,就近招收符合条件的进城务工就业农民子女入学。教育部门要对这类学校的师资培训、教育教学等方面予以支持和督导。努力减轻进城务工就业农民子女教育费用的负担,切实维护进城务工就业农民子女在学校的权益。学校要根据物价部门核定的本市义务教育阶段各类学校收费项目和收费标准,向就学的进城务工就业农民子女收取费用。对家庭确有困难的学生，可参照《上海市中小学学杂费分期付款和减免及实行助学金制度的办法》执行。对进城务工就业农民适龄子女转学或返回原籍就学的，学校要按照《上海市中小学学籍管理办法》等规定及时为其办理相关手续，不得收取任何费用。学校对就学的进城务工就业农民子女要一视同仁，在接受教育、参加团队组织、担任学生干部、评优奖励、课外活动等方面，应与本市学生同等对待。

上海是这样做的，武汉也不例外。武汉是华中地区中心城市，中国长江中下游特大城市，也是中部地区流动人口最集中的城市，其流入人口占全市人口的 1/8 以上。为了做好进城务工就业农民子女接受义务教育工作，早在 2004 年武汉市人民政府就将解决进城务工就业农民子女接受义务教育的问题列入当年政府应给市民办的 10 件实事之一，当年 7 月 2 日，市人民政府办公厅颁发了《市人民政府办公厅关于进一步做好进城务工就业农民子女义务教育工作的通知》，要求要提高认识，增强做好进城务工就业农民子女接受义务教育工作的责任感和紧迫感。该通知强调，农民进城务工就业，是新时期我国社会主义市场经济发展的必然趋势，是社会进步的重要表现。解决进城务工就业农民子女的就学问题，保证每个儿童都享有义务教育的权利，是《中华人民共和国义务教育法》的基本要求。各区人民政府、市人民政府各有关部门要站在关心帮助弱势群体和为民办实事的高度，从促进社会经济发展的大局出发，以强烈的政治责任感，切实保障进城务工就业农民子女接受义务教育。对于怎样切实保障进城务工就业农民子女接受义务教育的权利，该通知决定采取六项措施。

1）明确责任，以流入地政府管理为主，切实保障进城务工就业农民子女接受义务教育的权利。进城务工就业农民子女入学的管理，以流入区人民政府为主。流入区人民政府要建立和完善保障进城务工就业农民子女接受义务教育的工作制度和机制，使进城务工就业农民子女受教育环境得到明显改善，九年义务教育普及程度达到当地水平。各流入区人民政府要建立非常设领导机构，积极协调各有关部门，统筹安排好进城务工就业农民子女的入学工作，努力形成政府统筹、部门参与、分工负责、齐抓共管的局面。

2）积极挖潜，充分发挥全日制公办中小学在接收进城务工就业农民子女入学中的主渠道作用。解决进城务工就业农民子女入学问题，要以全日制公办中小学为主，充分发挥其在解决进城务工就业农民子女入学问题中的主渠道作用。一是将进城务工就业农民子女入学纳入各区教育发展规划，在计划安排和设点布局上予以统筹考虑，根据人口分布特点和发展趋势，在进城务工就业农民集中的地区新建或扩建一批公办中小学校。二是挖掘现有公办中小学校的潜力，扩大其办学规模，在保证服务区内生源就学的前提下，招收一些进城务工就业农民子女入学，力争使进城务工就业农民子女在公办中小学就学的比例在 60%的基础上稳中有升。三是进城务工就业农民子女在指定的公办中小学接受义务教育免收借读费，确保其能够接受良好的义务教育。

3）鼓励社会力量办学，多渠道多途径解决进城务工就业农民子女入学问题。各区要在以政府办学为主的基础上，积极拓宽教育资源渠道，发挥公民个人和社会团体作用，积极支持和鼓励社会力量举办专门招收进城务工就业农民子女的学校或简易学校，为此要求：一是将简易学校纳入社会力量办学管理范围，把好审批关。二是加强对简易学校办学的指导、帮助和管理。各区要积极创造条件，在招生考试、学籍管理、师资培训、督导评估等方面将简易学校纳入各类中小学校的统一管理范围，予以支持和指导。三是对无证举办的学校要坚决予以取缔，并妥善安排好在校学生。按照属地管理原则，各区人民政府要组织民政、教育、公安、地税、房产等相关部门联合执法，各负其责，各司其职，建立起取缔无证办学的长效管理机制，其中，民政部门是撤销、取缔无证办学单位的执法主体，教育部门负责学生的分流安置，公安部门对无证办学单位违反社会治安的行为进行处罚，地税部门负责税收征管，房产部门负责敦促业主收回出租房屋等工作，从而确保进城务工就业农民子女有一个相对安全和良好的学习环境。

4）建立经费保障机制，将多渠道筹措办学经费的措施落到实处。各区人民政府要认真贯彻《国务院关于基础教育改革与发展的决定》，坚持以区为主的管理体制，做到对进城务工就业农民子女就学与常住户口适龄儿童少年接受义务教育一视同仁。将接收进城务工就业农民子女实施义务教育学校所需费用纳入区级财政预算。对接受政府委托，履行实施义务教育相关义务的民办学校，区人民政府应当在资金上给予适当的补助或奖励。同时，积极鼓励企事业单位、社会团体和公民个人捐款、捐物，用于资助接收进城务工就业农民子女就学的学校办学和家庭经济困难的进城务工就业农民子女就学。

5）积极创造条件，确保进城务工就业农民子女享受高质量的义务教育。各区教育部门和全日制公办中小学校应当将随班就读的进城务工就业农民子女纳入市正式学籍，在学籍管理、事业统计和教学评价上实行单列，但在教育教学管理上，要做到与其他在籍学生一视同仁，在评优奖励、竞赛活动等方面执行同一标准，同等对待。引导招收进城务工就业农民子女入学的中小学校特别是简易学校不断改善办学条件，加强学校建设，提高教育质量。要把社会力量办简易学校的教师培训纳入到全市中小学教师培训体系中予以统筹考虑，以提高简易学校教师队伍素质；要把简易学校的校舍安全纳入各自的工作职责和范围，加强对简易学校校舍安全工作的检查和督办力度，定期聘请具备资质的房屋安全鉴定机构对简易学校的校舍进行安全鉴定，确保简易学校校舍安全和教学工作正常进行；要加强对社会力量办简易学校教学装备的指导和管理，指导学校配备基本的教学仪器，并建立相关的管理制度；鼓励全日制公办中小学校开展"手拉手"等帮扶活动，在图书仪器、教育教学、教研课改及管理等方面对简易学校给予帮助和扶持。在教育教学、教研课改、安全卫生等方面定期进行督导检查，引导学校规范办学，全面实施素质教育，不断提高教育质量。

6）加大宣传力度，积极营造全社会关心支持进城务工就业农民子女接受义务教育工作的良好氛围。全市要充分发挥新闻媒体的引导作用，通过多种形式、多种途径，加强宣传和教育，努力营造全社会关心、支持进城务工就业农民子女接受义务教育工作的良好氛围，从而进一步增强各方面保障进城务工就业农民子女接受义务教育的社会责任意识，增强进城务工就业农民送子女接受义务教育的法制意识。

如果说市政府重点关注和主要解决随父母进城上学流动儿童接受义务教育问题，那么，随着进城务工就业农民数量越来越多，留守儿童接受义务教育的问题也越来越引起地方各级政府及教育主管部门的重视。

如安徽省教育厅、财政厅根据该省进城务工就业农民数量较多、留守儿童规模巨大的实际情况，依据《安徽省人民政府关于 2010 年实施 33 项民生工程的通知》精神，制定了关于《农村留守儿童之家建设实施办法》。

该办法明确要求，要从统筹城乡发展、解决"三农"问题、促进农村新一代人才健康成长的战略高度出发，加强农村留守儿童课外场所建设，改善农村留守儿童课外活动条件，学校、家庭、社会相配合，校内教育与校外教育相结合，基本建立起农村留守儿童课外健康成长关爱体系，使所有农村留守儿童爱有所依，能得到正常的良好教育。根据地方建设、省级配套，部门协同、整合资源，分步实施、区域推进的原则。2010—2012 年，按照省委省政府实现留守儿童工作系统化、网络化、全覆盖、全关爱的要求，在全省农村地区建立 2 万个农村留守儿童之家，覆盖全省农村中小学校。到 2012 年，使全省 200 多万名农村义务教育阶段留守儿童校内有监管，课余有去处，得到政府、学校及社会各方面的关爱。具体做法是依托全省现有农村中小学校，确定 2 万个农村留守儿童之家建设点，2010—2012 年，由省级财政设立专项资金 6 000 万元，按每个留守儿童之家 3 000 元额度进行配套建设，为每个留守儿童之家配置电视机、电话或电脑等。项目实行以县为主建设、学校为主管理、省级统筹配套的建设与管理模式。由各县、区教育行政部门根据农村留守儿童分布情况确定项目建设点，学校提供留守儿童之家活动用房。省教育厅牵头，会同省关爱留守儿童工作协调小组有关成员单位，按照项目建设内容统一配套内部基础设施，统一采购，统一配送，统一挂牌。

福建省也是农村人口比重大，留守儿童教育问题较为突出的省份。2006 年福建省义务教育阶段学校约有 73.4 万名农村留守儿童，占全省义务教育阶段在校生数的 16.3%。这些留守儿童在学习、生活、心理、安全等方面存在诸多问题，成为义务教育工作中的难点，为政府和社会所关注。为了贯彻实施 2006 年修订的《中华人民共和国义务教育法》，进一步加强对农村留守儿童的教育和管理，福建省教育厅于 2006 年 9 月 30 日颁布了《关于加强福建省农村义务教育阶段"留守儿童"教育工作的意见》。

该意见根据福建省农村人口比重大，剩余劳动力外出务工数量较多，留守儿童问题将在相当长时期内存在的实际，指出农民进城务工就业是新时期我国社会主义市场经济发展的内在需要，是社会进步的重要表现，也是社会发展的必然趋势。做好留守儿童教育工作，关爱留守儿童的健康成长，是贯彻《中华人民共和国义务教育法》和《中共中央 国务院关于进一步加强和改进未成年人思想道德建设的若干意见》的基本要求，它关系到义务教育的普及与巩固，关系到流动人口的切身利益和社会的稳定、发展。留守儿童的教育问题解决不好，将影响一代人的健康成长和全面发展，同时可能引发一些社会问题。因此，各级教育行政部门和学校要从全面提高民族素质，促进农村经济发展，建设海峡西岸社会主义新农村的大局出发，将做好农村留守儿童的教育工作，作为贯彻实施《中华人民共和国义务教育法》，提高义务教育发展水平的一项重要任务，认真研究，专题部署，抓好落实。

各级教育行政部门要在地方政府的领导下，积极推进农村学校"四有工程"建设，加强城乡、学校间校长和师资队伍的交流，加大改造农村学校和城镇薄弱学校的力度，逐渐缩小学校之间办学条件的差距。要因地制宜整合教育资源，加强农村寄宿制中小学的建设和管理，努力解决好寄宿制学生的食宿问题，制定切实可行的寄宿制学校宿舍和学生管理办法，为学生提供一个学习、生活、安全等方面的良好环境。各级教育行政部门和学校，要将农村留守儿童中的贫困生纳入"两免一补"计划，通过免收杂费、书本费，提供寄宿费补助等方式，确保他们完成国家规定年限的义务教育；要积极向家长宣传《中华人民共和国义务教育法》和《中华人民共和国未成年人保护法》，明确家长作为子女第一监护人的责任，要求农民在进城务工时，妥善安排好子女接受义务教育。夫妻双方同时外出打工而将子女留在农村的，要指定法定监护人，并经常与子女所在的学校保持联系。

学校要对在校的留守儿童进行认真的调查和登记，建立每个留守儿童的专门档案和联系卡。其基本内容包括：留守儿童的基本情况、家长姓名、家庭详细住址、联系电话，家长务工单位详细地址、联系电话，或其他法定监护人的职业、详细地址、联系电话等。学校要指定专人负责建档及管理工作，并根据留守儿童变动情况，及时补充或变更联系卡的有关内容。通过建立联系卡，加强学校与留守儿童家长或其他法定监护人的联系，对留守儿童开展有针对性的管理和教育。农村中小学要根据留守儿童的实际情况，动员和组织学校的教职员工对他们进行分组结对开展帮扶活动，随时掌握留守儿童在思想、学习、生活方面的情况及困难，并尽最大可能及时帮助解决。农村寄宿制学校要优先解决有寄宿要求的"留守儿童"寄宿；对走读的留守儿童，老师要定期家访，及时反馈留守儿童在校期间的情况，会同留守儿童的其他法定监护人共同做好留守儿童的思想教育工作，使留守儿童得到学习、生活、心理健康、情感交流和思想上的关怀与帮助。各级教育部门和中小学校要建立完善安全教育和管理的各项规章制度，层层建立安全工作责任制和安全工作预案，建立留守儿童突发事件的应急机制。留守儿童在校期间如遇突发事件，要依法迅速对其采取适当的救助处理措施，并立即告知留守儿童的法定监护人和在外务工的家长，同时按规定及时报告上级有关主管部门。

该意见同时要求注重心理疏导，转变教学方式，构建学校、家庭、社会共同关心留守儿童健康成长的教育网络。针对一些留守儿童的品德行为偏差和心理障碍问题，学校要加强思想道德教育，把留守儿童的教育工作与加强未成年人思想道德建设结合起来，培养他们良好的行为习惯，帮助儿童健康、和谐发展。学校要加强对留守儿童日常行为规范的指导和训练，结合实际开设好有关德育课程。要开展针对留守儿童身心发展规律的心理健康教育，化解心理压力，引导他们走过人生发展的关键时期。有条件的学校，可设立心理咨询室或倾诉信箱等，有针对性地开展心理咨询活动，增强学生的心理调适能力。要加强对留守儿童家长、监护人的教育和指导，建立留守儿童与其父母或其他法定监护人交流与沟通的绿色通道，有条件的学校可开设亲情专用电话或电子信箱，让留守儿童与家长定期保持联系，使家长在外务工放心，留守儿童在校学习安心。要通过定期举行文艺、体育、科技和社会实践活动，让留守儿童在欢乐和睦、积极向上的环境中学习、成长。

农村中小学要结合义务教育课程改革，努力减轻学生的课业负担。要注重因材施教，激发学生学习兴趣，培养学生的个性、爱好和特长，避免学生因厌学而流失。要尝试在义务教育地方课程和综合实践活动中进行初级职业教育渗透，使学生经过学习训练掌握1～2门实用技术，增强服务家乡的意识和参与家乡建设的能力。各级教育行政部门和学校要与当地文化、公安、工商等部门密切配合，加强校园周边环境的整治，严防"黄、赌、毒"等对学生的危害。对农村中小学校园周边的舞厅、网吧等娱乐场所进行清理和规范，用先进的文化占领农村文化阵地，为农村学生提供健康的精神食粮。其目的是努力做到每一个农村学生都能接受良好的义务教育，在全社会的呵护下愉快学习，在关爱中健康成长。

这表明，随着社会主义市场经济的发展和城镇化建设步伐的加快，进城务工就业农民子女接受义务教育的问题已引起了各级政府的高度重视，为依法保障他们接受义务教育的权利，各地都结合当地的实际，采取了一系列强有力的措施，保证这一特殊群体受教育的权利。

第三节　社会各方齐抓共管

随着进城务工人员的大量涌入，流动人口子女的教育问题不仅引起了各级政府的高度重视，而且也引起了社会各方面的普遍关注和重视。社会各方齐抓共管，为流动人口子女公平接受教育进行了大量有益并富有成效的工作。

早在 2003 年 5 月 13 日全国妇联《关于 2003 年"六一"国际儿童节的联合通知》中，就要求各省、自治区、直辖市妇联，总工会，共青团，中国科学技术协会（以下简称中国科协），教育厅（教委），文化厅（局），卫生厅（局），广播电影电视局（厅），工商行政管理局，质量技术监督局，中国残疾人联合会（以下简称中国残联），要"关心流动人口中的儿童，关心城乡困难家庭的儿童，办好事、办实事，切实帮助他们解决一些学习、健康和生活中的实际问题，把党和政府及社会各界的关爱送到他们的心中"。2004 年 4 月 29 日，全国妇联、中华全国总工会（以下简称全国总工会）、共青团中央、中国科协、教育部、文化部、卫生部、国家广播电视总局、国家工商行政管理总局、国家质量监督检验检疫总局、中国残联在《关于庆祝 2004 年"六一"国际儿童节的联合通知》中又要求"特别要关注农村和贫困地区的儿童、流动人口子女、下岗失业人员子女、单亲特困家庭子女、孤残儿童、女童等弱势群体。要采取有效措施，对他们的学习、生活和心理给予必要的扶持和关心"。

2004 年 11 月，中国青少年发展基金会等单位举办了以"关注"和"爱"为主题的"北京市农民工子女教育展"，旨在吸引公众和社会对农民工子女教育给予更多的帮助，促使农民工子女教育得到健康发展。2004 年底，"中国流动儿童工作经验交流暨研讨会"在北京召开。国务院妇女儿童工作委员会、联合国儿童基金会的官员和来自北京、河北、福建等 7 个省级行政区的妇女儿童工作部门与教育部门的代表及进城务工人员子女的家长代表参加了会议。这是北京首次举行如此规模的有关流动儿童的专门会议。会议认为，流动儿童是随着"民工潮"而发生的。从20世纪80年代开始，中国农民从农村进入城市打工，他们的子女或者在家乡出生被带到城市，或在城市出生继续留在城市，其人数呈增长的趋势，但流动儿童的受教育状况不及全国儿童的平均水平，主要表现为流动儿童无法进入当地公办学校学习，流动儿童的失学率较高，不能适龄入学表现尤为突出。此外，流动儿童因为跟随家庭四处流动，很多人有过辍学的经历，失学也是一个突出问题。这些问题反映了中国目前在教育和社会体制上存在的问题。基于此，会议建议大幅减少乃至取消公立学校的所谓"赞助费"，使公立学校成为吸收流动儿童的主要渠道；吸纳流动儿童的打工子弟学校虽然是存在于国家义务教育体制之外的一种社会现象，但已成为解决流动儿童就学的重要渠道，政府应明确承认这类学校存在的合法性，并采取更为灵活和符合实际的管理措施。今天的流动儿童也是城市将来的主人，帮助这些儿童和谐融入城市生活，认同城市主流文化和价值观，对于城市经济持续发展和社会稳定及缩小城乡差别具有重要作用，因此，会议还建议开展力所能及的社会救助活动，为流动儿童的教育创造良好的环境。此次会议的召开，表现出了社会各界对进城务工人员子女教育问题的高度重视。

2005年5月21日至22日，由全国妇联和中国家庭文化研究会共同举办的首届"中国农村留守儿童社会支援行动研讨会"在郑州召开，会议认为，随着大量农村成年男女向城镇转移就业，农村留守儿童教育问题不只是一个教育问题，如果任其发展下去，将最终演变成严重的社会问题。因此，做好农村留守儿童工作，是进一步改进和加强未成年人思想道德建设的重要举措；是服务于"三农"工作大局、促进农村经济社会和谐发展的重要举措；是维护最广大人民的根本利益，切实为广大农民做好事、办实事的重要举措，必须充分认识做好农村留守儿童工作的重要意义，并将其作为服务"三农"工作大局的题中应有之义，作为开展文明家庭建设的重点工作，作为未成年人家庭教育工作的重大课题，以创新的思路、有效的举措、务实的工作，努力开创未成年人思想道德建设工作的新局面。为了做好农村留守儿童工作，会议要求各级妇联组织要积极发挥优势，以求实创新的精神开展农村留守儿童家庭教育工作。要把握机遇、提高认识，不断加强调查研究，切实把握农村留守儿童的实际需求；创新工作思路，优化服务于农村留守儿童的工作载体；深化农村家庭美德建设，使农村留守儿童在幸福和睦的家庭环境中健康成长；适应农村留守儿童的需求，积极为他们提供有效的家庭教育服务。会议强调，要加强对策研究，整合社会资源，深入开展社会支援行动。要加强宣传，引起社会对农村留守儿童问题的广泛关注，促使更多的社会单位和组织积极参与；要切实加强合作、增进协调配合，发挥社会各界的作用，努力推动构建"党政领导、群团协同、社会参与、齐抓共管"的关怀农村留守儿童的社会化、开放式的工作格局；要从实际出发，进一步明确社会支援行动的思路、内容、途径和开展工作的组织机制与措施，向社会发出"关爱农村留守儿童，大力开展社会支援行动"的号召。

为了认真贯彻落实《中共中央 国务院关于进一步加强和改进未成年人思想道德建设的若干意见》和《国务院关于解决农民工问题的若干意见》精神，2006年10月1日国务院农民工工作领导小组办公室（以下简称国务院农工办）成立农村留守儿童专题工作组。专题工作组由国务院农工办、教育部、公安部、民政部、司法部、财政部、农业部、卫生部、国家人口和计划生育委员会、中央精神文明建设指导委员会办公室（以下简称中央文明办）、全国总工会、共青团中央、全国妇联、中国关心下一代工作委员会等相关部门组成，全国妇联承担牵头任务。

成立农村留守儿童专题工作组的指导思想是，围绕构建社会主义和谐社会，紧紧抓住当前关系到农村留守儿童切身利益的突出问题，深入开展调查研究，提出对策建议，完善政策措施。逐步建立健全农村留守儿童工作机构，形成政府统一领导、部门分工负责的有效工作机制，有效解决农村留守儿童问题。

专题工作组的目标任务是，努力建立农村留守儿童工作长效机制，推动此项工作科学化、规范化和制度化；深入开展调查研究，及时掌握农村留守儿童状况，逐步建立和完善保护留守儿童合法权益的法律法规体系与政策措施；推动建立农村留守儿童指导服务机构，完善学校、家庭、社会相结合的监护网络，扩大农村留守儿童社会宣传，努力营造农村留守儿童健康成长良好环境。

专题工作组成员单位分工明确，各自的职责如下。

（1）全国妇联

发挥在农村留守儿童工作中的牵头作用，在国务院农工办的领导下，统筹推进农村留守儿童各项工作，开展关爱农村留守儿童行动；进一步建立健全农民工子女、农村留守儿童示范家长学校和家庭教育指导中心，对农村留守儿童、家长及临时监护人提供家庭教育指导和服务；制订和实施家庭教育工作"十一五"计划，将关爱留守儿童行动纳入"十一五"规划目标，切实抓好农村留守儿童工作；以提高农村儿童和家长道德素养为目标，以农村儿童和家长自主参与、自我教育、亲子互动、共同提高为特征，依托家庭、社区、家长学校、家庭教育指导中心和妇女儿童活动中心等阵地，精心组织关爱农村留守儿童的各项特色活动；配合有关部门做好农村留守儿童社会宣传，努力营造农村留守儿童健康成长的良好社会环境；做好国务院农工办交办的有关工作。

（2）教育部

参与农村留守儿童工作专项调研及有关农村留守儿童工作的会议和活动①；积极做好《中华人民共和国义务教育法》修订颁布后的贯彻落实工作，切实保障农村留守儿童接受义务教育的权益；加快对农村寄宿制学校的建立和完善，推动学校教育与家庭教育有机结合，为农村留守儿童健康成长创造良好的条件。

（3）公安部

在推进户籍管理制度改革中，切实维护流动人口子女、留守儿童权益；加大对侵害农村留守儿童权益行为的打击力度，切实维护农村留守儿童合法权益。

（4）民政部

把留守儿童工作作为农村基层组织建设工作的重要内容，整合利用各种工作资源、教育资源和活动场所，开展丰富多彩的思想教育和文化体育活动；对贫困家庭留守儿童给予社会救助，真正在基层做好留守儿童合法权益保障工作。

（5）司法部

通过加强法制宣传教育、法律援助、法律服务和基层人民调解组织的工作，加强对留守儿童权益的保护；对流动人口及农村留守儿童进行法律知识教育，增强流动人口及留守儿童的法律意识和自我保护能力。

（6）财政部

了解留守儿童工作情况，对农村留守儿童工作给予必要的经费支持，并监督经费使用情况。

（7）农业部

将流动人口和农村留守儿童工作纳入新农村建设的总体规划，在出台有关政策文件时，充分考虑到农村留守儿童的合法权益，把发展农村经济同优化农村留守儿童生存发展环境结合起来，统一部署，全面把握，重点推动。

（8）卫生部

发展农村卫生服务，为留守儿童提供系统保健服务、营养指导、生长发育监测、计划免疫、儿童常见病诊疗等基本卫生保健服务；广泛开展宣传教育和卫生知识普及工作，不断提高农村留守儿童的卫生保健和利用卫生服务的能力，倡导文明健康科学的生活方式。

（9）国家人口和计划生育委员会

利用和发挥人口与计划生育管理及服务工作网络的优势，积极做好流动人口家庭及留守儿童的随访和服务工作；通过计划生育奖励扶助、关爱女孩行动等各

①除全国妇联外，专题工作组其他成员单位各自的第一条职责都是"参与农村留守儿童工作专项调研及有关农村留守儿童工作的会议和活动"，为避免重复，以下各成员单位这一职责就不重复介绍，特此说明。

种活动，关心流动人口家庭和留守儿童，落实计划生育各项奖励优惠政策，维护实行计划生育的流动人口家庭和留守儿童的合法权益。

（10）中央文明办

把农村留守儿童工作纳入未成年人思想道德建设之中，作为有关创建活动的重要内容，统一进行检查指导；重点指导和推进农村留守儿童思想道德建设，督促检查各地各部门开展农村留守儿童思想道德建设工作情况，组织协调社会各方面共同做好农村留守儿童思想道德建设工作。

（11）全国总工会

深入贯彻《国务院办公厅关于做好农民进城务工就业管理和服务工作的通知》精神，配合有关部门了解和掌握农民工家庭及留守儿童生存状况；实施送温暖工程，继续开展职工互助互济活动。通过多种形式为特困农民工家庭和留守儿童提供救助与服务。

（12）共青团中央

宣传普及《中华人民共和国未成年人保护法》《中华人民共和国预防未成年人犯罪法》等保护儿童的法律法规，提高全社会保护儿童合法权益的责任意识；加强对留守儿童的纪律教育、法制教育和安全教育，增强留守儿童的法律意识，提高留守儿童自我保护和防范能力；实施"希望工程"等助学行动，保障贫困留守儿童的就学权利。

（13）中国关心下一代工作委员会

发挥"五老"队伍的优势，对留守儿童进行理想信念教育、法制教育、科技文化教育；参与留守儿童家长学校建设和各种家教知识普及活动；发动社会力量帮助贫困留守儿童，优化留守儿童成长环境。

这就将政府与社会各方的力量统一起来了，形成了政府统一领导，部门和社会各方分工负责的有效工作机制，会有效解决农村留守儿童的教育问题。

2006年7月17日，全国妇联颁布了《关于大力开展关爱农村留守儿童行动的意见》，指出开展农村留守儿童工作是加强社会主义新农村建设，构建社会主义和谐社会的需要，是践行"三个代表"重要思想，树立和落实科学发展观的具体体现，是关系家庭和谐、社会稳定、民族发展的大事。要求各级妇联组织要站在推动经济社会发展和社会主义新农村建设的全局高度，充分认识做好农村留守儿童工作的重要性，增强责任感和使命感，把深化关爱农村留守儿童行动作为一项重要工作，摆上位置，列入议事日程，切实抓好落实。对于怎样才能扎实有效推进关爱农村留守儿童各项工作，该意见提出应采取以下措施。

（1）开展调查研究

在城市化进程中，留守儿童现象不仅会长期存在，而且其数量也会逐渐增加。

要深入基层，认真开展调查研究，及时反映他们的呼声和意愿，推进解决一些实际困难和问题。深入学习和研究相关政策，积极争取资源，为留守儿童工作提供有效的指导和服务。在已开展的各项工作基础上，不断总结经验，推广典型，充分发挥典型的指导和示范作用。注重研究留守儿童成长中的问题，力争推出一批有份量的研究成果，提出有效的对策建议，争取相应的政策支持，为开展农村留守儿童工作提供理论依据和实践指导。

（2）纳入家庭教育规划

关爱农村留守儿童是一项长期而重要的工作。各地要从本地区的实际出发，根据留守儿童的发展需求和实际问题，制定关爱农村留守儿童行动计划，并将其纳入家庭教育规划，作为开展农村儿童工作，发展农村家庭教育的重点内容之一。结合工作开展，制定切实可行的中长期目标、具体落实措施和监测评估办法，使这项工作目标明确、任务清晰、措施得力、富有成效。加强与有关部门协调，加大对这项工作的投入，加大力量，推动家庭教育规划有效实施，推进关爱留守儿童行动取得实质性进展。

（3）发展一批示范家长学校

家长学校是指导和服务家庭教育的主阵地，也是开展留守儿童工作的主要渠道。要进一步规范对家长学校的建设和管理，完善教学方法，创新活动载体，不断提高教学质量。组织编写适合农村家长和儿童特点的家庭教育辅导材料，培训一批家庭教育骨干。要通过家长学校积极向留守儿童家长或第二监护人宣传、普及科学的家庭教育观念、知识和方法，使他们能真正承担起教养孩子的责任和义务。全国要建立 1 000 所流动人口子女、农村留守儿童示范家长学校，并逐步扩大，使其发展得更快更好。各地也要不断建立并发展一批流动人口子女和农村留守儿童示范家长学校、新市民家长学校、家庭教育指导中心（站）、留守儿童指导服务站等，积极创建一批农村家庭教育工作示范县（乡、村）。

（4）开展丰富多彩的主题活动

主题活动是普及家庭教育知识的有效载体。要以提高农村儿童和家长的道德素养为目标，精心组织实施内容丰富、形式新颖、吸引力强的关爱农村留守儿童的各项特色活动，并与全国妇联已开展的双合格、小公民道德建设、"知荣辱、树新风、促和谐"亲子携手同行实践活动等主题活动有机结合起来，不断地创新载体，打造品牌，广泛动员和组织留守儿童与家长积极参与到各项活动中，在整体联动中深化关爱留守儿童行动。

（5）加强关爱留守儿童的社会宣传

要充分发挥报刊、广播、电视、互联网等大众传媒优势，利用宣传橱窗、标语画册、公益广告等宣传载体功能，精心组织开展关爱留守儿童行动宣传教育。

紧紧围绕关爱留守儿童的主题，积极宣传"以人为本""儿童优先""尊重儿童、支持儿童""为国教子、以德育人"等新观念、新风尚，宣传国家保护儿童权益的法律法规和有关政策，宣传留守儿童及家长的先进典型事迹，宣传各地开展关爱留守儿童行动的好经验、好做法。通过广泛的宣传教育，在全社会形成关爱留守儿童、促进未成年人健康成长的良好社会环境。

（6）为留守儿童办好事、实事

要充分发挥妇联组织协调、维权职能，加强源头参与，推动出台解决农村留守儿童问题的相关政策和规定，不断优化农村留守儿童生存、保护和发展的法制环境。充分发挥社会化协调机制、法律服务机构和妇联五级信访网络的作用，帮助农村留守儿童依法维护自身权益。通过健康宝贝课堂热线、大龄女童技能培训和能力建设、家庭教育与性别平等、艾滋病防治社会动员等项目和"春蕾计划""安康计划"等公益性活动，为留守儿童办好事、实事。抓住"六一"等契机，开展关爱留守儿童慰问活动，为农村留守儿童解决实际困难，使农村的家长和儿童充分感受到党和政府的关爱与温暖。不断探索和创新关爱行动的新途径，如建立留守儿童档案、推行"代理家长"制度、推动建立留守儿童社会服务机构、开展社会服务工作等，把关爱留守儿童工作做实、做好。

2007年5月27日，全国妇联又联合12部委办共同发起"共享蓝天"全国关爱农村留守流动儿童大行动，通过实施支持行动、维权行动、关爱行动、宣传行动，总结推广一批农村留守流动儿童关爱模式，重点推进"代理家长"等关爱留守流动儿童行动，发展儿童公益项目，开展"五个一"宣传活动，即在全国推出一批宣传口号、宣传一批先进典型、制作一批公益广告、聘请一批形象代言人、编印一批宣传资料，扩展关爱行动的覆盖面，营造有利于农村留守流动儿童健康成长的良好氛围，切实推进农村留守流动儿童教育问题有效解决，促进农村留守流动儿童健康成长。

此外，中国教育学会、中国计划生育协会、中华慈善总会、中国社会工作协会志愿者工作委员会和众多全国性协会、各类基金会、公司企业都为流动人口子女的教育费尽了心思。如成立于2007年5月11日的南都公益基金会（以下简称南都基金会）是一家经民政部批准成立的非公募基金会，业务主管单位为民政部。南都基金会原始基金1亿元人民币，来源于上海南都集团有限公司。南都基金会的使命是支持民间公益，即南都基金会关注转型期的中国社会问题，资助优秀公益项目，推动民间组织的社会创新，促进社会平等和谐。中国城市化进程的加速，越来越多的农民工进城，农民工子女（包括流动儿童和留守儿童）的教育、心理健康、道德养成等方面存在许多困难和问题，这些问题如果得不到妥善解决，不仅对农民工子女个人的成长产生不利影响，而且对国家和社会的未来也将带来严重的后果。为改善农民工子女的成长环境，南都基金会决定实施新公民计划，以项目招标的方式，资助非营利组织开展农民工子女教育、心灵关怀的志愿服务和公益创新项目，捐建民办非营利的新公民学校，希望在政府和社会各界的支持下，走出一条除了政府公立学校和私立的民办学校之外的动员公益捐赠资源办学的第三条道路。

新公民学校的性质属于民办公助，有利于吸收民间公益资源，配合政府解决农民工子女教育的困难。截至 2008 年 7 月底，南都基金会已经在北京创办了 3 所义务教育阶段的新公民学校，一所百年新公民职业学校。基金会还和银川市、温州市政府教育部门协商，与政府合作创办新公民学校。政府愿意出公办学校的校舍和设施支持新公民学校办学，同时按照新公民学校接收的学生数量给予财政支持。银川和温州地区政府做出这样的决策，是因为他们看到，解决农民工子女教育的困难完全依靠政府的力量是不够的。现在，私立的民办学校普遍存在着投资少、设施简陋和教学质量低的问题。在落实免费教育国家政策的时候，对这些学校怎么补贴、补贴多少，也让政府感到为难。但是，支持和鼓励公益性的民办学校，一方面，政府补贴没有任何障碍，因为公办学校姓"公"，公益学校也姓"公"。另一方面，这类公益性的民办学校还有一个公办学校所不具备的优势，就是可以敞开大门，吸收民间公益的资源，包括企业和个人的捐赠，包括吸引志愿者的服务。所以，上海、银川、温州市政府采取鼓励公益学校发展的措施，是明智之举。公益学校的发展不仅可以为进城读书的农民工子女提供更多的接受公平教育的机会，而且对农民工子女融入城市也提供了比较好的环境。因为这样的学校在发展过程中，不仅可以得到政府的补贴，让孩子们享受到公共政策的"阳光"，同时，还会得到城市社会各界的支持和帮助，让他们沐浴到爱和关怀，这对他们融入城市是非常有帮助的。

流动人口子女的教育问题不仅引起了社会各方的关注，而且也引起了各地的重视。如安徽省为了加强对全省农村留守儿童工作的领导，建立全省留守儿童关爱服务体系，强化各级政府的主导责任和各职能部门的职责，强化家长监护的法律意识，营造社会关爱氛围，成立了关爱农村留守儿童工作协调小组。协调小组建立了协作工作制度，定期召开协作会议，统筹领导和协调全省农村留守儿童工作。成员单位从各自职能出发，发挥自身优势，找准工作切入点，制订并落实相关规划，加大人、财、物投入，做到资源共享、优势互补、协调配合、共同推进。求真务实，把农村留守流动儿童工作落到实处。

总之，流动人口子女的教育不仅关系到这一庞大群体的健康成长，而且关系到社会的稳定和全民素质的提高。随着流动人口及其子女规模的不断扩大，流动人口子女的教育切实引起了政府及社会各方的高度重视，一个以"爱"为主线，全社会共同关心、关注流动人口子女教育的浓厚氛围在960万平方公里的中华大地上逐步形成。

第四节　经验总结和推广

随着社会对流动人口子女教育问题的关注，各级政府把流动人口子女的教育问题纳入了政府公共服务与管理的范围，社会各方也都给予了高度关注和积极支持，千方百计给这些孩子创造良好的学习环境并积累了丰富的经验，涌现了大量注重流动人口子女教育的先进地区和优秀实践的先进典型，这些都应当加以很好地总结和推广。

一、政府及其教育主管部门的创新与实践

流动人口子女教育不只是流动人口的家事，也实实在在是国家和全民的国事。流动人口子女教育存在的困难和问题，是中国社会转型中的成本，这个成本需要政府、全社会和流动人口共同来承担，而不应由流动人口独自来扛。随着国家关于流动人口子女教育政策的逐步明确，各级政府及其教育主管部门不仅对流动人口子女教育问题给予高度重视，而且进行了大胆的创新与实践，积累了十分宝贵的经验。

如杭州是浙江省省会和浙江省政治、经济、文化、科教中心，也是中国最著名的风景旅游城市之一。"上有天堂、下有苏杭"，表达了古往今来人们对于这座美丽城市的由衷赞美。杭州和其他大中城市一样，随着城市化步伐的加快，大量农民涌入城市务工，其子女也跟随父母进城。据统计，从2003年起，在杭州就读的进城务工人员子女每年都保持着两位数的增幅，到2009年已达17.46万人，约是2003年的2.7倍。进城务工人员子女的急剧增加，冲击了传统的以本地常住户籍人口儿童为对象的教育制度安排，城乡户籍壁垒的存在，造成了一些进城务工人员子女的教育边缘化和教育平等权的缺失。因此，确保进城务工人员子女享受同等教育的权利，正成为城市化进程中教育面临的新命题。

同样，快速增长的进城务工人员子女就学人数给杭州教育的优质均衡发展带来了前所未有的压力，生源多与教育资源短缺的矛盾空前突出。首先，进城务工人员子女就学需求远远超过杭州教育的承载力，持续增长的进城务工人员进入杭州，使市区接纳进城务工人员子女就学的压力有增无减；其次，进城务工人员子女就学影响了推进杭州小班化教育的进程，分摊了捉襟见肘的杭州教育经费；最后，进城务工人员子女就学产生了杭州教育管理的新难题，进城务工人员子女对入学的需求造就了新的教育市场，产生了简易校舍、不合格师资、不规范管理和未经审批的学校，政府及教育行政部门面临着取缔非法学校和管理、引导、规范招收进城务工人员子女的民办学校等管理新问题。

进城务工人员子女就学人数的快速增长给杭州教育优质均衡发展带来了新的问题。妥善解决进城务工人员子女教育问题又是政府稳定社会、促进经济发展的重要手段。

基于以上的大背景，杭州市委、市政府及其市教育局把解决进城务工人员子女教育问题作为关注民生、推进教育公平的实事工程加以研究，以民生、公平、全纳为价值取向，积极探索进城务工人员子女在杭州就学的路径，逐步形成具有杭州特色、以"低门槛、双通道、一站式、上好学"为特征的进城务工人员子女教育新模式，初步实现了"让更多的人接受更好的教育"的目标。2009年，杭州共解决义务教育阶段进城务工人员子女在杭州就读 17.46 万人，占全市义务教育阶段在校学生总数的 25.5%，其中城区在读进城务工人员子女 7.9 万人，占城区义务教育阶段学生总数的 38.92%[①]。关注弱势群体，让进城务工人员子女享受同等教育权利，引起了社会的强烈反响，《人民日报》《光明日报》《中国教育报》《杭州日报》《钱江晚报》和中国新闻网等多家媒体对杭州的这一做法予以肯定，该举措获得了"首届全国教育改革创新特别奖"。

实践证明，杭州市教育局在杭州市委、市政府的正确领导下，在市财政、劳动与保障、公安及各级党委、政府和教育行政部门等的努力下，不仅创新了进城务工人员子女教育的制度设计，形成了进城务工人员子女教育的完善的政策体系、服务体系、保障体系，构建了以"低门槛、双通道、一站式、上好学"为特征的具有杭州特色的进城务工人员子女教育新模式，而且在杭州形成了让进城务工人员子女享受优质教育的共识和宽容、悦纳的社会氛围，实现了让进城务工人员子女"在同一片蓝天下共同成长"的目标，有效地促进了杭州社会的稳定与和谐，取得了预期的社会效益与经济效益。

---

① 杭州市教育局. 进城务工人员子女教育的创新与实践.（2010-12-03）[2018-04-25]. http://kpb.hz.gov.cn/showpage.aspx?tid=221&nid=4367.

如果说杭州市为解决进城务工人员子女"好上学""上好学"问题，创造了具有杭州特色的进城务工人员子女教育新模式，那么，重庆市探索的留守儿童"4+1"培养模式①，则创造了农村留守儿童教育的新模式。

留守儿童是中国经济社会转型过程中出现的一种特殊群体。教育的重大使命在于精心培育好下一代，要让他们既有过硬的本领，又具有强烈的爱国心，成长为又红又专的革命事业接班人。但国内外对留守儿童的教育培养没有现成的系统理论和经验。目前全国通行的留守儿童培养方式有寄宿制、结对帮扶、"代理家长"制、托管之家等，但都没有从体制上解决留守儿童守望农村的状况，也未能从培养内容、方法和途径上，帮助留守儿童消除远离父母带来的一系列心理情感缺失等问题。根据重庆市委、市政府部署要求，重庆市委研究室联合西南大学、市卫生局、大型企业和农村留守儿童集中的学校，组织150多名机关干部、大学生志愿者、医务人员和教师，成立留守儿童培养模式试验工作组，开展"留守儿童培养试验"。试验工作组下设思想政治、心理情感、行为养成等7个小组，轮流进农村留守儿童学校、进课堂、进家庭，与教师、学生和农民同吃同住，开展家访、调研，对留守儿童进行体检和问卷测试。在精心调查准备的基础上，本着"因陋就简、因地制宜、艰苦朴素"的原则，从思想政治、心理情感、行为习惯、人格品质和健康安全保障等方面，运用活动干预试验法、教育案例法、心理测试法和观察法等开展培养试验，不断总结经验、完善方案，探索形成了留守儿童"4+1"培养模式。

根据留守儿童存在的诸多问题，重庆市委研究室以解决留守儿童在留守状态下出现的问题为试验导向，以留守儿童为主体，根据留守儿童的共性问题，集中在思想政治、人格品质、心理情感、行为养成、营养健康和安全等五个方面开展试验，利用寄宿制学校学生课外活动时间，以"规范、爱心、红色"为主线，以活动为载体探索建立了留守儿童的"4+1"培养模式。"4"就是从思想政治教育、人格品质教育、心理情感教育、行为养成教育四个方面进行培养，"1"就是抓好身体健康和安全教育：通过对留守儿童进行身体健康体检，根据身体状况存在的问题，合理安排膳食营养，同时加强体质训练和安全教育。

留守儿童由于缺乏家庭温暖和正常关爱，教育和情感严重缺失，很多留守儿童不同程度地出现了健康状况差、行为散漫等问题，有些甚至产生了明显的心灵扭曲。重庆市通过试验探索形成的"4+1"培养模式，将留守儿童教育的主阵地由学校"小家庭"延伸到社会"大家庭"，教育内容从学习知识延伸到政治思想、心理情感、行为养成、人格品质、身体健康等全方位培养，学校功能由教育教学延伸到为学生学习、生活、健康、安全等提供一体化服务，实现了留守儿童培养

---

① 本报专题调研组. 一项关乎未来的重要试验. 光明日报，2010-09-02（11）.

理论和实践上的创新，为破解当前留守儿童教育培养难题、深化农村教育改革提供了全新的思路和有益的借鉴。

二、各类学校的有益探索和实践

随着全社会对流动人口子女义务教育问题的日益重视，为保障流动人口子女公平接受义务教育，义务教育阶段各类学校都进行了有益的探索和实践，全国涌现了大量注重流动人口子女义务教育的先进地区和先进典型，这些都应当在解决我国流动人口子女义务教育过程中加以很好地总结和推广。

（一）城镇公办学校的探索和实践

义务教育又称免费教育、强迫教育或普及教育，是指国家权力机关通过法律的形式，规定所有适龄儿童和青少年必须接受一定年限的学校教育，并要求国家、社会和家长必须予以保障。普及义务教育既是现代经济和民主政治发展的客观要求，也是现代文明的标志。从义务教育的性质来看，政府无疑应该是义务教育投资的主体，由政府举办的公办学校理应是提供义务教育供给的主要渠道。公办学校为社区内所有适龄儿童、少年提供均等化的公共教育服务，可以最大限度地保证义务教育的公平。对流动儿童而言，无论是现在还是将来，在公办学校就读和接受义务教育都是最好的选择。的确，为保障流动人口子女公平接受义务教育，城镇公办学校做了大量的工作，起到了以公办学校为主的作用。这从下面的案例中会得到很好的印证。

如南京市建邺区所街小学于 2004 年被区教育局指定为接纳流动人口女子义务教育的公办学校。在上级主管部门的正确领导下，在社会各界的关心支持下，在全体教职员工的共同努力下，所街小学团结拼搏、共同努力，取得了可喜的成绩，特别是在民工子女教育工作方面，以诚相待、爱心奉献，做出了不懈努力，得到了社会各界的认可。他们的具体做法如下。

1. 放宽入学条件，让更多进城务工人员子女能接受正规、优质教育

为尽可能帮助进城务工人员解决子女的就学问题，学校在保证本地孩子全部入学的前提下，尽量吸收前来就学的进城务工人员子女。编班时，在考查他们已有文化知识的基础上，把他们与本地同龄的孩子放在一起，接受同等正规的教育。

2. 公平公正对待，让进城务工人员子女适应新的学习环境

进城务工人员子女大多数在农村长大，由于与父母接触的时间短，加之所处的环境艰苦，孩子们普遍敏感，感情脆弱细腻。进入新的陌生环境学习，他们渴望能与老师、同学进行平等交流，渴望在班级中取得自己应有的地位。为此，学校要求全体教师公平、公正地对待每一个学生，使进城务工人员子女感到他们与本地学生之间尽管存在着地区、家庭、贫富、性格等方面的差异，但老师是把"特别的爱给了特别的我"。教师应满足他们的自尊需要，与他们坦诚相待，交知心朋友；满足他们的求助心理，给予及时的关怀和帮助；满足他们的表现心理，给他们以适当的表现机会；满足他们的成就动机，使他们产生成功的喜悦。对他们身上存在的问题，坚持"五不"的教育方式：不厌恶、歧视；不当众揭丑；不粗暴训斥；不冷嘲热讽；不变相体罚。努力消除他们的自卑感、被歧视感与对立感，培养他们的健康心态。

3. 倡导团结互助，让进城务工人员子女尽快融入集体大家庭

集体是个社会化的课堂，学生的个性塑造、品德培养和社会适应力的提高，离不开健全的集体生活的锻炼和陶冶。学生同在一个班集体，接触最多。构建团结互助的同学关系，对进城务工人员子女尽快融入集体大家庭起着不可估量的作用。因此，所街小学每一位外地进城务工人员子女，都有两个以上 "手拉手"好朋友。从教说普通话到互学方言，从补习缺漏知识到解答学习难题，从帮助学习到帮助生活，进城务工人员子女尝到了互助的乐趣，体会到了人情温暖。在这样的环境里学习、生活，无论是进城务工人员子女还是本地学生都感到幸福和快乐。

4. 开展丰富多彩的活动，促进进城务工人员子女良好行为习惯的养成

在进城务工人员子女中，不讲文明，不讲个人卫生、公共卫生和秩序的现象较为普遍。为了让他们尽快地养成文明卫生的习惯，学校校少先队开展了"仪表、卫生、纪律、礼貌、两操"五项日常行为规范评比竞赛。学校每周都有不同的习惯、礼仪养成重点，每天检查，每周小结，并为获胜班级颁发流动红旗。结合"雏鹰争章"活动①，每个中队都设立了"争章乐园"，每月都会涌现一批争章明星。

---

① "雏鹰争章"活动是少先队的品牌活动。它最初是 1993 年启动的"跨世纪中国少年雏鹰行动"的重要组成部分。中国少年先锋队全国工作委员会从少年儿童的年龄特征出发，把对少年儿童的思想道德素质、科学文化素质和健康素质等方面的要求，具体内化为若干枚"雏鹰奖章"，鼓励少年儿童从日常生活及学习的具体环节入手，通过定章、争章、考章、颁章、护章，不断为自己确立新的目标，发现自己的潜能，看到自己的进步，证明自己的成功。"雏鹰争章"活动面向全体少年儿童，人人可为，天天可为，打破了传统的单纯靠分数评价优劣的模式，成为衡量少年儿童综合素质的重要依据。

集体的荣誉依靠大家的共同努力，自己的成功也离不开艰苦的奋斗。许多进城务工人员子女在经历了一次次的培训与考核后，终于也能和大家一样荣登明星榜了。

5. 办好家长学校，提高进城务工人员子女家长素质和家教质量

家庭教育是学校教育、社会教育的基础，它起着学校和社会难以起到的作用。所街小学积极构建了"以组织促进发展，以科研明确方向，以制度保障规范，以形式吸引家长，以内容教育家长"的家长学校办学模式。坚持每学年以年级为单位举行一次家长会。考虑到进城务工人员子女家庭的特殊性，学校还多方联系厂家，保证家长参与家长会期间不扣奖金和工资。另外，还制定了《家长行为规范二十条》《合格家长标准》，建立了"家校互访制度"和"家校联系卡"，不定期举办"家校对话会"，邀请家长直接参与学校活动，并评选"教子有方合格家长"等。

学校还通过以学生影响家长的方式来促进进城务工人员子女家庭整体素质的提高，要求学生把学到的知识回去讲给父母听，如环保知识、法律知识等。通过学生的行动使家长受到潜移默化的影响。学校教师与晓庄学院学生为进城务工人员子女提供义务家教；与南京师范大学合作，在南京市率先建立"进城务工人员子女心理健康"教育基地，为进城务工人员子女提供心理咨询和疏导。学校将教育的触角伸向家庭，指导孩子在家、在父母面前如何做人。如"为父母做一件事""向父母说一句感谢的话"等。如学生陈国鑫的家长，经常与教师沟通，探讨怎样教育孩子，孩子进步很快。陈国鑫同学后来成为区"三好"学生、区少先队理事，作文多次见报，家长也是区十佳家长之一。陈国鑫父亲在教育孩子的同时，也更加注重自身的学习和提高，他自己也成为江苏省进城务工杰出青年。

所街小学的经验证明，如果各级政府和社会各界都能给予进城务工人员子女越来越多的关爱，让进城务工人员子女深切地感受到在异乡的温暖，进城务工人员子女也定会与城市的孩子一样，"同在蓝天下，共同成长进步"。

（二）城镇民办学校的探索和实践

民办学校是指国家机构以外的社会组织或者个人，利用非国家财政性经费，面向社会依法举办的学校或其他教育机构。民办学校和非民办学校是从办学主体上来区分的。民办学校有三个明显特征：举办者不是国家机构；资金来源于非国家财政性经费；面向社会举办学校，也就是面向社会招收学生，服务于不特定的群体和公民个人，而不是只招收某个团体、企业、行业、系统和特定群体的人为学生。凡是符合上述三个标准的，属于民办学校。从现实情况来看，招收流动人口子女的民办学校或民工子弟学校的举办者主要有：公民个人、事业单位和社会团体等。从资金来源渠道来看，有个人自筹资金、个人智力投入（无资金投入）、个人和企业的投资、集资或入股及捐资等。对于一个特定的民办学校来说，资金来源并不完全是单一的，可以是个人、集体、企业资金的混合。同时，非财政性经费并不排除国有资产的注入。

如在"九省通衢"的武汉，20世纪90年代，随着进城务工经商的人越来越多，许多流动人口为子女无处上学而发愁。若要进城区公办学校借读，又交不起昂贵的借读费。曾在武汉市新洲区担任过民办教师的陈瑛，目睹当时流动人口子女求学无门的情景，决心创办一所面向流动人口子女的简易平民学校。于是，她倾其家产，租赁城区民房作为校舍，1995年春总算把春苗学校办了起来。尽管办学条件不甚完善，但由于办学指导思想正确，收费低廉，对特困生还减免学杂费，尽量方便流动人口子女就读，因而得到社会赞誉和家长信任。1997年，在校生增加到600多人，学校被评为武汉市江汉区社会力量办学先进单位。

要求进春苗学校的流动人口子女越来越多，改善办学条件成为当务之急。为让更多的流动人口子女进得来、留得住、学得好，陈瑛带着申请报告，多次向武汉市政府、江汉区政府及教育主管部门求援，得到了市、区两级政府领导的大力支持。在寸土寸金的汉口火车站附近，以优惠价格征得一家倒闭企业闲置的6亩土地。陈瑛不辞辛劳，艰苦建校，很快建成一幢有24个标准教室的五层教学楼，以及宿舍、厨房等配套设施。群众称赞说，陈瑛以无私的爱心，为城市流动人口子女筑起了一座希望大厦。

办学条件改善以后，春苗学校仍然坚持低收费，不以营利为目的，并为特困学生减免学杂费。学校还设立奖学金，奖励品学兼优的学生。办出平民学校特色，促使"春苗"苗壮成长，是陈瑛追求的目标。她用创新的办学理念来培育少儿，让学校成为流动人口子女学习的一方乐土。在以德育人方面，学校与辖区内的常青派出所开展"警民共建"活动，在红安老区建立革命传统教育基地，并经常请革命老人、优秀市民、司法干部到校，对学生进行爱国主义教育和法制教育，形成了优良的教风、学风和校风，1999年学校就成为武汉市江汉区青少年德育工作先进单位。在教育教学方面，学校建立了实验室、图书室、音乐室、舞蹈室和电脑室，按照国家教学大纲开齐开足各科课程，并组织学生开展舞蹈、书画、写作、英语、电脑等多种兴趣小组活动，让学生身心得到全面发展。

春苗学校还针对城市流动人口忙于打工挣钱、疏于教育子女的特点，将学校教育与家庭教育结合起来，定期举办妇女家长培训班，帮助打工妇女掌握教育子女的正确方法，共同做好育人工作。

春苗学校植根于城市流动人口子女教育的沃土，成为武汉市社会力量办学领域的一朵奇葩。其创办者陈瑛用园丁纯真的爱心和辛勤的汗水，呵护着一株株"春苗"茁壮成长。2001 年，陈瑛荣获湖北省"优秀教育工作者"称号。2002 年 5 月，她赴京参加了全国社会各界知名人士座谈会。在成绩和荣誉面前，陈瑛和她的 120 余名教职工一起，在流动人口子女教育园地干得更欢了。[①]

（三）农村中小学的探索和实践

留守儿童作为流动人口子女教育问题的重点，其规模之巨和难度之大世人皆知。在短时间内试图实现全部留守儿童向流动儿童的转变既不现实也不必要，因为不仅城市教育系统目前还不具备吸纳全部农村留守儿童的能力，而且农民工家庭也没有打算将所有的留守儿童送入城市就读。因此，在相当长时间内大量的留守儿童势必还要在农村留守，设法保证他们公平接受教育是当前农村中小学面临的迫切问题。

根据教育学的有关理论，儿童的正常成长环境应该是家庭、学校和社会三位一体的紧密配合。其中，父母作为孩子的监护人是留守儿童身心健康成长的第一良师，学校教育在儿童后天的成长中起着主导作用。留守儿童亲子监护的不可替代性是留守儿童教育问题难以解决的主要原因。但是，农村中小学大量的实践表明，充分发挥农村学校的教育功能，在相当程度上能满足留守儿童因为家庭监护不足而渴望特殊监护的需求，学校教育甚至可以在生活和学习监护方面发挥更大的作用与效力。

如湖北省沙洋县毛李小学，是毛李镇的中心小学，始建于 1964 年 2 月，服务于九个行政村、一个镇直居委会，服务人口约 2 万人。毛李小学适龄在校学生 617 人、留守儿童 257 人，占在校学生总数的 41.7%。为了让留守儿童能享受良好的教育，让他们健康快乐地成长，毛李小学全体教师奉献拳拳爱心，倾注浓浓亲情，探索出"一、二、三、四"齐步走的管理模式。

1. 成立一个领导小组

毛李小学全面贯彻落实省市有关加强农民工子女义务教育工作的重大决策，保证留守儿童"一个不能少"地接受义务教育，遵循"优先照顾、优先教育"的原则，为留守儿童提供优质的教育服务和适宜的成长环境。做到在学习上营造良好氛围，在生活上尽力排忧解难，心理上积极正确指导，促使留守儿童都能健康成长。学校成立了以校长、副校长为正副组长，各班主任负责具体工作的领导小组，这为活动提供了强有力的组织保障。

---

① 张真弼. 雨露滋润"春苗"壮——记面向流动人口子女的武汉市春苗学校. 中国教育报, 2003-01-27（03）.

2. 建立两份档案

学校每学期组织专人对留守儿童进行摸底调查，设置统计档案，再根据学生变动情况，及时补充或变更联系卡的内容，设置明细档案，确保对留守儿童现状做到五个清楚：一是清楚留守儿童的姓名、性别、年龄；二是清楚留守儿童的性格特点、兴趣爱好；三是清楚留守儿童的病史状况；四是清楚留守儿童父母的务工地、联系方式；五是清楚留守儿童第二监护人姓名、地址、联系方式。同时要求留守儿童所在班级的班主任、任课老师及生活指导教师各执一份，做到心中有数。

3. 设立三个中心

1）在学校设立留守儿童帮扶中心，对留守儿童在学习上优先帮助和辅导。学校在学习方面对留守儿童逐一进行分类、分组，落实到每一位科任老师。由科任老师具体分析学生的学业情况，订立学习帮助计划，明确帮助的时间、内容、阶段性效果。除了老师的帮助外，每一名同学还由教师牵头确立一名学习帮手，进行结对互助。教师定期检查效果，建立进步档案，努力使他们的学业和大家一起进步。对留守儿童中学习成绩较好的学生，让他们帮助其他同学共同进步。生活上优先关心和照顾留守儿童。教师对留守儿童始终是多看一眼、多问一声、多帮一把，让留守儿童开心、家长放心。

2）在学校设立留守儿童活动中心。为了做好留守儿童教育管理工作，学校在资金十分短缺的情况下专门抽出经费建立了"爱心书屋""快乐活动室""劳动实践基地"等，添置了电视机、桌椅、图书、象棋、画笔等物品，在校园里建起了留守儿童之家，并制定了相关管理制度，有领导分管，有专人负责。学校还组织教师共同关爱留守儿童的活动。留守儿童之家做到按时开放，定期开展活动，档案资料齐全。如今，63平方米的留守儿童之家宽敞明亮，环境舒适温馨，成了留守儿童学习生活的乐园，心灵的避风港湾。

3）设立留守儿童关爱中心。学校被确立为"全国留守学生教育研究试点学校"后，学校成立由班主任负责的关爱小组，挑选富有爱心、富有责任心的同学参与管理。这些关爱小组成员从早上上学到下午放学，近10个小时，关注留守儿童在校期间的学习、生活情况，让丰富多彩的文化活动充满他们的生活，学校对留守儿童进行全程跟踪管理，尽量提高早、中餐标准，让留守儿童吃饱、吃好，关怀之周到，令留守儿童及其家长感动不已，留守儿童不再孤单、不再寂寞，渐渐地笑声多了，歌声大了，家长也放心了。老师们还针对留守儿童的特点，给予他们无微不至的关怀，把特别的爱献给特别的他们。

4. 开展四项活动

1）开展谈心结对活动。班主任多与留守儿童谈心沟通，引导留守儿童树立正确的人生观、世界观和价值观，形成良好的生活、学习习惯。建立时间不论长短式的每天必谈、遇事必谈制度。各任课老师也结合留守儿童学习情况经常开展谈心活动。学校教师用爱心呵护他们，疏导他们，使他们感到老师就是父母。多到留守儿童家中走访，了解留守儿童情况，充分发挥家长学校的作用，让家长特别是隔代教育的监护人掌握科学教育方法，提升他们的素质。

2）开展造福温暖活动，为留守儿童送去学习用品或在资金上给予帮助。2007年6月，副县长李珩为毛李小学留守儿童周杨等6人，每人捐助500元，共计3 000元；县民政局工会主席李连志、县民政局扶贫办主任梁飞旺为王凤鸣等捐助学习用具金额达400元；2008年春《楚天都市报》为胡宋轩等2人各捐500元；镇妇联主席宋宏玉代表镇政府为李雨涵等捐款2 000元，当地的人寿保险公司也为留守儿童杨洪源等5人免费提供保险，学校也为留守特困生减免作业本费、生活费近3 000元，确保留守儿童在校安心学习、安心生活。

3）组建"爱心妈妈"队伍，聘请社会上有经验、有爱心的人士担任留守儿童的"爱心妈妈"。学校主动与镇直各单位联系，将符合条件的28名热心人士聘为"爱心妈妈"，与留守儿童结对帮扶，加强了学校与社会的沟通，让全社会都来关心留守儿童。

4）以镇福利院为德育基地，定期对留守儿童进行感恩教育、关爱他人教育，让留守儿童多一份孝心，多一份责任心。学校除了关心留守儿童的生活外，更注重他们的健康成长。学校经常组织留守儿童到福利院为老人扫地、擦窗、梳头、洗脚、表演节目，听老人讲革命传统故事，这为留守儿童的成长奠定坚实的基础，让受助的人再帮助更多的人，把爱心接力棒一代一代传承下去。

毛李小学"一、二、三、四"齐步走的管理模式成效显著，53名品德较差、思想有障碍的留守儿童走向进步，结对帮扶的留守儿童通过亲情电话经常与家长保持联系，257名留守儿童在校健康、快乐地学习生活。学校被确立为"全国留守学生教育研究试点学校"和国家电网电力红马甲"爱心驿站"；荆门市、沙洋县关心下一代工作委员会领导来毛李小学视察此项工作时，对毛李小学探索出的模式赞不绝口，《荆门日报》科教版、荆门电视台《荆视直播》栏目也进行了专题宣传报道。

毛李小学的实践表明，在原来的学校、社会、家庭三位一体的平衡教育，因失去了家庭教育这一重要环节而显得很不平衡的情况下，学校就更应当关心、爱护学生；对品行有缺点、学习有困难的学生，应当耐心教育、帮助，不得歧视。采取这种做法，学校就能在流动人口子女教育中发挥更大的作用。

　　总之，流动人口子女的教育问题是当前和今后相当长一段时间普遍存在的一个社会问题。这一问题产生的原因相当复杂，涉及家庭、学校和社会等各个方面，显然，解决好流动人口子女公平接受教育的问题，应是义务教育均衡发展的题中应有之义。而改革开放 40 年的经验证明，流动人口子女的教育问题，不应只是学校和家庭自身的事情，而应该由学校、家庭、社会及政府各方面共同努力，协调合作，共同为流动人口子女撑起一片蓝天。

　　消除贫困、改善民生、逐步实现共同富裕，是社会主义的本质要求，是党的重要使命。十八大以来，党和各级政府加大扶贫力度，采取系列重大指施，扶贫开发取得巨大成就。2011—2015 年，现行标准下农村贫困人口减少 1 亿多人、贫困发生率降低 11.5 个百分点，贫困地区农民收入大幅提升，贫困人口生产生活条件明显改善，上学难、就医难、行路难、饮水不安全等问题逐步缓解，贫困地区基本公共服务水平与全国平均水平差距趋于缩小①。但同时，我国贫困地区因经济结构不完善、人才和技术资源匮乏等原因，发展仍较落后，脱贫任务严峻。据统计，截至 2015 年底，我国还有 5 630 万农村建档立卡贫困人口，主要分布在 832 个国家扶贫开发工作重点县、集中连片特困地区县和 12.8 万个建档立卡贫困村，多数西部省（自治区、直辖市）的贫困发生率在 10%以上，民族 8 省（自治区、直辖市）贫困发生率达 12.1%①。现有贫困人口贫困程度更深、减贫成本更高、脱贫难度更大，依靠常规举措难以摆脱贫困状况，通过教育扶贫对农村贫困地区发展的意义重大。大力推进农村贫困地区教育发展有利于提高贫困人口基本文化素质和贫困家庭劳动力技能，阻断贫困的代际传递。

---

　　① 国务院关于印发"十三五"脱贫攻坚规划的通知. （2016-11-23）[2018-04-23]. http://www.cpad.gov.cn/art/2016/11/23/art_1747_651.html.

第一节　农村贫困地区教育发展概述

贫困地区是指地处偏远、土地贫瘠、交通不便、人畜饮水困难、自然灾害频繁等基本生存条件恶劣，科技和经济落后、信息闭塞、教育程度不高等社会发展水平低，贫困人口相对集中的地区。在我国，贫困地区主要在以农业人口为主的县级行政区①。按类型划分，我国贫困地区为六大类型：黄土高原贫困类型、东西部平原与山区接壤带贫困类型、西南喀斯特山区贫困类型、东部丘陵山区贫困类型、青藏高原贫困类型及蒙新干旱贫困类型②。按照中共中央、国务院下发的《中国农村扶贫开发纲要（2011—2020年）》来划分，贫困地区主要包括两类：一是指连片特困地区，包括六盘山区、秦巴山区、武陵山区、乌蒙山区、滇桂黔石漠化区、滇西边境山区、大兴安岭南麓山区、燕山—太行山区、吕梁山区、大别山区、罗霄山区等区域的连片特困地区和已明确实施特殊政策的西藏、四省藏区、新疆南疆三地州；二是除连片特困地区以外的国家扶贫开发工作重点县，以及建档立卡贫困村和建档立卡贫困户。本章所提到的农村贫困地区不限于上述地区，还包括我国县城以下经济不发达的农村地区。

从经济社会发展的综合角度考察，农村贫困地区具有如下特点：①自然资源丰富多样，但保护利用差；②地形复杂，气候多变，灾害频繁；③多民族混居，多种经济形态并存；④交通不便，经济落后，财力匮乏；⑤文化教育落后，人口增长过快，科技力量薄弱③。

我国农村贫困地区的教育随着经济社会的发展而不断发展。20世纪70年代末到80年代初，我国农村教育发展的重心包括以下几个方面：一是恢复农村中小学正常的教学秩序；二是普及农村小学教育受到高度重视，成为农村教育发展的首要目标；三是调整农村中等教育结构，发展职业技术教育；四是通过采取发展中等师范学校和高等师范专科学校等措施，大力加强农村中小学教师队伍建设；

---

① 张学敏. 贫困地区义务教育经费投入研究. 西南师范大学博士学位论文，2002：17.
② 姜德华，等. 中国贫困地区类型划分及开发研究提要报告.地理研究，1988（3）：1-15.
③ 王慧敏，等. 农村经济读本. 北京：中国水利水电出版社，1996：212-217.

五是加强对农民的扫盲教育和农业技术教育[①]。

1985年以后农村教育进入了新的发展阶段。这一阶段农村教育发展的主旋律是教育管理体制改革。1985年5月，中共中央颁布了《中共中央关于教育体制改革的决定》，指出实行九年制义务教育，实行基础教育由地方负责，分级管理的原则，是发展我国教育事业，改革我国教育体制的基础一环。[②]1986年4月，我国出台了中华人民共和国成立后的第一部专项教育法《中华人民共和国义务教育法》，进一步明确了义务教育实行国务院领导，省、自治区、直辖市人民政府统筹规划实施，县级人民政府为主管理的体制，对义务教育经费投入与经费筹措做出了规定，为我国农村有步骤地实行九年制义务教育提供了法律支持与保障。之后，为了推进农村基础教育管理体制的改革，1987年6月，国家教委、财政部发布了《国家教育委员会 财政部关于农村基础教育管理体制改革若干问题的意见》，要求科学地划分地方各级政府管理基础教育的职责权限，并明确把县、乡两级职责权限的划分作为工作的重点，尤其强调扩大乡一级管理农村学校的职责权限。1985—1993年，我国农村基础教育管理体制改革对促进农村教育发展的作用是显而易见的。但由于我国农村经济社会发展的不平衡不充分，这一管理体制的改革在实践中也遭遇新的困惑和问题。在经济欠发达和农村贫困地区，"以乡为主"的教育经费筹措遇到新的困难。1994年我国财政体制实行分税制改革，在这种背景下，国家对义务教育管理体制及财政体制进行了适当调整。1994年，国务院发布的《国务院关于〈中国教育改革和发展纲要〉的实施意见》，开始强调"县级政府在组织义务教育的实施方面负有主要责任，包括统筹管理教育经费，调配和管理中小学校长、教师，指导中小学教育教学工作等"；同时也指出，"有条件的经济发展程度较高的地区，义务教育经费可仍由县、乡共管，充分发挥乡财政的作用"。[③]这些意见，对深化农村基础教育管理体制改革产生了积极影响。2000年开始，农村税费改革在全国推行。进一步深化农村基础教育管理体制和投入体制改革在实践中有着更强烈的需求。2001年5月29日，《国务院关于基础教育改革与发展的决定》规定："进一步完善农村义务教育管理体制。实行在国务院领导下，由地方政府负责、分级管理、以县为主的体制。"[④]2002年5月，国务院办公厅下发了《国务院关于完善农村义务教育管理体制的通知》，强调实行"以县为主"的义务教育管理体制。由此"以县为主"的义务教育管理体制得以正式确立。

2003年以来，我国农村教育受到了更多的关注与重视。2003年9月，国务

① 张乐天. 我国农村教育政策30年的演进与变迁. 南京师大学报（社会科学版），2008（6）：80-85，146.
② 袁振国. 中国当代教育思潮. 上海：生活·读书·新知三联书店，1991：400.
③ 冯克诚. 中华人民共和国教育法律法规（基础教育·2005版）. 北京：学苑音像出版社，2005：174-184.
④ 中国法制出版社. 2017中华人民共和国教育法律法规全书. 北京：中国法制出版社，2017：124.

院发布了《国务院关于进一步加强农村教育工作的决定》，标志着农村教育重要地位得到新的确立。2005 年 12 月 24 日，国务院发布《国务院关于深化农村义务教育经费保障机制改革的通知》，对农村义务教育保障新机制对农村贫困地区教育发展具有重要意义。2010 年《国家中长期教育改革和发展规划纲要（2010—2020年）》、2012 年《国务院关于深入推进义务教育均衡发展的意见》等一系列文件，表明国家将农村贫困地区教育发展放到了重要位置。2018 年 1 月 15 日，教育部和国务院扶贫办发布《深度贫困地区教育脱贫攻坚实施方案（2018—2020 年）》，计划用 3 年时间，使深度贫困地区建档立卡贫困人口教育基本公共服务实现全覆盖。按照该方案的规划，将以"三区三州"为重点，以补齐教育短板为突破口，推动教育新增资金、新增项目、新增举措向"三区三州"倾斜：一方面通过统筹推进县域内城乡义务教育一体化改革发展、全面改善贫困地区义务教育薄弱学校基本办学条件工作、完善控辍保学工作机制和扩大实施农村义务教育学生营养改善计划等方式，保障义务教育；另一方面通过大力发展公办幼儿园，采取多种方式鼓励普惠性民办幼儿园招收建档立卡贫困学生等方式发展学前教育①。由此可见，改革开放至今，党和各级政府一直不遗余力地推动农村贫困地区教育发展。

但长期以来，由于我国各地经济社会发展不平衡不充分，城乡二元结构矛盾突出等，各级政府及其教育主管部门又不得不优先满足城镇日益增多的中小学生就学需求，将有限的教育资源集中向城镇学校倾斜，实行长期的城市优先发展战略，而忽视了农村贫困地区教育的发展。

以云南巍山彝族回族自治县（以下简称巍山县）和寻甸县为例。巍山县文华中学是县城中学，被列为该县标准化学校重点建设对象，县财政斥资 7 000 多万元将文华中学与文笔中学合并并搬迁到新校址。搬迁到新校后，文华中学对照"基本办学标准"，13 项已达标，只有"生均图书数"与"百名学生电脑台数"两项不达标。该校副校长表示，学校正在补充图书与电脑，争取来年申请标准化学校。而永济中学是一所乡镇寄宿中学，对照"基本办学标准"，只有"生均占地面积"一项勉强达标。该校校长讲，教学楼是 20 世纪 80 年代建的，现在已经破旧不堪，学校多次申请修缮，都没有得到批准。

寻甸县同样存在类似情况。该县河口镇中心寄宿小学被列入标准化建设学校，学校建有标准化的教学楼、学生宿舍，以及设有回族餐厅的学校食堂。该校的硬件环境甚至优于一些县城学校。而该镇栽开回民小学是一所村小，学校的教室、桌椅等都显破旧，据该校校长讲，如果按每生 600 元的标准，学校每年公用经费

① 柯进. 深度贫困地区教育脱贫攻坚战打响. 中国教育报，2018-02-28（01）.

应该是 4 万元左右，而每年学校拿到的只有 2 万元左右，只能维持学校的基本运转，想替学生们换换桌椅板凳都不够。在标准化学校建设的推动下，原本不足的县财政只能集中有限资源建设优质学校，而相对忽视农村贫困地区薄弱学校的建设，加大了城乡学校的差距。

类似上述情况在其他地方同样存在。2013 年 12 月，由 21 世纪教育研究院等机构主办的"发现'美丽乡村教育'"高峰论坛发布的《农村小规模学校建设研究报告》显示，在调查覆盖的村小中，教学场所"不太安全""属于危房"和条件"较差""很差"的分别占 28% 和 32.9%。

政府将财政经费重点投入到城镇学校，使得城镇学校的办学条件越来越好。城镇学校由于拥有良好的办学条件、公共设施和优厚的待遇，可以吸引优秀的教师、优质的生源等，这为城镇学校的发展创造了良好的条件。如 2009 年湖北省崇阳县为了满足县城日益增多的中小学生就学需求，新建了城关中学，在校学生 6 838 人，其中来自农村的学生有 4 286 人，约占学生总数的 63%；该校现有教师 378 人，其中来自农村的教师有 260 人，约占教师总人数的 69%。

相比之下，农村学校由于办学条件差，公共设施落后、待遇差，导致大量优秀教师流失和减少。没有好的教师，就难以有好的学校，也就难以留住优秀的学生。如山西省临汾市尧都区乔李镇中学是一所公办的初级中学，是乔李镇周围村庄唯一的一所初级中学。它是该县政府 2002 年投资 300 万元合并了两所中学后新建的一所中学。2005—2008 年该中学共有 3 个年级，每个年级 6 个班，每个班 50 个人左右，全校学生 1 000 人左右，而目前该中学尽管仍有 3 个年级，但每个年级只有 1 个班，每个班只有十几个甚至几个学生，全校学生不足 50 人。

之所以会发生如此大的变化，关键是因为随着城镇化的快速发展，一批好的和比较好的教师纷纷被调入城里的学校，农村学校教学质量不断下降，于是一批学习成绩好的学生也就想方设法到城里去上学，导致优秀生源锐减，而留下的学生学习成绩较差，对学习缺乏兴趣，学习能力较弱，个人求学意愿也较低。

调研发现，从农村流向城镇的居民中，80% 是有理想、有抱负的年轻一代。他们受教育程度相对较高，经济条件相对较好，十分重视孩子的教育，家庭学习氛围也较浓，这一方面改善了城镇学校的生源质量，但另一方面也使农村贫困地区的生源质量严重下滑，进一步加剧了城乡义务教育发展的不均衡。同时，随着我国城镇化步伐的加快，城镇学校生源的充裕和农村贫困地区学校生源的萎缩给城乡学校带来了截然不同的发展机遇。在我国现行义务教育财政体制下，城镇学校由于生源充裕可以获得充裕的发展资金，而农村贫困地区学校由于规模小而难以获得更多的资金支持，从而使城乡义务教育发展的差距越来越大。

第二节　支持农村贫困地区教育发展的举措

我国教育发展的根本问题在农村地区，尤其是在农村贫困地区，因此，为了全面提高教育质量、促进农村教育发展，努力让每个孩子都能享有公平而有质量的教育，国家在制定支持教育事业发展的各项政策措施时，都向贫困地区、民族地区、农村地区倾斜。除一般性转移支付、均衡性转移支付、工资性转移支付外，中央财政还通过专项转移支付，不断加大对贫困地区和农村地区教育发展的支持力度，从而有效地缩小了城乡、区域之间的教育差距。

一、实施"国家贫困地区义务教育工程"

为了落实党中央、国务院科教兴国战略，帮助贫困地区加快实施普及义务教育，促进当地人民群众脱贫致富，在党中央、国务院的关怀下，1995—2000 年，教育部、财政部联合组织实施了第一期"国家贫困地区义务教育工程"，其中，中央财政投入 39 亿元，地方财政配套 87 亿元，共计 126 亿元。一期工程实施范围集中在 22 个省、自治区、直辖市及新疆生产建设兵团的 852 个贫困县，其中"八七"扶贫攻坚计划确定的国家级贫困县有 568 个。在各级政府的高度重视、社会各界特别是贫困地区广大人民群众的全力支持下，到 2000 年底，一期工程圆满结束，完成了各项任务，实现了规划目标。"工程"取得的主要成效有：一是加快了中西部地区"两基"进程。到一期工程结束，在 852 个项目县中，有 428 个项目县通过了国家"两基"验收。二是极大地改善了贫困地区义务教育办学条件。通过实施该工程，共新建项目中小学 3 842 所，改、扩建项目中小学 28 478 所。项目县中小学校舍面积由 13 000 万平方米增加到 18 800 万平方米，增加了 5 800 万平方米；危房比率由 10%左右下降到 3%以下。购置课桌凳 653 万套，添置图书 1 亿多册，配备教学仪器设备近 40 万台套。三是教师教学水平有了较大提高。5 年中，共培训中小学教师 46.6 万人次，培训校长 7.22 万人次，使项目县小学教师学历合格率达到了 94%，初中教师学历合格率达到了 87.7%，小学、初中校长学历全部达标。四是有力推动了中小学布局调整。一期工程结束后，项目县学校共减少 1.67 万所，增加学生 320 万人，校均规模达到 168 人，生师比达到 22.7：1；初中在校学生增加了 153 万人，校均规模达到 660 人，生师比达到 18.2：1。[①]校均规模的扩大，生师比的提高，使教育资源得到了更有效的利用。

但是，到 2000 年底一期工程结束后，全国仍有 522 个县（旗、团场）尚未"普九"，大约覆盖人口 1.24 亿人。在这些贫困地区实现"普九"目标，任务更艰巨。为此，国家继续设立专项资金，实施工程二期计划（2001—2005 年）和三期计划（2006—2010 年），进一步加大对贫困地区义务教育的扶持力度。二期工程中央财政投入 50 亿元，地方财政配套 23.6 亿元，共计 73.6 亿元。中央专款的分配向西部地区倾斜，为西部地区安排的资金占到了中央专款的 90% 以上。二期工程把校舍改造和建设继续作为重点的同时，加大了师资培训的力度，新增了免费提供教科书、配置信息技术教育设备等项目。按照二期工程规划，522 个项目县共新建、改扩建中小学 10 663 所（新建 4 062 所、改扩建 6 601 所），其中新建、改扩建小学 6 928 所（新建 2 431 所、改扩建 4 497 所），新建、改扩建初中 3 735 所（新建 1 631 所、改扩建 2 104 所）；培训中小学校长和教师约 46.7 万人次，添置仪器设备 1.6 万台套，购置课桌凳 205 万套，新增图书资料 2 300 万册；向 110 万人次的小学和初中学生免费提供教科书；为近 2 万所农村中小学（小学 14 770 所、初中 4 940 所）配备信息技术教育和远程教育接收设备。[②]工程的实施，为贫困地区义务教育的跨世纪发展奠定了坚实的基础，取得了巨大的投资效益和社会效益，有力地促进了义务教育的均衡发展。

二、启动实施"东部地区学校对口支援西部贫困地区学校工程"

为给予西部大开发战略必要的人力和智力资源支持，2000 年 4 月，中共中央办公厅、国务院办公厅决定启动实施"东部地区学校对口支援西部贫困地区学校工程"和"西部大中城市学校对口支援本省（自治区、直辖市）贫困地区学校工程"（以下简称"两个工程"），进一步动员东部地区和西部大中城市的各方面力量，大力支持西部贫困地区的教育事业。"两个工程"以选派教师和管理人员到贫困地区任教、任职，帮助提高学校教育质量和管理水平为重点，同时向受援

---

① 国家西部"两基"攻坚知识问答. 中国农村教育，2004（12）：6-13.
② "国家贫困地区义务教育工程"简介. 云南教育，1998（6）：16；宋梓铭. 我所经历的"国家贫困地区义务教育工程". 中国财政，2008（16）：75-77.

学校无偿提供闲置的教学仪器设备、教具、图书资料等，帮助改善办学条件，鼓励东部地区和西部大中城市的学生把用过的课本和多余的文具、衣物捐赠给对口支援学校的学生。2000 年 4 月，教育部、财政部、人事部等六部委联合印发了《关于东西部地区学校对口支援工作的指导意见》，为"两个工程"的顺利实施做了具体部署，明确规定东部地区有关省（自治区、直辖市）各选择 100 所学校、计划单列市各选择 25 所学校，与对口支援西部地区有关省（自治区、直辖市）选择的相应数量的贫困地区学校，结成"一帮一"的对子；西部大中城市支援学校数量与本省（自治区、直辖市）贫困地区受援学校的相应数量和对口支援关系，由有关省（自治区、直辖市）人民政府确定。截至 2002 年底，在"东部地区学校对口支援西部贫困地区学校工程"中，东部地区共向西部受援地区选派支教教师和管理人员 1 800 多人次，西部受援地区派往东部地区对口学校培训的教师和挂职的管理人员 1 400 多人次，支援地区向受援地区学校无偿提供资金超过 2 亿元，并捐赠了大量计算机、图书、教学设备等物品，支援地区还资助了西部 13 000 多名家庭经济困难学生。在"西部大中城市学校对口支援本省（自治区、直辖市）贫困地区学校工程"中，各省、自治区、直辖市向当地贫困地区学校共派出支教教师和管理人员 10 200 多人次，接受受援地区培训的教师和挂职的管理人员 5 100 多人次；捐款 4 800 多万元，捐赠计算机 13 000 多台、图书 360 万册、教学仪器 5 万多套、衣物 67 万件。①2003 年 9 月 20 日，《国务院关于进一步加强农村教育工作的决定》要求继续实施"两个工程"，建立东部地区经济比较发达的县（市、区）对口支援西部地区贫困县、大中城市对口支援本省（自治区、直辖市）贫困县的制度，进一步加大中央对民族自治地区农村教育的扶持力度，继续办好内地西藏中学（班）和新疆班。并强调中央继续安排专项经费实施贫困地区义务教育工程，安排中央资金对"两基"攻坚进行重点支持，中央和地方新增扶贫资金要支持贫困农村发展教育事业②。

三、实施"农村中小学危房改造工程"

全国"农村中小学危房改造工程"是指 2001 年开始实施的对全国中小学危房改造的工程。该工程共实施两期，2001—2002 年为第一期，中央财政安排专项资金 30 亿元。到 2002 年底，中央资金支持的 25 个省、自治区、直辖市及新疆生产建设

---

① 国家教育发展研究中心. 2003 年中国教育绿皮书——中国教育政策年度分析报告. 北京：教育科学出版社，2003：11.

② 国务院关于进一步加强农村教育工作的决定. 教育部政报，2003（10）：435-441.

兵团危房改造资金总量达 120 亿元，改造 D 类危房（最危险的）3 000 万平方米。全国中小学危房比率由改造前的 9.6% 下降至 7.6%，降低 2 个百分点[1]。2003—2005 年为第二期，中央财政安排专项资金 60 亿元，要求基本消灭全国农村中小学现有 D 级危房校舍。2001—2005 年，全国纳入"农村中小学危房改造工程"的学校共 60 833 所，累计改造危房 7 800 万平方米，3 400 多万名师生从危险校舍中搬进新校舍[2]。从 2006 年起，全国农村义务教育阶段中小学校校舍维修改造被纳入农村义务教育经费保障机制中统一考虑。

四、实施"农村寄宿制学校建设工程"

为保证到 2007 年西部地区实现"两基"目标，保障"两基"攻坚县扩大义务教育规模的需要，解决制约西部农村地区普及义务教育的瓶颈问题，2004 年，中央和省级人民政府共同组织实施了"农村寄宿制学校建设工程"，即从 2004 年起，用 4 年左右的时间，中央财政投入资金 100 亿元，帮助西部地区新建、改扩建一批以农村初中为主的寄宿制学校；同时，在合理布局、科学规划的前提下，加快对现有条件较差的寄宿制学校和不具备寄宿条件而有必要实行寄宿制的学校进行改扩建的步伐，使确实需要寄宿的学生能进入具备基本条件的寄宿制学校学习。之后国家相继出台了一系列政策文件[3]，大力推进农村寄宿制学校建设。

"农村寄宿制学校建设工程"实施范围以 2002 年底西部地区尚未实现"两基"的 372 个县和新疆生产建设兵团的 38 个团场为主，包括被纳入国家西部大开发范围的部分中部省级行政区的少数民族自治州，以及中部地区当时尚未实现"两基"的县，兼顾中西部已经实现"两基"但基础仍然薄弱的部分地区。"农村寄宿制学校建设工程"项目学校必须是由政府部门举办的、在中小学布局结构调整中要保留的、单独设置的义务教育阶段的农村（含县镇）学校（包括职业初级中学和特殊教育学校）。

我国西部地区地广人稀，一半地处祖国边疆，其面积占全国总面积的 71.4%，是少数民族集中聚居的地方。这些西部省区中有 7 个省级行政区山区、半山区面积占 50% 以上；有 5 个省级行政区的牧区和山区的面积占 70% 以上；高原、高寒、高海拔地区也全部集中在西部。这里有"一师一校"点约 9 万个，占全国一师校

---

① 焦新. 教育部有关负责人就当前基础教育发展机遇与挑战等问题答记者问. 中国教育报，2003-03-03（01）.
② 梁伟国. "全国中小学危房改造工程"第二期"国家贫困地区义务教育工程"实施顺利. 人民教育，2002（6）：3.
③《教育部关于进一步推进义务教育均衡发展的若干意见》（2005 年 5 月 25 日）；《教育部关于贯彻落实科学发展观进一步推进义务教育均衡发展的意见》（2010 年 1 月 4 日）；《国务院关于深入推进义务教育均衡发展的意见》（2012 年 9 月 5 日）；《国家中长期教育改革和发展规划纲要（2010—2020 年）》（2010 年 7 月 29 日）等。

点的 80%以上[1]。许多孩子为了上学要起早贪黑，翻山越岭。特殊的地理环境和办学形式使西部地区教育成本居高不下，低水平的教育投入难以保证基本的办学条件和教育质量。

在"两基"攻坚进程中，西部地区学龄儿童少年"进不来，留不住"是制约西部农村地区普及义务教育的瓶颈问题。西部地区地广人稀，在一些高山、高原、高寒及牧区、半农半牧区和荒漠地区，80%左右的初中生、50%左右的小学生需要寄宿。为解决西部地区实现"普九"的办学容量问题，中央和省级人民政府决定实施"农村寄宿制学校建设工程"。该工程的实施，对扩大"两基"攻坚县义务教育规模，保证西部地区学龄儿童都能入学并完成义务教育非常必要。

"农村寄宿制学校建设工程"自 2004 年启动以来，中央共投入专项资金 100 亿元，在中西部地区 953 个县，新建、改扩建 7 651 所项目学校，使西部地区新增校舍面积 1 076 万平方米，极大地改善了农村学校办学条件，满足了 195 万名新增学生的就学需求，超出攻坚计划提出的新增 150 万名学生的目标[2]。

"农村寄宿制学校建设工程"要求，从 2004 年起，用 4 年左右的时间，新建、改扩建一批以农村初中为主的寄宿制学校，改善西部尚未"普九"地区新增的 130 万名初中生和 20 万名小学生最基本的学习、生活条件；同时，在合理布局、科学规划的前提下，加快对现有条件较差的寄宿制学校和不具备寄宿条件而有必要实行寄宿制的学校进行改扩建的步伐，使确实需要寄宿的学生能进入具备基本条件的寄宿制学校学习。

五、启动全国中小学校舍安全工程

校舍安全直接关系到广大师生的生命安全，关系社会和谐稳定。2009 年 4 月 1 日国务院常务会议决定正式启动"全国中小学校舍安全工程"，从 2009 年起，用 3 年时间，对地震重点监视防御区、七度以上地震高烈度区、洪涝灾害易发地区、山体滑坡和泥石流等地质灾害易发地区的各级各类城乡中小学存在安全隐患的校舍进行抗震加固、迁移避险，提高综合防灾能力，使学校校舍达到重点设防类抗震设防标准，并符合其他防灾避险安全要求；其他地区按抗震加固、综合防灾要求，集中重建整体出现险情的危房、改造加固局部出现险情的校舍，消除安全隐患。资金安排实行省级统筹，市县负责，中央财政补助。2009 年中央新增专项资金 80 亿元，重点支持中西部地震重点监视防御区及其他地质灾害易发区的校

---

① 贾小娜. 农村寄宿制学校建设工程纪实. 教育，2007（13）：22.
② 我国农村寄宿制建设工程成效显著. 河池日报，2008-02-26（03）.

舍安全工程。同时要求各地切实加大对中小学校舍安全工程的投入，列入财政预算，确保资金及时到位，防止学校出现新的债务。要在对校舍全面排查鉴定的基础上，科学制订规划和方案，突出重点，分步实施。要严格工程质量安全管理，建立健全所有中小学校、所有校舍的安全档案，实行全过程社会监督，技术标准、实施方案、工程进展和实施结果等向社会公布，所有项目公开招投标，建设和验收接受新闻媒体与社会监督，确保将学校建成最安全、家长最放心的地方。财政部数据显示，2009—2011 年，中央财政已累计安排校舍安全工程专项资金 140 亿元。截至 2012 年 3 月底，全国已开工近 3.5 亿平方米，占规划改造的 98%；已竣工 3 亿平方米，占 86%。其中中西部七度及以上地震高烈度且人口稠密地区已开工 1.4 亿平方米，占这类地区规划改造的 98%；已竣工 1.2 亿平方米，占 86%。这些数据表明，该工程实施 3 年多来，平均每年有 1 亿平方米的校舍竣工，相当于 2008 年一年新增校舍（1 162 万平方米）的 8.6 倍[1]。沉积多年的安全隐患得到消除，校舍通过加固改造或新建重建达到了抗震设防标准和综合防灾要求，得到了社会各界的大力支持和广泛好评，得到了人民群众的衷心拥护，广大师生和老百姓纷纷称赞该工程是一项"民心工程""德政工程"。

六、实施农村义务教育薄弱学校改造工程

"薄弱学校"一词最早出现在 1986 年 3 月国家教委颁发的《国家教育委员会关于在普及初中的地方改革初中招生办法的通知》中，该通知要求各地"特别要注意采取有效措施，搞好薄弱初中建设，使这些学校的校舍、办学经费、师资水平、教学仪器设备等有较大改善和提高"。国家教委当时只是针对一些较突出的初中学校所提出的，可以看出，当时认为薄弱学校的"弱"主要集中在"校舍、办学经费、师资水平、教学仪器设备等"方面，并没有对薄弱学校做出具体界定，由此说明，当时国家已经非常关注薄弱学校的问题了。1998 年 11 月教育部印发的《关于加强大中城市薄弱学校建设，办好义务教育阶段每一所学校的若干意见》中，对薄弱学校的描述是："在大中城市的一些中小学校中，或因办学条件相对较差，或因领导班子力量不强、师资队伍较弱以及生源等方面的原因，使得学校管理不良，教学质量较低，社会声誉不高，学生不愿去、家长信不过。"从文件中我们可以看出，这里所说的薄弱学校主要是指城镇的一些办得较差的中小学，其实，薄弱学校更多的是在农村，特别是在经济落后的农村地区。如果说城市薄

---

① 中国教育装备采购网. 全国校安办答记者问：校安工程推进有序成效显著. （2012-06-29）[2018-05-06]. http://www.caigou.com.cn/News/Detail/98570.shtml.

弱学校的存在带来的直接问题是择校，是人们渴望受到高质量基础教育的需求得不到满足，那么，农村、山区、不发达地区和贫困地区薄弱学校的存在，则使当地的适龄儿童不能享受基本水准的教育。因此，义务教育均衡发展不仅在于给农村适龄儿童更多的入学机会，更重要的是应千方百计加强农村薄弱学校建设，让农村适龄儿童也能接受高质量的教育。

为均衡发展九年义务教育，着力"补短板"，积极支持解决义务教育中存在的突出问题，切实缩小城乡教育差距，努力促进基本公共服务均等化，国家对农村学校和薄弱学校建设问题都给予了极大的关注与重视。2006 年修订的《中华人民共和国义务教育法》第六条规定："国务院和县级以上地方人民政府应当合理配置教育资源，促进义务教育均衡发展，改善薄弱学校的办学条件，并采取措施，保障农村地区、民族地区实施义务教育，保障家庭经济困难的和残疾的适龄儿童、少年接受义务教育。"这是我国首次以法律的形式要求加强农村学校和薄弱学校建设。根据《中华人民共和国义务教育法》的规定，为全面贯彻落实《国家中长期教育改革和发展规划纲要（2010—2020 年）》的精神，全面提升农村教育质量，更好、更快地推进义务教育均衡发展，2011 年，财政部、教育部下发了《财政部 教育部关于实施农村义务教育薄弱学校改造计划的通知》，总体目标为"按照推进义务教育学校标准化建设的战略要求，为农村义务教育阶段学校按照国家基本标准配齐图书、教学实验仪器设备、音体美器材；按照农村义务教育学生营养改善计划要求，逐步改善农村学校就餐条件；根据教育规划和现有财力可能，改扩建劳务输出大省和特殊困难地区农村学校寄宿设施，改善寄宿条件，逐步使县镇学校达到国家规定的班额标准"。

2013 年 12 月 31 日，教育部、国家发改委、财政部根据 2013 年 12 月 4 日国务院常务会议的精神，联合发布了《教育部 国家发展改革委 财政部关于全面改善贫困地区义务教育薄弱学校基本办学条件的意见》，指出，改善贫困地区义务教育办学条件，将以中西部农村贫困地区为主，兼顾东部部分困难地区；以集中连片特困地区为主，兼顾其他国家扶贫开发工作重点地区、民族地区、边境地区等贫困地区。经过 3—5 年的努力，使贫困地区农村义务教育学校教室、桌椅、图书、实验仪器、运动场等教学设施满足基本教学需要；学校宿舍、床位、厕所、食堂（伙房）、饮水等生活设施满足基本生活需要；留守儿童学习和寄宿需要得到基本满足，村小学和教学点能够正常运转；县镇超大班额现象基本消除，逐步做到小学班额不超过 45 人、初中班额不超过 50 人；教师配置趋于合理，数量、素质和结构基本适应教育教学需要；小学辍学率努力控制在 0.6%以下，初中辍学率努力控制在 1.8%以下。立足改善薄弱学校基本办学条件，不得将教育资金资源向少数优质学校集中。保障寄宿学生每人 1 个床位，消除大通铺现象。

针对社会广为关注的县镇学校大班额问题。该意见要求，要适应城镇化发展趋势，充分考虑区域内学生流动、人口出生和学龄人口变化等情况，科学规划学校布局，并充分利用已有办学资源，着力解决超大班额问题，逐步消除大班额现象。必要情况下，可以采取新建、扩建、改建等措施，对县镇义务教育学校进行改造。加强新建住宅区配套学校建设。对教育资源较好学校的大班额问题，积极探索通过学区制、学校联盟、集团化办学等方式扩大优质教育资源覆盖面，合理分流学生。对于大班额现象严重的学校，要限制其招生人数。

为了促进"改薄计划"的有效落实，中央不断加大财政教育专项投入，每年投入 350 亿元，专项资金统一分配到各省级行政区统筹安排使用。截至 2015 年，中央已累计安排"改薄计划"资金 1 296 亿元[1]，主要应用于完成《国务院教育督导委员会办公室关于开展农村义务教育学校基本办学条件专项督导的通知》规定的有关基本考核指标，即是否每名学生都有课桌椅，寄宿学生是否一人一床位，是否有安全饮用水，食堂是否满足就餐需要，厕所是否满足师生需要，教室和寝室门窗是否完好，是否具备必要的取暖条件，是否配备数字教育资源接收和播放设备。其他超越基本办学条件范畴的事项，均不能使用中央专项资金。[2]

从实施效果来看，"改薄计划"取得了显著成效。一是农村学校学生生活条件明显改善。2012 年全国小学寄宿生生均宿舍面积为 3.1 平方米，比 2009 年增长 24%。初中寄宿生生均宿舍面积达到 4.2 平方米，比 2009 年增长 40%。厕所条件得到明显改善，大通铺等突出问题得到有效缓解，绝大多数地区保障了学生饮用水。二是学校食堂条件有较大改善，集中连片贫困地区 699 个县普遍建设了学校食堂，为国家营养改善计划的顺利实施创造了条件。三是城镇学校大班额问题得到一定缓解。县镇学校扩容改造后绝大多数省级行政区学位大大增加，一些地区大班额消减效果明显。如湖北省 84 个项目县义务教育大班额占比从 2010 年的 52% 下降到 31%。吉林省新增班级数 1 696 个，学位数 53 690 个，全省乡镇学校基本消除大班额[3]。

为进一步加强对各地全面改善贫困地区义务教育薄弱学校基本办学条件工作指导，面向贫困地区，聚焦薄弱学校，确保实现"保基本、补短板"工作目标，2014 年 7 月 18 日，教育部办公厅、国家发改委办公厅、财政部办公厅又印发了《全面改善贫困地区义务教育薄弱学校基本办学条件底线要求》，该文件以《中小学校设计规范》（GB50099-2011）、《农村普通中小学校建设标准》

---

① 柯进. 打响贫困代际传递"阻击战"——中国教育扶贫行动纪实.中国教育报，2015-09-15（01）.

② 晋浩天.310 亿元资金用于本年度薄改计划. 光明日报，2014-08-08（01）.

③ 中华人民共和国中央人民政府. 农村义务教育薄弱学校改造计划校舍改造取得成效. （2014-02-10）[2018-05-06]. http://www.gov.cn/gzdt/2014-02/10/content_2582456.htm.

（建标 109-2008）、《农村寄宿制学校生活卫生设施建设与管理规范》、《国家学校体育卫生条件试行基本标准》等国家标准、教育行业标准及相关政策文件为基本依据，共计 20 项[①]。该通知作为全面改善贫困地区义务教育薄弱学校基本办学条件项目优先保障、必须完成的建设内容，并在实施过程中，以学校为单位予以优先落实。教学点可根据实际情况参照执行。各地可在该通知基础上，依照相关标准或文件，结合当地实际，提出要求，既要"保底"，也要"限高"，严禁搞超标准豪华建设。

七、开展农村义务教育学生营养改善计划试点工作

我国贫困农村地区学校布局较为分散，学生上学的距离相对较远。由于缺少必要的交通工具，很多学生上学要翻好几个山头，走五六里路，中午回家吃饭对这些学生来说几乎是不可能的。改革开放以来，我国发展的重心一直在沿海地区及城市地区，城市和农村之间的发展差距越拉越大。因此，很多在农村上学学生的吃饭便成了问题。由于经济压力，很多学生每天不吃早餐，只吃中餐和晚餐。而且只吃一些腌菜、黄豆等食物，久而久之，势必会影响学生们的生长发育，并且对他们的学习造成负面影响。

鉴于上述情况，为贯彻落实《国家中长期教育改革和发展规划纲要（2010—2020 年）》精神，提高农村学生尤其是贫困地区和家庭经济困难学生健康水平，国务院决定，从 2011 年秋季学期起，开始实施农村义务教育学生营养改善计划，旨在改善集中连片特困地区义务教育阶段学生营养状况和身体素质。中央财政按照每生每天 3 元、全年 200 天的标准为试点地区农村义务教育阶段学生提供营养膳食补助，所需资金由中央财政负担，并鼓励各地以"三区"为重点，因地制宜地开展农村义务教育阶段学生营养改善试点工作。2011 年至 2015 年 1 月中央财

---

① 全面改善贫困地区义务教育薄弱学校基本办学条件底线要求：第一，消除 D 级危房。新建校舍抗震设防类别不低于重点设防类，满足综合防灾要求。第二，多层校舍建筑每幢不少于 2 部楼梯，楼梯坡度不大于 30 度，护栏坚固。第三，教室和宿舍内外墙面平整，无明显尖锐突出物体，室内无裸露电线。第四，教学用房室内采光良好，照明设施完善，光线充足。第五，学生 1 人 1 桌 1 椅（凳）。第六，按国家标准配置满足教学需求的黑板。第七，设置旗台、旗杆，按要求升国旗。第八，具备适合学生特点的体育活动场地和设施设备，有利于开展具有当地特色的体育活动。第九，因地制宜设置满足校园安全需要的围墙或围栏。第十，新增图书为适合学生年龄特点的正版图书，配备复本量应视学校规模和图书使用频率合理确定。第十一，有可供开展多媒体教学的教室。第十二，学生宿舍不设在地下室或半地下室。第十三，寄宿学生每人 1 个床位，消除"大通铺"现象。第十四，寄宿制学校或供餐学校具备食品制作或加热条件。第十五，配备开水供应设施设备。第十六，有条件的地方，新建校舍一般设置水冲式厕所。厕位够用，按 1∶3 设置男女蹲位。旱厕应按学校专用无害化卫生厕所设置。第十七，除特别干旱地区外，寄宿制学校应设置淋浴设施。第十八，配置消防和应急照明设备，设置疏散标志。第十九，在校门、宿舍等关键部位安装摄像头和报警装置。宿舍区配备急救箱。第二十，消除 66 人以上超大班额。

政已累计安排营养改善计划资金 472 亿元，2014 年 11 月起将营养膳食补助标准由每生每天 3 元提高到 4 元；与此同时中央财政安排了近 300 亿元用于试点地区学校食堂建设，目前已有 65% 的学校实现了食堂供餐；此外教育部门以食品安全和资金安全为核心，制定了实施细则、食品安全保障管理办法、专项资金管理办法、学校食堂管理办法、营养健康状况监测评估工作方案等五个配套文件[1]，明确了政府、学校、供餐单位等各方职责，确保了营养计划的顺利实施和营养餐的安全。下一步，国家将继续鼓励各地以"三区"为重点，因地制宜开展营养改善地方试点工作，中央财政对开展地方试点的省区市按照不高于国家试点标准的 50% 给予奖励性补助。截至 2016 年，全国已有 29 个省级行政区的 13.7 万所学校实施了营养改善计划，受益学生超过 3 360 万名。每天有超过 1/2 的农村义务教育学校为学生提供学生餐，有近 1/4 的农村义务教育阶段的学生能在校吃上学生餐，基本消除了农村学生饿着肚皮上学的现象。[2]

农村地区义务教育阶段学生营养改善计划自实施以来，尽管还存在很多的问题，但的确取得了较好的成效。据我校教管专业师生对云南楚雄彝族自治州禄丰县和大姚县、昆明市嵩明县、湖北鹤峰县和广西那坡县的调研，在营养改善计划实施之前，很多贫困地区的学生经常饿着肚子上课，不仅吃饭无法达到一日三餐，而且很多学生食用的基本都是黄豆蒸饭、盐拌饭等，甚至很多学生一天只吃一餐（午餐），营养改善计划实施之后，基本上一日有两餐（中餐和晚餐），解决了这些学生挨饿的局面，试点地区的学生不用再饿着肚子上课。并且学生每天吃的营养餐详细项目都可以在出库单、入库单中进行查询，饭菜都有取样在冰柜里留存48 小时，一旦出现安全问题将迅速锁定食物、配送单位等详细信息；资金使用情况在微博上每天进行公示，接受社会大众的监督。学校还通过家长会向家长报告营养餐的开餐情况，具体包括吃饭情况、卫生情况、食品采购情况、资金使用情况等。所以，一些国际组织对我国农村地区义务教育阶段学生营养改善计划给予了较高评价，认为中国政府在很短的时间内将学生营养改善计划覆盖到几千万农村贫困地区义务教育阶段学生，效率非常惊人，与世界 90 多个实施学校供餐的国家相比，中国政府的项目具有独特优势。[3]

此外，为支持我国特殊教育发展，2008—2013 年中央财政通过特殊教育补助经费专项累计投入 1.75 亿元，2014 年，中央财政进一步加大投入力度，拓宽支持

① 五个配套文件包括：《农村义务教育学生营养改善计划实施细则》《农村义务教育学生营养改善计划食品安全保障管理暂行办法》《农村义务教育学校食堂管理暂行办法》《农村义务教育学生营养改善计划实名制学生信息管理暂行办法》《农村义务教育学生营养改善计划信息公开公示暂行办法》。
② 谢湘. 中国 3000 多万学生受益 "营养改善计划". 中国青年报，2016-11-12（01）.
③ 教育部：农村学生营养改善计划使 2 240 万人受益. 民族日报，2014-02-07（03）.

范围，增加支持力度，安排拨付特殊教育补助经费 4.1 亿元，同比增长 6 倍。此外，中央财政安排资金 6.1 亿元，提高义务教育阶段特殊教育学校公用经费基准定额，达到年人均 4 000 元，约为普通中学的 5 倍，并在 2016 年达到 6 000 元，为提高特殊教育普及水平、提升教育教学质量提供了有力支持。

党的十八届三中全会的决议明确要求，要大力促进教育公平，健全家庭经济困难学生资助体系。义务教育不仅是社会发展的助推器，而且是社会发展的均衡器，应该是促进社会公平、改变社会分层、建设和谐社会的重要手段。如果说可持续发展就是要求做到上一代人的发展不能给下一代人的发展造成障碍，那么义务教育就是要进一步做到上一代人的贫困不给下一代人的发展造成障碍。但是农村地区尤其是贫困农村地区的贫困只能有一个结果：贫困的恶性循环和阶级固化。因此，提供义务教育阶段营养餐和特殊教育补助不仅有助于农村义务教育阶段学生的身体健康和生长发育，而且能终止这种积贫积弱的现状，有助于义务教育的均衡发展。

2015 年 1 月国务院办公厅印发的《国家贫困地区儿童发展规划（2014—2020年）》指出，儿童发展关系国家未来和民族希望，关系社会公平公正，关系亿万个家庭的幸福。改革开放特别是进入 21 世纪以来，我国儿童健康、教育水平明显提高，儿童生存、发展和受保护的权利得到有力保障，提前实现了联合国千年发展目标。但总体上看，我国儿童事业发展还不平衡，特别是集中连片特困地区的 4 000万名儿童，在健康和教育等方面的发展水平明显低于全国平均水平。强调要进一步采取措施，促进贫困地区儿童发展是切断贫困代际传递的根本途径，是全面建成小康社会的客观要求，也是政府提供基本公共服务的重要内容。要求各地要进一步落实农村义务教育学生营养改善计划管理责任和配套政策，切实加强资金使用和食品安全管理。因地制宜地新建或改扩建农村义务教育学校伙房或食堂等设施，逐步以学校供餐替代校外供餐。继续支持各地开展农村义务教育阶段学生营养改善试点工作。有条件的地方可结合实际，以多种方式做好学前教育阶段儿童营养改善工作。该规划将惠及集中连片特困地区的 4 000 万名儿童。根据该规划要求，到 2020 年，集中连片特困地区儿童发展整体水平基本达到或接近全国平均水平。

八、实施农村中小学现代远程教育工程

农村中小学现代远程教育工程是指为促进城乡优质教育资源共享，提高农村教育质量和效益，从 2003 年起开展的以信息技术为手段，采取教学光盘播放点、卫星教学收视点、计算机教室等三种模式将优质教育资源传输到农村的教学方法试点工程。

长期以来，我国农村地区经济社会发展落后，地方财政困难，教育投入严重不足，教育基础薄弱，义务教育远远落后于全国平均水平。2003 年，国务院召开了全国农村教育工作会议，决定"实施农村中小学现代远程教育工程，促进城乡优质教育资源共享，提高农村教育质量和效益"，要求"在试点工作的基础上，争取用五年左右时间，使农村初中基本具备计算机教室，农村小学基本具备卫星教学收视点，农村小学教学点具备教学光盘播放设备和成套教学光盘"。这一政策背后饱含着广大农村对教育公平的热切期待，即让农村的孩子也享受到城里孩子的优质教育资源。

根据具备条件的不同，农村中小学现代远程教育在实施中应用了以下三种模式。

1）教学光盘播放点。配备电视机、DVD 播放机和教学点各年级的教学光盘。通过播放教学光盘对学生授课和辅导。配备对象主要是农村学校布局调整确需保留的教学点。

2）卫星教学收视点。配备卫星接收系统、计算机、电视机、DVD 播放机和1～6 年级所需的教学光盘。通过中国教育卫星宽带网，快速大量接收优质教育资源，使其具有教学光盘播放点的功能。配备对象为乡中心小学和村完全小学，根据学生规模，配置1～2 个多媒体教室。

3）计算机教室。配备卫星接收系统、网络计算机教室、多媒体教室、教学光盘播放设备及教学光盘。其特点是除具备模式二全部功能外，还能够为学生提供初步的网络条件下的学习环境。配备对象为农村初中，每所学校装备一间 30 台终端的计算机教室，一间多媒体教室。

从实施效果来看，农村中小学现代远程教育工程取得明显成效，农村学校办学条件有较大改善，生均仪器设备值和建网学校比例增加较快。到 2007 年底，工程就完成投资共 111 个亿，其中中央专项资金 50 个亿，地方投资 61 个亿，超出计划11 个亿。共配备教学光盘播放设备 401 028 套，卫星教学收视系统 278 737 套，多媒体设备 44 566 套，覆盖中西部农村教学点 78 080 个，农村小学 250 552 所，农村初中 29 729 所。东部地区以计算机教室和多媒体教室为主，基本覆盖了农村中小学。农村初中学校联网率达到 90% 以上，农村小学联网率达到 80% 以上，其中农村小学以连通中国教育卫星宽带网，接收卫星资源为主。

以小班教学为主的教学光盘资源已经覆盖小学所有年级和学科，为农村初中提供了名师名课、示范课、教学实验、教学素材等教学光盘，教学多媒体资源覆盖初中 9 个学科和小学 8 个学科，共 4 129 个学时。视频资源覆盖初中 11 个学科和小学 7 个学科并提供专题教育（安全教育、少先队活动、远离毒品等）、科学人生、世纪讲坛和学科实验等资源，共 2 099 小时。教学素材资源 7 692 条。这些资源通过中国教育卫星宽带网传输平台按照教学进度每周向农村中小学免费发送。目前 90%以上已建成的项目学校接收到资源并在课堂教学中广泛应用。这些资源初步适应了农村教育教学的需要。根据工程管理信息系统提供的数据显示，已有 30%左右的项目学校能够保证每周 20 个学时的设备使用时间，50%左右的项目学校能够保证每周 15 个学时左右的设备使用时间①。

在各级政府及教育行政管理部门的强力推进下，在现代远程教育的基础设施建设上，广大中西部地区实现了巨大的跨越。现代化的教学设备进入到山间农村，不仅带来教育的革新，而且许多农村人也从此见到了"高科技"。公众期待的"信息高速公路"，使我国农村中小学教育发生嬗变飞升。农村中小学现代远程教育工程的实施，证明构建利用信息化手段扩大优质教育资源覆盖面的有效机制，可以逐步缩小区域、城乡、校际差距。

九、全面启动实施"教学点数字教育资源全覆盖"项目

为贯彻落实党的十八大精神和全国教育信息化工作电视电话会议精神，根据《国务院办公厅关于规范农村义务教育学校布局调整的意见》和《教育部等九部门关于加快推进教育信息化当前几项重点工作的通知》要求，教育部于 2012 年 11 月 19 日在北京召开"教学点数字教育资源全覆盖"项目启动会，决定全面启动实施"教学点数字教育资源全覆盖"项目。

该项目实施范围为教育部教育事业统计中所确定的全部教学点。各教学点硬件配置至少需达到教育部提出的项目基本技术方案的要求，基本硬件配置所需经费主要由中央财政支持解决。2012 年，中央财政原则上按各地启动建设的教学点数拨款。有条件的地区可增加配置或采用更高级的技术和应用方案，经费缺口由地方财政配套补足。项目管理和设备运行、维护、更新费用由地方财政统筹解决。严禁向学生和学生家庭摊派。

2012 年启动安排所有教学点的设备采购与配置，并力争于 2013 年 3 月前东部地区全部教学点、中西部地区 70%教学点设备安装到位，为 2013 年春季开学使用做好准备。2013 年春季开学后，各地要组织各教学点逐步利用配备的设备与资源开展教学。2013 年底前要完成全国所有教学点建设任务。

该项目启动方案要求，2012、2013 两年，为农村义务教育学校布局调整中确实需要保留和恢复的教学点配备数字教育资源接收与播放设备，配送优质数字教育资源，并以县域为单位、发挥中心学校作用，组织教学点应用资源开展教学，

---

① 全国农村中小学现代远程教育办公室. 架起通向未来的桥梁——中国农村中小学现代远程教育工程. 北京：人民教育出版社，2008：25-30.

利用信息技术帮助教学点开好国家规定课程，提高教育质量，促进义务教育均衡发展，满足农村边远地区适龄儿童就近接受良好教育的需要。

以开足、开好国家规定课程为目标，支持各教学点建设可接收数字教育资源的基本硬件设施，并通过卫星传输方式，推送数字教育资源至各教学点。有条件的地区，可在中央支持的基础上进一步增加投入，提高设备和资源应用水平。具备网络接入条件的地区还应配备摄像头，利用网络建立亲子热线，满足教学点留守儿童与进城务工父母的交流需要。至 2014 年，该项目圆满收官，目前，全国 6.4 万个教学点全面完成项目建设任务，实现设备配备到位和资源配送、教学应用基本到位。其中，2.5 万个教学点接通了互联网，其余教学点则可以卫星接收等方式接收数字教育资源；教学点已配备多媒体教学设备 6.4 万套，满足了 400 多万个农村偏远地区的孩子就近接受良好教育的愿望。[①]

十、启动实施义务教育学校标准化建设项目

我国共有义务教育阶段学校 26.63 万所，其中小学 21.35 万所，初中学校 5.28 万所[②]，相当部分中西部地区义务教育学校办学条件较差，特别是县镇学校大班额问题突出；同时，农村寄宿制学校宿舍、食堂等生活用房缺口巨大，中西部农村地区学生多人一铺、校外住宿的现象非常普遍。

为解决上述问题，根据《国家中长期教育改革和发展规划纲要（2010—2020年）》的部署，2012 年 9 月国家启动实施义务教育学校标准化建设项目，通过完善义务教育长效机制，实施薄弱学校改造计划、初中工程等项目，缩小中西部地区城乡、区域间义务教育学校建设的差距，推动义务教育学校标准化建设，是促进义务教育均衡发展的重要举措。

义务教育学校标准化建设，以科学发展观为指导，按照办人民满意教育的要求，以整体推进中小学内涵建设为目的，以"师资配备合格，图书装备合格，校舍设施合格，学校管理合格"（以下简称"四合格"）为重点，着重解决现阶段义务教育发展面临的薄弱环节和突出问题，实现学校办学条件和管理的标准化，切实缩小城乡、区域、学校之间的义务教育差距。

标准化建设按照"四合格"的总体目标，主要内容包括：基本配齐学校师资、图书、教学实验仪器设备和音体美器材；实施扩容改造工程，使县镇学校符合规

---

① 2016 年全国教育信息化工作专项督导报告.（2016-11-15）[2018-05-10]. http://www.moe.gov.cn/jyb_xwfb/gzdt_gzdt/s5987/201610/t20161031_287128.html.

② 2013 年全国教育事业发展统计公报.（2014-07-04）[2018-05-10]. http://www.moe.gov.cn/srcsite/A03/s180/moe_633/201407/t20140704_171144.html.

定班额标准；改善农村学校食宿设施，解决因城镇化和布局调整带来的学生上学远的问题；中小学管理实现规范化。上述内容涉及以下三大类十项工程。

1）教学装备类：①图书配备：使项目学校生均图书达到小学 15 册、初中 25 册；②多媒体远程教学设备配备：为义务教育学校每个班级配置一套多媒体远程教学设备；③教学实验仪器设备配备：依据中小学理科实验室装备和仪器配备标准，配齐教学实验仪器；④音体美器材配备：按照国家有关音体美教学器材配备要求，为学校配备音体美教学器材。

2）校舍扩容改造类：①改善国家营养改善计划试点地区农村学校就餐条件或配备必要的餐饮设施；②农村寄宿制学校学生附属生活设施建设，以及为规模较小的农村学校改造、配备伙房和相关设施；③县镇学校扩容改造工程，对接受流动子女较多，大班额问题突出的市、县，重点改扩建 1～2 所县镇薄弱学校。

3）队伍建设和学校管理类：①义务教育学校配备符合任职资格条件的校长；②义务教育学校按照省（自治区、直辖市）规定编制标准配齐各学科教师，严格教师资格制度；③学校教育教学、人事、财务、资产管理符合相关法律和规定的要求。

标准化建设工程以地方为主实施，与推进均衡发展工作结合起来，将有限的资金投入到薄弱地区和薄弱学校的建设上来，不搞"锦上添花"，重在"雪中送炭"，关键是缩小区域内学校之间差距；将标准化建设与学校内涵建设结合起来，在实施硬件建设和装备建设的同时，高度重视校长和师资队伍配备，在加强学校内部管理上下功夫，重点解决重硬件、轻软件的问题；将标准化建设与图书、仪器设备的使用结合起来，重在经常化的维护和运用，充分发挥其应有的功能和效益。

"十二五"期间，在做好学校布局规划的基础上，优先解决边境地区、集中连片特困地区、西部少数民族地区、中西部留守儿童较多地区的校舍紧张问题，解决中西部城镇化较快地区大班额和超大班额及住宿紧张问题。在实施的过程中，根据不同地区的实际情况，确定不同的建设重点。

第三节　农村贫困地区教育发展取得的成效

为了促进农村贫困地区义务教育发展，国家先后采取了一系列措施，极大地改善了农村学校的教育教学质量及办学条件。在党和政府的共同努力下，我国农村贫困地区义务教育发展取得了不少成效。认真总结取得的成效和经验，有助于进一步促进农村，特别是农村贫困地区义务教育发展，提高农村教育质量，促进城乡教育一体化发展，助力精准扶贫。

一、农村教育经费投入不断增加

农村义务教育经费保障机制实施以来，在党和各级政府的共同努力下，农村地区教育经费投入不断增加。2012 年财政性教育投入占国内生产总值的比重达到4.28%，52%用于义务教育，其中60%以上投向农村教育。当年，农村普通小学和普通初中的生均公共财政预算教育事业费支出分别为 6 128.99 元和 8 137.00 元，比 2008 年的 2 757.53 元和 3 543.25 元分别增长了 122.3%和 129.6%，翻了一番还多。2016 年全国普通小学生均公共财政预算教育事业费支出达到 9 557.89 元，比2015 年增长 8.14%。其中，农村为 9 246.00 元，比 2015 年增长 7.80%；全国普通小学生均公共财政预算公用经费支出达到 2 610.80 元，比 2015 年增长 7.25%。其中，农村为 2 402.18 元，比 2015 年增长 6.99%。2016 年全国普通初中生均公共财政预算教育事业费支出达到 13 415.99 元，比 2015 年增长 10.83%。其中，农村为 12 477.35 元，比 2015 年增长 9.94%；全国普通初中生均公共财政预算公用经费支出达到 3 562.05 元，比 2015 年增长 5.98%。其中，农村为 3 257.19 元，比 2015 年增长 5.28%。木桶的容量，取决于最短的那块板。为补齐农村教育短板，近年来，我国统筹推进县域内城乡义务教育一体化改革发展，教育投入继续向困难地区和薄弱环节倾斜。2018 年中央财政对地方教育转移支付新增约 130亿元，重点用于中西部、贫困地区和农村义务教育、职业教育等。①

二、农村贫困地区办学条件大幅改善

1995 年以来，国家先后实施"国家贫困地区义务教育工程""农村中小学危房改造工程""农村寄宿制学校建设工程""全国中小学校舍安全工程""改薄计划"，以及农村义务教育学生营养改善计划试点、农村中小学现代远程教育工程、"教学点数字教育资源全覆盖"项目、义务教育学校标准化建设等一系列重大工程项目，极大地改善了贫困地区学校的教学条件和基础设施。很多学校已

---

① 邬志辉. 中国农村教育发展报告 2017. 中国教师报，2017-12-27（11）；刘博超. 教育投入都去哪儿了——详解教育投入向困难地区和薄弱环节倾斜工作. 光明日报，2018-05-26（03）；底部攻坚，补齐农村教育短板——党的十八大以来我国城乡义务教育一体化改革取得新进展. 中国教育报，2018-08-17（01）.

成为贫困地区农村最好的建筑，是最安全、家长最放心的地方。2012 年国务院办公厅印发了《国务院办公厅关于规范农村义务教育学校布局调整的意见》，一些地方过度撤并村小和教学点的做法得到了遏制，部分撤并不合理的农村学校和教学点得以恢复，农村中小学布局更加合理。2013 年 12 月 31 日，经国务院同意，教育部、国家发改委、财政部印发了《教育部 国家发展改革委 财政部关于全面改善贫困地区义务教育薄弱学校基本办学条件的意见》，遵循"保基本、兜住底、促公平"的原则，聚焦贫困地区，中央财政每年投入 350 亿元，正式开始实施全面改善贫困地区义务教育薄弱学校教育工程项目，计划用 5 年时间使贫困地区义务教育学校都能基本达标。至 2016 年，农村小学体育场馆、体育器材、音乐器材、美术器材、教学自然实验仪器达标率尽管与城区、镇区相比仍存在一定差距，但也分别达到 71.44%、75.21%、74.33%、74.40%、75.03%；农村初中分别为 82.16%、86.27%、85.59%、85.34%、87.74%，均比 2015 年有较大幅度增长。生均计算机数持续增加，农村小学建立校园网、接入互联网的学校比例分别为 46.66% 和 89.45%，农村初中分别为 65.55% 和 98.10%，较 2015 年均有大幅增长。

"最好的建筑在学校"，在中西部许多农村地区，这已经成为百姓们的共识。2017 年全国义务教育学校校舍面积比 2015 年增长了 10%；体育场馆、音体美器材、实验仪器达标率超过 85%；学校互联网接入率超过 90%。全国 832 个贫困县的 10.3 万所义务教育学校办学条件达到"底线要求"，占 94.7%。总体来看，我国农村贫困地区教育硬件方面的落后状况得到较大改变，办学条件得到较大改善。

此外，我国县域义务教育均衡发展有序推进。自 2013 年启动义务教育基本均衡发展县（市、区）督导评估认定工作以来，截至 2017 年底，全国 2 379 个县通过了督导评估认定，占比达 81%，北京、天津、吉林、上海、江苏、浙江、安徽、福建、山东、湖北、广东等 11 个省（自治区、直辖市）整体通过评估认定。

三、农村地区教师资源配置更为合理

党和政府历来注重加强中小学教师队伍，尤其是农村中小学教师队伍建设，确保城乡义务教育真正实现均衡发展，让广大适龄儿童都能公平接受义务教育。2012 年 8 月，国务院出台《国务院关于加强教师队伍建设的意见》，明确要求"中小学教师队伍建设要以农村教师为重点，采取倾斜政策，切实增强农村教师职业吸引力，激励更多优秀人才到农村从教"。2012 年 9 月，教育部会同相关部委联合出台了《教育部 中央编办 国家发展改革委 财政部 人力资源社会保障部关于大力推进农村义务教育教师队伍建设的意见》，提出了推进农村义务教育教师队伍建设的具体措施。2015 年 4 月 1 日，国务院办公厅印发《国务院办公厅关于印发乡村教师支持计划（2015—2020 年）的通知》，其主要举措是：全面提高农村教师思想政治素质和师德水平；拓展农村教师补充渠道；提高农村教师生活待遇；统一城乡教职工编制标准；职称（职务）评聘向农村学校倾斜；推动城镇优秀教师向农村学校流动；全面提升农村教师能力素质；建立农村教师荣誉制度。这一系列举措使我国农村贫困地区教师队伍整体素质得到大力提升，教师资源配置更为合理，夯实了农村贫困地区教育发展的根基。

（一）农村教师补充渠道日趋多元，初始配置质量明显提高

农村教师配置更为合理，"下得去、留得住、教得好"局面基本形成。省级统筹机制初步建立，"特岗计划"广泛实施，定向培养规模逐步扩大，农村生师比持续下降。小学由 2012 年的 15.88：1 下降到 2015 年的 14.57：1，初中由 2012 年的 12.46：1 下降到 2016 年的 10.98：1，均低于城镇学校。农村学校师班比不断上升，小学由 2012 年的 1.86：1 上升到 2015 年的 1.90：1，初中由 2012 年的 3.85：1 上升到 2016 年的 4.03：1。通过农村教师"特岗计划"，2017 年选派约 8 万名优秀大学毕业生到农村学校任教。

（二）农村教师学历继续提升，城乡差距进一步缩小

长期以来，城乡教师学历差距较大，但随着教育的发展，对教师学历要求不断提高，农村教师学历也在继续提升，城乡差距进一步缩小。2016 年全国幼儿专任教师中学历为大专及以上者占比 76.54%，比 2012 年提高了 11.41 个百分点。其中城区由 72.92% 提高到 82.58%；镇区由 62.31% 提高到 74.83%；农村由 46.42% 提高到 62.46%。全国小学专科及以上学历教师比例为 93.7%，比 2015 年提高 1.8 个百分点，其中农村为 91.8%，城乡差距为 6.2 个百分点，比 2015 年下降 1.4 个百分点。全国初中本科及以上学历教师比例为 82.5%，比 2015 年提高 2.2 个百分点，其中农村为 78.6%，城乡差距为 11.7 个百分点，比 2015 年下降 1.3 个百分点。

（三）农村教师生活补助标准逐年提高，收入不断增加

农村教师生活补助政策覆盖范围不断扩大、资金投入大幅增加、补助标准逐年提高，农村教师收入不断增加。2016 年全国集中连片特困地区农村教师生活补助共投入补助资金 44.3 亿元，比 2015 年增加了 9.9 亿元，提高了 28.8%。集中连片特

困地区实施县中，人均月补助标准达到或超过 400 元的县共占 25%，与 2015 年相比提高 11 个百分点。乡镇教师、农村教师的月收入分别达到 3 965.23 元和 3 550.38 元，高于县城教师的 3 446.37 元。

（四）义务教育教师职称制度不断完善，农村教师评聘机会有所扩大

农村教师支持计划实施后，教师职称制度不断完善，许多地区开始扩大农村教师职称评聘机会。如安徽、山西、吉林、湖北、四川、甘肃、北京等地通过统一岗位结构比例、单独评审、指标单列、特设岗位、取消名额和比例限制等形式将优秀教师评聘机会向农村倾斜。农村教师高职称比例较低的局面一定程度上得到缓解。

四、农村贫困地区各类教育协调发展

40 年来，我国教育实现了跨越式发展，义务教育全面普及，高中阶段教育普及率大幅度提高，高等教育进入了大众化、普及化阶段，成人教育与终身教育覆盖面逐年扩大，我国已成为真正的世界教育大国。农村贫困地区各类教育事业同样取得重大进展，呈现出协调发展的趋势。

（一）农村学前教育取得长足发展

多年来，"入园难"是社会普遍关注的热点问题，为着力解决这一问题，满足适龄儿童入园需求，促进学前教育事业科学发展，我国积极发展学前教育，尤其是农村学前教育取得长足发展。2016 年，全国城区幼儿园数量为 74 262 所、镇区 81 666 所、农村 83 884 所。城区幼儿园数量仅占总数的 30.97%，农村（镇区＋乡村）幼儿园数量占到 69.03%，农村幼儿园是学前教育的大头。从幼儿园增速看，2016 年全国有教育部门办幼儿园 66 119 所，占幼儿园总数的 27.57%，比 2015 年增加 8 634 所，增长 15.02%。其中，城区 9 769 所、镇区 21 492 所、农村 34 858 所。与 2015 年相比，教育部门所办的幼儿园，城区增加 854 所，增长 10%，镇区增加 1 673 所，增长了 8%，农村增加 6 107 所，增长了 21%，增速最快。

（二）农村义务教育地位得到进一步加强

2012 年党的十八大报告明确提出要均衡发展九年义务教育，大力促进教育公平，合理配置教育资源，重点向农村、边远、贫困、民族地区倾斜。2013 年，党

的十八届三中全会通过的《中共中央关于全面深化改革若干重大问题的决定》,强调要"逐步缩小区域、城乡、校际差距","统筹城乡义务教育资源均衡配置"。2014 年中共中央、国务院印发的《关于全面深化农村改革加快推进农业现代化的若干意见》,明确把"加快改善农村义务教育薄弱学校基本办学条件"作为一项重要任务。同年 1 月份,中共中央办公厅、国务院办公厅印发了《关于创新机制扎实推进农村扶贫开发工作的意见》,明确提出"全面实施教育扶贫工程"。近年来,在经济下行压力大、财政增收大幅度减少的情况下,中央仍把农村义务教育投入作为刚性支出继续增加。各地对农村义务教育也倾注更多的精力,投入更大的财力,向边远贫困地区和民族地区倾斜,为农村义务教育改革与发展注入了强大动力。

当前,我国义务教育在校生 2/3 在县域,农村仍然是中国义务教育的大头。2016 年我国共有义务教育阶段学校 22.97 万所。普通小学 17.76 万所,其中,城区 2.66 万所、镇区 4.46 万所、农村 10.64 万所,农村小学占全国小学总数的 85.02%;普通初中(含九年一贯制学校)5.21 万所,其中城区 1.19 万所、镇区 2.40 万所、农村 1.62 万所,农村初中占全国初中总数的 77.16%。

2016 年我国义务教育阶段在校生约 1.42 亿人,其中城区 4 756.6 万人、镇区 5 927.01 万人、农村 3 558.77 万人,农村在校生占全国在校生总数的 2/3。分学段看,普通小学在校生 9 913.01 万人,其中城区 3 267.18 万人、镇区 3 754.10 万人、农村 2 891.73 万人,农村小学在校生数占全国总数的 67.04%。普通初中在校生 4 329.37 万人,其中城区 1 489.42 万人、镇区 2 172.91 万人、农村 667.04 万人,农村初中在校生数占全国总数的 65.60%。

如果说农村教育是全面建成小康社会的薄弱环节和短板,那么,农村小规模学校和乡镇寄宿制学校则被认为是其中最薄弱的一环。2018 年 5 月,国务院办公厅印发的《国务院办公厅关于全面加强乡村小规模学校和乡镇寄宿制学校建设的指导意见》,对办好两类学校做出全面部署,要求各地统筹现有各类项目,按照"缺什么、补什么"的原则,在 2018 年重点加快建设,力争在 2019 年秋季开学前,两类学校办学条件全面达标。根据该文件要求,学校布局既要有利于为农村学生提供公平、有质量的教育,又要尊重未成年人身心发展规律、方便儿童就近入学;既要防止过急过快撤并学校导致学生过于集中,又要避免出现新的"空心校"。

(三)高中阶段教育普及有序推进

高中阶段教育包括普通高中教育和职业高中教育。十八大以来,推进农村普及高中阶段教育就已进入政策视野。2015 年,党的十八届五中全会公报中首次提出"普及高中阶段教育"。2016 年,《中华人民共和国国民经济和社会发展第十三个五年规划纲要》明确提出"高中阶段教育毛入学率达到 90%以上"。2017 年 3 月,教育部、国家发改委、财政部、人力资源和社会保障部联合印发《高中阶段教育普及攻坚计划(2017—2020 年)》,提出到 2020 年全国普及高中阶段教育,各地毛入学率均达到 90%以上。党的十九大报告更是明确提出"普及高中阶段教育,努力让每个孩子都能享有公平而有质量的教育","使绝大多数城乡新增劳动力接受高中阶段教育、更多接受高等教育"。与此同时,国家多项政策精准定位,高中阶段教育普及有序推进。

2016 年,我国高中阶段在校生数量为 3 970.06 万人,毛入学率达到 87.5%,比 2015 年提高了 0.5 个百分点,高中阶段教育毛入学率持续增加。其中,普通高中 1.34 万所,比 2015 年增加了 143 所,在校生人数 2 366.65 万人,招生 802.92 万人,普通高中教育继续保持稳步发展;中等职业学校共有 1.09 万所,比 2006 年的 1.47 万所减少 3 800 所,在校生人数 1 599.01 万人,招生 593.34 万人。中等职业学校数量尽管持续下降,但办学能力不断提升。2016 年中等职业学校共有专任教师 83.96 万人,生师比 19.84∶1,较 2015 年的 20.47∶1 有所改善;专任教师本科及以上学历比例 90.8%,比 2015 年提高 0.7 个百分点;"双师型"教师比例占 29.5%,比 2015 年提高 0.8 个百分点。办学条件方面,2016 年全国中等职业学校生均校舍建筑面积 18.3 平方米,比 2015 年增加 0.9 平方米;生均仪器设备值为 5 695 元,比 2015 年增加 685 元,增幅为 13.7%;每百名学生拥有教学用计算机 21.2 台,比 2015 年增加 1.2 台。

五、农村贫困地区教育教学质量稳步提升

教育质量是对教育水平高低和效果优劣的评价,最终体现在培养对象的质量上。2011 年,青海、甘肃、四川、西藏四省(自治区)先后通过国家"两基"验收,标志着九年义务教育在全国范围全面普及。2013 年,全国九年义务教育巩固率达到 92.3%,贫困地区适龄儿童基本实现了"有学上"。各地加强政绩考核,强化政府职责;教育部门加强管理,改进教学,帮助学习困难学生;全社会形成合力,认真抓好"控辍保学"工作。各地特别关注留守儿童和流动儿童两个主要群体,通过改善受教育条件,建立留守儿童之家,开通亲情电话,设立"代理家长",对农村留守儿童给予更多的关心和体贴,使学校成为留守儿童温暖的家。

据我校教管专业师生对贵州省 10 个县 30 所小学的调研显示,所有学校都创建起了"留守儿童之家",并且开展了实质性活动,有力地弥补了低龄留守儿童

家庭关爱不足的缺陷。黔东南州麻江县针对寄宿生的特点，出台了《麻江县寄宿制管理办法（试行）》《住校生管理人员职责》《住校生守则》等系列制度，实行精细化保姆式管护。针对留守儿童亲情缺失的现状，创建了留守儿童之家，开设悄悄话信箱，设置亲情聊天室，开展生活指导和心理咨询等，通过精细化保姆式管理，让留守儿童的身心健康得到保障，感受到家庭式的温暖。隆昌小学把学生宿舍直接命名为留守儿童之家，安排寝室时细致入微，按照自然村寨安排学生住宿，这样学生之间既有亲情感，又大小结合，便于相互照顾。

近些年来，一些农村贫困地区还积极改进教育质量评价机制，推行学生综合素质评价制度，从品德、学业、身心、兴趣等方面全面考查学生素质和能力，改变长期以考分和升学率为主的评价导向。一些学校办学特色逐渐形成，强调内涵式发展，通过开展"一校一品"活动，普遍形成了特色课程、特色教研、特色管理，培育出体现时代特点、彰显社会主义核心价值观要求的校园文化。各地农村学校不断减负提质，深化教育教学改革，经过多年的探索实践，凝练出一批有效的教育教学方法。一些地方利用综合社会实践基地、农村学校少年宫等社会资源，开辟学生第二课堂，发展学生兴趣爱好，开展志愿服务活动，因地制宜地开展种植养殖、传统文化等活动，让学生在社会大课堂中接受教育和锻炼。一些学校注重开展教学研讨、高效课堂及经典诵读、阳光体育运动等活动，对全面提高教育质量起到了很好的作用。

六、农村贫困地区学生接受高等教育机会增加较快

自 2012 年以来，国家不断完善重点高等学校招收农村和贫困地区学生相关政策。重点高等学校招收贫困地区农村学生比例继续扩大，规模逐年增加，农村学生接受高等教育机会增加较快。2014 年和 2015 年，贫困地区农村学生进入重点高等学校人数连续两年增长 10%以上。2016 年，重点高等学校招收贫困地区农村学生人数又增长 10.5%，国家、地方和高等学校三个专项计划共录取农村及贫困地区学生 9 万余人，较 2015 年增长 20%以上。国家专项计划（贫困地区定向招生专项计划）招生规模不断扩大，从每年定向招收 1 万人，扩大至 2017 年的 1.3 万人，比 2016 年增加 3 000 人。

总之，党和国家对农村贫困地区教育发展采取的一系列措施取得了较好的成效。不仅农村教育经费投入得到增长、基本完成了西部地区"两基"攻坚计划、改善了农村办学条件、一定程度上解决了农村贫困地区学生上学远、上学难问题，而且提高了农村教育质量，缩小了城乡教育差距。

第四节　农村贫困地区教育发展的经验

改革开放以来，我国在促进农村贫困地区教育发展上已开展了大量卓有成效的工作，积累了一些宝贵的经验，特别是以下几个方面的经验值得我们借鉴。

一、改革是农村贫困地区教育发展的根本动力

我国农村贫困地区教育发展的过程就是不断探索、不断改革的过程，改革是农村教育发展的主旋律，其中，管理体制和投入体制一直是农村教育改革的首要与核心内容。首先是管理体制的转变，1985 年由"中央统一管理"转为"地方负责，分级管理""以县、乡为主"的管理体制；2002 年由"以县、乡为主"转向"以县为主"的管理体制。其次是投入体制转变，20 世纪 80 年代中期，农村义务教育经费由政府投入为主转为主要通过各级财政拨款、征收教育费附加及社会捐资助学等途径筹措，实行县、乡、村负责的"分级办学"投入体制；2000 年在税费改革中，中央政府开始通过转移支付加大了对农村教育的投入，中央与地方共同负担的农村义务教育投入体制初见端倪。2006 年，又建立了农村义务教育经费保障机制。

总之，农村贫困地区教育前进的每一步都是在不断适应农村经济、社会发展的需求中走过来的，基本上呈现这样一个模式：宏观环境变化—农村教育不适应—改革农村教育—促进农村经济社会发展[①]。改革开放 40 年来，我国农村教育始终是在发展中改革，在改革中求发展，期间遇到不少困难和阻力，一波三折，但仍在曲折中不断前进。从农村贫困地区教育的整体改观上也可以看出，这些改革是富有成效的，是推进农村贫困地区教育发展的根本动力。

二、办好人民满意的教育是农村贫困地区教育发展的基本准则

努力办好人民满意的教育已经是我国今后教育改革与发展中应奉行的一个基

---

① 王慧. 中国当代农村教育史论. 北京：光明日报出版社，2014：177-178.

本准则①。也可以说，办好人民满意的教育也是农村贫困地区教育发展的基准。农村贫困地区的教育该怎么办及办得好不好，应该以当地群众认不认可、满不满意为标准和原则。从中国目前社会经济和教育发展的实际，以及教育本身的改革与发展而言，办好人民满意的教育至少应该包括三个方面的政策含义，即要求基本教育机会的供给，主要指义务教育入学机会的供给让人民感到满意；教育资源的配置，尤其是优质教育资源配置的体制设计和机制的实施让人民感到满意；教育的结果能够达到一定的水平和标准，即教育的质量能够基本符合人民的期望和要求②。简单来说，也就是要做到让农村贫困地区的孩子"有学上""上好学""学得好"。

党和政府以人民满意及增强人民群众获得感为根本标准，努力办好农村教育，推进县域内城乡义务教育一体化发展，城乡学校建设、教师编制、生均公用经费基准定额、基本装备配置"四统一"。全面改善贫困地区义务教育薄弱学校基本办学条件，覆盖全国 2 600 多个县近 22 万所义务教育学校，被誉为"我国义务教育学校建设史上中央财政投资最大的单项工程"。全面提升中西部教育水平，实施中西部高等教育振兴计划，支持中西部 100 所高等学校加强基础能力建设，在没有部属高等学校的 13 个省级行政区和新疆生产建设兵团各支持建设 1 所高水平大学。加快发展民族教育，在政策、经费等方面向民族地区倾斜，民族地区教育面貌发生巨大变化。坚持义务教育免试就近入学，重点监测的 24 个大城市数据显示，义务教育基本实现免试就近入学、划片规范入学和阳光监督入学。进一步健全覆盖各级各类教育的家庭经济困难学生资助体系，2016 年受助学生超过 9 000 万人次，资金超过 1 600 亿元。免除普通高中建档立卡家庭经济困难学生学杂费。农村义务教育学生营养改善计划每年惠及 3 700 万贫困地区学生，学生营养状况明显改善，监测表明，实施营养改善计划的地区，男女生平均身高 2017 年比 2012 年高出 1.9 厘米和 2 厘米，国际社会对此给予高度评价。不断扩大残疾人受教育机会，视力、听力、智力残疾三类残疾儿童义务教育入学率达 90%以上。完善进城务工人员随迁子女就学保障和农村留守儿童关爱服务体系，在公办学校就读的随迁子女比例稳定在 80%左右，30 个省（自治区、直辖市）实现了符合条件随迁子女在流入地参加高考。③

---

① 张学文. 教育综合改革应由"教育工具论"向"教育民生论"转型——"十八大"报告"努力办好人民满意的教育"之学理解读. 清华大学教育研究，2013，34（1）：17-21.
② 谢维和. 谈"办好人民满意的教育"的政策含义. 教育研究，2008（6）：3-6，13.
③ 发展具有中国特色世界水平的现代教育——党的十八大以来教育改革发展的成就和经验. （2017-08-16）[2018-05-11]. http://www.moe.gov.cn/jyb_xwfb/gzdt_gzdt/s5987/201708/t20170816_311212.html.

三、政府主导是农村贫困地区教育发展的重要前提

办好农村贫困地区教育是政府不可推卸的责任。改革开放以来，中央和地方各级政府克服重重困难，将推动农村贫困地区教育发展作为重大民生工程，切实加强组织领导，加大保障力度，大力促进农村贫困地区教育发展。比如，甘肃省委省政府出台意见，把教育扶贫摆在突出位置，在学前教育、义务教育、职业教育、高等教育、学生资助、教师队伍建设等方面提出明确目标和措施，各项免费和资助政策精准到人。陕西省安康市把农村贫困地区教育发展作为政府首要任务，确定了以劳动力技术培训为重点，通过延长义务教育阶段的"9+2"模式，确保"义务教育学生不掉队，职业教育学生可致富"，初步走出一条欠发达地区教育脱贫的路子①。

农村贫困地区教育的发展也离不开政策的引领和指导。1985 年以来，党和政府先后出台《中共中央关于教育体制改革的决定》《中国教育改革与发展纲要》《国务院关于基础教育改革与发展的决定》《国务院关于进一步加强农村教育工作的决定》《国家西部地区"两基"攻坚计划（2004—2007 年）》等一系列重大政策，明确了不同时期农村教育的发展方向和改革要求，同时，各地政府也制定了相应配套措施，这些都对农村教育改革和发展起了重要的推动作用。良好的教育政策能够引导、鼓励各级政府根据具体环境创造性地开展工作以实现预期的目标②。

四、加强教师队伍建设是农村贫困地区教育发展的根本保证

农村贫困地区教育的发展离不开一支优质的教师队伍。40 年来，党和政府始终把教师队伍建设作为最重要的基础性工程，努力造就一支能够肩负建设教育强国历史重任的高素质、专业化教师队伍。坚持师德为先，建立健全大中小学师德体系，引导广大教师以德立身、以德立学、以德施教，争做"四有"好老师，做好学生"四个引路人"。出台《国务院办公厅关于印发乡村教师支持计划（2015—2020 年）的通知》，第一次从国家层面就农村教师队伍建设制定专门政策。建立农村教师荣誉制度，为农村学校从教 30 年教师颁发荣誉证书。在中小学设置正高级职称，极大

① 朱之文. 扎实推进教育脱贫 着力阻断贫困代际传递. 行政管理改革，2016（7）：4-10.
② 王慧. 中国当代农村教育史论. 北京：光明日报出版社，2014：177-178.

地调动了教师长期从教、终身从教的积极性①。

针对农村贫困地区教师待遇低、教师岗位缺乏吸引力等突出问题，中央和各地政府有针对性地采取了一系列政策措施，积累了宝贵经验。

（一）着力提高农村教师待遇

2013 年，国家出台连片特困地区农村教师生活补助政策。各地不仅全面落实集中连片特困地区农村教师生活补助政策和艰苦边远地区津贴政策，而且明确农村教师享受乡镇工作补贴。2015 年，全国 22 个省（自治区、直辖市）的 699 个连片特困县中，已有 604 个县实施该政策，农村学校和农村教师受益面分别达到 94%和 87%②。如广东在全省山区和农村边远地区实行义务教育学校教师岗位津贴制度，人均津贴标准不低于每月 500 元，覆盖 33 万多名教师。湖北实行农村教师奖励计划和专项补贴制度，对在农村工作的湖北名师、特级教师及农村骨干教师，每人每月给予 600 元补贴。甘肃兰州市启动农村小学、教学点办学水平提升行动计划，提高全市教学点教师工资待遇，并在职称评聘、评优选先等方面向长期在农村小学、教学点任教的教师倾斜③。

（二）改善农村学校教师生活环境

为了推进边远艰苦贫困地区农村学校教师周转宿舍建设，中央财政累计投入 138 亿元，建设教师周转宿舍 25 万套，覆盖中西部地区 1 485 个县，农村教师生活条件不断改善。

（三）建立贫困地区农村教师补充机制

如实施师范生免费教育、农村教师特岗计划等，仅"十二五"期间，中央财政共投入 190 多亿元，招聘特岗教师 37.17 万名，覆盖中西部 22 个省（自治区、直辖市）、1 000 多个县、3 万多所农村学校。

（四）促进城乡教师资源均衡配置

一方面，出台城乡统一的义务教育学校教师编制标准，如湖南长沙市提出

① 发展具有中国特色世界水平的现代教育——党的十八大以来教育改革发展的成就和经验．（2017-08-16）[2018-05-13]. http://www.moe.gov.cn/jyb_xwfb/gzdt_gzdt/s5987/201708/t20170816_311212.html.
② 朱之文. 扎实推进教育脱贫 着力阻断贫困代际传递. 行政管理改革，2016（7）：4-10.
③ 教育部：城乡教育发展差距有效缩小．（2015-02-25）[2018-05-13]. http://edu.people.com.cn/n/2015/0225/c367001-26595041.html.

实行城乡统一的中小学编制标准，对农村寄宿制学校、村小和教学点人员编制单独核算并适当增加，保证每所完全小学以上规模学校有 1 名以上音、体、美和计算机教师。另一方面，建立城乡义务教育校长教师交流轮岗制度，在职称评定、专业发展等方面对农村教师予以照顾倾斜，引导教师向农村学校流动。如陕西从 2014 年秋季开学起，全面启动校长教师交流轮岗制，凡男 50 周岁、女 45 周岁以下的教师且在同一所学校连续任教满 6 年，凡男 55 周岁、女 50 周岁以下的正、副校长在同一所学校任职满 8 年，均应进行交流轮岗。重点推进城乡学校之间、优质学校与薄弱学校之间、乡镇中心小学与村小、教学点之间的教师、校长交流。推进骨干教师和优秀管理干部的交流，新任教师首先被安排到农村学校或薄弱学校任教。安徽探索对新招聘教师实行无校籍管理，一些地方实行"局管校用"的教师管理办法，打破学校对教师的"一校所有制"，促进教师交流。江苏南京市启动义务教育学校教师"区管校用"试点工作，确定秦淮、江宁两区为试点地区，主要引导、支持优秀教师由城镇向农村、由超编学校向缺编学校、由优质学校向薄弱学校流动，逐步实现"编随人转、岗随人动"的教师流动机制。

五、持续加大投入是农村贫困地区教育发展的必要条件

农村贫困地区许多家庭之所以陷入贫困、难以摆脱贫困，一方面，是因为贫困地区产业发展滞后，就业机会少，缺乏致富渠道。另一方面，是因为教育跟不上，观念落后，不具备劳动致富所需的知识和技能，摆脱贫困信心不足、能力不足、动力不足。长远看，要想从根本上消除贫困，离不开教育。因此，要将发展教育摆在优先位置，加大教育投入，不断提升贫困地区人力资源开发水平，增强贫困人口自我发展能力[1]。

改革开放特别是党的十八大以来，中央财政持续加大对贫困地区农村义务教育的倾斜力度，所有教育惠民政策都先让集中连片特困区的孩子享受，所有大的教育工程、项目均率先覆盖集中连片特困地区的学校。"十二五"期间，中央财政教育转移支付资金90%用于中西部，重点向"三区"倾斜。各地把"三区"作为教育投入重点，力度不断加大。比如，贵州自2011年以来，地方各级财政共投入 37.3 亿元，加上中央投入的 32 亿元，全部用于幼儿园建设，新建成 4 940 所公办幼儿园，可解决 47 万名幼儿的就读问题，推动贵州的学前教育实现跨越式发展[1]。

① 朱之文. 扎实推进教育脱贫 着力阻断贫困代际传递. 行政管理改革，2016（7）：4-10.

扶弱补缺，投入必不可少。数据显示，农村普通小学、初中生均教育经费支出保持较快增长，2017 年比 2012 年增长了约 60%。中央财政教育转移支付由 2016 年的 2 817 亿元增加到 2018 年的 3 067 亿元，80% 用于中西部农村和贫困地区，1/4 左右用于集中连片特困地区、民族地区[①]。持续加大投入，完善经费保障机制，优先落实教育投入资金，是推动农村贫困地区教育发展的必要条件。

---

① 底部攻坚，补齐农村教育短板——党的十八大以来我国城乡义务教育一体化改革取得新进展.中国教育报，2018-08-17（01）.

第六章
农村小规模学校与大规模学校建设

　　进入 21 世纪以来，一方面，大量农村人口和学龄儿童转移到城镇，给城镇教育带来了巨大的压力，城镇学校生源不断膨胀，学校规模、班级规模不断扩大，大规模学校、超大规模学校、大班额学校凸现；另一方面，农村人口和学龄儿童不断减少，农村小规模学校、微型班级大量出现。因此，随着城镇化的快速推进，我国农村学校进入了小规模学校与大规模学校并存的时代，两类学校的建设也就随之被提上了重要的议事日程。

第一节　农村小规模学校与大规模学校界定

农村小规模学校和大规模学校是我国中小学教育的重要组织形式。但何谓小规模学校和大规模学校？两者之间的"分界线尚未达成明确的共识"[①]。实际上，学校规模是一个相对的、动态的概念，不同国家、地区，处于教育发展的不同阶段，都会影响对学校规模的认识。因此，国际上对学校规模界定的标准和含义也各不相同。然而，以"学校规模"为主题的研究首先应该明确的是规模的边界。否则一些研究者眼中的中等规模的学校可能是另一些研究者眼中的大规模学校。例如，在国外的相关文献中，小规模学校的学生数从 200 人到 1 000 人不等，而大规模学校的学生数则从 300 人到 5 000 人不等[②]。可见，在学校规模问题上缺少明确的概念规范。从表面上看，尽管同样是对大规模（小规模）学校的讨论，但是由于对大规模（小规模）学校的界定存在较大的差异，以至于不同的研究实际上讨论的却是根本不同的研究对象，因此，研究结论存在差异或者完全矛盾也就不难理解了。鉴于此，根据既有理论研究与教育实践，本部分将对农村小规模学校与大规模学校进行概念界定，以明确研究的边界。

一、农村小规模学校

农村小规模学校主要是指分布在农村乡镇以下、学生数少于 100 人的学校，包括农村小学和教学点。之所以选取 100 人作为农村小规模学校的判定标准，主要是基于以下几个方面。

（一）国家教育政策的规定

如 2012 年《国务院办公厅关于规范农村义务教育学校布局调整的意见》要求：

---

① Williams D T. The dimensions of education: recent research on school size. Working Paper Series. Clemson, SC: Clemson University, Strom Thurmond Institute of Government and Public Affairs, 1990: 1-26.
② 傅维利，刘伟. 学校规模调控的依据与改进对策.教育研究，2013（1）：44-52.

"对学生规模不足 100 人的村小学和教学点按 100 人核定公用经费，保证其正常运转。"自此，100 人及以下的村小及教学点被认定为小规模学校。2018 年 5 月 2 日国务院办公厅发布的《国务院办公厅关于全面加强乡村小规模学校和乡镇寄宿制学校建设的指导意见》更是明确规定，农村小规模学校是指不足 100 人的村小和教学点。

（二）国内外学者的研究

学生数、教师数、班级数及学校面积都是界定学校规模的指标。Lambert 对小规模学校的界定是："学校规模各异，但如果一个学校的每个年级只有两个或更少的班级，那这样的学校就是小规模学校。"[1]根据秘鲁 1998 年的官方数据，有89.2%的村小采用复式教学，37.4%的学校为"一师一校"，在斯里兰卡有 12%（1 252 所）的初等学校的教师不超过 4 名[2]。在韩国，小规模学校是指因学校适龄学生数量过少而把 2～3 个年级编制成一个班级进行复式教学的学校[3]。Mulcahy 对加拿大的研究指出，"大部分小规模学校的入学人数不足 100 人，甚至很多学校只有 10～20 个学生"[4]。我国学者雷万鹏和张雪艳也以 100 人作为判定小规模学校的临界点，并指出这些小规模学校主要包括农村教学点、不完全小学和一部分完全小学，它们主要分布在经济落后、交通不利、人口密度小的农村地区[5]。杨兰和张业强则从在校生人数和教学班人数两个纬度对小规模学校进行界定，认为小规模学校是 100 人及以内、教学班不足 30 人的村校[6]。可见，关于小规模学校的判定标准尽管仍未达成共识，但"100 人"是国内外多数研究者根据实际情况提出的，也是学界较为认同的标准。

（三）国内外学校布局调整的实践

从国内外学校布局调整的实践来看，也大多将农村小规模学校认定为 100 人以下的学校，如有学者认为印度小规模学校指学生不足 100 人、教师不足 3 人或者 2 间及以下常规教室的学校[7]，一项对我国学校布局调整的实证分析表明，在学

① 转引自赵丹. 农村教学点问题研究. 华中师范大学硕士学位论文，2008：5.

② Hargreaves E, Montero C, Chau N, et al. Multigrade teaching in Peru, Sri Lanka and Vietnam: An overview, International Journal of Educational Development, 2001, 21（6）：499-520.

③ 崔东植，邬志辉. 韩国农村小规模学校合并政策评析.教育发展研究，2010（10）：58-63.

④ Mulcahy D M. Rural and remote schools: a reality in search of a policy. 2009. [2018-07-02]. http://ed6290.weebly. com/uploads/1/6/7/6/16764510/edge-d_mulcahy.pdf.

⑤ 雷万鹏，张雪艳. 论农村小规模学校的分类发展政策. 教育研究与实验，2011（6）：7-11.

⑥ 杨兰，张业强. "后撤点并校"时代小规模学校的复兴. 教育发展研究，2014（6）：68-72.

⑦ Blum N, Diwan R. Small, multigrade schools and increasing access to primary education in india: national context and NGO initiatives. Online Submission, 2007, 47（2）：309, 311.

校撤并时，80%的地区要求初级小学人数不得低于 100 人，75%的地区规定完全小学规模必须在 100 人以上[1]。可见，各地在实施义务教育学校布局调整时，在校生人数是否达到 100 人被当成一个底线标准。

由以上分析可知，在校学生数量少（低于官方规定标准或者区域学校在校生的均值）是小规模学校的共同特点。然而，关于小规模学校，目前并没有一个严格的界定，关于小规模学校的判定标准远未达成共识。在数值上，小规模学校不存在一个绝对标准。正如 Howley 所言，学校规模大小在研究中应作为一个连续变量。在我国小规模学校的研究中，也有研究者将小规模学校在一定程度上等同于教学点。而教学点从其附属性来看，是"为方便学龄儿童就近入学，在小学校本部以外设置的教学单位（含巡回点和下伸点）"[2]；从其地理位置、教学组织形式等特征来看，教学点是"适应我国农村地区，特别是人口稀少、居住分散的偏远地区的教育发展而设置的以复式教学为主小学阶段的小规模不完全学校"[3]；是对不同年级的孩子实施复式教学的"一师一校"[4]。

就当前情况来看，我国农村小规模学校具有区别于一般学校的典型特征：学校学生总数偏少，学校班级偏少，班级人数偏少，教师人数少且师资结构不合理，班师比不合理。但农村小规模学校又是学校教育的一种重要组织形式。据统计，2016 年，我国不足 100 人的小规模学校共计 12.31 万个，其中农村 10.83 万个，占农村小学与教学点总数的 56.06%，占全国小规模学校总数的 87.98%；1～10 人的农村教学点 2.58 万个，约占农村小规模学校总数的 24%[5]。农村小规模学校对我国现代农村义务教育的均衡发展起着至关重要的作用。

二、农村大规模学校

在本书中，农村大规模学校是指在校生规模在 2 000 人及以上的农村中小学，这些学校主要集中于县城及人口规模较大的乡镇，以县镇寄宿制学校为主。这样界定的主要依据有以下几个方面。

---

[1] 雷万鹏，张婧梅. 学校布局调整应回归教育本位——对学校撤并标准的实证分析. 教育研究与实验，2010（3）：6-10.

[2] 中国教育统计网. 中国基础教育统计指标解释.（2009-06-20）[2018-05-18]. www.stats.edu.cn/tj2s/jc.htm.

[3] 赵丹. 农村教学点问题研究.武汉：华中师范大学博士学位论文，2011：32.

[4] 邬志辉. 中国农村学校布局调整标准问题探讨. 东北师大学报（哲学社会科学版），2010（5）：140-149.

[5] 邬志辉.中国农村教育发展报告 2017.（2017-12-27）[2018-06-12]. http://www.jyb.cn/zgjsb/201712/t20171228_915238.html.

（一）国家教育政策的逐步演变

农村大规模学校是随着国家教育政策的逐步演变而不断变化的。1982 年，国家教委颁布《中等师范学校及城市一般中小学校舍规划面积定额（试行）》规定，完全中学的办学规模为 18～30 班，初级中学为 18～24 班，小学为 18～24 班；中学班额近期为 50 人，远期为 45 人；小学班额近期为 45 人，远期为 40 人。以此推算，完全中学的规模为 810～1 500 人，初级中学为 810～1 200 人，小学为720～1 080 人。

1996 年国家教委颁布的《小学管理规程》规定，班级学额以不超过 45 人为宜，但未对学校规模做出明确的限定。

2002 年，建设部、国家发展计划委员会、教育部出台的《城市普通中小学校校舍建设标准》，对学校规模和班额人数规定如下：完全小学：12 班、18 班、24班、30 班，每班 45 人；九年制学校：18 班、27 班、36 班、45 班，小学阶段每班 45 人、中学阶段每班 50 人；初级中学：12 班、18 班、24 班、30 班，每班 50人。以此推算，城市完全小学规模为 540～1 350 人；九年制学校为 810～2 250人；初级中学为 600～1 500 人。

2008 年由教育部主编、住房和城乡建设部及国家发改委批准通过的《农村普通中小学校建设标准》规定，农村中小学理想规模的上限是：完全小学最大规模是 24 个班、1 080 人，初级中学 24 个班、1 200 人。

2012 年 6 月，教育部发布《教育部关于"十二五"期间加强学校基本建设规划的意见》指出，按照青少年儿童的成长规律和中小学的办学特点，合理规划学校的服务半径和办学规模，初中和小学原则上不超过 2 000 人。安徽省则规定，"县城及城市市区小学一般不超过 2 000 人，初中一般不超过 3 000 人"[1]。

由此可见，大规模学校的边界不是一成不变的，如 1982 年初级中学的最大规模为 1 200 人、小学为 1 080 人，但到了 2012 年，初中和小学原则上不超过 2 000人，有的甚至不超过 3 000 人也得到认可，可见学校规模是随着教育的发展而不断变化的。

（二）国内外学者的界定

与小规模学校的界定相似，对大规模学校的界定，基本上也是从在校生数和班级数两个维度进行的，但与小规模学校相比，对大规模学校进行界定有一定的

---

[1] 安徽省全面改善义务教育薄弱学校办学条件基本标准（试行）.（2014-11-13）[2018-07-19]. http://www.moe.edu.cn/jyb_xwfb/xw_zt/moe_357/s7865/s8513/qmgs_gkgs/201507/t20150707_192847.html.

难度。大规模学校的倡导者 Conant 将毕业班学生数在 100 人以上（学校全部注册学生数在 400 人以上）的高中称作大规模学校[①]；而在 Stiefel 和 Fruchter 的研究中，只有那些注册人数在 2 000 人以上的高中才被称作大规模学校[②]。20 世纪 80 年代，日本在基础教育改革方案中提出要拆分大规模学校。大规模学校的标准是班级数大于 31 个。日本的学校班级定员一般是 40～45 人，因此，它的中小学规模控制在 1 200～1 400 人[③]。

我国也有研究者从班级数的标准对超大规模学校进行界定，认为超大规模学校一般指超过 50 个班级以上的学校[④]。张新平则从在校生数和班级数两个指标综合考量，提出巨型学校是指在校生人数超过 3 000 人、班级总数高于 60 个的超大规模中小学[⑤]。从现有文献看，目前学术界一般多采用张新平的界定[⑥]。但魏宏聚和田宝宏则对张新平的定义提出了质疑，并对超大规模学校的定义进行了重新解读。他们认为，在校生为 2 000 人及以上的学校就可称为巨型学校，这一标准已超过国家规定小学标准上限的 76%、初中标准上限的 67%、完全中学上限的 33%，达到这样规模的学校完全可以称之为巨型学校。且对巨型学校的界定仅满足在校生数达到 2 000 人即可，而不需强调班级总数[⑦]。

（三）国家教育督导标准

为贯彻落实党的十九大精神，促进教育公平，推进义务教育均衡发展，努力让每个孩子都能享有公平而有质量的教育，2017 年 11 月 19 日至 24 日、26 日至 30 日和 12 月 4 至 9 日、24 日至 28 日，国家教育督导检查组分别对重庆市、河南省、贵州省和海南省义务教育均衡发展进行了督导检查，督查结果的报告中都涉及大规模学校的标准问题。在对海南省 5 个县（市）义务教育均衡发展督导检查反馈意见中，国家教育督导检查组将在校生规模为 3 000 人以上的学校称作大规模学校[⑧]；在对重庆市 9 个县（区）义务教育均衡发展督导检查反馈意见中，则将

---

① Conant J. B. The comprehensive high school. New York: McGraw-Hill, 1967, 2（7）：20-24.

② Stiefel L, Fruchter N. High school size: effects on budgets and performance in New York city. Educational Evaluation and Policy Analysis, 2000（22）：27-39.

③ 万明钢，白亮．"规模效益"抑或"公平正义"——农村学校布局调整中"巨型学校"现象思考．教育研究，2010（4）：34-39.

④ 王少华．超大规模学校可以试行年级部管理．中小学管理，2005（4）：43-45.

⑤ 张新平．巨型学校的成因、问题及治理．教育发展研究，2007（1）：5-11．

⑥ 姚继军，陈婷婷．超大规模学校的问题分析与改革出路．人民教育，2014（4）：30-33.

⑦ 魏宏聚，田宝宏．教育公平视域下巨型中小学校的现状与困境——来自中部 Z 市巨型学校的调查分析．教育科学．2008（5）：7-10.

⑧ 国家教育督导检查组对海南省 5 个县（市）义务教育均衡发展督导检查反馈意见．（2017-12-28）[2018-06-08]. http://www.moe.gov.cn/jyb_xwfb/moe_2082/zl_2018n/2018_zl07/201801/t20180112_324451.html.

在校生 4 000 人以上的学校称作大规模学校[1]；而在对河南省 33 个县（市、区）[2]、贵州省 22 个县（市、区）义务教育均衡发展督导检查中，大规模学校的标准则为 5 000 人[3]。

　　总之，关于大规模学校的界定，缺乏统一的标准，多由学者、研究机构根据研究和工作之需提出，即使是同一机构，对大规模学校的界定标准也存在较大的差异性，但将在校生 2 000 人及以上的学校称为农村大规模学校，既与国家政策相统一，也符合研究者的认知。

第二节　农村小规模学校和大规模学校并存的背景

　　在现实中，事物的存在受客观条件和主观条件的综合影响。农村小规模学校与大规模学校并存也不例外，是在特殊的经济社会背景下的现实选择，其中，城镇化是二者并存的最主要推动因素。

一、城镇化导致大量农村学生集中在县镇上学

　　城镇化是现代经济增长的重要推动力。人口在城市中聚集会产生显著的规模经济效应，使私人和公共投资的平均成本与边际成本得以大幅度降低，产生更大的市场和更高的利润。随着人口和经济活动向城市的集中，市场需求将会迅速增长和多元化，这会促进专业化分工，从而进一步提高经济的效率。衡量城镇化水平的重要指标为城镇化率。我国的城镇化率从 1978 年的 17.92% 提高到 2017 年的 58.52%。2017 年末，我国城镇常住人口为 81 347 万人，比 2016 年末增加 2 049 万人[4]。随着

　　① 国家教育督导检查组对重庆市 9 个县（区）义务教育均衡发展督导检查反馈意见.（2017-11-30）[2018-06-08]. http://www.moe.gov.cn/jyb_xwfb/moe_2082/zl_2018n/2018_04/201801/t20180105_323821.html.
　　② 国家教育督导检查组对河南省 33 个县（市、区）义务教育均衡发展督导检查反馈意见.（2017-11-24）[2018-06-08]. http://www.moe.gov.cn/jyb_xwfb/moe_2082/zl_2017n/2017_zl79/201712/t20171208_320924.html.
　　③ 国家教育督导检查组对贵州省 22 个县（市、区）义务教育均衡发展督导检查反馈意见.（2017-12-09）[2018-06-08]. http://www.moe.edu.cn/s78/A11/s8393/s7657/201801/t20180105_323822.html.
　　④ 新华网. 我国城镇化率升至 58.52% 释放发展新动能.（2018-02-04）[2018-06-08]. http://www.xinhuanet.com/city/2018-02/05/c_129805305.htm.

城镇化水平的大幅度提高，加之民众对优质教育需求的日益迫切，大量农村人口和学龄儿童实现向城性流动，我国城镇人口和学龄儿童不断增多，并且从各地的实际情况来看，我国义务教育的城镇化主要是依靠县域层面的县镇化支撑起来的，大量的中小学学生，尤其是初中生主要集中在县镇上学。

如地处晋西吕梁山南麓、昕水河流域上游的山西省隰县，属黄土高原残塬沟壑区，是国家级扶贫开发重点县之一。2009年全县共有8个乡（镇），总人口为103 014人，义务教育阶段在校生17 030人。随着城镇化步伐的不断加快，该县越来越多的农村学龄人口随父母流向城市，很多农村学校生源不断流失，而县城学校却屡屡爆满。2009年该县投巨资新建北城小学，2010年学校建成后，县城小学由原来的16轨①增加到22轨，按标准班计算，可以多容纳学生1 800人。我校教管专业师生对该县的调研发现，现在该县80%的小学生、90%的初中生在县城中小学上学。

云南省寻甸县是昆明市的远郊县，全县辖1个街道办事处、9个镇、4个乡，2012年人口为46.3万人，少数民族人口约占该县总人口的22.9%。随着城镇化的快速发展，该县采取"集""靠""收"等措施，即初中生尽可能地集中到县城上学，小学高年级学生靠到乡镇中学就读，四、五年级靠到乡镇中心小学就读，尽力收缩"一师一校"教学点，大力发展寄宿制学校。

其他县市的情况也大致如此。如地处湘鄂赣三省交界处的湖北省崇阳县，辖8镇4乡，2017年该县常住人口为40.7万人。随着城镇化步伐的加快，越来越多的农村学龄人口随父母流向县城，使县城学校生源大增，其中，小学生由2003年的8 330人增加到19 750人，由占全县小学生总数的15%增加到46%，初中生由6 001人增加到17 560人，由占全县初中生总数的21%增加到89.8%，该县现在46%的小学生和89.8%的初中生集中在县城上学。为了满足县城日益增多的中小学生就学需求，崇阳县新建了城关中学，该校在校学生6 838人，其中来自农村的学生4 286人，约占学生总数的63%。

再以江西省分宜县和崇仁县为例。随着城镇化的快速推进，分宜县进城务工人员子女和农村孩子在县城就读的数量一直飙升。该县第三中心小学原本是县城东边一所不足200名学生的学校，为了满足日益增多的进城务工人员子女上学和农村孩子进城读书的需要，2008年该校整体搬迁到县城北环路原分宜第三中学。县政府多方筹集资金，不断加大对该校的投入，逐步完善基础设施，尽力配齐师资，近年来，该校教学质量稳步上升，开始在全县中小学中崭露头角，多次获得各种奖励及省市县教育主管部门的表彰。随着该校基础设施的完善和教学质量的提升，不少进城务工人员子女和农村孩子纷纷选择在该校就读，有些农村家长为

---

① "轨"是指每个年级的平行班数。

了能让自己的孩子到该校读书，甚至在学校附近租房陪读。还有一部分家长为了孩子能在该校就读，纷纷在学校周边工厂和建筑工地上打工。2011 年，该校的在校生已经达到了 2 900 多名，不到 3 年的时间，学生数量就比以往增长了约 14 倍。为了缓解办学压力，县教育主管部门又不得不在该校附近新建一所分校，来满足进城务工人员子女和农村孩子的教育需求。

崇仁县率先在江西实施农村"初中进城工程"，由县政府投资 1.2 亿元，无偿划拨土地 186 亩，在县城设立了第六中学。2010 年秋季学期正式投入使用。该校是崇仁县规模最大、设备最优的学校，可以容纳学生 4 500 名。学校每个教室均安装了多媒体设备，可以进行现代化教学；学校每间学生寝室都装有热水器，学生足不出户就可以享受到热水淋浴；学校每名教师都配备有笔记本电脑，大大方便了教师备课和教学；学校每个学习和生活区域都装有高科技监控设备，可以全天候、无缝隙式地监控校园安全。除此以外，还有标准化实验室、功能齐全的球场和比赛场馆，可以充分满足学生课外娱乐活动。在教师队伍方面，2010 年该校招聘了 40 多名应届大学毕业生，其余教师都是原来乡镇中学教师经过公开考试，择优录用，学校教师年龄整体偏年轻化。该校建成后，现在全县所有农村初中学生全部集中在该校就读。

如果说上述仅仅是从个案来分析我国各地农村县域义务教育城镇化的情况，那么，从全国来看，县域内小学在校生的城镇化率由 2001 年的 21%上升至2014 年的 53%，而初中在校生的城镇化率由2001 年的 42%上升至2014 年的 74%[1]。

总之，无论是从个案来分析，还是从全国的情况来看，我国农村中小学学生，尤其是中学生主要集中在县镇上学已是不争的事实。

二、农村学生大量进城上学造成县镇学校屡屡爆满

农村学生大量进城上学造成县镇学校生源不断膨胀，学校规模、班级规模不断扩大的现象在我国十分普遍。

2001 年以后，受城镇化和农村中小学布局调整的双重影响，县镇学校出现了迅速扩张的趋势，其规模越来越大（图 6-1、图 6-2）。如果再考虑县镇学校之间的学校规模有较大差异这一实际情况，那么一些县镇初中的实际规模会更大，存在潜在的大规模学校[2]危机。有研究者发现，"在校生人数超过 3 000、班

① 邬志辉. 城镇化对城乡教育发展的挑战.（2015-12-01）[2018-06-10]. http://www.sohu.com/a/45628517_100928.
② 部分学者将之称为"巨型学校"，迄今，对该类型学校的定义尚无统一标准，但基本特征是学校在校学生数量远超国家规定的学校规模。

级总数高于 60 的超大规模学校"①在各地大量出现。如甘肃省会宁县城的某小学，一年级新生一个班的人数最多达到 90 人，一所小学学生达 5 000 余人②；湖北省一些地区出现超过 5 000 人的中学，以及在中西部很多地区正在建设"巨型学校"③。

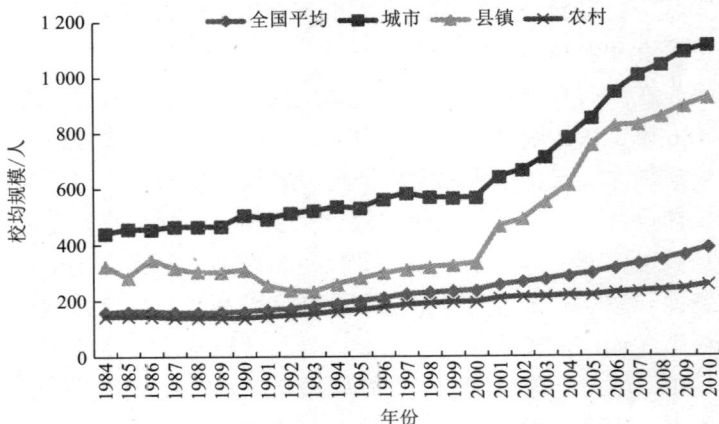

图 6-1 小学校均规模变化趋势

注：从 2011 年起，《中国教育统计年鉴》采用新的城乡划分标准，将原来的城市、县镇、农村三个分类调整为三大类七小类，即城区（含主城区、城乡接合部）、镇区（含镇中心区、镇乡结合区、特殊区域）、乡村（含乡中心区、村庄），为保持统计口径的一致性，故数据截至 2010 年

资料来源：1984—2011 年《中国教育统计年鉴》

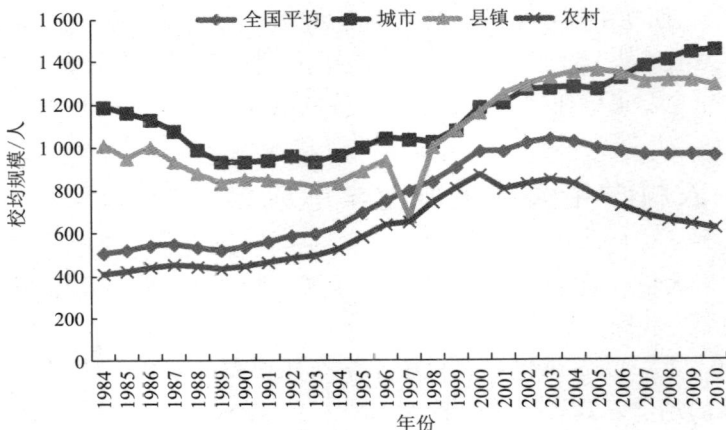

图 6-2 初中校均规模变化趋势

资料来源：1984—2011 年《中国教育统计年鉴》

① 张新平. 巨型学校的成因、问题及治理. 教育发展研究，2007（1）：5-11.
② 邢剑扬. 走出山区"空壳学校"的无奈选择. 兰州晨报，2009-11-30（16）.
③ 万明钢，白亮. "规模效益"抑或"公平正义"——农村学校布局调整中"巨型学校"现象思考.教育研究，2010（4）：34-39.

随着县镇学校规模的迅速扩张，县镇中小学的班级规模也在不断扩大。这是因为，县镇中小学规模扩张的压力，多数是通过扩大班级规模来释放的，所以大规模学校通常都具有大班额的特征。如湖北省钟祥市的例子，该市是一个县级市，位于湖北省中部，汉江中游，江汉平原北端，总面积 4 488 平方公里，辖 1 个街道、16 个乡镇；2013 年户籍总人口 106.28 万人，其中城区人口 20.5 万人。按照中等城市的发展要求，该市规划构建了"50 平方公里、50 万人口"的城市发展框架。随着城市的快速发展，该市城区规模不断扩大，城镇人口及学龄人口不断增加，城区学校所所爆满。如该市实验小学有 38 个教学班，在校学生 2 630 人，班均近 70 人；莫愁一路小学有教学班 25 个，学生 1 700 余人，班均 68 人；承天路小学开设 30 个教学班，学生 1 900 余人，班均 63 人；实验中学现有 63 个班，在校学生近 5 000 人，班均近 80 人；如果说以上学校是该市较好的学校，学生爆满可以理解，那么，该市的另两所教学质量一般的全日制初级中学，现分别都开设 28 个教学班，在校学生分别为 1 636 人、1 674 人，平均班级规模分别接近 60 人，都超过了国家规定的警戒线。

从全国来看，情况也大致相同。2001 年以后，县镇中小学的班级规模，尤其初中的班级规模一直在不断扩大。县镇小学的班额由 2001 年的 41.54 人增加至 2010 年的 48.88 人，而 2001—2010 年县镇初中的平均班额一直处于 55～58 人[①]。到 2016 年，县镇初中的平均班额超过了国家规定的 50 人的警戒线，并且从区域上看，大班额主要集中在中西部，个别省（自治区、直辖市）大班额比例超过 20%；从城乡看，大班额主要集中在城镇，全国 3/4 的大班额集中在中西部的县镇；从学段上看，大班额主要集中在初中[②]。随着农民对优质教育的追求和选择性入学的大量出现，县镇中小学班级规模会有进一步扩张的趋势。当前，众多县城中小学面临着班额过大、办学场地严重不足的问题，学校校舍、师资、相应的配套设施都远远不能满足教学的要求。一些学校为了应对教室不足的情况，只能将图书室、实验室、多媒体教室等改为普通教室，现代化的教学手段根本无法运用，这对学生发展产生了诸多不利影响。

三、县镇学校屡屡爆满导致农村学校规模、班级规模越来越小

在县镇学校屡屡爆满，学校规模、班级规模越来越大的同时，随着农村人口

---

① 邬志辉. 城镇化对城乡教育发展的挑战.（2015-12-01）[2018-06-10]. http://www.sohu.com/a/45628517_100928.
② 教育部就统筹推进县域内城乡义务教育一体化改革发展等答问.（2016-07-12）[2018-12-21]http://www.gov.cn/2016-07-12/content_5090498.htm.

和学龄儿童不断流失，农村学校生源不断萎缩，学校规模、班级规模越来越小。

如湖北省咸宁市某教学点的前身为建于 20 世纪 60 年代的一所九年一贯制学校，当时有 300 余名学生，80 年代该校变为完全小学，但有 200 多名学生。随着城镇化的不断推进和大量学生进城上学，到 90 代末该校成为教学点，设一至三年级和学前班，现有学生 43 人，其中三年级 19 人，二年级 8 人，一年级和学前班共 16 人。

《云南省寻甸县 2014 年教育事业统计报表》数据也显示，该县共有小学 115 所，在校学生数为 30 344 人，小学共有班级 794 个，其中镇区班级 197 个，46 人以上的班级 125 个，占 63.5%，镇区班级呈现大规模化趋势，而农村班级 597 个，25 人及以下班级为 158 个，占农村班级总数的 26.5%，农村班级呈现小规模化趋势（图 6-3）。

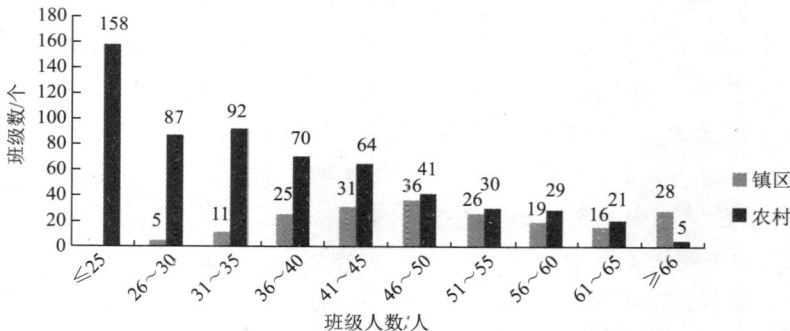

图 6-3　寻甸县小学班额情况

资料来源：根据寻甸县教育局《云南省寻甸县 2014 年教育事业统计报表》整理所得

武川县位于内蒙古自治区中部，阴山北麓，首府呼和浩特市北，总面积 4 885 平方公里。该县是一个国家级贫困县，属于农牧结合区，居民普遍居住分散，人口密度远远低于全国平均水平，辖 3 个镇、6 个乡，总人口 17.1 万人，有 15 所农村初级中学和 2 所县直属初中，其中 15 所农村初级中学总共仅有 1 837 名学生，每所学校平均仅有 122.5 名学生，而 2 所县直初中则共有在校生 4 823 名，占全县初中学生总数的 72.41%。农村乡镇所在地有 17 所小学，共有学生 2 473 名，最多的学校有 282 名，最少的学校有 65 名，87 个教学点共有学生 829 名，平均每个教学点不到 10 名学生。而城区 4 所公办小学在校生 5 004 名，占全县小学生总数的 54.63%。与城区比较，农村包括乡镇学校规模都较小。

其实，县镇学校屡屡爆满，农村学校规模、班级规模越来越小，这并不是个别县市存在的问题，而是全国，特别是中西部一些省（自治区、直辖市）普遍存在的问题。据统计，2017 年，我国小学和教学点共有 276 070 所，其中城区 28 180

所，镇区 54 687 所，农村 193 203 所，分别占全国小学和教学点总数的 10.21%、19.81%、69.98%。不足 100 人的小学和教学点[①]有 123 143 所，其中城区 2 605 所，镇区 12 208 所，农村 108 330 所，分别占城区、镇区和农村小学与教学点数量的 9.24%、22.32%、56.07%。农村小学和教学点数量多，不足 100 人的小学和教学点数量占比大[②]。

我校教管专业师生也曾对全国 20 个省（自治区、直辖市）68 个县（市）农村学校规模进行过实地调研，发现农村不足 100 人的小规模学校占很大比重，根据对 149 所小规模学校的统计分析，校均年级数 4.10 个，校均班级数 4.39 个，校均学生 57.33 人；平均每班仅有学生 13.60 人，其中有 18.4% 的学校班级人数不足 10 人（表 6-1），并且小规模学校大多处于地形复杂且交通不便的农村和偏远山区（表 6-2）。

表 6-1　小规模学校平均班级数与学生数

小规模学校	平均值
校均年级/个	4.10
校均班级/个	4.39
校均学生/人	57.33
班均学生/人	13.60

表 6-2　农村小规模学校与大规模学校所处地理环境

类别	平原	丘陵	山区	其他
小规模学校/%	15.3	20.3	59.3	5.1
大规模学校/%	36.1	19.7	37.7[③]	6.5

基于上述分析，不难发现，随着城镇化的快速推进，我国农村学校办学规模已进入了大规模学校与小规模学校并存的时代，义务教育已呈现出"县镇大班化、农村空校化""农村弱""城镇挤"严重的两极分化现象。

---

① 不足 100 人小学和教学点包含 0 人小学和教学点。2016 年，全国无人小学与教学点 10 033 所（个），其中城区 529 所（个），镇区 1 052 所（个），乡村 8 452 所（个）。
② 邬志辉. 中国农村教育发展报告 2017. 中国教师报，2017-12-27（11）.
③ 之所以山区农村大规模学校占比达 37.7%，是因为山区人口居住分散，为解决学生上学远的困难办了很多寄宿制学校的缘故。

第三节　农村小规模学校与大规模学校建设的举措

农村小规模学校和县镇大规模学校是当前县域义务教育阶段两种主要的办学形式。办好这两类学校，是实施科教兴国战略、加快教育现代化的重要任务，是实施乡村振兴战略、推进城乡基本公共服务均等化的基本要求，是打赢教育脱贫攻坚战、全面建成小康社会的有力举措。为促进这两类学校的发展，国家在统筹布局规划、改善办学条件、强化师资建设、强化经费保障、提高办学水平、加强组织领导的基础上，根据两类学校面临的不同问题和矛盾，采取了差异化的政策措施。

一、农村小规模学校建设的举措

农村小规模学校具有区别于一般学校的典型特征：①地处偏远；②规模小；③教学形式灵活；④办学条件差。但农村小规模学校的存在是客观的，有其必然性，在当前及今后相当长时间内，农村小规模学校仍然是实施义务教育的重要组织形式，对我国现代农村义务教育的普及和均衡发展起着至关重要的作用。所以，对农村小规模学校建设主要是扶持和加强，让农村偏远地区的孩子也能公平地接受教育。

（一）慎重对待农村小规模学校的撤并问题

从当前及今后一段时间来看，在偏远农村地区，村小和教学点等小规模学校仍将继续存在，并且仍将是实施义务教育的重要组织形式。从教育教学方面看，村小和教学点的班级规模小，教师容易根据学生的特点因材施教，对学生的辅导时间会相应增多，有利于教学活动的顺利开展。从学生生活方面看，村小和教学点确实有助于解决学生上学难的问题。偏远地区的农村学生大多家庭贫困，他们较关心的是上学成本问题，而就近入学能节省相当数量的交通费和食宿费。因此，农村小规模学校"为改善山区、边远地区儿童接受基础教育困难的状况提供了条件"[①]。这不仅在我国是这样，而且在世界其他一些国家农村地区教育发展中，村

---

① 吕晓虹. 复式教学在义务教育中的地位及前景. 教育评论，1999（3）：36-38.

小和教学点等小规模学校也都是极为重要的组织形式。据统计，2005 年全球大概有 30%的儿童是在小规模复式学校就读①，这种教学形式为普及义务教育做出了巨大贡献。在打赢教育脱贫攻坚战、全面建成小康社会的过程中，要正确解决小规模的村办小学、教学点与相对集中的中心小学之间的问题，不能采取非此即彼的做法，完全抛弃分散的村小和教学点，更不能认为教学点和复式教学就是过时的、被淘汰的办学模式。考虑到未来学龄人口的波动与学生入学的实际困难，对我国广大的农村地区，尤其是人口居住较为分散的地区而言，村小和教学点这种小规模办学模式仍然是有效的。因此，2018 年 5 月 2 日，国务院办公厅发布的《国务院办公厅关于全面加强乡村小规模学校和乡镇寄宿制学校建设的指导意见》要求"原则上小学 1—3 年级学生不寄宿，就近走读上学，路途时间一般不超过半小时；4—6 年级学生以走读为主，在住宿、生活、交通、安全等有保障的前提下可适当寄宿""地处偏远、生源较少的地方，一般在村设置低年级学段的小规模学校，在乡镇设置寄宿制中心学校，满足本地学生寄宿学习需求"。确保农村学校布局既要有利于为学生提供公平、有质量的教育，又要尊重未成年人身心发展规律、方便学生就近入学。

其实，世界发达国家在现代化发展和农村交通网络发达之前，其教育体系也在很大程度上依赖于农村小规模学校，如美国曾经有成千上万个"一师一校"的小学，至今仍有 463 个这样的学校②。所以，《国务院办公厅关于全面加强乡村小规模学校和乡镇寄宿制学校建设的指导意见》明确要求，要"妥善处理撤并问题。布局规划中涉及小规模学校撤并的，由县级人民政府因地制宜确定，但要按照'科学评估、应留必留、先建后撤、积极稳妥'的原则从严掌握。学校撤并原则上只针对生源极少的小规模学校，并应有适当的过渡期，视生源情况再作必要的调整。要严格履行撤并方案制订、论证、公示等程序，并切实做好学生和家长思想工作""对已经撤并的小规模学校，由于当地生源增加等原因确有必要恢复办学的，要按程序恢复。各地要通过满足就近入学需求、解决上下学交通服务、加大家庭经济困难学生资助力度等措施，坚决防止因为学校布局不合理导致学生上学困难甚至辍学"。

总之，国家要求，判定村小和教学点等小规模学校的撤并不能搞模式化、标准化，更不能采取搞运动的方式，主要应考虑这样几个因素：位于偏远地区、山区学生转到其他学校上学确实不方便的不能撤；中心学校或完全小学如果不能解决学生的寄宿问题，其所辖的村小和教学点不能撤；对于村民和家长都不同意撤

---

① Little A, Blum N and Diwan R. Increasing access through multigrade teaching and learning. [2018-06-10]. https://www.mona.uwi.edu/cop/sites/default/files/resource/files/Increasing%20access%20through%20multigrade%20teaching%20and%20learning.pdf.

② 马丁·卡诺依. 教育经济学国际百科全书（第 2 版）. 闵维方，等译. 北京：高等教育出版社，1999：503.

销的村小和教学点，应该遵从群众的意愿不能强行撤并。

（二）对保留下来的农村小规模学校给予适当支持

在现行教育财政体制下，农村学校维持运转主要靠上级政府下拨的公用经费。因此，对于地处偏远、办学基础薄弱的农村小规模学校而言，公用经费对其发展极为重要。早在 2006 年 1 月，财政部、教育部印发的《农村中小学公用经费支出管理暂行办法》就要求，"地方各级财政、教育部门分配农村中小学公用经费，应主要依据在校学生人数，同时又要兼顾不同规模学校运转的实际情况，适当向办学条件薄弱的学校倾斜"。2012 年 9 月，《国务院办公厅关于规范农村义务教育学校布局调整的意见》更加明确规定，"对保留和恢复的村小学和教学点，要采取多种措施改善办学条件，着力提高教学质量。提高村小学和教学点的生均公用经费标准，对学生规模不足 100 人的村小学和教学点按 100 人核定公用经费，保证其正常运转"。自此之后，关于小规模学校公用经费的拨付标准均与该意见中的"不足 100 人者以 100 人计"的标准一致，避免"在校生不足 100 人"学校的公用经费配给不足情况发生。2013 年 12 月，《教育部关于进一步做好村小学和教学点经费保障工作的通知》中又强调，各县在编制年度预算核定学校公用经费时，应充分考虑不同类型学校运行成本，在保证公用经费总额不减和学校正常运转的前提下，适度向规模较小的村小倾斜，提高小规模学校经费保障水平，切实保证其日常需要。

2015 年 11 月，国务院颁发《国务院关于进一步完善城乡义务教育经费保障机制的通知》决定自 2016 年春季学期开始，中央统一确定全国义务教育学校生均公用经费基准定额。对城乡义务教育学校（含民办学校）按照不低于基准定额的标准补助公用经费，并适当提高寄宿制学校、规模较小学校和北方取暖地区学校补助水平。落实生均公用经费基准定额所需资金由中央和地方按比例分担，西部地区及中部地区比照实施西部大开发政策的县（市、区）为 8∶2，中部其他地区为 6∶4，东部地区为 5∶5。提高寄宿制学校、规模较小学校和北方取暖地区学校公用经费补助水平所需资金，按照生均公用经费基准定额分担比例执行。现有公用经费补助标准高于基准定额的，要确保水平不降低，同时鼓励各地结合实际提高公用经费补助标准。2018 年国务院办公厅颁布的《国务院办公厅关于全面加强乡村小规模学校和乡镇寄宿制学校建设的指导意见》再次强调，要切实落实对农村小规模学校按 100 人拨付公用经费补助政策，中央财政继续给予支持。进一步落实地方责任，保证村小学和教学点正常运转。鼓励各地结合实际进一步提高小规模学校生均公用经费水平。

此外，根据现行义务教育财政体制的规定，农村小规模学校（村小、教学点）

的经费由乡镇中心学校统一管理。为了确保小规模学校经费不被挤占，2013年教育部在《教育部关于进一步做好村小学和教学点经费保障工作的通知》中要求，"中心学校不得以统筹的名义，截留、挤占、挪用、克扣村小学和教学点公用经费"；2018年国务院办公厅颁布的《国务院办公厅关于全面加强乡村小规模学校和乡镇寄宿制学校建设的指导意见》又强调，加强乡镇中心学校财务管理，规范会计核算，加强财务审计，保障资金规范使用。各地在编制乡镇中心学校年度预算时，应统筹考虑其指导小规模学校教育教学工作等因素，结合财力状况予以保障，严禁乡镇中心学校挤占小规模学校经费。

（三）加大公共财政对农村小规模学校的投入力度

公共财政（public finance）是指国家（政府）集中一部分社会资源，用于为市场提供公共物品和服务，满足社会公共需要的分配活动或经济行为，是与市场经济体制相适应的一种财政管理体制。它主要着眼于满足社会公共需要，弥补市场失效的缺陷。所以，从这个意义上讲，公共财政是为市场提供公共服务并弥补市场失效的国家财政。对于城乡二元结构明显、农村人口仍占相当大比重的发展中的大国来说，义务教育是农村最重要的公共服务，是农村最大的公共事业。在我国全面建设小康社会中，农村义务教育具有基础性、先导性和全局性的重要作用。巩固和普及农村义务教育，是实施乡村振兴战略，建设社会主义新农村的重要举措；是推进教育公平和社会公平，使广大农民共享发展成果的重要举措；是强化政府对农村公共服务，扩大公共财政覆盖农村范围的必然要求。因此，根据公共财政的基本要求，结合农村教育的特点及其存在的种种问题，各级政府尤其中央和省级政府坚持优先发展农村义务教育，公共资源配置对农村小规模学校和乡镇寄宿制学校两类学校给予重点保障，并要求"到2020年，基本补齐两类学校短板，进一步振兴乡村教育，两类学校布局更加合理，办学条件达到所在省份确定的基本办学标准，经费投入与使用制度更加健全，教育教学管理制度更加完善，城乡师资配置基本均衡，满足两类学校教育教学和提高教育质量实际需要，乡村教育质量明显提升，基本实现县域内城乡义务教育一体化发展，为乡村学生提供公平而有质量的教育"①。

（四）大力加强农村小规模学校师资队伍建设

由于农村教育经费短缺、生师比的限制及缺乏有效的教师流动机制，农村教师整体上结构性短缺，老龄化问题严重，这些问题不可避免地波及村小和教学点

---

① 国务院办公厅关于全面加强乡村小规模学校和乡镇寄宿制学校建设的指导意见. 国办发〔2018〕27号.（2018-02-05）[2018-05-02]. http://www.gov.cn/zhengce/content/2018-05/02/content_5287465.htm.

等小规模学校。农村小规模学校教师数量少、年龄老化、知识陈旧，处于青黄不接的状态。因此，为了改善农村小规模学校的师资状况，党和政府十分重视农村小规模学校师资队伍建设。

1. 全面提高农村教师思想政治素质和师德水平

国无德不兴、人无德不立。在教育水平相对较差的农村地区，更应重视教师群体的师德水平。提高教师的思想政治素质和师德水平，就是提升学生、民族未来的整体道德水平。

2. 拓展农村教师补充渠道

扩大农村教师"特岗计划"实施规模，重点支持中西部老少边穷岛等贫困地区补充农村教师。鼓励地方政府和师范院校根据实际需求加强农村教师的本土化培养，定向培养"一专多能"的农村教师。如 2018 年全国计划招聘特岗教师 9 万名。此次招聘的工作重点是切实加强农村学校教师补充，优先满足"三区三州"等深度贫困地区县村小、教学点的教师补充需求，县城学校不再补充新的特岗教师；进一步优化教师队伍结构，保持合理的性别比例，加强体音美、外语、信息技术等紧缺薄弱学科教师的补充；招聘工作向本地生源倾斜①。

3. 提高农村教师生活待遇

全面落实集中连片特困地区农村教师生活补助政策，做好农村教师重大疾病救助工作，按规定将符合条件的农村教师住房纳入当地住房保障范围，逐步形成"越往基层、越是艰苦，待遇越高"的激励机制等措施正惠及全国725个县的127万名农村教师，让他们"留得下、待得住"②。此外，有些地方还对遭遇突发事故或突患重大疾病，造成家庭生活特别困难的农村教师进行救助帮扶；推进农村教师定期体检③。

4. 统一城乡教职工编制标准

早在2009年《中央编办 教育部 财政部关于制定中小学教职工编制标准意见的通知》就提出，将农村中小学教职工编制标准提高到县镇水平，以解决农村中

---

① 今年全国将招 9 万名特岗教师.（2018-05-16）[2018-06-20]. http://www.moe.gov.cn/jyb_xwfb/s5147/201805/t20180516_336152.html.

② 底部攻坚，补齐农村教育短板——党的十八大以来我国城乡义务教育一体化改革取得新进展. 中国教育报，2018-08-17（01）.

③ 河北：乡村教师生活补助将向村小学和教学点倾斜.（2016-03-21）[2018-06-12]. http://www.moe.gov.cn/jyb_xwfb/s5147/201603/t20160321_234538.html.

小学教职工编制偏紧问题。2012年，教育部等五部委《教育部 中央编办 国家发展改革委 财政部 人力资源社会保障部关于大力推进农村义务教育教师队伍建设的意见》又提出，在编制配备方面，对村小及教学点等特殊学校实施特殊师资配备政策。2014年，《中央编办 教育部 财政部关于统一城乡中小学教职工编制标准的通知》将农村中小学教职工编制标准统一到城市水平，并提出学生规模较小的村小、教学点，可以以生师比、班师比相结合核定编制，实现城乡教职工配备均等化。2017年，《国务院关于印发国家教育事业发展"十三五"规划的通知》指出，实行义务教育教师编制城乡、区域统筹和动态管理，县级教育行政部门在核定的教职工编制总额和岗位总量内，按照班额、生源等情况，统筹分配各校教职工编制和岗位数量。

5. 职称（职务）评聘向农村学校倾斜

各地要实现县域内城乡学校教师岗位结构比例总体平衡，切实向农村教师倾斜。农村教师评聘职称（职务）时不做外语成绩（外语教师除外）、发表论文的刚性要求。2015年人力资源和社会保障部、教育部《关于深化中小学教师职称制度改革的指导意见》规定，职称评价具体标准应向教育薄弱地区、农村和边远地区适当予以倾斜；在农村学校任教（含城镇学校教师交流、支教）3年以上、经考核表现突出并符合具体评价标准条件的教师，同等条件下优先评聘。河北省则试行向长期坚守农村学校教师职称聘用倾斜政策，凡在农村学校任教累计满25年且仍在农村学校任教的，可直接聘用到与其现有专业资格相对应的岗位[1]。

6. 推动城镇优秀教师向农村学校流动

《国务院办公厅关于印发乡村教师支持计划（2015—2020年）的通知》要求，各地要采取定期交流、跨校竞聘、学区一体化管理、学校联盟、对口支援、乡镇中心学校教师走教等多种途径和方式，保持农村优秀教师相对稳定。

7. 全面提升农村教师能力素质

从2015年起，"国培计划"集中支持中西部地区农村教师校长培训。同时要求增强农村教师培训的针对性和实效性，全面提升农村小规模学校和乡镇寄宿制学校教师教书育人能力与水平[2]。

---

① 河北：乡村教师生活补助将向村小学和教学点倾斜.（2016-03-21）[2018-06-12]. http://www.moe.gov.cn/jyb_xwfb/s5147/201603/t20160321_234538.html.
② 国务院办公厅关于全面加强乡村小规模学校和乡镇寄宿制学校建设的指导意见. 国办发〔2018〕27号.（2018-05-02）[2018-06-08]. http://www.gov.cn/zhengce/content/2018/05/02/content_5287465.htm.

8. 建立农村教师荣誉制度

国家对在农村学校从教 30 年以上的教师按照有关规定颁发荣誉证书。省（区、市）、县（市、区、旗）要分别对在农村学校从教 20 年以上、10 年以上的教师给予鼓励。

总之，上述举措有力地促进了农村教师队伍建设和农村小规模学校教育质量的提高。

二、农村大规模学校建设的举措

农村县镇大规模学校的存在也是客观的，有其必然性。对于学校办学规模，虽然国家有过指导性规定，然而，在实际办学过程中，在校生规模超过 3 000 人甚至 5 000 人的县镇大规模学校仍然大量存在，并且相当多的学校在校生规模和班级规模均超标。因此，如果说对农村小规模学校建设主要是扶持和加强，那对县镇大规模学校建设主要是限制和消除。

（一）消除和限制超大规模、大班额学校

学校规模过大，班级人数过多，教师的关注平均到每个学生身上就变得特别少，一些学生参与教学过程的机会也会被有意无意地剥夺。特别是那些坐在后排和角落的学生，往往处于被忽视的状态，有的连老师讲课的声音都听不清楚，更谈不上与老师进行互动交流。而一些实验课、活动课因为人数过多，只能由部分学生参与，这将会压制其他学生的学习积极性，这与新一轮基础教育课程改革要求关注每一个学生的课程目标严重背离，教育质量难以得到保证。研究发现："当每个班学生人数超过 30 人的时候，教师就从对个体的关注转为对课堂的控制，这将影响课堂教学的效率，使得教育效益低下。"①所以，根据我国的现实国情，教育部等部门编制的《城市普通中小学校校舍建设标准》《农村普通中小学校建设标准》《中小学校建筑设计规范》要求，中小学标准班额应为小学 45 人、初中50 人。也就是说，小学平均班级规模超过 45 人、初中平均班级规模超过 50 人，即超过了国家规定的警戒线。但是，多年来，众多县镇中小学面临着班额过大、办学场地严重不足的问题。鉴于此，2016 年 9 月，教育部启动实施消除大班额计划，明确提出到 2018 年基本消除 66 人以上超大班额，到 2020 年基本消除 56 人以上大班额。县级教育行政部门要建立消除大班额工作台账，对大班额学校实行销号管理，避免产生新的大班额问题。

---

① 贺芬. 论"大班额"现象对我国中小学教育的不良影响. 教学与管理，2011（4）：24-26.

（二）有序扩大县镇学校学位供给

县镇大规模学校、大班额的出现，与这些地方学位供给短缺有很大的关系。为了有序扩大县镇学校学位供给，2012 年 9 月 5 日《国务院关于深入推进义务教育均衡发展的意见》提出均衡配置办学资源，通过采取学校扩建改造和学生合理分流等措施，解决农村县镇大班额问题。同年 9 月 7 日，《国务院办公厅关于规范农村义务教育学校布局调整的意见》提出要高度重视并逐步解决学校撤并带来的大班额问题，通过新建、扩建、改建学校和合理分流学生等措施，使学校班额符合国家标准。对于班额超标的学校，不得再接收其他学校并入的学生；对教育资源较好学校的大班额问题，要通过实施学区管理、建立学校联盟、探索集团化办学等措施，扩大优质教育资源覆盖面。为了适应县镇常住人口发展趋势，解决不断升温的大班额问题，国家要求"各地要按照城镇化规划和常住人口规模编制城镇义务教育学校布局规划，根据学龄人口变化趋势、中小学建设标准，预留足够的义务教育学校用地，纳入城市、镇规划并严格实施，不得随意变更，确保城镇学校建设用地"①。

为了扩大县镇学校学位供给，各地也都根据国家的要求，科学地制订了农村中小学布局规划。如陕西省延安市根据辖区内中小学校师资、校舍、设施、设备等基本办学条件，逐一核定各学校招生规模，对现有大班额、超大班额进行疏导分流。采取"盘活存量，扩大增量"的办法，挖掘现有学校办学潜力，合理规划布局中小学校，实施新建、改扩建工程，改善办学条件，增加校舍面积，保障学位供给②。2014 年以来，河北省大名县加强顶层设计，依据城区发展规划，按照"东南西北中"的教育布局对城区学校进行扩容，除了对县城中部红旗小学、北关小学扩建外，在县城南部，投资 2 100 万元新建的民族学校已投入使用；在西北部，新建一所占地 90 亩的九年一贯制学校；在东部，投资 1 500 余万元建设台臣小学，2018 年秋季开学将正式投入使用③。

（三）严防新的大规模、大班额学校产生

除了对现有大规模、大班额学校进行限制和有序扩大农村与县镇学校学位供给外，国家还通过新的规划调整，减少新的大规模学校和班级的出现。如 2012

---

① 国务院关于统筹推进县域内城乡义务教育一体化改革发展的若干意见. 国发〔2016〕40 号. （2016-07-11）[2018-06-12]. http://www.gov.cn/zhengce/content/2016-07/11/content_5090298.htm.

② 冯丽. 陕西："大班额"消肿 "择校热"降温. 中国教育报，2018-07-17（01）.

③ 走活城乡教育一盘棋——河北省大名县推进城乡义务教育一体化发展纪实. （2018-07-05）[2018-07-08]. http://www.moe.gov.cn/jyb_xwfb/moe_2082/zl_2018n/2018_zl49/201807/t20180705_342046.html.

年教育部印发的《国家教育事业发展第十二个五年规划》要求，"着力解决县镇学校大班额"问题，同时要"严格控制新建学校在校生规模，不搞超大规模学校"。《国务院关于印发国家教育事业发展"十三五"规划的通知》强调，应通过"统筹城乡学校布局和建设规模，严控超大规模学校建设，有序扩大城镇学前教育、义务教育资源。城镇新建居住区配建学校、幼儿园实行'交钥匙'工程，促进学校、幼儿园与住宅项目同步规划、同步建设、同步交付使用"。

为了防止新的大规模学校的产生，2014年全国改善贫困地区义务教育薄弱学校基本办学条件领导小组办公室《关于编制全面改善贫困地区义务教育薄弱学校基本办学条件项目规划（2014—2018年）的通知》规定，不得将资金资源向少数优质学校集中，打造"豪华校""重点校"。因打造"重点校"而形成的超大规模学校原则上不纳入中央资金支持范围。2016年教育部办公厅发布的《教育部办公厅关于农村义务教育学校布局调整有关问题的通报》又对学校的撤并做了严格的规定，即"各地必须严格履行撤并方案的制定、论证、公示、报批等程序，并通过举行听证会等多种有效途径，广泛听取学生家长、学校师生、村民自治组织和乡镇人民政府的意见，保障群众充分参与并监督决策过程。各区县撤并方案要按程序逐级上报省级人民政府审批。多数学生家长反对或听证会多数代表反对，学校撤并后学生上下学不便、交通安全得不到保障，并入学校住宿和就餐条件不能满足需要，以及撤并后可能导致超大规模学校或'大班额'问题的，均不得强行撤并现有学校或教学点"。

总之，随着城镇化率的提高，农村小规模学校和县镇大规模学校已成为县域内义务教育两种重要的办学形式。对这两种办学形式，根据其面临的问题和矛盾的差异，国家采取了差异化的政策。对农村小规模学校主要是扶持和加强，对县镇大规模学校主要是消除和限制。

第四节　农村小规模学校与大规模学校建设的成效及经验

农村小规模学校和县镇大规模学校是当前县域中小学教育的两种主要办学形

式。为了加强两类学校的建设，近年来，国家陆续出台了一系列政策、法规，针对两类学校面临的不同问题和矛盾，采取了差异化的政策措施，从当前看，无论是小规模学校建设，还是大规模学校、大班额的治理，均取得了一定成效。

一、农村小规模学校建设的成效

农村小规模学校的建设既是涉及偏远落后地区农村孩子能否上学的问题，又是关涉义务教育能否均衡发展的问题。因此，党和各级政府始终高度重视农村小规模学校建设，尤其在以下几方面成效显著。

（一）农村小规模学校撤并的势头得到遏制

农村小规模学校能够帮助偏远地区学生克服上学路程过远的困难。这一作用与小规模学校所处的特殊地理位置紧密相关，小规模学校大多分布在中西部偏远的农村地区，这些地区地理环境复杂，多山地、高原、丘陵。我校教管专业师生通过对中西部一些省（自治区、直辖市）的调研发现，很多县小规模学校在中小学布局调整后被撤销或撤并，学生被转入中心学校或完全小学就读，由此导致学生上学远、上学难问题的出现。

因小规模学校撤并而导致的偏远地区学生上学远、上学难问题确实存在，引起了国家的高度关注和重视。早在 2006 年 6 月 7 日和 9 日，教育部就连续下发了《教育部办公厅关于切实解决农村边远山区交通不便地区中小学生上学远问题有关事项的通知》和《教育部关于实事求是地做好农村中小学布局调整工作的通知》，要求各地教育行政部门实事求是，因地制宜，坚持寄宿制学校建设和低年级学生就近入学并举的原则，要进一步加强对农村边远山区、交通不便地区中小学校布局调整、寄宿制学校建设等方面的调查研究工作，慎重对待撤并，在交通不便的地区仍须保留必要的小学和教学点，确保当地学生方便就学，防止因学校过度调整造成学生失学、辍学和上学难问题。县级教育行政部门要合理确定小学生的就学路程，并做出明确规定；对确因布局调整造成学生入学难、群众反映强烈，而寄宿制学校建设不能满足需求的，要采取切实措施予以解决，避免因决策的失误、工作简单化和"一刀切"造成新的学生上学难问题的发生。2012 年 9 月，国务院办公厅发布的《国务院办公厅关于规范农村义务教育学校布局调整的意见》又要求严格规范地方政府的学校撤并程序和行为。

在中央政府的严厉要求下，农村小规模学校撤并的势头得到一定程度的遏制，部分小规模学校得以恢复。2012 年秋季，我国有近 7 万个教学点，比 2011 年增加 2 000 多个，是此前近 20 年来教学点数量的首次大幅增长①。2016 年，全国共有教学点 9.84 万个，较 2012 年增加约 2.86 万个，增长了 40.97%，其中，农村教学点有 8.68 万个，较 2012 年增加了 2.43 万个，占教学点总数的 88.21%②。截至 2017 年底，全国有农村小规模学校 10.7 万所（小学 2.7 万所，教学点 8 万个），占农村小学和教学点总数的 44.4%，在校生有 384.7 万人，占农村小学生总数的 5.8%③。在地方层面，江西省吉安市 2016 年恢复村小、教学点 103 个，确保农村小学 1 ～ 3 年级低龄学生原则上不寄宿，就近入学④。

大量农村小规模学校得以保留和存在，为当地学生就近入学创造了便利条件，为他们提供了更多的受教育机会；同时，由于小规模学校能够减少学生的教育成本，减轻贫困家庭的教育负担，偏远山区学生的受教育状况在很大程度上得到了改善。

（二）农村小规模学校师资队伍建设得到加强

如果说我国教育的薄弱环节和短板在农村，那么农村教育的短板就在小规模学校的师资队伍建设。因此，改革开放以来特别是党的十八大以来，党和各级政府除了大力提高整个农村地区中小学教师的经济待遇外，还高度重视补齐农村小规模学校师资队伍建设这个短板，农村小规模学校师资队伍建设得到加强。

1. 逐步提高了小规模学校教师的生活保障水平

小规模学校多分布于偏远落后的农村地区，与其他学校相比，小规模学校对教师的吸引力较低。通过提高农村小规模学校教师收入水平和福利待遇，保证农村小规模学校教师在收入上更具吸引力是提高小规模学校吸引力的有益尝试。2013 年，教育部、财政部联合印发《教育部 财政部关于落实 2013 年中央 1 号文件要求对在连片特困地区工作的乡村教师给予生活补助的通知》对在全国 22 个省（自治区、直辖市）的集中连片特困地区乡、村学校和教学点工作的农村教师给予生活补助，按照"地方自主实施、中央综合奖补"的原则，所需资金由地方财政承担，中央财政给予奖补。政策实施以来，农村教师生活补助覆盖面逐年扩大，补助标准逐年提高。截至 2017 年底，全国 22 个省（自治区、直辖市）的 708 个

① 任春荣. 城镇化进程中教学点问题与建设策略. 华中师范大学学报（人文社会科学版），2015（4）：145-153.
② 邬志辉. 中国农村教育发展报告 2017 发布. （2017-12-23）[2018-06-06]. http://www.jyb.cn/zcg/xwy/wzxw/201712/t20171223_900288.html.
③ 解读《国务院办公厅关于全面加强乡村小规模学校和乡镇寄宿制学校建设的指导意见》介绍有关工作开展情况. （2018-05-11）[2018-06-16]. http://www.moe.gov.cn/jyb_xwfb/xw_fbh/moe_2069/xwfbh_2018n/xwfb_20180511/201805/t20180511_335613.html.
④ 江西吉安恢复百余所教学点 让乡村孩子就近入学. （2016-04-22）[2018-07-10]. http://www.xinhuanet.com/2016-04/22/c_1118711728.htm.

集中连片特困地区县已实现农村教师生活补助政策全覆盖，中央财政累计核拨综合奖补资金 112.1 亿元，占地方资金投入的 92%，惠及 130 多万名农村教师，平均月补助标准近 300 元①。

从 2015 年 1 月 1 日起，国家对包括农村教师在内的乡镇机关事业单位职工，实行乡镇工作补贴，补贴标准不低于月人均 200 元，并向条件艰苦的偏远乡镇和长期在乡镇工作的人员倾斜②。如内蒙古将提高农村教师待遇作为实施支持计划的政策杠杆，自治区和盟市两级政府同时发力，自治区在乡镇教师原工资基础上每人每月增加 200～1 500 元；盟市设立了农村牧区教师生活补贴，最高的每年发放 1 万元。有的盟市还设立了奖补工资，大学毕业生到农村任教 5 年内每月增加 2 000 元绩效工资；有的盟市对到农村学校交流的教师，在 10 公里以内的，每人每月补助 500 元，10 公里以外 30 公里以内，每人每月补助 1 000 元，30 公里以外，每人每月补助 1 500 元③。

2011—2016 年，教育部会同国家发改委组织实施农村初中校舍改造工程、中小学校舍安全工程、农村学前教育推进工程、边远艰苦地区农村学校教师周转宿舍建设等工程专项，共安排中央投资 674 亿元。其中，"十二五"期间安排中央投资 153.4 亿元，支持 1.4 万所学校建设 27 万套教师周转宿舍，建设规模 946.8 万平方米，受益农村学校教师约 30 万名④。

2. 小规模学校教师配备更加灵活

农村小规模学校学生数量少是客观事实，几个或十几个学生需要 2～3 名教师是合理的也是必需的。为此，各地根据农村居住特点和人口发展预测，按照国家的有关要求，合理规划了学校布点，并适度放宽了农村中小学教师编制标准，已逐步采取班师比与生师比相结合的方式配备教师,保障农村小规模学校发展需要。如内蒙古自治区采取以班定编的办法核定全区教职工编制。浙江省对山区、海岛等边远地区，在校生人数 200 人以下的农村小学，按照 1∶1.6 的班师比核定教职工编制；在校生人数 100 人以下的农村初中，在按标准定编的基础上适当提高班师比。福建省小学在校生 200 人以上的学校按师生比 1∶19.5 配备教职工，在校

---

① 教育部. 政府工作报告中的教育词汇解读. (2008-02-15)[2018-06-06]. http://www.moe.gov.cn/jyb_xwfb/xw_zt/moe_357/jyzt_2018n/2018_zt07/zt1807_jd/201803/t20180306_328869.html.

② 关于政协十二届全国委员会第五次会议第 3188 号（统战政协类 045 号）提案答复的函. (2018-03-14)[2018-06-06]. http://www.moe.gov.cn/jyb_xxgk/xxgk_jyta/jyta_mzs/201803/t20180314_329941.html.

③ 侯元. 把乡村教师队伍建成"基础工程"之基础.（2018-02-27）[2018-04-06].http://www.moe.gov.cn/jyb_xwfb/moe_2082/zl_2017n/2017_zl76/201804/t20180418_333526.html.

④ 关于政协十二届全国委员会第五次会议第 0954 号（教育类 092 号）提案答复的函.（2018-03-12）[2018-04-06]. http://www.moe.gov.cn/jyb_xxgk/xxgk_jyta/jyta_jiaoshisi/201803/t20180312_329644.html.

生 31～200 人的学校按班师比 1∶1.7 配备教师，在校生 10～30 人的学校至少配备 2 名教师，在校生 10 人以下的学校配备 1 名教师。安徽省对地处偏远、交通不便的山区农村教学点，学生数 23 人以上的按标准核定，学生数 23 人以下的均按 1 名编制的标准核定，教学点编制实行单独核定、统一管理。江西省对中心小学以下的教学点，实行按班额配备编制，确保每个班平均有 1.5 名教师编制。

除了优化编制标准外，灵活配备教师的一种行之有效的做法是实行教师走教。在我国很多偏远农村地区，教师走教是解决部分学科师资不足和灵活配备教师的重要途径之一。对于我国很多偏远农村地区的小规模学校而言，英语、音乐、美术、信息技术等课程的教师都非常缺乏。但是，这些课程在我国当前中小学（尤其是小学）的课程体系中所占的比重并不大，如果每所学校都配备专业的英语、音乐、美术、信息技术等课程教师，对于大部分偏远农村地区小规模学校而言是难以做到的。所以，教师走教是解决偏远农村地区短缺科目教师数量不足问题的重要途径。

3. 小规模学校全科教师培养得到落实

随着农村学校日趋小规模化，要像城镇学校那样按课程配备专科教师，不仅难以实现，而且效率很低。根据这一现实情况，我国的教师教育，尤其是地方师范院校纷纷打破传统的单科教师培养模式，设立专门的培养全科教师的系科，积极探索"语文+数学+英语+X"多学科组合的人才培养模式，实现了多学科的综合化培养，使未来教师能够较好地适应农村小规模学校教育教学的需要。

河南省于 2016 年启动首批农村小学全科教师招生，截至 2018 年，累计招收 4 000 名小学全科教师学生。其中，2018 年定向招收农村小学全科教师学生 3 000 名。全科教师学生在校期间将享受"两免一补"，进行全科课程体系培养，以便其毕业后胜任小学阶段德、智、体、美多门学科的教学工作。全科教师学生入学后实行单独编班，建立全科课程体系。学生毕业后，按照定向培养就业协议就业（不再参加招教考试），必须在农村教学点从事教育教学工作不少于 6 年。[1]安徽连续 5 年实施定向培养农村教师计划，每年为村小、教学点定向培养 2 500 名全科型农村教师，并积极运用在线课堂等信息化手段解决教学点、村小教师结构缺编问题。

4. 小规模学校教师培训受到高度重视

教师培训是教师专业发展的重要途径之一，但由于农村小规模学校师资短缺，教师很难有外出培训的机会，严重影响了他们的专业发展。因此，农村小规模学

---

[1] 新华网. 河南今年定向招收农村小学全科教师 3000 人.（2018-05-14）[2018-06-06]. http://www.moe.gov.cn/s78/A10/moe_601/201805/t20180514_335873.html.

校教师培训被提上重要议事日程。根据《国务院办公厅关于印发乡村教师支持计划（2015—2020 年）的通知》的要求，各级政府教育主管部门和各级各类教师培训机构为农村小规模学校教师创设了更多有效的培训机会。海南省连续三年实施"边远乡村教学点小学教师培训计划"，每年对全省 3 000 多名农村教师开展集中培训[①]。河南打造"国培、省培、市培、县培、校培"五级联动体系。此外，各个学校也根据自身师资需求，有效预算教师培训经费，科学安排教师参加学科专业学习与培训，重点培养与提高教师适应新课程的能力、教学能力、教科研能力、教师基本功和活动课组织能力，使农村小规模学校教师专业素养长效发展。

5. 建立了农村教师荣誉制度

《国务院办公厅关于印发乡村教师支持计划（2015—2020 年）的通知》提出"建立乡村教师荣誉制度"后，得到了各地的积极响应和支持。如陕西省坚持实施教师荣誉休养制度，实施农村教师专项计划，每年暑期安排 100 名优秀农村教师进行学术度假和疗养。吸引、鼓励企业和社会力量建立专项基金，对表现优秀的农村教师给予物质奖励。大力宣传优秀农村教师的先进事迹，激发和弘扬农村教师奉献精神，在全社会营造关心农村教师、支持农村教育、关注农村学生的良好氛围。陕西省委、省政府每三年评选表彰 100 名优秀农村教师，深入挖掘农村学校优秀教师典型，广泛宣传农村教师坚守岗位、默默奉献的崇高精神及支教教师的先进事迹，充分发挥先进典型的引领示范作用，形成关心支持农村教师和农村教育的浓厚氛围。

（三）教学点数字教育资源实现了全覆盖

为了补齐农村教育"神经末梢"的数万个教学点巨型短板，更好地促进教育公平，教育部、财政部自 2012 年底开始联合实施"教学点数字教育资源全覆盖"项目，中央财政当年划拨财政资金 30 849 万元，为东中部地区 90%、西部地区 95%的教学点（共 62 058 个）配备数字教育资源接收播放设备[②]，该项目旨在通过 IP 卫星、互联网等多种方式将优质数字教育资源传输到全国 6.36 万个教学点，帮助农村边远地区开齐开好国家规定课程，满足适龄儿童就近接受良好教育的基本要求。

自 2012 年底开始，教育部、财政部联合实施"教学点数字教育资源全覆盖"

---

① 教育部.2017 年全国义务教育均衡发展督导评估工作报告.（2018-02-28）[2018-06-12]. http://www.moe.edu.cn/jyb_xwfb/xw_fbh/moe_2069/xwfbh_2018n/xwfb_20180227/sfcl/201802/t20180227_327990.html.

② 数字资源覆盖各级各类教育 西部 95%教学点配上数字教学设备.（2013-03-01）[2018-06-06]. http://www.moe.gov.cn/jyb_xwfb/xw_fbh/moe_2069/s7135/s7202/s7205/201303/t20130301_148065.html.

项目，专门组织信息技术专家、一线优秀教师和学科专家，陆续开发人民教育出版社新版教材小学 1～4 年级语文、数学、英语、音乐、美术等 8 门学科的系列优质数字教育资源。2016 年，该项目升级为"农村中小学数字教育资源全覆盖"项目，继续整合开发 4～6 年级英语、音乐、美术、科学等学科的资源，通过卫星和网络输送到全国所有农村中小学校，帮助农村薄弱学校开齐开好国家规定课程，提高教学质量，逐渐缩小区域、城乡、学校之间的差距，促进教育均衡发展，让地处偏远、贫困地区的孩子能够共享优质教育资源，就近接受良好的教育。

从 2013 年 9 月开始，通过卫星和网络两种方式向教学点同步播发数字教育资源，为广大农村中小学校提供一套基本满足课堂教学需求的数字教育资源，进一步满足了农村地区中小学生在家门口获得优质教育的需求。国家开通了"教学点数字教育资源全覆盖"项目专题网站和中心答疑热线，在网站上发布实时新闻动态和优质的课程资源、应用案例，以及软件操作说明，以帮助各教学点推进项目的实施。

截至 2014 年 11 月底，全国 6.36 万个教学点全面完成了"教学点数字教育资源全覆盖"项目建设任务，实现设备配备、资源配送和教学应用"三到位"。音乐、美术、英语等课程开课率显著提升，农村边远地区教学点长期以来缺师少教、无法开齐开好国家规定课程的问题将逐步得到解决，教学点的课堂正逐步变得丰富多元、生动活泼起来。

从地方层面看，湖北省用"互联网+"模式推进农村学校和教学点建设。安排专项经费 18.7 亿元，各级财政投入资金约 30 亿元用于教育信息化建设，全省中小学互联网接入率为 93%，12.8 万间普通教室中多媒体教室占比达 87%[①]。宁夏投入 339.6 万元建设的 283 个"教学点数字教育资源全覆盖"项目，已全部建成并投入使用[②]。

总之，"教学点数字教育资源全覆盖"项目是智慧性地采用信息化手段促进教育公平的典型范例，其价值在于让农村孩子不离乡土就可跟上城市的现代化脚步，其实施及持续推进，有效解决了教学点师资短缺和教学点总体教学水平不高的实际困难，既提升了教学质量，也通过信息技术在教学中的广泛应用，为教学点学生培育适应信息时代的观念、习惯、思维方式、行为方式和生活方式开辟了渠道。"教学点数字教育资源全覆盖"项目通过路径创新、平台创新和机制创新三个方面弥补义务教育短板、促进教育公平。

---

① 深化改革综合施策 努力满足人民群众"上好学"需要. （2018-04-03）[2018-06-08]. http://www.moe.gov.cn/jyb_xwfb/moe_2082/zl_2018n/2018_zl26/201804/t201804033_32235.html.
② 宁夏教学点全部用上数字资源设备配备、资源配送和教学使用"三到位". （2015-09-16）[2018-06-10]. http://www.moe.gov.cn/jyb_xwfb/s5147/201509/t20150916_208384.html.

二、农村大规模学校、大班额治理的成效

农村大规模学校既包括学生数 2 000 人及以上的学校，也包括大量的寄宿制学校，其实农村大规模学校有些也是寄宿制学校，至少是半寄宿制学校，所以分析农村大规模学校建设的成效，应将农村大规模学校和寄宿制学校放在一起讨论，才是恰当的。从这个角度看，农村大规模学校和寄宿制学校建设的显著成效，主要体现在以下三个方面。

（一）大班额现象得到有效治理

我国农村大规模学校兼具学校规模大与班额大两个特征，与学校规模相比，班额对学生的影响更大，因此，对大规模学校的治理主要是通过对大班额的治理这一途径展开的。2016 年，教育部办公厅印发《教育部办公厅关于做好消除大班额专项规划有关工作的通知》要求各省（自治区、直辖市）以县为单位制订消除大班额专项规划，按照这个文件的要求，各省（自治区、直辖市）都制订了相关的规划，且治理成效凸显。

1. 班级规模得到有效控制

根据《中国农村教育发展报告 2016》提供的数据，2011 年我国城区、镇区小学平均班级规模分别为 47.09 人和 45.63 人，2015 年分别下降到 46.22 人和 43.71 人；城区、镇区初中班级规模则分别由 2011 年的 50.27 人、53.7 人下降到 2015 年的 47.17 人和 49.2 人。

长沙市自 2016 年秋季开始从初始年级调控班额，2018 年进一步加大力度，市政府与各区县（市）签订了消除大班额目标责任书，年内全面消除义务教育超大班额，小学和初中一年级班额分别争取控制在 45 人、50 人以内，并确保小学一至三年级班额控制在 50 人以内，初中各年级班额均控制在 55 人以内。目前，全市义务教育大班额率从 2015 年的 31.7%下降至 21.4%，其中，城区大班额率由 2015 年的 49.2%下降至 25.9%，取得了明显成效[①]。

2. 超大班额现象有所缓解

2017 年，我国属于大班额（班级学生数 56～66 人）的班级有 36.8 万个，占全部班级的 10.1%，经过一年的努力，大班额减少了 8.2 万个，减幅为 22.28%；超大

---

① 湖南长沙：精准定位 科学施策 着力推进义务教育优质均衡发展.（2018-06-04）[2018-06-12]. http://www. moe.gov.cn/s78/A11/s3077/201806/t20180604_338203.html.

班额（班级学生数 66 人以上）的班级有 8.6 万个，占全部班级的 2.4%，一年来减少了 5.6 万个，减幅为 65.12%。此外，根据教育部的工作部署，2018 年基本消除超大班额，2019 年大班额取得突破性决定性进展，2020 年基本消除大班额①。在城镇，对超大班额的治理主要通过有序扩大城镇学校的学位供给实现。如根据山东解决大班额问题专项规划及实施方案，到 2017 年底，解决大班额的总投入达到 1 220.17亿元，建设中小学 2 963 所，新增 253.766 万个学位。山东省政府切实强化各级政府主体责任，将解决大班额问题等纳入对各地科学发展综合考核，按照"特事特办"的要求，围绕解决"人""地""钱"问题深入推进大班额问题的切实解决，并向社会公开督察报告，对工作不力的进行问责，确保 2017 年底解决大班额问题②。

（二）农村寄宿制学校的日常管理得到切实加强

农村寄宿制学校是农村大规模学校的主体，是农村教育的重要组织形式。寄宿制学校最重要的作用在于：有助于偏远地区学生克服上学远、上学难的困境，节省学生的上学时间，节约通行成本，满足他们受教育的需求，促进义务教育均衡发展和教育公平。因此，在治理大班额和超大班额的同时，各地都强化了对农村寄宿制学校的管理，特别是寄宿制学校的日常管理得到切实加强。

农村寄宿制学校住校生多、在校时间长，寄宿生全天都在学校里生活，课余时间多，学生一起玩耍，容易发生安全事故。与非寄宿制学校相比，农村寄宿制学校安全问题尤为重要。所以，农村寄宿制学校日常管理最重要的是学生的安全管理。教育部《学生伤害事故处理办法》第五条明确规定了学校的安全保障义务，即对在校学生负有安全教育、管理、保护的义务。因此，安全教育、管理、保护是学校必须履行的法定义务。但是对于农村寄宿制学校来说，学生一周绝大部分时间都交由学校管理，因此寄宿制学校都会负起教育和监管责任。

1. 安排教师全天值班

如果说非寄宿制学校只是管理学生白天的行为，那么，寄宿制学校则肩负着全天候育人之责。2016 年，《国务院关于加强农村留守儿童关爱保护工作的意见》要求寄宿制学校要完善教职工值班制度，落实学生宿舍安全管理责任。因此，寄宿制学校基本都制定了 24 小时带班值班制度，明确带班领导与值班教师的职责，竭诚尽职为寄宿生的安全负责。寄宿生每天起床、早餐、午餐、晚餐、进出寝室、学生活动、晚自习、睡觉前，值班教师和生活教师都会准时清查人数，并做好登

---

① 陈宝生：2018 年要基本消除 66 人以上的超大班额.（2018-03-16）[2018-06-10]. http://www.xinhuanet.com/politics/2018lh/2018-03/16/c_1122545227.htm.

② 别了，大班额!.（2017-08-14）[2018-05-01]. http://www.moe.gov.cn/s78/A06/moe_718/201708/t20170814_311109.html.

记；严格实行住校生亲属接送登记及与班级交接登记，不得出现空档和失误；严禁住校生将非住校生带入宿舍，严禁家长在宿舍留宿。建立教师陪护制度。

农村寄宿制学校（尤其是寄宿制小学）学生年龄小，生活自理能力差，对家庭的依赖性比较强，心理发展不成熟，很容易受到环境和情绪的影响，加之父母大多在外务工，家庭教育不能有效协助，亲情缺失，缺乏安全感。因此，各寄宿制学校都在学生宿舍安排了学生生活指导教师，切实做好查夜工作，确保学生夜间住宿安全，尤其对寄宿的女生监护管理更严，防止她们的人身遭受侵害。同时负责处理突发事件，与家长联系等。

2. 强化学校卫生管理

讲究卫生是社会主义精神文明建设的重要内容，优美、雅观的校园，整洁、舒适的校园环境是学校实施环境育人的主要组成部分。因此，农村寄宿制学校非常注重卫生管理，卫生意识都有了较大增强，学校卫生环境得到较大改善，卫生制度也比较健全。地处集镇的寄宿制学校通常与当地医院建立起长期合作关系，由当地医院对寄宿制学校进行疾病监控，远离集镇的大规模寄宿制学校都设有校医务室，制定了常见疾病和流行性疾病预防措施。寄宿制学校食品安全是一项长期、艰巨的系统工程，为保证师生的饮食安全，采购人员都会严格把好采购关，从源头上杜绝食品的不安全因素。在食品加工过程中也都严格按卫生要求操作，做到隔夜食品、过期食品不食用，并且尽量满足师生的口味，对食品、饭菜进行科学搭配，做到色香味俱全，符合大众化口味。

如山西省长治市针对寄宿制学校办学标准不统一、管理不规范等问题，从2016年起进行整改，实施标准先行，启动厕所、饮水、洗浴、采暖、食堂、宿舍标准化建设项目，从建筑布局、设备设施、卫生管理、安全管理等方面明确标准，同时配套出台了食堂和宿舍的标准化管理手册，为寄宿制学校建设提供了依据。截至2018年4月底，长治市已完成319所农村寄宿制学校（全市农村寄宿制学校共381所）标准化建设，厕所、饮水、洗浴、采暖、食堂、宿舍工程1 127项，全市农村学校实现了厕所"水冲式"、食堂"明厨亮灶"、宿舍"三线一温馨"、洗浴"周周洗"、饮水"24小时开水"、采暖"水暖电暖"全覆盖①。

3. 注重办好寄宿制学校食堂

因为寄宿生一日三餐都要在学校吃，所以各个寄宿制学校都十分注重办好食

① 办好两类学校，各地有招数．（2018-05-14）[2018-06-01]. http://www.moe.gov.cn/jyb_xwfb/moe_2082/zl_2018n/2018_zl35/201805/t20180514_335886.html.

堂，注意营养搭配，保证成长发育中学生的营养健康。根据《农村义务教育学校食堂管理暂行办法》，一是学校食堂一般由学校自主经营，统一管理，不对外承包。二是努力提高膳食质量。食堂均以改善学生营养、增强学生身体素质，促进学生健康成长为宗旨，坚持"公益性""非营利性"的原则。寄宿制学校也都把寄宿作为切实服务于学生，服务于农民家庭的办学形式，严禁通过收取过高的住宿费、搭伙费，或采取统一配发生活用具的方式来增加学生及家庭的负担。三是政府购买社会服务确保配齐食堂人员。2014 年，中央编办、教育部、财政部印发的《中央编办 教育部 财政部关于统一城乡中小学教职工编制标准的通知》明确要求，"深化后勤改革，加大政府购买服务力度"。各地均在探索以政府购买服务的方式解决寄宿制中小学食堂工作人员不足的难题。如云南省云龙县采用政府向社会购买服务的方式为 102 所农村义务教育阶段学校配齐 310 多名营养餐食堂用工，并将食堂用工工资列入县财政预算①。

4. 定期排查校内外安全隐患

政府相关部门对寄宿制学校内外环境定期检查，随时注意校内及周边安保情况，做好防火、防电、防盗、防毒等工作，及时排除隐患。同时还会对学生进行安全知识教育，增强寄宿生的安全意识，提高寄宿生的自我保护能力。针对寄宿制学校人员聚居的特点，各个学校都构建起安全卫生保障机制，寄宿制学校建设与中小学校标准化建设同步进行，硬件设施配备都考虑到安全因素。

5. 重视寄宿生的心理咨询与辅导

农村中小学寄宿生还处在成长和发展阶段，他们所遇到的心理问题经过一定的教育和调适可以得到明显的改善。因此，学校在平时生活中都会有针对性地对寄宿生及时开展心理咨询与辅导，如各个学校都建立有寄宿生心理发展档案，设立"心理健康咨询室"，安排有经验的教师担任心理医生，及时发现和诊治寄宿生出现的心理健康问题，教会他们如何应对生活和学习压力，帮助他们消除心理上的困惑。同时，在日常生活和学习中，学校的所有老师都会特别关心寄宿生，及时了解他们生活和学习中的困难，及时帮助他们克服困难。

此外，各个学校还从寄宿制的特点出发，开展丰富多彩、有益身心的活动来满足寄宿生的需要：一是晚自习除了完成当天的作业外，还组织学生看电视、读书看报、下棋、进行各种体育比赛等；二是根据学生的爱好特长，由专门的教师

---

① 这里城乡孩子享受公平的教育——云南省云龙县推进城乡教育一体化建设纪实.（2018-06-19）[2018-6-22]. http://www.moe.gov.cn/jyb_xwfb/moe_2082/zl_2017n/2017_zl71/201806/t20180619_340245.html.

对学生进行特长培养，如组织艺术团、科普活动小组、各种兴趣小组等；三是开展主题班会、联谊会、道德法制讲座等活动，使寄宿生充分感受到来自学校大家庭的温暖。为此，学校都会提供适合学生的图书、报纸、杂志等读物，并且增加寄宿生的体育娱乐设施，增添寄宿生精神上的慰藉及生活上的乐趣。

（三）生活教师问题越来越受到重视

农村大规模学校和寄宿制学校是农村义务教育的重要组织形式，承担着学生生活和学习的双重责任，融学校教育功能、家庭抚育功能和社会教育功能于一体。农村大规模学校和寄宿制学校要办好，关键也在于教师。事实上，相对于整个农村中小学教师队伍，农村大规模学校和寄宿制学校教师队伍整体素质是比较高的。这是因为撤并学校、集中办学、实行寄宿制，不仅解决了学生上学远的现实困难，而且由于学生集中，形成了规模效益，克服了学校"小而全"的弊端，教师相应集中，教师的分工更加明细，使得各学科基本上都有了专职教师，从而能够充分发挥教师个人特长，避免一个教师任多门课的现象，同时教师培训和交流学习的机会增加，也有利于教师个人的发展和整体素质的提高。

问题是，多年来，农村大规模学校和寄宿制学校生活教师较为缺乏。寄宿制学校是学校、家庭、社会的统一体，除自身的学校教育职能之外，还承载了家庭教育与社会教育的职能，生活教师是在农村大规模学校和寄宿制学校中负责管理孩子的寄宿生活、看护寄宿生安全的教师。他们要及时了解学生的情绪，与学生交流感情，丰富其在校生活，帮助学生减轻学习压力，督促他们完成作业，早上喊学生及时起床及检查宿舍卫生。一般情况下生活教师不承担教学任务，但所承担的工作都是很琐碎的。农村大规模学校和寄宿制学校要真正成为社会与家庭期待的角色，师资力量是关键。学校的日常教学、素质教育及日常管理都需要高素质的教师，要达到农村大规模学校和寄宿制学校提高教育质量，弥补家庭教育缺失的目的，就必须保证有高素质和数量足够的班主任教师、任课教师和生活教师。

鉴于中小学生（主要是小学低年级学生）年龄小、生活自理能力差的特点，近年来，各地都按一定比例给农村大规模学校和寄宿制学校配备了专门的生活教师和适当数量的后勤人员，以满足学生对食宿的要求。寄宿生的食宿是一个十分复杂的问题，特别是对于低龄寄宿生来说，食宿管理难度更大，一个优秀的教师并不一定能照顾好学生的食宿，如果将这些任务强加给任课教师，就会增加他们的负担和压力。根据国内外寄宿制学校的成功经验，配备专门的生活教师负责学生的食宿无疑是最佳选择。农村大规模学校和寄宿制学校生活教师工作繁杂，责任重大，是学生身心健康发展的教育者和监护者，是学生课余生活的设计者。因此，各级政府和教育行政管理部门也都高度重视与加强生活教师队伍建设，如不少地方和学校都制定了严格的农村寄宿制学校生活教师聘用标准，重视对生活教师的培训，使他们了解和熟悉岗位职责，不断提高他们照顾和管理学生，尤其是照顾和管理低龄寄宿生的技能、技巧。

针对农村大规模学校和寄宿制学校生活教师严重短缺的问题，2016 年出台的《国务院关于统筹推进县域内城乡义务教育一体化改革发展的若干意见》，提出要重点提高寄宿制学校管理服务水平，通过政府购买服务等方式为寄宿制学校提供工勤和教学辅助服务。2018 年的《国务院办公厅关于全面加强乡村小规模学校和乡镇寄宿制学校建设的指导意见》再次强调，探索将学校安保、生活服务等事项纳入政府购买服务范围，所需资金由地方财政预算统筹安排。

三、农村小规模学校与县镇大规模学校建设的经验

农村小规模学校和县镇大规模学校是当前县域中小学教育的两种主要的办学形式。但由于两类学校面临不同的问题和矛盾，党和政府在农村小规模学校建设和县镇大规模学校治理上所采取的政策措施是不一样的，其经验归纳到一点，就是差异对待。这种差异对待，既表现在总体的政策取向上，又表现在具体的建设举措上。

（一）总体政策取向的差异

鉴于村小和教学点等小规模学校仍将是偏远农村地区实施义务教育的重要组织形式，因此，对于农村小规模学校，总的政策取向是扶持和加强，要求保留并办好必要的小规模学校和教学点。农村小规模学校，服务于农村最基层的广大民众及其子女，尤其是农村的弱势群体及其子女。党和各级政府把农村小规模学校和寄宿制学校作为保障农村儿童接受教育的底线，把办好这两类学校作为决胜全面建成小康社会教育脱贫攻坚战的最后堡垒。建设好这两类学校，为农村孩子提供公平而有质量的教育，成为农村教育的重点和难点，也是控辍保学、底部攻坚的关键所在。科学规划、合理布局这两类学校，既妥善处理了学生就近上学与接受良好教育的关系，实践了分散办学与集中办学的教育模式，又切实保障了广大农村学生公平接受教育的权利。抓好农村小规模学校和县镇大规模学校提质改造，努力补齐这两类学校短板，推进两类学校一体化办学，以这两类学校为基，振兴农村教育，确保在城镇化过程中，保持农村教育的特色。

对于县镇大规模学校、大班额，总的政策取向是限制和消除，要求定期消除66 人以上超大班额和 56 人以上大班额，严控超大规模学校建设。县镇大规模学

校、大班额是随着城镇化进程的加快，流动人口不断向城区涌入，人民群众对优质教育资源的需求与教育供给之间的矛盾日益突出，城区学校所承受的压力越来越大，县镇学校不得不扩大规模，每个班的人数剧增，超出额定人数的现象。县镇出现大规模学校、大班额现象，主要原因是因为"生多校少"，学校建设与县镇发展不同步，同时教育发展不均衡和盲目择校现象也是不可忽视的重要因素。但大规模学校、大班额的出现，会带来多方面的危害：一是影响学生的身心健康；二是影响教学质量；三是有可能带来安全问题。更大的危害是影响社会风气。学生首先是选择好的学校，其次是选班级，最后是择名师，由此，就可能会滋生出寻亲托友、走后门、拉关系等现象，导致择校风越来越浓。县镇学校规模、班级规模过大，也造成薄弱学校特别是农村学校生源减少。所以县镇大规模学校必须加以限制，大班额必须坚决予以消除。

（二）具体建设举措的差异

针对农村小规模学校和县镇大规模学校面临的不同问题和矛盾，对两类学校建设与治理的具体举措也不相同。对于农村小规模学校建设，其具体举措主要是适度保留、扶持和加强。通过科学制定撤并标准，慎重对待农村小规模学校的撤留问题，确保应留必留，以保证最基层的广大民众及其子女，尤其是农村弱势群体及其子女就近入学；而对于保留下来的小规模学校，坚守底线思维、系统思维、精准思维，通过改善办学条件、强化师资建设、强化经费保障、提高办学水平、加强组织领导、落实政府责任和加强督导检查等措施，共同提升小规模学校的经费保障水平和师资素质，进而提升农村小规模学校的整体教育质量。对于县镇大规模学校、大班额，其面临的主要问题是学生过多而导致对优质教育资源的稀释及管理问题凸显等，因此对县镇大规模学校、大班额治理的具体举措主要是消除和限制，既消除存量，又抑制增量。一方面，通过科学规划县域范围内城乡教育布局，直接对现有大规模、大班额学校进行限制；另一方面，通过有序扩大县镇学校的学位供给，严防新的大规模、大班额学校产生。

当然，差异对待既是近些年来党和政府在农村小规模学校建设和县镇大规模学校、大班额治理上的重要举措，又是宝贵经验。但从长远来看，要真正解决农村小规模学校与县镇大规模学校并存带来的种种问题，必须将"城镇挤"和"农村弱"统筹起来考虑。在推进城镇化进程中，统筹规划，真正将教育优先的发展战略落实在行动上，做到城镇学校建设与城镇住房建设同步发展，农村学校建设与农村振兴同步进行。解决"城镇挤"的核心就是千方百计地增加学位，所以新建小区必须同步建设标准化学校。解决农村弱的主要途径是办好小规模学校、教学点、乡镇寄宿制学校，努力提高质量，稳定生源，从而真正促进城乡教育均衡发展。

第七章
农村学生资助

　　农村学生资助作为一项重要的保民生、暖民心工程，是脱贫攻坚、促进社会公平的重要内容和重要举措。改革开放以来，在财政、教育等中央有关部门和各级地方政府，以及各级各类学校的共同努力下，我国农村学生资助工作稳中求进、狠抓落实，取得了新突破和新进展。国家学生资助政策不断完善，财政资金投入力度不断加大，科学化、规范化管理水平不断提高，为保障"不让一个学生因家庭经济困难而失学"目标的实现奠定了坚实基础。

第一节　农村学生资助及其作用

农村学生资助事关教育公平与社会公平，事关脱贫攻坚和共享发展理念的落实，因此，实施农村学生资助制度具有十分重要的意义和作用。

一、农村学生资助的界定

资助是指用财物来帮助，经济上学生资助是指社会各方用财物来帮助学生。它表现为一种经济上的支持，也就是说资助者所提供的是某种可用货币计量的财和物，是一种经济上的支持，而不是道义上的帮助。所以，任何资助形式都需要资助者无偿投入大量资金，任何一种资助形式都包含了资助者所付出的费用①。但资助又不是一般性的社会慈善活动，它面对的是特定的对象。农村学生资助，顾名思义，资助的是农村地区，特别是农村贫困地区、农村贫困家庭的学生。从经济学的角度看，贫困是指个人或家庭依靠其劳动所得和合法收入不能维持基本生存的一种状态，是货币和实物收入低下的表现。因此，农村学生资助是关系到农村贫困地区的孩子能否及时就学、继续学业的问题。从根本上讲，关系到贫困家庭的孩子能否享有受教育权，关系到教育为什么人服务。

党和政府历来高度重视家庭经济困难学生资助工作。党的十八大明确要求要"提高家庭经济困难学生资助水平"。2015年春节前夕，习近平在陕西省考察工作时特别强调指出，"扶贫先扶智。拔掉贫困的根，要重视贫困人口子女教育，不要让贫困地区孩子输在起跑线上，这是阻止贫困代际相传最有效的办法"②。党的十九大报告又反复强调，要"高度重视农村义务教育""健全学生资助制度"，保障困难学生上得起学，让暂时处于困难状态的家庭看到希望，让他们感受到党和政府的关怀，感受到社会主义大家庭的温暖。

---

① 范先佐. 教育经济学新编（第4版）. 北京：人民教育出版社，2015：463.
② 关于进一步加强"两联一包"干部驻村联户扶贫暨教育精准扶贫试点工作的通知. 陕教机办〔2016〕11号.（2016-11-02）[2018-07-05]. http://www.snedu.gov.cn/news/jiaoyutingwenjian/201611/02/11360.html.

二、农村学生资助经费的来源

从来源上看，农村学生资助经费有政府财政资金、学校资助资金（学校从事业收入中提取支出资助资金）、社会资助资金（企事业单位、社会团体和个人捐助学等各类资助资金）。其中，政府财政资金占主导地位，其资助力度和资助覆盖面都是社会资助资金所无法比拟的。这也就决定了政府资助在整个农村学生资助体系中处于举足轻重的地位。从形式上看，政府资助是国家对受教育者的一种经济帮助，实质上反映了社会发展与个人之间的依赖关系。在历史的发展进程中，教育实质上是人类自身再生产和再创造的一种特有形式，是其他生物所没有的一种社会性遗传方式。没有教育，人类的经验无法传递，人类的文明无法继承与发展。因此，教育不仅是个人的事，而且是全社会的事业与责任。随着人类的进步，正规教育从作为阶级与等级地位的象征朝着社会的基础地位转变。以大机器生产为标志，社会的发展越来越依赖于教育，人类的文明越来越依赖于人类的脑力，依赖于知识。社会对教育提出了前所未有的要求。

当今社会已步入信息化时代。在信息化时代，由大机器、大工业和大量人员所从事的大规模流水线生产方式不再是主流，而第三产业将明显增加，信息类产业将成为关键资源，有力气但未受过教育或受教育较少的人将面临失业。拥有信息和知识的国家将是富有的国家，这样的富国将与信息贫穷落后的国家分道扬镳。所以，信息化时代对劳动者的素质要求越来越高，对人才的依赖性也越来越大。学校通过培养人才从而全方位地促进社会的政治经济和科学文化进步。这种促进作用比历史上任何时期都更重要、更直接、更有力，人才培养越来越成为国际经济竞争的一项秘密武器。所以，社会需要更多的人接受教育。而为了达到这一目的，就要消除人们求学过程中的经济障碍，学生资助则势在必行。各种社会力量的捐资助学行为也正源于此。同时，为了统筹规划，促进社会大系统的协调发展，政府有必要以政府财政资金进行学生资助。因为作为社会公共管理机关的政府，是社会整体意志和国家权力的代表者，代表的是社会整体利益，而各种社会力量往往代表的是各自的特殊利益，并且在现代社会中，也只有政府最有能力实施全国性的学生资助计划。所以，政府理所应当成为农村学生最主要的资助者。

三、农村学生资助的作用

自古以来，求学都可以算是一种消费活动。从"束脩以上"求教于孔子，到现代教育费用的日渐昂贵，人们为接受教育而付出的代价越来越高昂。能否支付这笔费用不仅在很大程度上决定学生能否接受教育，而且也关系到整个教育能否顺利发展，同时还关系到全社会的稳定与否。因此，实施学生资助制度具有十分重要的意义和作用。

（一）有利于国家培养人才目标的实现

教育的根本目的在于培养适应国家建设需要的各种人才和素质较高的劳动者。他们是提高生产力、促进经济增长、增强国力的基础与前提，而要提高人的素质，必须对人力资源进行适当的投资。国家和社会各方通过在学校设立助学金、奖学金、贷学金或其他的补助金对学生进行资助是最直接的教育投资，其受益者不仅是学生及家庭，而且更重要的是有利于国家培养人才目标的实现。事实上国家和社会各方用于资助学生的经费，仅占全部教育经费很小的份额，而其收效却很大。

（二）有利于减轻学生及家庭经济负担

教育公平即教育机会均等，是指具有相同才智的人，应享有相同的受教育机会。但事实上教育机会均等只是教育公平的一项内容，是达到教育公平的起码条件。每个人是否有相同的受教育机会，取决于很多因素，其中一个很重要的因素就是经济因素。接受教育是需要一定的经济作为基础的，对于富裕家庭来讲，负担教育经费是没有问题的；但对于贫困家庭而言，教育费用仍然是一笔较重的负担。因此，要真正实现教育机会均等，必须建立学生资助制度。学生资助制度的建立，可以缓解入学与经济困难的矛盾，有利于减轻家庭，特别是农村贫困家庭经济上的压力，使贫困家庭的子女享有均等的教育机会，促进教育公平原则的实现。

（三）有利于调动学生的学习积极性

各国学生资助制度都把增进教育机会均等作为其基本出发点之一，为实现人类的公平之梦而努力。然而，每项资助都与一定的培养目标相联系，包含着社会殷切的希望。学生争取资助及受到资助的过程就是努力成为社会所需要的有用之才的过程，这就有利于教育目的的实现。极富吸引力的学生资助政策能激励学生勤奋学习，积极向上，把外在的培养目标内化为自己努力的方向。因此，学生适当享受资助，会增强他们的荣誉感和责任心，使他们刻苦自励、攀登学习高峰，不断取得进步，获得更为优秀的成绩，促进学校教育质量的提高和教育目的的实现。

（四）有利于增进社会的稳定与和谐

对农村贫困家庭学生从学前教育到高等教育实行资助全覆盖，从表面看是减轻农村贫困家庭子女入学的经济负担，一定程度上保证农村家境困难的学生享有受教育的机会。但从深层次来看，通过扩大教育机会，农村一部分贫困家庭的学生得以走出贫困，加快教育脱贫，一定程度上缩小了贫富差距，这就有利于社会稳定。如果只有富人子弟才能享受良好教育，那么社会将是富者越富，贫者越贫，社会就会处于不稳定的畸形状态；而使农村贫困家庭子女也能接受良好教育就能从根本上改变他们的落后地位，从而走出贫穷的怪圈，阻断贫困现象代际传递，走上共同富裕之路。所以，实施农村学生资助制度，是促进社会稳定与和谐的长远之计。

第二节　农村学生资助政策体系的形成

教育公平是社会公平的重要基础，促进教育公平是国家基本教育政策。党和国家高度重视家庭经济困难学生上学问题，近些年来，政府有关部门密集出台学生资助政策，已建立起覆盖学前教育至研究生教育的学生资助政策体系，从制度上保障了"不让一个学生因家庭经济困难而失学"目标的实现。

一、学前教育幼儿资助政策体系的形成

学前教育是教育的组成部分，人类社会诞生之日，就是学前教育产生之时。学前教育是教育活动的最初阶段，是人生第一个教育阶段。广义的学前教育是指所有对学龄前儿童身心发展有影响的活动，它来自社会、学校、家庭各个方面。狭义的学前教育是指专门的学前教育机构所实施的教育，即幼儿园的教育。改革开放特别是党的十八大以来，我国学前教育取得长足发展，普及程度逐步提高。但总体上看，学前教育仍是各级各类教育中的薄弱环节，主要表现为教育资源短缺、投入不足，师资队伍不健全，体制机制不完善，城乡区域发展不平衡，一些地方"入园难"问题突出。办好学前教育，关系亿万名儿童的健康成长，关系千

家万户的切身利益，关系国家和民族的未来。

为了积极发展学前教育，2010 年 11 月 21 日，国务院印发的《国务院关于当前发展学前教育的若干意见》中，就提出建立学前教育资助体系，要求资助家庭经济困难儿童、孤儿和残疾儿童接受普惠性学前教育，发展残疾儿童学前康复教育。

2011 年，财政部、教育部颁布的《财政部 教育部关于加大财政投入支持学前教育发展的通知》，正式提出建立学前教育资助体系，要求各地按照"地方先行、中央补助"的原则，从 2011 年秋季学期起由地方结合实际先行建立起学前教育资助体系，切实解决家庭经济困难儿童、孤儿和残疾儿童入园问题。2011 年，《财政部 教育部关于建立学前教育资助制度的意见》颁布，规定了各类资助项目的具体实施方案。资助包括政府资助、幼儿园资助及社会捐资助学。至此，我国学前教育资助体系基本形成。

二、义务教育学生资助政策体系的形成

义务教育作为政府提供的最低标准的合格规范教育，保障的是广大人民群众及其子女的基本人权和发展权利。所以，义务教育追求的不仅是免费，而且是教育公平和社会公平。为此，党和国家一直高度重视义务教育阶段学生的资助工作。

1986 年颁布的《中华人民共和国义务教育法》规定："国家设立助学金，帮助贫困学生就学。"1992 年 3 月 14 日经国务院发布的《中华人民共和国义务教育法实施细则》强调，"对家庭经济困难的学生，应当酌情减免杂费"。1997 年 10 月，国家教委和财政部制定了《国家贫困地区义务教育助学金实施办法》，决定在"九五"期间拨款 1.3 亿元设立"国家贫困地区义务教育助学金"，补助部分国家级贫困县农村贫困儿童的杂费和课本费。

2001 年 5 月，国务院颁布的《国务院关于基础教育改革与发展的决定》提出，各级人民政府要完善并落实中小学助学金制度，采取减免杂费、书本费、寄宿费等办法减轻家庭经济困难学生的负担。正式提出了义务教育阶段学生资助"两免一补"的思路。2005 年 12 月，国务院出台的《国务院关于深化农村义务教育经费保障机制改革的通知》要求按照"明确各级责任、中央地方共担、加大财政投入、提高保障水平、分步组织实施"原则，逐步将农村义务教育全面纳入公共财政保障范围。2006 年 1 月，财政部、教育部印发《全国农村义务教育阶段学生免收学杂费的实施管理办法》，决定自 2006 年春季学期开始，西部地区农村义务教育阶段学生全部免收学杂费，中东部地区自 2007 年春季学期起全部免除农村义务教育阶段的中小学生学杂费。自 2009 年春季学期开始，取消寄宿制学生住宿费。

2007 年 11 月 28 日，财政部、教育部颁布的《财政部 教育部关于调整完善

农村义务教育经费保障机制改革有关政策的通知》规定，"从 2007 年秋季学期开始，向全国农村义务教育阶段学生免费提供国家课程的教科书，所需资金由中央财政承担。从 2008 年春季学期开始，免费提供地方课程的教科书，所需资金由地方财政承担"。同时，提高中央财政免费教科书补助标准，由小学每生每年 70 元、初中每生每年 140 元分别提高到小学 90 元、初中 180 元。2011 年 11 月，国务院办公厅印发的《国务院办公厅关于实施农村义务教育学生营养改善计划的意见》决定，从 2011 年秋季学期起，在集中连片的特困地区正式启动农村义务教育学生营养改善计划国家试点，中央财政为试点地区农村义务教育阶段学生提供营养膳食补助，所需资金全部由中央财政承担。同时，鼓励各地以贫困地区、民族和边疆地区、革命老区等为重点，因地制宜地开展营养改善试点工作，中央财政给予奖补。并强调应统筹农村中小学校舍改造，将学生食堂列为重点建设内容，切实改善学生就餐条件。2014 年 11 月起，中央财政将营养改善计划国家试点地区补助标准从每日补贴 3 元提高到 4 元，全年时间按照学生在校时间 200 天计算。

至此，义务教育阶段，我国已建立起国家全面免除城乡学生学杂费，对农村学生和城市家庭经济困难学生免费提供教科书，对农村学生免费配发汉语字典，对家庭经济困难寄宿生提供生活补助，实施营养改善计划的学生资助制度。

三、中等职业教育学生资助政策体系的形成

中等职业教育是我国高中阶段教育的重要组成部分。高中阶段学校主要有普通高中和中等职业学校两大类。中等职业学校是指政府有关部门根据国家有关规定批准设立并备案实施中等学历教育的各类职业学校，包括公办和民办的普通中专、成人中专、职业高中、技工学校、职业技术学院附属的中专部和中等职业学校等。中等职业学校培养与我国社会主义现代化建设要求相适应，德、智、体、美全面发展，具有综合职业能力，在生产、服务一线工作的高素质劳动者和技能型人才。自中华人民共和国成立以来，我国中等职业学校学生资助制度逐步形成，在 1966 年以前，国家有专门为中等职业教育资助颁布的文件和规定的标准，同时另有很多标准参照高等学校的标准实行，此时的中等职业教育的资助制度已较为完善。"文化大革命"开始后，资助制度基本中断。

"文化大革命"结束后，中等职业教育资助制度开始逐步恢复。1977 年，教育部、财政部根据《国务院转批教育部关于一九七七年高等学校招生工作的意见》，又制定了《教育部 财政部关于普通高等学校、中等专业学校和技工学校学生实行人民助学金制度的办法》，规定国家职工被录取为研究生和工龄满五年的国家职

工进入普通高等学校，在学习期间，工资由原单位照发，一切费用自理，其他学生一律实行人民助学金，享受比例达 75%。

20 世纪 80 年代以后，中等职业教育经历了结构改革。1980 年 10 月《国务院批转教育部、国家劳动总局关于中等教育结构改革的报告的通知》对职业高中、技工学校、中等专业学校这三种职业技术学校的性质和培养目标做了明确规定。这是改革开放后第一份对调整中等教育结构和发展职业教育全面、系统地做出规定的国家政策性文件。1984 年，国家教育统计中对职业高中开始有了比较完整的数据，中等职业教育由中等专业学校、技工学校、职业中学三类职业技术学校组成的格局由此形成。在此阶段，中等职业教育中的三类学生的补助政策是不同的，中等专业学校的学生 75%享受助学金，技工学校的学生 100%享受助学金，而职业中学的学生实行自费走读，学生基本上没有助学金。因此，此阶段的中等职业教育的资助政策主要是对中等专业学校和技工学校的。而这两类学校基本上参照当时本、专科的相关资助政策。

1989—1996 年是我国大、中专院校收费制度改革的过渡期。1991 年国家教委、国家物价局、财政部、劳动部《关于颁发〈中等职业技术学校收取学费的暂行规定〉的通知》指出，中等职业技术教育属非义务教育，自 1991 学年起，对中等专业学校（不含中师，下同）、技工学校和职业高中新入学的学生适当收取学费，但对"工作条件艰苦或国家重点扶持的专业，如为农牧业服务的专业等，可以免收或减收学费"。

1996 年颁布实施的《中华人民共和国职业教育法》规定，职业学校、职业培训机构对经济困难的学生和残疾学生应当酌情减免学费。该文件中明确提出："国家支持企业、事业组织、社会团体、其他社会组织及公民个人按照国家有关规定设立职业教育奖学金、贷学金，奖励学习成绩优秀的学生或者资助经济困难的学生。"

2004 年 6 月，教育部、财政部、中国人民银行、中国银行业监督管理委员会（以下简称银监会）发布了《关于进一步完善国家助学贷款工作的若干意见》，对有关学生贷款资质政策进行了调整，强调推进并加强国家助学贷款工作。

2005 年，《国务院关于大力发展职业教育的决定》颁布，该文件将中等职业学校家庭经济困难学生资助工作提高到国家层面，政府应当成为中等职业教育学生资助体系的主体。该文件明确要求"建立职业教育贫困家庭学生助学制度。中央和地方财政要安排经费，资助接受中等职业教育的农村贫困家庭和城镇低收入家庭子女。中等职业学校要从学校收入中安排一定比例用于奖、助学金和学费减免，并把组织学生参加勤工俭学和半工半读作为助学的重要途径。金融机构要为贫困家庭学生接受职业教育提供助学贷款，各地区要把接受职业教育的贫困家庭学生纳入国家助学贷款资助范围。要通过助学金、奖学金、贷学金等多种形式，对贫困家庭学生和选学农业及地矿等艰苦行业职业教育的学生实行学费减、免和生活费补助"。

2006 年，按照国务院的部署，财政部、教育部印发了《财政部 教育部关于完善中等职业教育贫困家庭学生资助体系的若干意见》和《中等职业教育国家助学金暂行管理办法》两个文件，以《国务院关于大力发展职业教育的决定》为依据，全面阐述了中等职业教育贫困家庭学生助学制度的基本内容：①中央财政从2006 年起安排专项资金，建立中等职业教育国家助学金。②在中等职业学校设立政府奖学金、专业奖学金和定向奖学金。其中，政府奖学金主要由省、市（地）政府安排专项资金设立，专业奖学金和定向奖学金由有关行业企业或地方政府设立。③建立以学生参加生产实习为核心的助学制度。学生在第三学年到企业等用人单位顶岗实习，让学生通过顶岗实习获得一定的报酬，用于支付学习和生活开支。同时在部分职业院校开展通过半工半读实现学生免费接受中等职业教育的试点工作。④建立学费减免制度。各中等职业学校每年都要安排不低于事业收入 5%的资金，专项用于贫困家庭学生的学费减免。⑤建立助学贷款或延期支付学费制度。鼓励和引导金融机构为接受中等职业教育的贫困家庭学生提供小额助学贷款，可由地方政府予以贴息。同时，具备实力的职业学校，可由学校集中贷款后，与学生家长协商确立延期支付学习费用合同，以吸引更多的学生进入中等职业学校学习。⑥建立社会资助制度。企事业单位、社会团体和公民个人通过政府部门或非营利组织为资助中等职业学校学生给予的捐赠，比照有关公益性捐赠，准予在缴纳企业所得税和个人所得税前全额扣除。有条件的地方可建立中等职业教育贫困家庭学生社会助学基金，允许捐赠额度大的法人或自然人在基金前冠名。

2007 年 5 月，《国务院关于建立健全普通本科高等学校高等职业学校和中等职业学校家庭经济困难学生资助政策体系的意见》颁布，提出大幅度扩大中等职业学校国家助学金覆盖范围，提高资助标准。同年 6 月，财政部、教育部印发《中等职业学校国家助学金管理暂行办法》和《中等职业学校学生实习管理办法》两个配套文件，规定从 2007 年秋季学期起，在全国范围内全面实施新的中等职业学校学生资助政策。两个文件规定：①中等职业教育国家助学金资助所有全日制在校农村学生和城市家庭经济困难学生。②资助标准为每生每年 1 500 元，国家资助两年，第三年采取学生工学结合、顶岗实习的方式进行资助。③西部地区，不分生源，中央与地方分担比例为 8∶2；中部地区，生源为西部地区的，中央与地方分担比例为 8∶2，生源为其他地区的，中央与地方分担比例为 6∶4；东部地区，生源为西部地区和中部地区的，中央和地方分担比例分别为 8∶2 和 6∶4，生源为东部地区的，中央与地方分担比例根据财力及生源状况等因素分省（自治区、直辖市）确定。少数民族家庭经济困难学生资助资金全部由中央负担，省（自治区、直辖市）以下分担比例由各地根据中央确定的原则自行确定。④大力开展生源地信用贷款。

为进一步促进中等职业教育特别是农村中等职业教育发展，党的十七届三中全会通过的《中共中央关于推进农村改革发展若干重大问题的决定》强调，要加快普及农村高中阶段教育，重点加快发展农村中等职业教育并逐步实行免费。2009年《中共中央 国务院关于2009年促进农业稳定发展农民持续增收的若干意见》明确提出，"加快发展中等职业教育，2009年起对中等职业学校农村家庭经济困难学生和涉农专业学生实行免费。国家新增助学金要向农村生源学生倾斜"。

2009年12月2日，国务院第90次常务会议决定从2009年秋季入学起，对公办中等职业学校全日制在校学生中农村家庭经济困难学生和涉农专业学生逐步免除学费。对在政府职业教育行政管理部门依法批准的民办中等职业学校就读的一、二年级学生，符合免学费政策条件的，按照当地同类型、同专业公办中等职业学校标准免除学费，由财政给予补助。2009年，财政部、国家发改委、教育部及人力资源和社会保障部等部委印发了《关于中等职业学校农村家庭经济困难学生和涉农专业学生免学费工作的意见》，同时联合召开"全国中等职业学校农村家庭经济困难学生和涉农专业学生免学费工作"视频会议，贯彻落实国务院常务会议精神，全面解读免学费政策要点，就如何做好免学费工作作出具体部署。

2010年9月，《财政部 国家发展改革委 教育部 人力资源社会保障部关于扩大中等职业学校免学费政策覆盖范围的通知》颁布，决定从2010年秋季学期起，将免学费政策覆盖范围扩大至城市家庭经济困难学生。至此，在中等职业教育阶段，建立了以免学费、国家助学金为主，学校和社会资助及顶岗实习等为补充的资助政策体系。

从2014年起，国家调整中等职业教育免学费财政补助方式，进一步加大财政投入力度，对中等职业学校全日制正式学籍一、二、三年级在校生中所有农村（含县镇）学生、城市涉农专业学生和家庭经济困难学生免除学费（艺术类相关表演专业学生除外）。2015年起，中等职业学校国家助学金资助标准从每生每年1 500元提高到每生每年2 000元。在国家中等职业教育免学费政策基础上，福建、山东、广西、山西、新疆等省区市进一步扩大免学费覆盖范围。截至2016年底，全国已有28个省（自治区、直辖市）对戏曲类表演专业学生实行免除学费政策，22个省（自治区、直辖市）实现中职学生全部免学费。

四、普通高中学生资助政策体系的形成

普通高中教育作为我国国民教育体系的重要组成部分，是在九年义务教育基

础上，进一步提高国民素质、面向大众的更高层次的基础教育。但当前我国的高中阶段教育不属于义务教育，需要学生家庭承担部分教育成本，低收入家庭很有可能难以负担其子女高中阶段所需缴纳的费用。为了让广大家庭经济困难的普通高中学生顺利入学，并安心完成学业，党和政府高度重视这部分学生的学习和生活费用问题。

2009年修订的《中华人民共和国教育法》规定，国家、社会对符合入学条件，家庭经济困难的儿童、少年、青年，提供各种形式的资助。2001年5月29日颁发的《国务院关于基础教育改革与发展的决定》明确要求"各级人民政府完善并落实中小学助学金制度"。按照"分级办学、分级管理"体制，主要由省级以下人民政府根据本省（自治区、直辖市）经济发展水平、可用财力和普通高中教育发展实际，自主制定和实施普通高中家庭经济困难学生助学金政策。北京、陕西、江苏、浙江等省（自治区、直辖市）相继实施了以地方政府助学金为主的普通高中学生资助政策。各地普通高中学生资助标准多定为每生每学年1000元左右，资金主要由地市和区县承担，省级财政适当补助。具体措施包括助学金、奖学金、免学费、免（补）住宿费、免费教科书、免费作业本等。东部地区普通高中资助政策先于中、西部地区出台，资助项目相对更多，生均资助标准也较中、西部省（自治区、直辖市）更高。

针对普通高中家庭经济困难学生，中央一些部门还设立了各种专项资助。比如，中国共产党中央委员会宣传部、中央文明办、教育部从2000年开始联合组织实施"西部开发助学工程"，对普通本科高等学校学生展开资助。从2002年起，该工程增设普通高中"宏志班"项目，对家庭经济困难、品学兼优的学生进行资助，每年资助2000人，每人资助6000元，资助资金分3年按学年拨付。2007年底，中央财政安排彩票公益金3亿元，用于资助中、西部地区22个省、自治区、直辖市和新疆生产建设兵团县镇与农村公办普通高中家庭经济困难学生，资助名额30万人，资助标准为每生每学年1000元。这项工作在财政部、教育部的指导监督下，由中国教育发展基金会负责具体实施[①]。

社会力量也在这一过程中做出了贡献。比如，中国建设银行2007年捐赠1.2亿元设立专项基金，与中国教育发展基金会共同实施"建设未来——中国建设银行资助贫困高中生成长计划"。受财政部和教育部委托，中国教育发展基金会从2007年起，实施"中央专项彩票公益金教育助学项目"，资助中、西部地区22个省、自治区、直辖市和新疆生产建设兵团，县镇和农村公办普通高中家庭经济困难学生。

---

① 吴晶. 中央3亿元资助30万名中西部高中特困生. 中国教育报，2007-12-22（01）.

随着公共财政体制逐步建立和完善，各级财政支出重点逐步向教育、社会保障等民生领域倾斜，各级各类教育的学生资助经费投入水平呈现逐年持续增长趋势，建立全国性的普通高中学生资助政策体系势在必行且条件基本成熟。

2010 年 7 月 29 日国务院颁布的《国家中长期教育改革和发展规划纲要（2010—2020 年）》明确提出，"建立普通高中家庭经济困难学生国家资助制度"，将普通高中学生纳入国家助学体系。同年 9 月 19 日，财政部、教育部印发《关于建立普通高中家庭经济困难学生国家资助制度的意见》，决定从 2010 年秋季学期起，建立"以政府为主导，国家助学金为主体，学校减免学费等为补充，社会力量积极参与"的普通高中家庭经济困难学生资助政策体系。随后，各省（自治区、直辖市）人民政府依据当地经济和普通高中教育的发展实际，出台了本省（自治区、直辖市）以国家助学金为主体的普通高中学生资助政策措施，并逐步理顺和完善了普通高中学生资助财政投入体制。从 2015 年开始，高中教育阶段国家助学金标准进一步提高。普通高中和中等职业学校国家助学金资助标准从每生每年 1 500 元提高到每生每年 2 000 元。

十八届五中全会后，财政部、教育部和国务院扶贫办等部门认真贯彻落实会议精神，积极研究推进建档立卡普通高中学生免学杂费工作。如教育部全面推进以对象精准、力度精准和发放时间精准为重点的学生资助工作精准化，要求各地各学校全面、准确、及时地把国家学生资助政策落到实处。2016 年 8 月，财政部、教育部印发《关于免除普通高中建档立卡家庭经济困难学生学杂费的意见》，决定从 2016 年秋季学期起，免除公办普通高中建档立卡等家庭经济困难学生（含非建档立卡的家庭经济困难残疾学生、农村低保家庭学生、农村特困救助供养学生）学杂费。对在政府教育行政管理部门依法批准的民办普通高中就读的符合免学杂费政策条件的学生，按照当地同类型公办普通高中免学杂费标准给予补助。2016 年 11 月，教育部办公厅、民政部办公厅、国务院扶贫办行政人事司、中国残联办公厅联合印发了《普通高中建档立卡家庭经济困难学生免除学杂费政策对象的认定及学杂费减免工作暂行办法》。

各地各学校积极探索实施精准资助的新思路和新方法：参考教育统计数据，综合考虑地区经济发展程度、困难学生比例等因素，在资助资金预算上向欠发达地区、困难学生集中地区倾斜，避免"一刀切"的做法；加强与扶贫、民政、残联等部门的协作，建立资助对象认定协作机制；探索大数据跟踪分析与调查摸底、同学评议相结合的资助对象和资助标准识别认定方法；按家庭经济困难学生困难程度，实行分档发放资金，重点加大对建档立卡贫困家庭学生和孤残学生的资助力度；改革资金拨付和发放办法，推进助学金集中发放等。实行精准资助，提升了学生资助工作的水平，提高了学生资助政策的针对性和有效性。

据统计，截至 2016 年，全国已有 16 个省（自治区、直辖市）专门针对建档立卡学生制定了资助政策。如广西实现了建档立卡贫困家庭学生 15 年免费教育；贵州对建档立卡的普通高中、中等职业学校和高等学校贫困家庭学生增设专项扶贫项目，提供免（补助）学费、住宿费、教科书费等；山东连续出台四项建档立卡贫困家庭学生资助政策，从学前教育到高等教育实现资助全覆盖；海南提高了非义务教育阶段建档立卡贫困家庭学生的资助标准。

至此，在普通高中教育阶段，建立了以国家助学金、建档立卡等家庭经济困难学生免学杂费、地方政府资助项目为主，学校和社会资助相结合的资助政策体系。

五、本专科教育阶段学生资助政策体系的形成

我国对学生规定在学期间的经济待遇由来已久。中华人民共和国成立之初，各地人民政府根据本地区的具体情况，制定了一些临时性的高等学校和中等学校助学金的实施办法，但标准极不统一。为此，中央人民政府政务院于 1952 年 7 月发出《关于调整全国高等学校及中等学校学生人民助学金的通知》，决定自 1952 年 9 月起实行统一的人民助学金制度。教育部为了贯彻政务院通知精神也发布了具体规定，要求全国高等学校、中等学校及工农初等学校学生的人民助学金一律依照新规定的标准执行。该文件规定了高中、初中学生人民助学金按总人数的享受面及标准；高等学校、高等师范院校、中等专业学校、工农速成中学、工农初等学校学生均全部享受人民助学金，并分别规定了标准。1954 年高等教育部颁布了《关于改进全国高等学校、中等专业学校及工农速成中学的调干学生人民助学金的使用办法》，对调干生助学金规定按照学生入学前的职务及工资，分为五个等级，1955 年 8 月高等教育部为了合理使用人民助学金，颁布了《全国高等学校一般学生人民助学金实施办法》，决定从 1955 年 10 月份起，全国高等学校（高等师范院校除外）学生人民助学金由原来的全体一般学生发给改为部分学生发给；凡家庭富裕能自费者，不发给助学金；凡能自费半数或三分之一伙食费者，发给所缺部分；完全无力负担者，发给全部伙食费。经济特殊困难的学生的其他费用，可另外申请困难补助。而革命烈士子女学生、少数民族学生、归国华侨学生，在一般学生同等经济条件下优先给予照顾。1956 年 12 月高等教育部对高等学校研究生人民助学金标准做出规定。1960 年 1 月国务院转发教育部《关于改进工人、农民、干部学生和研究生人民助学金标准问题的报告》及有关文件，规定连续工龄在 3 年以上的工人、干部，从事农业劳动 3 年以上的农民学生，发给工人、农民、干部学生人民助学金。标准比一般学生为高，1963 年 8 月，国务院批转了教育部《关于调整中等专业学校学生人民助学金问题的报告》，建议把中等专业学

校人民助学金的享受比例由原来的 100%降为 60%～80%。

1977 年高等学校恢复高考和大学生招生工作。为此,教育部、财政部联合制定了"文化大革命"后第一个大学生资助方案,1977 年 12 月公布了《教育部 财政部关于普通高等学校、中等专业学校和技工学校学生实行人民助学金制度的办法》。

1983 年 7 月教育部和财政部联合发出的《普通高等学校本、专科学生人民助学金暂行办法》和《普通高等学校本、专科学生人民奖学金试行办法》,其主要内容是将原来面向 75%的非师范学生发放的人民助学金降为面向 60%的学生发放,缩减了发放范围,同时设立人民奖学金,对学生的助学金逐步改为以奖学金为主。此时的资助政策为人民助学金与人民奖学金并存,虽然此时人民奖学金所占的比例还很小,但迈出了我国大学生资助制度改革的重要一步。

随着我国经济的发展和教育规模的扩大,人民助学金制度的不足日益显露。1986 年 7 月,国务院批转了国家教委和财政部《关于改革现行普通高等学校人民助学金制度的报告》,同意在全国 85 所高等学校中试行奖学金和贷学金制度,自此取消了人民助学金制度,代之以奖学金和贷学金制度。

1987 年 7 月颁布的《普通高等学校本、专科学生实行奖学金制度的办法》和《普通高等学校本、专科学生实行贷款制度的办法》要求,在 1987 年入学的本科普通高等学校的新生中全面实行奖学金制度和学生贷款制度,要求学校建立奖学金和学生贷款基金,其来源是从主管部门拨给高等学校的经费中,按原助学金标准计算总额的 80%～85%转入奖贷基金账户。

伴随着高等学校收费制度的变化,大学生资助制度也开始改革,资助方法与方式趋于多样化。除 20 世纪 80 年代末已实施的优秀学生奖学金、定向奖学金和贷学金外,国家教委又提出由政府拨款支持,由各高等学校组织并实行勤工俭学、特困补助和减免学费等资助措施。1993 年 2 月 13 日中共中央、国务院印发的《中国教育改革与发展纲要》更加明确指出:"学生上大学原则上均应缴费,设立贷学金,对经济有困难的学生提供帮助。国家、企事业单位、社会团体和学校均可设立奖学金,对品学兼优的学生和报考国家重点保证专业的学生给予奖励。"1994年 5 月颁发的《国家教委 财政部关于在普通高等学校设立勤工助学基金的通知》,专门划拨了勤工助学的基金启动费。1999 年 5 月,中国人民银行、教育部、财政部颁布了《关于国家助学贷款的管理规定(试行)》,施行国家助学贷款政策。从此,国家助学贷款制度正式全面启动,这样就初步形成了"奖、贷、补、助、减"五位一体的大学生混合资助体系。

2000 年起,由中央文明办牵头,在西部 10 个省(自治区、直辖市)开展了"西部开发助学工程",每省(自治区、直辖市)在当年考取大学的学生中由地方政府选出 100 名经济困难生,国家给予每人每年 5 000 元的资助,直至毕业。2002

年 9 月《国家奖学金管理办法》正式实施，国家奖学金每年将定额发放给 4.5 万名学生，其中 1 万名学生享受每人每年 6 000 元的一等奖学金，其余学生享受每人每年 4 000 元的二等奖学金。2004 年 6 月又出台了国家助学贷款新机制，教育部、财政部、中国人民银行和银监会颁布了《关于进一步完善国家助学贷款工作的若干意见》，扩大了借款学生的范围，延长了还贷期限，要求学校出资建立风险基金减少银行的风险，解决国家助学贷款在实施过程中遇到的各种突出问题，清理国家助学贷款面临的制度性障碍。

2005 年 7 月，教育部向各地、各有关部门、各高等学校发出《关于切实做好 2005 年高等学校新生入学"绿色通道"工作的紧急通知》。通知要求，2005 年新学期开学前，各公办普通高等学校必须全面落实对贫困家庭学生的各项资助政策，必须继续执行好"绿色通道"政策，确保新考入公办普通高等学校的贫困家庭学生均能顺利入学。2007 年 5 月出台的《国务院关于建立健全普通本科高校高等职业学校和中等职业学校家庭经济困难学生资助政策体系的意见》规定，施行国家助学金政策。同年，首次设立国家励志奖学金。

2012 年 5 月 23 日，中国教育发展基金会和教育部全国学生资助管理中心制定了《普通高校家庭经济困难新生入学资助项目暂行管理办法》，中国教育发展基金会利用中央专项彩票公益金润雨计划部分专项资金，设立普通高等学校家庭经济困难新生入学资助项目，用于资助普通高等学校家庭经济困难新生到校报到。

2014 年财政部、教育部、中国人民银行和银监会联合发布的《关于调整完善国家助学贷款相关政策措施的通知》规定，自 8 月 4 日起调整助学贷款额度上限。全日制普通本专科学生每人每年贷款额度上限由 6 000 元上调至 8 000 元。

此外，对于退役士兵学费资助，2011 年 10 月，财政部、教育部颁布的《关于实施退役士兵教育资助政策的意见》规定，从 2011 年秋季学期开始，对退役一年以上，考入全日制普通高等学校（包括全日制普通本科学校、全日制普通高等专科学校和全日制普通高等职业学校）的自主就业退役士兵，根据本人申请，由政府给予教育资助。2013 年 8 月，财政部、教育部、总参谋部下发的《高等学校学生应征入伍服义务兵役国家资助办法》规定，对应征入伍服义务兵役的高校学生，在入伍时对其在校期间缴纳的学费实行一次性补偿或获得的国家助学贷款（包括校园地国家助学贷款和生源地信用助学贷款）实行代偿。

至此，在本专科教育阶段，国家建立起了国家奖学金、国家励志奖学金、国家助学金、国家助学贷款、基层就业学费补偿贷款代偿、高等学校学生应征入伍国家资助、师范生免费教育、新生入学资助、退役士兵学费资助、勤工助学、校内奖助学金、困难补助、伙食补贴、学费减免及新生入学"绿色通道"等多种形式相结合的学生资助政策体系。

六、研究生教育阶段学生资助政策体系的形成

研究生教育是高等教育的重要组成部分，承担着培养高层次人才、创造高水平科研成果、提供高水平社会服务的重任，包括硕士生教育和博士生教育两级。我国研究生教育始于 20 世纪 50 年代。1980 年全国人大常委会通过了《中华人民共和国学位条例》。直到 1981 年，全国各教育机构才开始招收攻读硕士、博士学位的研究生。

在研究生教育起步的初期，我国实施的是完全免费的教育，全体研究生按月发放人民助学金。如 20 世纪 50 至 60 年代，除了免除学费、住宿费之外，学生还可享受研究生人民助学金，并规定其标准不低于同等程度与条件的助教、研究实习员和机关干部的工资标准。这一标准可以满足研究生基本的生活、学习需要，并保证其生活水准维持在在职职工人均收入标准之上。1977 年高考制度恢复后，教育部和财政部联合发布《教育部 财政部关于普通高等学校、中等专业学校和技工学校学生实行人民助学金制度的办法》。该办法规定：国家职工被录取为研究生，在学校期间，工资由原单位照发，其他研究生，一律实行人民助学金，享受比例为 100%。同年，教育部和财政部制定的人民助学金标准中，研究生每人每月 41 元（第 6 类工资区）①。

20 世纪 70 年代末，国家不仅免除研究生的学费和住宿费，而且还保障其在学习期间的基本待遇（包括生活补助费、副食品价格补贴、临时困难补助和书籍费）。具体地，未参加过实际工作的攻读硕士学位的研究生生活补助费相当于大学本科毕业定级工资的 90%，攻读博士学位的研究生助学金金额相当于硕士毕业定级工资的 90%，并享受所在地区的副食品价格补贴。如研究生本人在校学习期间生活上遇到特殊困难，还可申请临时困难补助。1981 年，教育部、财政部颁布《关于改变研究生学习期间生活待遇问题的通知》规定，研究生生活待遇包括"人民助学金、副食品价格补贴、书籍费"。并从 1982 年起，将助学金标准规定为硕士生每人每月 46 元（第 6 类工资区），博士生为 57.5 元（第 6 类工资区）。此外，书籍费标准为硕士生每人每年 40 元，博士生 60 元。1985 年，国家教委、财政部下发《关于研究生在校学习期间生活待遇等问题的规定》，对普通高等学校脱产学习的研究生学习期间生活待遇做了调整。

1991 年，国家教委、财政部印发《普通高等学校研究生奖学金制度试行办法》，标志着研究生生活补助费制度向研究生奖学金制度的过渡。该文件对享受奖学金

---

① 1956 年，国家推行工资改革，实行工资区类别制度，全国共划分为 11 个工资区类别。教育部和财政部在制定人民助学金标准时，往往基于第 6 类工资区。

的条件和标准做了规定。研究生奖学金分为普通奖学金和优秀奖学金，普通奖学金面向全体研究生发放，优秀奖学金则按照一定比例评选。此外，研究生本人学习期间如果有特殊困难可提出申请，并由学校在勤工助学基金和对特困生的资助经费中统筹解决。同时，也鼓励国内外企业和个人出资为研究生设立奖学金（又称为专业奖学金）。

为适应社会物价和生活水平的变化，国家在 1994 年和 1996 年分别对研究生奖学金制度进行了修订。1994 年颁发的《普通高等学校研究生奖学金办法》和 1996 年颁发的《关于提高普通高等学校研究生奖学金标准的通知》与 1991 年规定的奖学金原则相同，但较 1991 年大幅度提高了奖学金的发放标准。

与此同时，研究生助教、助研、助管（以下简称"三助"）和勤工助学的资助方式也在逐步形成。1988 年，国家教委制定了《高等学校聘用研究生担任助教工作的试行办法》，对研究生参加助教工作做了规定。此后，又陆续对"三助"的资助方式做了详细规定。如"有条件的学校可试行把发放研究生奖学金同他们兼任教学、科研和行政管理工作的报酬结合起来的办法"，[1]"积极推进研究生兼任助教、助研、助管的改革，研究生奖学金同兼任'三助'的报酬结合起来，以推动改革，妥善解决研究生待遇问题"[2]。"各普通高等学校应坚持改善与改革相结合，切实做好研究生兼任'三助'的改革工作，妥善解决研究生待遇问题。"[3]1993 年国家教委、财政部下发了《关于进一步做好高等学校勤工助学工作的通知》，强调"组织学生开展勤工助学活动，是高等学校收费制度改革的一项重要配套措施""学校要把勤工助学工作列为一项主要日常工作和深化高校改革的一项重要内容予以高度重视，并采取切实措施，积极加以组织领导"。1994 年，国家教委、财政部下发了《关于在普通高等学校设立勤工助学基金的通知》，对普通高等学校设立勤工助学基金、经费来源、经费使用和管理等做出明确规定。1999 年开始施行的《中华人民共和国高等教育法》第五十五条、五十六条规定"国家设立高等学校学生勤工助学基金""高等学校的学生在课余时间可以参加社会服务和勤工助学活动，但不得影响学业任务的完成。高等学校应当对学生的社会服务和勤工助学活动给予鼓励和支持，并进行引导和管理"。2004 年，中共中央、国务院发出《关于进一步加强和改进大学生思想政治教育的意见》，要求高等学校"积极组织学生参加勤工助学等社会实践活动"。而共青团中央、教育部为贯彻落实

---

① 普通高等学校研究生奖学金制度试行办法.（1991-12-29）[2018-07-14]. http://www.110.com/fagui/law_117187.html.

② 普通高等学校研究生奖学金办法.（1994-09-26）[2018-07-14]. http://www.docin.com/p-682126172.html.

③ 国家教委、财政部关于提高普通高等学校研究生奖学金标准的通知.（2011-12-09）[2018-07-04]. http://yjsy.sdufe.edu.cn/info/1051/1368.htm.

该意见和全国加强和改进大学生思想政治教育工作会议的精神,于 2005 年联合下发了《关于进一步做好大学生勤工助学工作的意见》,明确指出,要挖掘校内勤工助学岗位、拓展校外勤工助学资源,强化管理体制、健全管理机构、完善管理办法,加大专项投入、维护学生权益、建立长效机制,指明了高等学校勤工助学工作的基本方向。对高等学校学生参加勤工助学的时间和酬金、校内勤工助学岗位的设置、安全问题、组织机构或学校的职责、学生勤工助学管理服务组织的职责、校外勤工助学活动的管理和法律责任等方面做了明确规定,规范了高等学校学生勤工助学工作管理,促进了勤工助学活动健康、有序开展。

2000 年,中国人民银行、教育部、财政部联合发布《关于助学贷款管理的若干意见》规定,"由各级政府贴息的国家助学贷款对象,全日制本、专科学生扩大至研究生",就贷款的申请条件、担保、贷款的审查与发放、贷款的归还、贷后的管理等进行了详尽的规定。另外,学费和生活费最高贷款额为 6 000 元,毕业后 4 年还清,国家贴息 50%。2003 年河北等 8 省首先实施生源地国家助学贷款,并以《河北省生源地国家助学贷款管理实施办法》的出台为标志,这一举措解决了之前贷款方式中贫困生资格认定等方面存在的问题。国家对研究生教育阶段学生资助的体系进一步完善。从 2005 年起,教育部改国家奖学金为国家助学奖学金,用于资助家庭经济困难的研究生。

从 2008 年开始,研究生招生不再分公费和自费,而是采用奖助学金的方式,资助优秀研究生的学费和生活费。2010 年 5 月出台的《国家中长期教育改革和发展规划纲要(2010—2020 年)》,提出"设立研究生国家奖学金"。2012 年,教育部、财政部印发《研究生国家奖学金管理暂行办法》,规定了奖励标准与基本条件等内容。2013 年 7 月,财政部、教育部发布的《研究生国家助学金管理暂行办法》,提出"研究生国家助学金用于资助全国普通高等学校纳入全国研究生招生计划的所有全日制研究生(有固定工资收入的除外),补助研究生基本生活支出"。同时,《研究生学业奖学金管理暂行办法》规定,从 2014 年秋季学期开始设立研究生学业奖学金。

2014 年 7 月 18 日,财政部、教育部、中国人民银行、银监会联合印发《关于调整完善国家助学贷款相关政策措施的通知》,要求从 2014 年 7 月 1 日起,全日制研究生每人每年申请国家助学贷款最高限额为 12 000 元。2017 年 4 月,财政部、教育部、中国人民银行、银监会联合印发了《关于进一步落实高等教育学生资助政策的通知》,进一步完善高等教育学生资助政策,确保研究生奖助政策不留死角。2017 年《政府工作报告》中提出"提高博士研究生国家助学金补助标准"。为此,财政部和教育部印发的《财政部 教育部关于进一步提高博士生国家助学金资助标准的通知》规定,自 2017 年春季学期起,将地方高等学校博士研究生国家助学金标准由每人每年不低于 10 000 元提高至每人每年不低于 13 000 元，将中央高等学校博士研究生国家助学金标准由每人每年 12 000 元提高至每人每年 15 000 元。

至此，在研究生教育阶段，我国建立了研究生国家奖学金、国家助学金、学业奖学金、"三助"岗位津贴、国家助学贷款、基层就业学费补偿贷款代偿、高等学校学生应征入伍国家资助、校内奖助学金及新生入学资助等相结合的资助政策体系。

第三节　农村学生资助的具体方式

目前，我国已建立起了以政府为主导、学校和社会积极参与的覆盖学前教育至研究生教育的学生资助政策体系，实现了"三个全覆盖"，即各个学段全覆盖、公办民办学校全覆盖、家庭经济困难学生全覆盖。特别是在高等教育阶段，实现了"三不愁"，即入学前不用愁、入学时不用愁、入学后不用愁。但因为各个学段教育培养目标不一样，所需费用不一样，所以具体资助方式也不完全一样。

一、学前教育幼儿资助的具体方式

学前教育是基础教育的基础，是人生教育的起步。学前教育的主要任务及意义可概括为：保障学前儿童生存、学习和发展的基本权利；促进学前儿童和谐全面发展；为入小学学习做准备；延长教育年限，促进社会进步。学前教育是对学龄前儿童实施的保育和教育，其资助对象主要是在园家庭经济困难儿童、孤儿和残疾儿童，具体资助方式有政府资助、幼儿园资助和社会资助等。

（一）政府资助

地方政府对经县级以上教育行政部门审批设立的普惠性幼儿园在园家庭经济困难儿童、孤儿和残疾儿童予以资助。中央财政根据地方出台的资助政策、经费投入及实施效果等因素，予以奖补。

2017 年，各级政府共投入资金 89.01 亿元。其中，中央安排学前教育幼儿资助奖补资金 15.10 亿元，占财政资金总额的 16.96%；省级 41.82 亿元，占 46.98%；市级 6.64 亿元，占 7.46%；县级 25.45 亿元，占 28.60%。共资助幼儿 836.39 万人次，占在园幼儿总数的 19.13%。其中，西部地区资助幼儿 557.84 万人次，平均资助比例为 41.80%；中部地区资助幼儿 129.31 万人次，平均资助比例 7.94%；东部地区资助幼儿 149.23 万人次，平均资助比例 10.59%①。

（二）幼儿园资助

幼儿园从事业收入中提取一定比例的经费，用于减免收费、提供特困补助等，具体比例由各地自行确定。幼儿园要从事业收入中提取 3%～5% 比例的资金，用于减免收费、提供特困补助等。

2017 年，全国幼儿园提取事业收入资助幼儿资金 3.87 亿元。其中，西部地区 1.08 亿元、中部地区 2.48 亿元、东部地区 0.31 亿元。共资助幼儿 45.50 万人次。其中，西部地区 22.93 万人次、中部地区 18.40 万人次、东部地区 4.17 万人次。

（三）社会资助

各地建立和完善相关优惠政策，积极引导和鼓励社会团体、企事业单位及个人等捐资，帮助家庭经济困难儿童、孤儿和残疾儿童接受普惠性学前教育。

2017 年，社会资助资金共 3 168.81 万元。其中，西部地区 987.02 万元、中部地区 1 866.97 万元、东部地区 314.82 万元。全国 7.88 万人次幼儿获得社会资助。其中，西部地区 4.41 万人次、中部地区 2.66 万人次、东部地区 0.81 万人次。

二、义务教育学生资助的具体方式

国家法律规定一定年龄的儿童必须受到的一定年限和程度的义务教育。国家对义务教育学生资助主要采取免学杂费、免费提供教科书、发放寄宿生生活补助、实施营养改善计划等方式。

（一）免学杂费

国家全面免除义务教育阶段城乡所有学生学杂费。2003 年，国务院决定进一步加强农村教育工作，提出到 2007 年争取全国农村义务教育阶段家庭经济困难学生都能享受到"两免一补"，努力做到不让学生因家庭经济困难而失学。2005 年底，国务院决定深化农村义务教育经费保障机制改革，从 2006 年春季学期开始，全部免除西部地区农村义务教育阶段学生学杂费，2007 年春季学期扩大至中东部

---

① 本章主要使用的是十八大以来全国学生资助管理中心公开发表的数据。

农村地区，全国所有农村义务教育阶段学生都享有免学杂费政策。2006 年，中央和地方共投入"两免一补"资金约 202 亿元（其中中央 90 亿元，地方 112 亿元），共免除了中西部地区约 5200 万名农村中小学生学杂费。2007 年，中央财政安排"两免一补"资金 181 亿元，免除了全国近 1.5 亿名义务教育阶段学生学杂费。2008 年，国务院决定免除城市义务教育学生学杂费，切实保障进城务工人员随迁子女接受义务教育，中央财政给予适当奖补。

义务教育现已成为资助政策最全、覆盖人数最多的学段。"两免一补"政策大幅度减轻了农民负担。据 2006 年的初步测算，中西部地区仅免杂费一项，平均每个小学生年减负 140～180 元、初中生年减负 180～230 元。而依据《中国教育经费统计年鉴》（2006）提供的数据，2005 年全国农村小学共收取学杂费 952 222.7 万元，农村初中（不含完全中学的初中学段）共收取学杂费 680 825.9 万元。此外，《中国教育统计年鉴》（2005）提供的数据显示，2005 年全国农村小学在校生人数为 10 864.1 万人，农村普通初中在校生人数为 6 171.8 万人。可估算出 2005 年农村小学和初中生均收取学杂费分别为 87.65 元和 110.31 元。2016 年，全国义务教育阶段在校学生共 14 242 万人，其中农村小学在校生 2 891.7 万人，农村初中在校生 667 万人。若按 2005 年农村小学和初中生均学杂费水平估算，2016 年小学阶段免学杂费为农村家庭减负 253 457.5 万元，初中阶段减负 73 576.8 万元。

（二）免费提供教科书

国家对义务教育阶段所有农村学生和享受城市居民最低生活保障政策家庭的学生免费提供教科书，为农村义务教育阶段学生免费配发汉语字典，并实行部分国家课程教科书循环使用制度。农村学生国家课程免费教科书资金由中央财政承担，地方课程免费教科书及城市低保家庭学生国家免费教科书资金由地方财政承担。

2017 年，全国约 1.42 亿名学生享受到国家免费教科书政策。其中，西部地区共资助 4 225.91 万人，中部地区共资助 5 429.56 万人，东部地区共资助 4 567.87 万人。各级财政安排义务教育国家免费教科书资金 175.94 亿元，其中，中央财政 149.33 亿元、地方财政 26.61 亿元，惠及义务教育中小学生 1.42 亿人。地方各级财政安排地方免费教科书资金 27.20 亿元，惠及义务教育中小学生 8 304.20 万人。

（三）发放寄宿生生活补助

国家对义务教育阶段农村和城市家庭经济困难寄宿生提供生活补助。中西部地区农村义务教育家庭经济困难寄宿生生活补助标准为小学生每天 4 元、初中生每天 5 元，按每年 250 天计算，所需资金由中央财政按照 50% 的比例给予奖励性补助，地方财政承担的 50%，由省级财政统筹落实。中西部地区城市和东部地区义务教育阶段家庭经济困难寄宿生生活补助资金由地方财政承担。

2017 年，全国共有 1 604.61 万名义务教育阶段家庭经济困难寄宿生享受生活费补助政策。其中，西部地区 1 003.88 万人，中部地区 374.72 万人，东部地区 226.01 万人。各级财政共计投入家庭经济困难寄宿生生活补助资金 179.11 亿元。其中，中央财政资金 81.22 亿元，占财政资金总额的 45.35%；省级财政资金 65.18 亿元，占财政资金总额的 36.39%；市级财政资金 7.10 亿元，占财政资金总额的 3.96%；县级财政资金 25.61 亿元，占财政资金总额的 14.30%。

（四）实施营养改善计划

国家从 2011 年秋季学期起，在集中连片的特困地区启动农村（不含县城）义务教育营养改善计划试点工作。中央财政为试点地区农村义务教育阶段学生提供营养膳食补助。现行标准为每生每天 4 元，全年按照学生在校时间 200 天计算。得益于已覆盖国家所有扶贫开发重点县的营养改善计划，3 700 多万名学生营养健康状况明显改善，身体素质明显提升，他们的获得感和幸福感不断增强。

2017 年，中央及地方财政共计投入资金 285 亿元用于农村义务教育阶段学生的营养膳食补助，其中 710 个国家试点县级单位（含兵团 19 个团场）约 8.2 万所学校开展营养改善计划，惠及农村义务教育学生约 2 100 万人，中央财政安排当年膳食补助资金 185 亿元（包括国家试点和地方试点）；29 个省（自治区、直辖市）在 886 个县开展了营养改善计划地方试点工作，覆盖学校约 5.9 万所，惠及学生约 1 600 万人，地方财政安排膳食补助资金约 100 亿元。

三、中等职业教育学生资助的具体方式

中等职业教育是我国高中阶段教育的重要组成部分，担负着培养数以亿计高素质劳动者的重要任务，是我国经济社会发展的重要基础。中等职业教育采取以免学费、发放国家助学金为主的资助方式。

（一）免学费

国家从 2009 年秋季学期起，对公办中等职业学校全日制正式学籍一、二、三年级在校生中所有农村（含县镇）学生、城市家庭经济困难学生和涉农专业学生（艺术类相关表演专业学生除外）免除学费。对在政府职业教育行政管理部门依法批准的民办中等职业学校就读的一、二年级符合免学费政策条件的学生，按照当

地同类型、同专业公办中等职业学校免学费标准由财政给予补助。学费标准高出公办学校免学费标准部分由学生家庭负担；低于公办学校免学费标准的，按民办学校实际标准予以补助。

农村家庭经济困难学生享受免学费政策的具体范围：西藏自治区全区和新疆维吾尔自治区的喀什、和田、克孜勒苏柯尔克孜三地州的农村户籍学生全部享受免学费政策；全国其他地区的农村经济困难学生中，西部地区按在校生的 25%，中部地区按在校生的 15%，东部地区按在校生的 5% 确定享受免学费政策的名额。

城市家庭经济困难学生享受免学费政策的具体范围分地区、按比例确定：西部地区按在校城市学生的 15% 确定，中部地区按在校城市学生的 10% 确定，东部地区按在校城市学生的 5% 确定。

涉农专业具体范围：2009 年秋季学期起，按教育部 2000 年发布的《中等职业学校专业目录》中所列 21 类专业确定；2010 年秋季学期起，按教育部 2010 年发布的《中等职业学校专业目录（2010 年修订）》中所列 32 类专业确定。

免学费标准按各省省（自治区、直辖市）人民政府及价格主管部门批准的学费标准确定。免学费补助资金由中央财政统一按照每生每年 2 000 元的标准，与地方财政按比例分担。

2017 年，全国共有 998.52 万名中等职业学校学生享受免学费政策。其中，西部地区 293.92 万人，占享受免学费资助学生总数的 29.44%；中部地区 334.17 万人，占 33.47%；东部地区 370.43 万人，占 37.09%。全国各级财政共投入中等职业学校免学费补助资金 199.71 亿元，占中职学生资助总额的 54.67%。其中，中央财政资金 107.01 亿元，占免学费补助资金总额的 53.58%；地方财政资金 92.70 亿元，占 46.42%。

（二）发放国家助学金

中央和地方政府共同设立国家助学金，资助具有中等职业学校全日制正式学籍的在校一、二年级所有农村户籍和县镇非农业户籍的学生，以及城市家庭经济困难的学生。

国家助学金按年度申请和评定，按月发放，主要资助学生的生活支出，资助标准为每生每年 2 000 元，连续资助两年，共计 4 000 元。在校三年级学生通过工学结合、顶岗实习获得一定报酬，用于支付学费和生活费。国家助学金直接发放到受助学生专用银行卡（中等职业学校学生资助卡）中，一律不得以实物或服务等形式抵顶或扣减。国家助学金所需资金根据各地财力及生源状况由中央财政和地方财政按比例共同承担。

2017 年，全国有 254.76 万名中等职业学校学生享受国家助学金政策。其中，西部地区 124.09 万人，占享受国家助学金总人数的 48.71%；中部地区 90.47 万人，占享受国家助学金总人数的 35.51%；东部地区 40.20 万人，占享受国家助学金总人数的 15.78%。全国各级财政共投入中等职业学校国家助学金资助资金 50.95 亿元，占中职学校资助总额的 13.95%。其中，中央财政资金 31.75 亿元，占国家助学金资助资金总额的 62.32%；地方财政资金 19.20 亿元，占国家助学金资助资金总额的 37.68%。

（三）地方政府资助

地方政府在落实国家免学费、国家助学金政策的基础上，出台了地方性奖学金、助学金、专项免费等政策。

2017 年，地方政府共投入资助资金 6.81 亿元。其中，西部地区 4.34 亿元，占 63.73%；中部地区 1.07 亿元，占 15.71%；东部地区 1.40 亿元，占 20.56%。共资助中等职业学校学生 87.05 万人。其中，西部地区资助 70.08 万人，占 80.51%；中部地区资助 8.21 万人，占 9.43%；东部地区资助 8.76 万人，占 10.06%。

（四）学校资助

中等职业学校每年安排不低于事业收入 5% 的经费，主要用于对贫困家庭学生，特别是孤残学生、单亲贫困家庭学生、父母丧失劳动能力学生、少数民族学生及烈士子女、优抚家庭子女等实行学费减免。

2017 年，全国中等职业学校共资助 31.44 万人。其中，西部地区资助 14.81 万人，占 47.11%；中部地区资助 12.48 万人，占 39.69%；东部地区资助 4.15 万人，占 13.20%。共投入资金 2.40 亿元。其中，西部地区资金 1.44 亿元，占 60.00%；中部地区 0.75 亿元，占 31.25%；东部地区 0.21 亿元，占 8.75%。

（五）社会资助

地方政府、相关行业、企业安排专项资金设立中等职业学校学生政府奖学金、专业奖学金和定向奖学金。奖学金主要用于支持品学兼优的学生。其中，政府奖学金主要由省、市（地）政府安排专项设立。专业奖学金和定向奖学金由有关行业或地方政府设立。

2017 年，全国共有 3.71 万名中等职业学校学生获得社会资助。其中，西部地区受助 1.67 万人，占 45.01%；中部地区受助 0.68 万人，占 18.33%；东部地区受助 1.36 万人，占 36.66%。中等职业学校社会资助资金共计 1.74 亿元。其中，西部地区 0.57 亿元，占 32.76%；中部地区 0.19 亿元，占 10.92%；东部地区 0.98 亿元，占 56.32%。

（六）顶岗实习

安排中等职业学校三年级学生到企业等单位顶岗实习，获得一定报酬，用于支付学习和生活费用。按《中等职业学校学生实习管理办法》要求，学校和实习单位要共同制订实习计划，使学生在实习期间既能接受技能训练，也能获得相应的专业知识和理论教育。不得安排一年级学生到企业等单位顶岗实习，不得安排学生从事体力劳动强度过大和有安全隐患的实习劳动；不得安排学生到酒吧、夜总会、歌厅、洗浴中心等营业性娱乐场所实习；不得安排学生每天顶岗实习超过 8 小时；不得通过中介机构代理组织、安排和管理实习工作。

2017 年，全国共有 134.44 万名中等职业学校学生参加顶岗实习。其中，西部地区 40.61 万人，占 30.21%；中部地区 47.24 万人，占 35.14%；东部地区 46.59 万人，占 34.65%。中等职业学校顶岗实习金额共 103.67 亿元。其中，西部地区 31.71 亿元，占 30.59%；中部地区 16.89 亿元，占 16.29%；东部地区 55.07 亿元，占 53.12%。

四、普通高中学生资助的具体方式

普通高中是高中教育阶段的主要组成部分，担负着为高一级学校输送合格新生及为国家建设培养劳动后备力量的双重任务。但目前我国普通高中仍然为非义务教育，学生就读须缴纳必要学费与其他费用。因此，国家对普通高中在校生中的家庭经济困难学生实施资助，并自 2009 年开始针对部分贫困地区实施高中免学费政策。其具体资助方式有以下几种。

（一）国家助学金

普通高中国家助学金由中央和地方政府共同设立，用于资助普通高中家庭经济困难的学生，平均资助标准为每生每学年 2 000 元（具体标准由各地结合实际在 1 000～3 000 元范围内确定，可以分为 2～3 档），资助面约占全国普通高中在校生总数的 20%，其中，东部地区为 10%，中部地区为 20%，西部地区为 30%。各地可结合实际，在确定资助面时适当向农村地区、贫困地区和少数民族地区倾斜。

2017 年，全国普通高中国家助学金到位资金共计 99.72 亿元。其中，中央资金 64.16 亿元，占 64.34%；省级资金 18.39 亿元，占 18.44%；市级资金 6.23 亿元，占 6.25%；县级资金 10.94 亿元，占 10.97%。全国共有 499.31 万名普通高中学生享受国家助学金政策。其中，西部地区 250.27 万人，资助比例 32.97%；中部地区 180.86 万人，资助比例 19.70%；东部地区 68.18 万人，资助比例 9.61%[①]。

（二）建档立卡等家庭经济困难学生免除学杂费

公办普通高中建档立卡家庭经济困难学生是指符合国务院扶贫办发布的《扶贫开发建档立卡工作方案》相关规定，在全国扶贫开发信息系统中建立电子信息档案，持有《扶贫手册》的普通高中学生，此外，非建档立卡家庭经济困难残疾学生，农村低保家庭学生，农村特困救助供养学生（孤儿和五保学生），从 2016 年秋季学期起，免除学杂费。

2017 年，全国普通高中建档立卡等家庭经济困难学生免学杂费资助资金共计 24.17 亿元。其中，中央预拨资金 15.92 亿元，占 65.87%。全国共有 186.66 万名普通高中学生享受建档立卡等家庭经济困难学生免学杂费政策。其中，西部地区 123.48 万人，资助比例为 16.27%；中部地区 50.55 万人，资助比例为 5.51%；东部地区 12.63 万人，资助比例为 1.78%[①]。

（三）地方政府资助

地方政府在落实国家助学金和建档立卡等家庭经济困难学生免学杂费资金的基础上，另外投入资金资助普通高中学生。

2017 年，地方政府共投入资助资金 52.30 亿元，资助普通高中学生 509.89 万人次。其中，西部地区资助 391.97 万人次、中部地区资助 94.15 万人次、东部地区资助 23.78 万人次。

（四）学校资助

普通高中从学校事业收入中足额提取 3%～5% 的经费（具体标准由各省级行政区结合实际制定），专项用于减免家庭经济困难学生学费、设立校内奖助学金和特困补助等。

2017 年，全国普通高中从事业收入中提取并投入资助资金 13.16 亿元。其中，西部地区投入 3.55 亿元、中部地区投入 8.28 亿元、东部地区投入 1.33 亿元。共资助学生 91.23 万人次。其中，西部地区资助 29.96 万人次、中部地区资助 29.19 万人次、东部地区资助 32.08 万人次。

---

① 在统计时，除了口径以外，还有四舍五入的问题，所以会有总的比例不到 100% 的情况。

（五）社会资助

各级政府和普通高中逐步完善捐资助学相关优惠政策措施，积极引导和鼓励社会团体、企事业单位及个人等面向普通高中设立奖学金、助学金。

2017年，全国普通高中社会资助资金共计4.46亿元。其中，西部地区1.87亿元、中部地区2.00亿元、东部地区0.58亿元[1]。全国共有23.33万人次普通高中学生获得社会资助。其中，西部地区受助9.74万人次、中部地区受助9.87万人次、东部地区受助3.72万人次。

五、普通高等学校学生资助的具体方式

普通高等学校学生是指按照规定设置的全日制大学、学院、高等职业技术学院/职业学院、高等专科学校统一招收的博士硕士研究生、本专科学生。在普通高等教育阶段，目前，我国已建立了完善的学生资助政策体系。

（一）奖学金

奖学金分为国家奖学金、国家励志奖学金、研究生学业奖学金、其他各类奖学金等。

1. 国家奖学金

国家奖学金是指为了激励普通高等学校学生勤奋学习、努力进取，在德、智、体、美等方面全面发展，由中央政府出资设立的用来奖励特别优秀的全日制在读研究生和本专科学生的奖学金。

从2005年起，中央政府出资设立高等学校国家奖学金，奖励特别优秀的全日制普通高等学校本专科（含高等职业学校、第二学士学位）在校生，从二年级起无论家庭经济是否困难，只要符合规定条件，均可申请获得国家奖学金，每生每年8 000元。同一学年内，获得国家奖学金的家庭经济困难学生可以同时申请并获得国家助学金，但不能同时获得国家励志奖学金。

从2012年起，中央财政出资设立研究生国家奖学金，用于奖励普通高等学校中表现优异的全日制研究生。研究生国家奖学金每年奖励4.5万名在读研究生。其中，博士研究生1万名，硕士研究生为3.5万名。博士研究生国家奖学金奖励标准定为每生每年3万元；硕士研究生国家奖学金奖励标准定为每生每年2万元。

---

① 在统计时，除了口径以外，还有四舍五入的问题，所以分项数据之和与总计数据略有出入。

2017年，国家奖学金共奖励本专科生5万人次，奖励金额4亿元；奖励硕士研究生3.5万人次，奖励金额7亿元；奖励博士研究生1万人次，奖励金额3亿元。

2.国家励志奖学金

国家励志奖学金是为了激励普通高等学校的家庭经济困难学生勤奋学习、努力进取，在德、智、体、美等方面全面发展，由中央和地方政府共同出资设立的，奖励资助品学兼优的家庭经济困难学生的奖学金。从2007年起，国家励志奖学金资助面平均约占全国全日制普通高等学校本专科在校学生总数的3%，每生每年5 000元，一次性发放。同一学年内，申请国家励志奖学金的学生可以同时申请并获得国家助学金，但不能同时获得国家奖学金。

2017年，高等学校国家励志奖学金奖励本专科生80.78万人，奖励金额40.39亿元。

3.研究生学业奖学金

研究生学业奖学金是指为了激励研究生勤奋学习、潜心科研、勇于创新、积极进取，在全面实行研究生教育收费制度的情况下更好地支持研究生顺利完成学业所设立的奖学金。从2014年秋季学期开始，中央财政对中央部门直属高等学校学业奖学金所需资金，按博士生每生每年10 000元、硕士研究生每生每年8 000元的标准及在校生人数的一定比例给予支持。获得研究生学业奖学金奖励的研究生，可以同时获得研究生国家奖学金、研究生国家助学金等。

2017年，研究生学业奖学金奖励研究生143.47万人，奖励金额104.32亿元。

（二）高等学校国家助学金

中央和地方政府共同出资设立的高等学校国家助学金，主要资助家庭经济困难的全日制普通高等学校本专科在校学生的生活费用开支。国家助学金资助面平均约占全国全日制普通高等学校本专科在校学生总数的20%。全国平均每生每年3 000元。

2017年，国家助学金资助本专科生565.92万人次，资助金额162.49亿元；资助研究生219.94万人次，资助金额117.19亿元。

（三）国家助学贷款

国家助学贷款是指由政府主导，金融机构向高等学校家庭经济困难学生提供的信用助学贷款，帮助其解决在校期间的学习、住宿和生活费用，毕业后分期偿还。国家助学贷款有两种模式：一是校园地国家助学贷款，可以通过本校学生资助部门向经办银行申请国家助学贷款；二是生源地信用助学贷款，贷款人向户籍所在县（市、区）的学生资助管理机构提出贷款申请。

2017 年，银行共发放助学贷款 284.20 亿元，占高等学校资助资金总额的 27.05%，贷款人数为 409.16 万人。其中，发放生源地信用助学贷款 270.23 亿元，贷款人数为 389.52 万人。国家财政为国家助学贷款支付贴息 29.31 亿元，其中，中央财政贴息 8.33 亿元，地方财政贴息 20.98 亿元。

（四）高等学校学生应征入伍国家资助（含直招士官）

应征入伍服义务兵役的高等学校学生，可获得国家资助。国家补偿学生在校期间缴纳的学费，或代偿国家助学贷款；在读学生（含新生）服役期间，保留学籍（或入学资格），退役后如愿复学（或入学），可获学费减免，每人每年不超过 8 000 元。

2017 年，全国 15.64 万名高等学校学生应征入伍服兵役享受国家资助，资助金额 20.72 亿元。

（五）高等学校学生基层就业学费补偿、贷款代偿

国家对中央部门直属高等学校应届毕业生，自愿到中西部地区和艰苦边远地区基层单位就业，服务期达到 3 年及以上的，实施学费补偿或国家助学贷款代偿，每人每年不超过 8 000 元，分 3 年补偿或代偿完毕。地方高等学校毕业生学费补偿、贷款代偿由各地参照中央政策制定执行。

2017 年，全国 6.94 万名高等学校毕业生赴基层就业享受学费补偿、贷款代偿，所获资助金额 6 亿元。

（六）师范生免费与补助

部属师范大学率先试行师范生免费教育，北京师范大学、华东师范大学、东北师范大学、华中师范大学、陕西师范大学和西南大学的公费师范生，在校期间不用缴纳学费、住宿费，还可获得生活费补助。有志从教并符合条件的优秀非师范生，在入学两年内，也可转入师范专业，学校会返还学费、住宿费、补发生活费补助。

2017 年，部属 6 所师范院校及部分地方师范院校师范生免费与补助政策资助 7.03 万人，资助金额 6.15 亿元。

（七）新生入学资助

从 2012 年秋季学期起，中央财政利用中央专项彩票公益金，设立了普通高等学校家庭经济困难学生入学资助项目，用于一次性补助高等学校家庭经济困难新

生入校报到的交通费及入学后短期生活费。资助对象为中西部地区每年高考考入全日制普通高等学校的家庭经济困难新生。资助标准为省（区、市）内院校录取新生每人 500 元，省（区、市）外院校录取新生每人 1 000 元。入学资助项目优先资助孤残学生、父母丧失劳动能力学生、少数民族学生、烈士子女、单亲家庭经济困难学生、农村绝对贫困家庭学生、享受城镇居民最低生活保障政策家庭学生和因突发事件导致家庭经济困难学生、农村计划生育独生子女和双女户家庭学生等。

2017 年大学新生入学资助项目共资助 15.35 万人，资助金额 1 亿元。

（八）退役士兵学费资助

退役士兵学费资助内容包括：一是学费资助；二是家庭经济困难退役士兵学生生活费资助；三是其他奖助学金资助。

2017 年退役士兵考入普通高等学校享受学费资助 1.07 万人，资助金额 6 036.58 万元。

（九）研究生"三助"岗位津贴

高等学校利用教育拨款、科研经费、学费收入、社会捐助等资金设置研究生"三助"岗位，并提供津贴。原则上，助研津贴主要通过科研项目经费中的劳务费及科研间接费列支，助教津贴和助管津贴所需资金由高等学校承担。研究生"三助"岗位津贴标准由高等学校依据国家有关规定，结合当地物价水平等因素合理确定。

2017 年，研究生"三助"岗位津贴资助金额达 51.75 亿元，资助人数 168.33 万人。

（十）勤工助学

勤工助学是学校学生资助工作的重要组成部分，是提高学生综合素质和资助家庭经济困难学生的有效途径。学生参加勤工助学不应当影响学业，原则上每周不超过 8 小时，每月不超过 40 小时。学生参加校内临时岗位的勤工助学，其劳动报酬由学校按小时计算，每小时酬金原则上不低于 8 元。

2017 年，普通高等学校学生参与勤工助学 361.91 万人次，所获资助金额 25.98 亿元。

（十一）特殊困难补助

在公办全日制普通高等学校中，那些在校月收入（包括奖学金和各种补贴）

低于学生所在地区居民的平均最低生活水准线的本、专科学生可以申请特殊困难补助。

2017年，共发放特殊困难补助金额9.25亿元，资助学生147.72万人次。

（十二）伙食补贴

在普通高等学校学生伙食补贴的基础上，再拨出专项资金，对家庭经济困难学生增加伙食补贴。

2017年共发放伙食补贴12.98亿元，资助人数624.13万人次。

（十三）学费减免

国家对公办全日制普通高等学校中家庭经济特别困难、无法缴纳学费的学生，特别是其中的孤残学生、少数民族学生及烈士子女、优抚家庭子女等，可获得减免学费资助。

2017年，学费减免资助20.79万人，减免金额8.07亿元。

（十四）校内无息借款资助

根据国家教育部、财政部有关文件精神，为帮助家庭经济困难学生，或因突发事件造成经济特困的学生完成学业，学校设立校内无息借款基金，在本科学生中实行校内无息借款制度。

2017年，校内无息借款资助5.23万人，借款金额3.42亿元。

（十五）"绿色通道"

为切实保证家庭经济困难学生顺利入学，教育部、国家发改委、财政部规定各全日制普通高等学校都必须建立"绿色通道"制度，即对被录取入学、家庭经济困难的新生，学校一律先办理入学手续，然后再根据核实后的情况，分别采取不同办法予以资助。

2017年秋季学期，通过"绿色通道"入学的家庭经济困难学生127.66万人，占当年报到新生总人数的15.11%。

此外，还有其他项目资助，2017年，其他项目资助284.47万人次，资助金额46.39亿元。

总之，我国农村学生资助的具体方式尽管各个学段有所不同，但构成了一个完整的学生资助政策体系（图7-1）。

```
                                                    ┌── 政府资助
                                    学前教育阶段 ────┼── 幼儿园资助
                                                    └── 社会资助

                                                    ┌── 免学杂费
               ┌── 基础教育阶段 ──┬── 义务教育阶段 ─┼── 免费教科书
               │                  │                  ├── 寄宿生生活补助
               │                  │                  └── 营养改善计划
               │                  │
               │                  │                              ┌── 免学费
               │                  │                              ├── 国家助学金
               │                  │              ┌── 中等职业教育┼── 地方政府资助
               │                  │              │               ├── 学校资助
               │                  │              │               ├── 社会资助
               │                  └── 高中教育阶段┤               └── 顶岗实习
               │                                 │               ┌── 国家助学金
               │                                 │               ├── 建档立卡等家庭经济
               │                                 └── 普通高中 ────┤    困难学生免除学杂费
               │                                                 ├── 地方政府资助
               │                                                 ├── 学校资助
               │                                                 └── 社会资助
               │
               │                                    ┌── 国家励志奖学金
               │                                    ├── 师范生免费与补助
               │                                    ├── 退役士兵学费资助
               │                                    ├── 勤工助学
               │                                    ├── 困难补助
               │                                    ├── 伙食补贴
               │                                    ├── 学费减免
               │                                    ├── 校内无息借款资助
               │                   ┌── 本专科教育阶段┼── 国家奖学金
               │                   │                ├── 国家助学金
               └── 高等教育阶段 ───┤                ├── 国家助学贷款
                                   │                ├── 基层就业学费补偿
                                   │                │    贷款代偿
                                   │                ├── 应征入伍国家资助
                                   │                │    (含直招士官)
                                   │                ├── 校内奖助学金
                                   │                ├── 新生入学资助
                                   │                ├── "绿色通道"
                                   └── 研究生教育阶段┼── 研究生学业奖学金
                                                    └── 研究生"三助"
                                                         岗位津贴
```

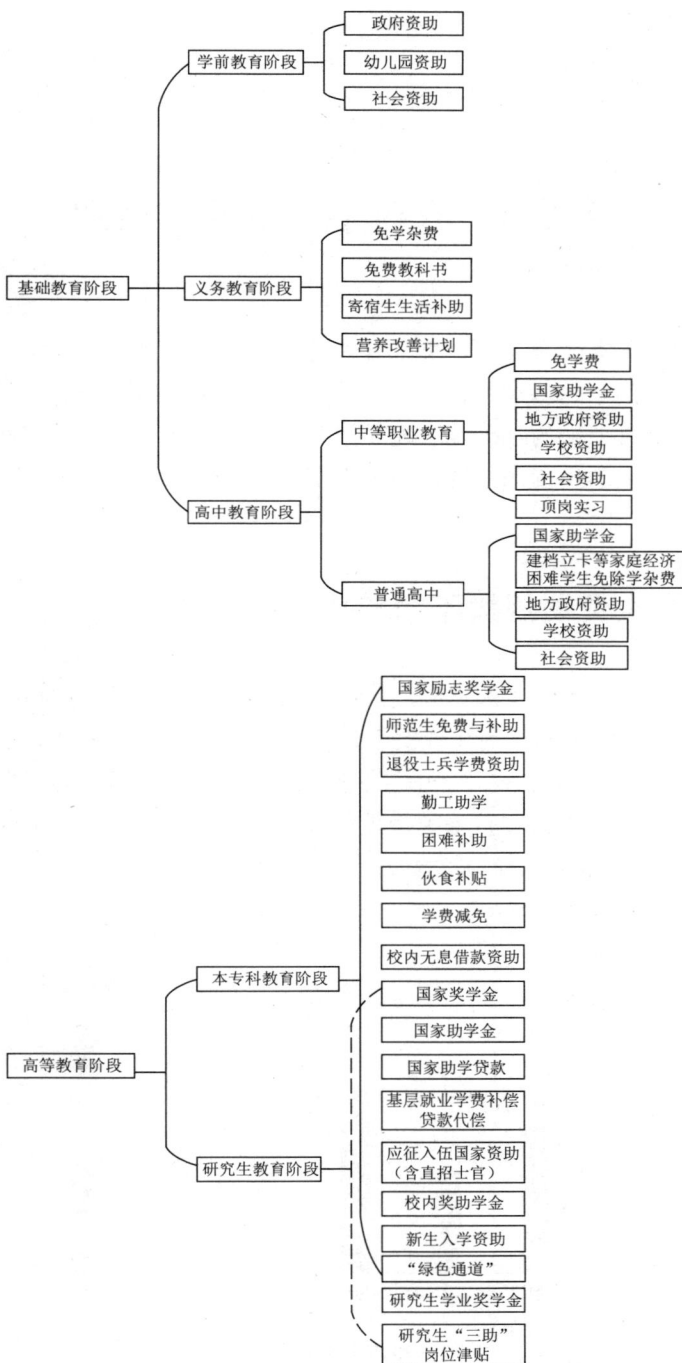

图 7-1 我国学生资助政策体系

第四节 农村学生资助的成效

教育决定着人类的今天，也决定着人类的未来。教育兴则国兴，教育强则国强。促进公平是国家的基本教育政策。让农村贫困家庭的孩子都能接受公平的有质量的教育是促进公平的基础性、先导性工作。改革开放以来，党和各级政府砥砺奋进，不断加大学生资助力度，我国学生资助工作取得重大进展，教育公平迈出重大步伐。

一、学生资助规模不断扩大

为实现"不让一个学生因家庭经济困难而失学"的目标，党和各级政府不断加大学生资助力度，资助范围和规模不断扩大，仅 2012—2016 年，全国累计资助学前教育、义务教育、普通高中、中等职业教育、高等教育等各教育阶段学生（幼儿）4.25 亿人次（不含义务教育免费教科书和营养膳食补助）。年资助学生（幼儿）从 2012 年的 8 413.84 万人次，增加至 2016 年的 9 126.14 万人次，增长了 8.47%，年均增幅 2.05%（图 7-2）。

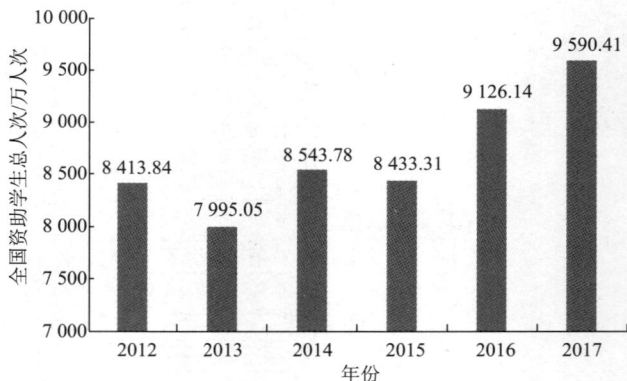

图 7-2　2012—2017 年我国学生资助总人次

其中，学前教育阶段资助幼儿 2 231.40 万人次，资助金额 238.99 亿元；义务教

育阶段发放寄宿生生活补助金额 855.81 亿元，资助学生 7 730.09 万人次；资助普通
高中学生 4 226.91 万人次，资助金额 622.85 亿元；资助中等职业学校学生 8 269.30
万人次，资助金额 1 621.24 亿元；资助普通高等学校学生 20 054.42 万人次，资助
金额 3 642.62 亿元。

　　2017 年，全国累计资助学前教育、义务教育、中等职业教育、普通高中和普
通高校学生（幼儿）9 590.41 万人次（不包括义务教育免除学杂费和免费教科书、
营养膳食补助），比 2016 年增加 464.27 万人次（图 7-2）。其中，资助学前教育
幼儿 889.77 万人次，资助金额 93.20 亿元，比 2016 年增加 25.02 亿元，增幅 36.70%；
发放义务教育阶段寄宿生生活补助金额 179.11 亿元，资助学生 1 604.61 万人次，
补助金额比 2016 年增加 14 亿元，增幅 8.48%；资助中等职业学校学生 1 509.92
万人次，资助金额 365.29 亿元，比 2016 年增加 33.16 亿元，增幅 9.98%；资助普
通高中学生 1 310.42 万人次，资助金额 193.80 亿元，比 2016 年增加 26.30 亿元，
增幅 15.70%；资助普通高校学生 4 275.69 万人次，资助金额 1 050.74 亿元，比 2016
年增加 94.90 亿元，增幅 9.93%。

二、学生资助金额逐年增加

　　在学生资助范围和规模不断扩大的同时，资助金额也在逐年增加。2012—2016
年，各教育阶段全国累计资助资金总额 6 981.52 亿元。年资助金额从 2012 年的
1 126.08 亿元，增加至 2016 年的 1 688.76 亿元，增长了 49.97%，年均增幅 10.66%。
2017 年累计资助金额 1 882.14 亿元（不包括义务教育免除学杂费和免费教科书、
营养膳食补助），比 2016 年增加 193.38 亿元，增幅 11.45%。学生资助资金连续
11 年保持高速增长，如图 7-3 所示。

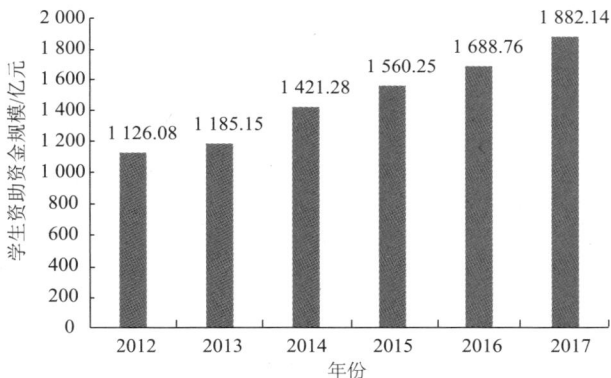

图 7-3　2012—2017 年我国学生资助资金规模

三、财政投入累计不断增加

在资助金额逐年增加的同时,各级政府财政投入累计也不断增加。2012—2016年,各教育阶段财政投入学生资助资金达4 780.62亿元,占资助总额的68.48%。其中,中央财政达2 506.78亿元,占财政投入的52.44%;地方财政达2 273.84亿元,占财政投入的47.56%。

年财政投入资金从2012年的824.74亿元,增长至2016年的1 109.16亿元,增长了34.49%,年均增幅7.69%。其中,中央财政年投入资金从2012年的422.10亿元,增加至2016年的579.20亿元,增长了37.22%,年均增幅8.23%;地方财政年投入资金从2012年的402.64亿元,增加至2016年的529.96亿元,增长了31.62%,年均增幅7.11%,如图7-4所示。

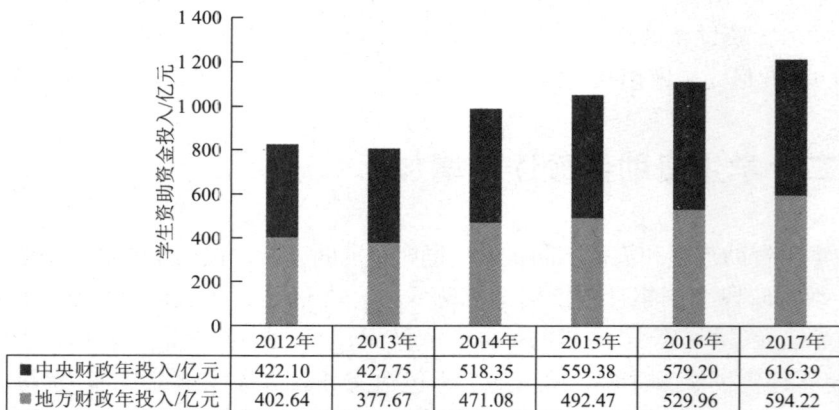

	2012年	2013年	2014年	2015年	2016年	2017年
■中央财政年投入/亿元	422.10	427.75	518.35	559.38	579.20	616.39
■地方财政年投入/亿元	402.64	377.67	471.08	492.47	529.96	594.22

图7-4 2012—2017年我国中央财政与地方财政学生资助资金投入

按学段分,财政投入占同学段资助总额的比例分别为:学前教育96.13%;义务教育100%;普通高中88.04%;中职教育81.34%;高等教育50.19%。

在2017年学生资助资金中,财政投入共计1 210.61亿元(不含义务教育免除学杂费和免费教科书、营养膳食补助),比2016年增加101.45亿元,增幅9.15%,财政投入占当年资助资金的比例为64.32%。财政投入是国家学生资助经费的主要来源,政府发挥了主导作用。其中,2017年中央财政共投入616.39亿元,比2016年增加37.19亿元,增幅6.42%,占资助总金额的32.75%;地方财政共投入594.22亿元,比2016年增加64.26亿元,增幅12.12%,占资助总金额的31.57%(图7-4)。

按学段分,2017年学前教育资助财政资金投入89.01亿元,占学前教育资助资金总额的 95.50%；义务教育寄宿生生活费补助均为财政资金；中等职业教育资助财政资金投入 257.48 亿元，占中等职业教育资助资金总额的 70.49%；普通高中教育资助财政资金投入 176.19 亿元，占普通高中教育资助资金总额的 90.91%；普通高校资助财政投入 508.83 亿元，占普通高校资助资金总额的 48.43%。

四、学校和社会投入累计增幅较大

我国是一个发展中大国，正举办着世界上最大规模的教育，需要资助的学生量大、面广。要建立健全家庭经济困难学生资助制度，除了按照建立公共财政体制的要求，大幅度增加财政投入外，应充分调动社会各方面的积极性，多渠道筹措资助经费，促使资助主体多元化。改革开放以来，我国经济的运行方式发生了很大变化。原有的国民经济分配格局被打破，经济主体和利益主体已多元化，教育资源也分散化了。社会、企业、个人都掌握着一部分教育资源，都是教育资源配置的主体，当然也是学生资助的主要力量。随着我国经济的快速发展，一大批富有生命力的企业和关注中国教育发展的远见卓识的企业家也纷纷投入到学生资助之中，形成了学校、企事业单位、社会团体和个人捐资助学的良好局面，其投入累计增幅也较大。2012—2016 年，学校从事业收入中安排的资助资金，企事业单位、社会团体和个人捐助的资助资金及高等学校国家助学贷款等资金累计 2 200.90 亿元，占资助总额的 31.52%。年资金投入从 2012年的 301.33 亿元，增加至 2016 年的 579.59 亿元，增长了 92.34%，年均增幅 17.77%（图 7-5）。

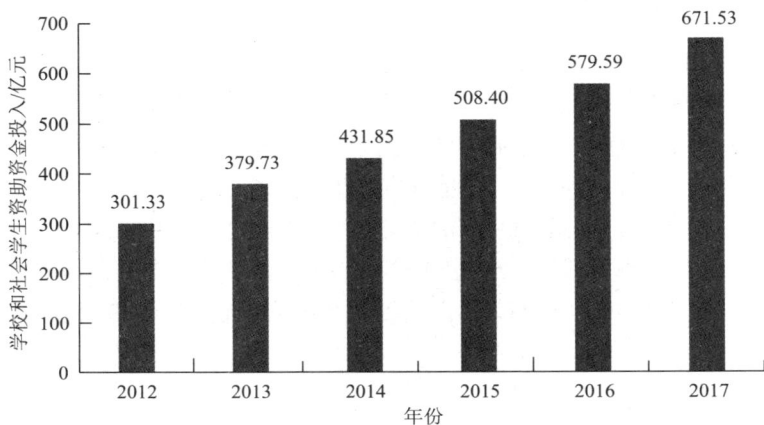

图 7-5　2012—2017 年我国用于学生资助的学校及社会资金投入

2017 年，学校从事业收入中提取支出资助资金共 257.64 亿元，较 2016 年增加 38.42 亿元，增幅 17.53%，占资助资金总额的 13.69%；企事业单位、社会团体和个人捐助等各类资助资金共 129.69 亿元，较 2016 年增加 32.56 亿元，增幅 33.52%，占资助资金总额的 6.89%。

总之，国家学生资助政策的全面落实，切实减轻了农村贫困家庭的经济负担，增强了人民群众的获得感，促使教育公平迈上了一个新台阶。

第五节　农村学生资助的经验

帮助家庭经济困难的学生更好地接受教育，确保他们能够顺利入学、顺利完成学业，阻断贫困的代际传递，是以教育公平促进社会公平的重大举措，是中国特色社会主义制度优越性的重要凸显，也是建立学生资助政策体系的出发点和落脚点。回顾 40 年来我国学生资助政策体系建设的历程，有以下五点经验是值得充分肯定和总结的。

一、党和政府高度重视教育公平

教育公平是社会公平的基础，没有教育的公平，就没有社会公平；教育不公平的代际传递会加速社会分化。从长期来看，教育是调整收入差距、促进社会公平、构建和谐社会的有效工具。为了促进教育公平，党和政府历来高度重视学生资助工作。为切实解决好家庭经济困难学生上学问题，党和政府以问题为导向，主动倾听人民呼声，积极回应人民期待。习近平等党和国家领导人先后到农村，到学校，到群众中看望贫困家庭，看望家庭经济困难学生，并向全国人民做出庄严承诺，无论遇到多么大的困难，国家促进教育公平的决心不会改变，扶助经济困难学生的政策措施不会改变，保障"每一个孩子不因家庭经济困难而失学"的承诺不会改变。

二、资助体系日臻完善

随着党和政府对学生资助工作的高度重视，财政、教育等部门全面落实党和政府的重大决策部署，从国情出发，坚定不移地持续推进我国学生资助制度建设。国家学生资助政策体系从不完善逐步走向完善，资助项目从少到多，资助面从窄到宽，目前我国已经建立了覆盖从学前教育到研究生教育的全方位的学生资助政策体系，实现了"三个全覆盖"：各个学段全覆盖、公办民办学校全覆盖、家庭经济困难学生全覆盖，形成了最好的资助制度安排，充分保障了"不让一个学生因家庭经济困难而失学"目标的实现。

在学前教育阶段，按照"地方先行，中央奖补"的原则，各地都因地制宜地制定了地方的学前教育资助政策；在义务教育阶段，全面免除城乡义务教育阶段学杂费，全部免费提供教科书，对家庭经济困难寄宿生提供生活补助，还实施了营养改善计划；在中等职业教育阶段，建立了国家助学金制度，实施了国家免学费、学生顶岗实习等制度；在普通高中教育阶段，建立了国家助学金制度，实施了建档立卡等家庭经济困难学生免学杂费的政策；在本专科教育阶段，建立了国家奖助学金、国家助学贷款、学费补偿贷款代偿、新生入学资助、校内奖助学金、困难补助、学费减免、"绿色通道"等多元混合的资助政策体系；在研究生教育阶段，建立了国家奖助学金、国家助学贷款、研究生"三助"岗位津贴、学费补偿贷款代偿等政策体系。

三、"三位一体"资助格局基本稳定

改革开放以来，国家不断强化政府职责，充分发挥公共财政的职能，持续加大财政对学生资助投入的力度，凸显政府在促进社会公益事业上的基础性保障作用。各级各类学校按照国家明确要求，加大学生资助经费投入，从事业收入中提取一定比例用于学生资助。社会各个方面，企事业单位、社会团体、个人踊跃捐资助学，成为我国学生资助事业不可或缺的重要组成部分。经过多年的努力，我国逐步形成了以财政投入为主，学校和社会资金为重要补充的经费筹措渠道，构建了政府主导、学校和社会广泛参与的"三位一体"的农村学生资助格局。

其中，财政资金重点解决全局问题、一般性问题，学校资金和社会资金重点解决局部问题、特殊问题。在政府织密织牢学生资助兜底网的基础上，学校和社会进一步织细补牢兜底网，在功能上实现了无缝对接。任何一名农村学生，只要家庭经济困难，不管是长期性经济困难，还是临时性、突发性经济困难，都能享受到相应资助，确保了不因家庭经济困难而失学，在政策目标上实现了应助尽助。

四、资助内涵不断发展丰富

经过多年的发展，我国的学生资助内涵不断发展丰富，走出了一条中国特色的资助之路，形成了"普惠、助困、奖优、引导"的复合型资助体系结构。"普惠"以免学费为主，体现了公益性；"助困"以国家助学金、国家助学贷款、困难补助等为主，体现了公平性；"奖优"以国家奖学金、国家励志奖学金、学业奖学金和校内奖学金为主，体现了激励性；"引导"以基层就业学费补偿贷款代偿、应征入伍国家资助（含直招士官）、师范生免费教育与补贴为主，体现了政府的导向性。

我国已发展形成了经济资助与体质改善相结合的资助方式。在提供直接经济帮助的基础上，我国实施的农村义务教育学生营养改善计划，着力解决贫困地区学生在校吃不上热饭，甚至饿着肚皮上学的现象，体现了党和政府对贫困地区青少年学生身体素质的高度重视，表明了国家关心下一代健康成长的战略部署。我国更发展形成了资助育人的理念，教育的根本任务是立德树人，在对于家庭经济困难学生给予经济资助的同时，近年来各地各学校更加重视发挥资助工作的育人功能，培养学生自立自强、诚实守信、爱国奉献的品德，培养学生实践能力、创新能力和社会责任感，促进学生全面发展，实现了从经济型资助到发展型资助的重大创新发展。

五、政府的保障能力显著提高

为落实国家资助政策，教育、财政等部门精心组织，周密部署，切实推进包括机构队伍、经费保障、机制建设等在内的工作保障体系建设，教育机会平等的保障能力前所未有。

1）建立起了中央、省、地、县、校五级学生资助管理机构和队伍，覆盖了全国所有的地区和学校。同时，逐步形成了由教育、财政、审计、纪检监察和社会力量参与的监督机制。

2）建立起了中央、省、地、县四级财政资金分担机制，按照学校隶属关系、经济发展程度、教育层次等因素实行资金合理分担。

3）建立起了精准资助、资助育人、资助宣传、绩效考评、监督检查和集中发放等一系列工作机制。

我国学生资助工作体制机制的建立和完善，确保了学生资助工作依法推进、公平公正。只要学生家庭经济困难，无论在哪个地方，无论在哪个学段，无论在哪所学校，都能找得到组织，都能享受到相应的资助政策；只要家庭经济困难学生发奋学习，从幼儿园一直到博士毕业，全程都有政府资助的保驾护航，政府"一保到底"的保障能力显著提高。

总之，在国家资助政策的帮助与激励下，无数面临家庭经济困难的优秀学子，进入学校，奋发学习，重新获得发展自我、改变命运、阻断家庭贫困代际传递的机会。这是人民群众得实惠最多的制度设计，不仅让数以千万计的贫困家庭子女共享社会发展成果，赢得人生出彩的机会，更让广大人民群众亲身感受到党和政府的关怀，促进了社会的和谐稳定。

第八章
未来农村教育改革与发展

　　由于我国各地经济社会发展严重不平衡、不充分，城乡二元结构矛盾突出。作为处于二元社会的中国，教育发展最突出的问题之一就是城乡之间、地区之间发展不均衡。这种不均衡，一方面体现在各级各类教育的普及率上；另一方面，更为重要的是，教育质量的差异，城乡之间、地区之间无论是办学条件还是师资水平整体上都存在着较大的差距。为了缩小这种差距，40 年来党和政府已进行了大量的探索和实践，积累了许多成功的经验，但应当看到，农村教育改革与发展，具有长期性、复杂性和全局性的特点，特别是重点和难点的破解，必须认真对待，不断加大改革力度。根据我国经济社会发展的实际情况和农村教育发展的现状，未来农村教育改革与发展的重点是要大力推行城乡义务教育一体化，保证农村贫困地区的教育能够比较均衡地发展；要不断加强农村中小学教师队伍建设，确保城乡义务教育真正实现一体化发展；需要高度重视的是县域内城乡薄弱学校建设，确保义务教育真正实现均衡发展；需要竭力关注的是三类儿童的教育问题，让所有孩子享有均等的受教育权利；需要进一步理顺政府、学校和社会的关系，努力实现教育"管办评"分离。

第一节 大力推行城乡义务教育一体化

我国是一个经济发展极不平衡、不充分的发展中大国，要全面推进农村教育的发展，其难点在经济欠发达地区，特别是经济落后的农村贫困地区。目前，我国大中城市和东部经济发达地区的义务教育资源已极为丰富，区域之间、城乡之间、学校之间和不同受教育群体之间的差别极大缩小，每一个个体都能享有相对均等的教育条件，当前及今后这些地区义务教育的发展是要尽可能地使每一学生的个性差异和发展潜能都能得到充分尊重与最大限度的发挥，并高质量普及高中阶段的教育。而在经济落后的农村贫困地区，义务教育只能以完成基本的培养目标为限度。因此，要使义务教育均衡发展的目标在我国得以顺利实施，保证每一个学生都能在大致相同的条件下接受教育，关键就是要消除经济社会发展滞后等客观因素的不利影响，为义务教育均衡发展创造良好的条件和环境，以保证经济落后农村贫困地区的义务教育也能够比较均衡地发展。

然而，随着城镇化的推进，各种要素不断向城镇集聚，这一方面使得教育资源得到合理配置，利用效率得到提高。从总体上来看，教育资源的集中和优化，不仅有助于提高教育资源的利用效率，而且为城乡学生"上好学"提供了条件，使得更多孩子能够接受好的教育。从各地城镇化过程中的教育实践来看，撤并一批过于分散的小规模学校，在交通便利、人口相对集中的城镇建设一批大规模学校，把有限的农村教育资源集中到办学能力强的城镇学校，以城镇学校带动农村学校，是城镇化过程中县域教育工作的基本方略。因此，城镇化对促进县域内的教育均衡发展具有积极作用。但在另一方面，农村中小学向城镇集中也加大了边远贫困地区、贫困家庭学生辍学和失学的风险，使政府有限的教育资源在效率的作用下失去可以保证每个学龄儿童都能上学的公平性，导致边远贫困地区的农村学校与县镇学校的差距越来越大。因而，在未来，撇开边远贫困地区农村孩子是否能上高中、大学不说，仅就中小学来说，就无法让他们与城镇的孩子处于同等的地位进行竞争，而在经济与教育的互动关系越来越密切，人力资本在一定程度上决定收入水平的今天，这对边远农村贫困地区的孩子无疑是不公平的。因此，城镇化必须兼顾到城镇与边远贫困地区的学校，协调好经济发达的城镇与农村边远贫困地区教育的发展，努力实现城乡教育一体化。

一、科学制订县域内城乡义务教育发展规划，突出城乡教育一体化发展的总体思路

城乡教育一体化是在教育公平的核心价值取向下，打破城乡二元僵局，建设城乡教育共同体，在保持与发挥城乡教育区域性特色与优势的基础上，促进城乡教育互动联结、相互帮扶、相互作用、消解差距，逐步实现城乡教育公平、协调发展的动态进程。而城乡教育一体化的重点在县域。县域是一种行政区划型区域，是以县城为中心、乡镇为纽带、农村为腹地的区域。目前县域内的中小学生仍占全国中小学生的大多数，城乡教育的矛盾也主要集中在县域范围内县镇和农村教育上。因此，推进城乡义务教育一体化发展，关键在于科学规划县域义务教育发展。

而科学规划县域义务教育发展必须遵循"就近入学"的基本原则，合理规划好农村学校建设。没有农村教育的发展，城乡教育均衡发展就无从谈起；没有好的县域教育发展规划，也就无法推进城乡义务教育一体化发展。要探索形成以城带乡、城乡一体的县域教育发展新格局，探索城乡互补的新机制，并对已经形成的县域教育规划做出必要调整，突出一体化发展的总体思路。对于农村教育发展的关键领域、薄弱环节，要实施政策再倾斜。国家要出台硬性规定和农村学校办学标准，补齐其中诸多薄弱的短板，防止城乡差距再扩大。在实施城乡统筹过程中，要建立和完善各项帮扶农村教育的制度，并向农村边远贫困地区倾斜，向薄弱学校（教学点）倾斜，向农村困难群体子女倾斜，从根本上弥补城乡、地区、学校和群体之间的教育差距。

二、结合县域内城乡的实际情况，实行义务教育学校标准化建设

统筹县域内城乡义务教育资源均衡配置，实行义务教育学校标准化建设，对于改善农村贫困地区义务教育学校办学条件、缩小城乡教育差距、推进城乡义务教育一体化发展起到非常重要的作用。但应该看到，义务教育学校标准化建设仍存在诸多问题。具体表现在：一是义务教育资源分配不均，标准化建设未能与城

乡教育规划布局匹配，在一些农村偏远贫困地区，寄宿制学校床位、厕所、食堂（伙房）、饮水等基础设施不能满足师生的基本生活需要，达不到国家规定的标准。二是我国大多数地区在推进义务教育学校标准化建设过程中，主要是以改善学校办学的物质条件为主的外延式发展，旨在缩小不同地区间、学校间因资源配置不合理而形成的条件性差距，即重视校园建设、装备条件等硬件的达标，而忽视师资队伍、学校管理等软件的提升；重视教育资源的直接投入，而忽视已有资源的重组和再生；重视外在条件的改善，而忽视办学质量的提升；重视政府外在推动，而忽视学校自我内在驱动。因此，在推进城乡义务教育学校标准化建设过程中，相关部门应结合城乡的实际情况，拟定义务教育学校标准化建设指标的下线和上线。下线作为底线，必须无条件严格遵守。在此基础之上，具体的指标体系可以因地制宜，但必须涵盖硬件和软件，不能仅仅为缩小城乡间、地区间、学校间因资源配置不合理而形成的条件性差距，单纯实行以改善学校办学的物质条件为主的外延式发展，而应在改善办学条件、加大教育资源投入的同时，推动教师观念、教师专业发展、教师生活条件、学生综合素养、校园文化、学校管理等方面的提升，尤其应该重视教师队伍的建设，促进城乡义务教育学校一体化发展。

三、统筹县域内城乡教育资源，努力实现优质资源共享

统筹县域内城乡教育资源，其目的是使城乡教育资源相互匹配、资源共享，以实现教育组织内部或外部的直接或间接的资源配置效率的改进。具体来讲，可以在县域城乡内依托一所或几所办学质量较高的学校，同时联合若干所农村薄弱学校建立学区。在学区内统筹教育资源，学校之间实现教师、图书、实验仪器等优质资源共享，最大限度地发挥优质资源的作用，使有限的教育投入发挥最大的效益。还可以利用现代教育网络建设庞大丰富的教育资源信息库，借助现代化的信息教育平台，努力实现县域内城乡教育信息共享、教改成果共享和名师名校资源共享，让所有的学生都能通过网络接受高质量的教育，缩小城乡之间、城镇学校与农村学校之间的办学差距，实现真正意义上的城乡义务教育均衡发展。因此，在既有的教育资源总量一定的条件下，要统筹县域内城乡教育资源，就必须积极推进教育信息化，继续大力实施"校校通""班班通"工程，努力实现教育信息共享、教改成果共享和名师名校资源共享，以教育资源共享的新形式推动城乡义务教育均衡发展。

第二节　不断加强农村中小学教师队伍建设

改革开放 40 年来,党和政府始终把农村教师队伍建设摆在优先发展的战略位置,农村教师队伍建设取得了前所未有的成就。但农村教师总体短缺、结构不合理,一些地区教师待遇低、培训机会不足、职业吸引力不够,"下不去、留不住、教不好"的问题仍很突出。因此,不断加强农村中小学教师队伍建设,确保城乡教育真正实现一体化发展,让广大适龄儿童都能公平接受教育,仍然是我国未来农村教育发展的关键。

一、加大教师教育改革的力度,培养合格的农村中小学教师

要全面推进城乡教育一体化发展,必须建设高质量的教师队伍。因此,加大教师教育改革的力度,培养合格的中小学教师,是全面推进城乡教育一体化发展的根本保证。

其实,教师队伍建设不只是城乡教育一体化发展的保障措施,更是教育改革和发展的根本。我国近代师范教育体系建立以来,国家一直十分重视教师教育。1902 年由近代著名实业家和教育家张謇创立的通州民立师范学校标志着我国开始独立设置中等师范教育。1904 年清政府颁布《奏定学堂章程》(又称《癸卯学制》)文件,将师范教育从中学堂,高等学堂正式划出来,成为单独的系统,并规定分为初级师范学堂和优级师范学堂,分别培养小学和中学教员。辛亥革命后,1912 年中华民国政府教育部公布《师范教育令》《师范学校规程》,将初级师范学堂改为师范学校,优级师范学堂改为高等师范学校。1922 年中华民国北洋政府推行《壬戌学制》,将大多数中等师范学校并入高级中学成为师范科,高等师范学校或升格或与普通大学合并,动摇了独立的两级师范体系,很快导致师资严重缺乏。不久国民党政府恢复了独立的师范教育的系统。中华人民共和国成立后,中央人民政府曾建立初级师范、中等师范、师范专科和师范学校四级师范体系,

到 20 世纪 50 年代中期取消了初级师范，形成了三级师范体系。在历时 10 年的"文化大革命"中，中等师范教育也遭受破坏，1978 年后得以恢复，进入 20 世纪 80 年代，随着改革开放和社会发展，特别是普及九年义务教育对小学教师队伍建设的需求，中等师范教育进入了前所未有的发展与改革时期。一方面它对课程进行了整体改革，另一方面又进行了五年制师范教育的试验，力图在坚持面向小学的办学方向，传承师范教育优良传统的同时，提高教师教育的水平和自身的办学水准与层次。

20 世纪末和 21 世纪初，为了适应 21 世纪的教育改革与发展，我国教师教育经历了一场大的变革。1999 年 6 月，中共中央、国务院发布的《中共中央 国务院关于深化教育改革，全面推进素质教育的决定》中提出："鼓励综合性高等学校和非师范类高等学校参与培养、培训中小学教师工作，探索在有条件的综合性高等学校中试办师范学院。"目的是想通过综合性大学和非师范类高等学校的参与来提高教师队伍的建设和质量。教师教育由封闭型向开放型的转变，有它的合理性，但也走了弯路，出现很多问题，主要体现在以下三个方面：①为了提高小学教师和幼儿教师的学历，全国几乎所有的中等师范学校被撤销，将三级师范改为二级师范甚至一级师范；②为了体现师范教育的开放性，不再强调师范教育的单独体系；③为了体现教师教育职前职后一体化，许多地方教育学院被合并到师范专科或师范学院，然而教师的职后培训并未得到加强。

教师教育是面向未来的事业，是提升教师培养质量和加强中小学教师队伍建设的源头，关系到科教兴国战略的顺利实施。对待教师教育的改革与发展，我们固然需要有现实的考虑，但更应有长远的眼光。目前，我国基础教育的师资还很紧缺，无论从数量上还是从质量上都无法满足教育改革与发展的需求，在职教师培训体系不健全而且水平不高，教师地位和待遇较低，教师职业的吸引力还不大。在这一大背景下，急于提高中小学教师的学历层次是不太现实的，更不能简单用学历评判教师队伍质量的高低。但从世界教师教育发展的历史看，凡进入工业化中期的国家和地区，当小学教师数量得以满足，对其质量有更高要求时，无不提升小学教师的学历，实行专科，进而实行本科和研究生教育。结合我国现实国情，考虑到教育自身发展规律和世界教师教育发展趋势，教师教育改革关键是要解决好以下几个问题。

（一）处理好不同层次教师培养的关系，重新设计新的教师培养模式

随着经济与社会的快速发展，教育的现代化、师资队伍的专业化提上了日程，对提高中小学教师学历层次的要求日益迫切。为此，《中共中央 国务院关于全面深化新时代教师队伍建设改革的意见》要求，"全面提高中小学教师质量，建设

一支高素质专业化的教师队伍。提高教师培养层次，提升教师培养质量。推进教师培养供给侧结构性改革，为义务教育学校侧重培养素质全面、业务见长的本科层次教师，为高中阶段教育学校侧重培养专业突出、底蕴深厚的研究生层次教师"。因此，原有的中等师范、师范专科、师范院校本科的教师培养模式越来越不适应中小学教师队伍建设的需要，必须重新设计新的教师培养模式，即由原有的三级教师培养模式转向新的三级教师培养模式。

1. 幼儿园、小学教师以师范专科学校培养为主，招收初中毕业生

幼儿园、小学教师以中等师范学校培养为主转为师范专科学校培养为主，实行"3+2"模式培养，在"3"的阶段完成有小学教育专业导向的中等教育，到"2"的阶段则达成小学教育专业的高等专科教育，但它所设定的专科程度教育的规格与模式，既以普通师范专科教育为参照系，但又不是普通师范专科教育的简单移植，而是依据小学教育的要求和小学教师的职业特点来确定有鲜明综合特点的小学教育专业的目标，即在通识性专科文化知识的基础上，由学科专业知识、教育专业知识和与之相应的职业技能组成的综合性指标，并据此构建课程结构与培养模式。构建这样一种培养模式，既可以招收到优秀的初中毕业生，使他们不仅关注专门知识，关注教育的情感与伦理，而且还关注专门技能，因为这些优秀的初中毕业生年龄小，可塑性强，可以被培养成掌握艺术、体育技能的适合幼儿和小学儿童教育的教师。

2. 初中教师以师范院校本科培养为主，招收高中毕业生

普通初中的教育对象是 12～15 岁的少年，他们已经具备一定的知识和能力。与小学相比，初中的课程门类增多，要求提高，特别是增加了物理、化学、生物等课程，这类课程要求学生在观察、实验的基础上，掌握并运用所学的知识解决简单的实际问题，培养观察能力、思维能力和一定的动手操作能力，从而使他们养成实事求是的科学态度。显然，学科的内容增多，难度加大以后，教师也不能像小学教师那样大量兼课。因此，在初中教师的培养和配备上应尽可能专业化和分工明确化。

3. 高中教师由师范大学和综合大学用"4+2"模式培养

高中是学生步入大学的关键一步，是知识积累的重要时期。高中教师在关心学生健康成长的同时，一个重要的任务就是传授知识。高中的学习方式不同于大学的自由学习，它需要老师将知识点讲得面面俱到，且需要学生不断地强化记忆，这也就使得高中教师需要承担较大的压力，因而对高中教师的要求更严格。所以，作为未来的高中教师，学生入学后先应在各系科学习学科专业课程，在完成 4 年

专业学习后，通过适当筛选，进入师范大学或综合大学教育专业硕士阶段接受 2 年的教育专业教育和实习，获得教育硕士学位并经过考试取得教师资格证书，才能充实到高中教师队伍中去。

总之，当下对于教师培养，最重要的问题是要厘清不同学段的不同培养特点。比如小学教师，特别是农村小规模学校尤其需要全科型教师，就需要相应的学校进行培养，提供充足的供给。因此，农村中小学教师队伍建设，不仅仅是学历层次的问题，关键是要提高培养质量。要培养教师对教育事业发自内心的热爱，同时还要其具有较强的专业素养。

（二）进一步完善公费师范生教育，鼓励更多的优秀青年终身从教

中华人民共和国成立后，为了大力发展教育，国家一直对师范生给予优惠待遇，免学费和其他费用。但 1997 年以来，受普通高等学校招生并轨改革和高等师范院校转型的影响，加之对高等师范院校的发展缺乏顶层设计和政策支持，师范教育出现被弱化的倾向，这极不利于中小学教师队伍建设和义务教育的均衡发展。为了加强教师教育改革和发展，2007 年国务院决定在 6 所部属师范大学实行师范生免费教育。其目的就是要培养大批优秀的教师，在全社会进一步形成尊师重教的浓厚氛围。师范生免费教育政策对于落实教育优先发展战略、促进教育公平和社会的和谐发展具有重大意义。

在当前国际竞争日趋激烈的情况下，每个国家都高度重视教育尤其是师范教育的发展，注重国民精神、知识和能力的训练、国民人格的培养和文化传统的传承。而担负这一任务的便是由师范教育所造就的师资。所以从国家战略和民族本位的角度看，师范教育是国家和民族生存发展的基本力量，事关国家改革和发展的全局。但公费师范生教育不应仅局限于部属和其他本科层次师范大学，而且要覆盖到师范专科学校、研究生层次，尤其是师范专科学校层次，因为在中等师范学校几乎全部被撤销的大背景下，师范专科学校仍然是适合于中国国情的，特别是幼儿园、小学、农村小规模学校所需要的全科型教师，还应该以师范专科学校培养为主。国家通过实施公费师范教育来调控师范教育的发展，能够提高教师地位和职业吸引力，能够从根本上吸引优秀学生报考教师教育专业并到中小学尤其是农村学校任教，促进教育均衡发展和教育公平。

考虑到高等学校的办学自主权和学生选择的自主权，国家应重在引导师范院校强化教师教育的优势和特色，提高培养教师的质量，并鼓励毕业生到教育行业就业。为确保公费政策的价值目标，提高经费使用效益，政府应通过院校资格审核和教师培养数量与质量的核定、评估，决定投入的院校和投入的经费总额，并规定公费师范生适当的履约任教服务期限。经费的具体使用则由高等学校自主安

排，这样可以鼓励这些院校办出特色。

（三）处理好师范生意向选择和就业选择的关系，把好"进口"与"出口"质量关

中国要办世界一流的教育，实现教育现代化，办一流的基础教育和义务教育是突破口，关键是建立一支优质的、专业化的教师队伍。在当下教师职业，尤其是农村教师职业吸引力不高及高等教育质量不齐整的情况下，需要保留并重点建设一些师范院校来保证师资输入的数量和质量。但学生在就学院校及专业选择上，高等学校在培养目标和培养方式上，用人单位在毕业生选用上，均有较大的自主权，这些权利都应予以保障。按照计划经济体制的观念，采用传统的封闭式师范生培养和就业模式及资助政策，是与市场经济相违背的，是难以推行的。在国家确定资助院校的基础上，为确保优秀的生源，要通过师范生公费教育政策宣传，吸引更多的优秀学子报考受助院校。受助院校要把好师范生的"进口"关，在招生上，政府应允许受助院校实行提前招生，进行包括职业性向标准在内的更严格的选拔，或者在师范生、非师范生并轨招生的基础上进行二次严格挑选，师范生被录取后享受公费师范生教育政策的优惠条件。就学期间，师范生可选择不同的师范专业和培养模式。毕业后，由各级教育行政部门负责组织用人学校与毕业生在需求岗位范围内进行双向选择，公费师范生自主择业。对于最终未找到合适工作的公费师范毕业生，由教育行政部门负责为每一位毕业生安排落实任教学校，以此确保公费师范生的就业。对由于自身的原因在和用人单位之间的市场选择过程中，未能在基础教育领域就业的公费师范毕业生，或者最终不愿意从事中小学教师职业的毕业生，则需要退还已享受的资助，退还资助经费的方式可以借鉴国家助学贷款的还款方式。在其他条件一定的情况下，我们可以假定培养质量是决定毕业生能否进入基础教育领域就业的决定条件。而政府的责任，是对受助院校所培养教师的"出口"就业的数量和质量进行核定、评估，以此为依据确定经费拨付额度。进行这样的顶层设计，既可以为实现教师教育的模式转变扫除体制障碍，又可以迫使受助院校千方百计地提高质量，办出教师教育特色，迎接政府、用人单位和学生的选择，还可以促使公费师范生不断提高自身素质，迎接用人单位的市场选择。

二、实行更加宽松的教职工编制标准，促进教师资源合理配置

公办中小学教师编制属于全额拨款事业单位编制，享受事业单位工作待遇。

目前学校教师编制都是按学生人数定。农村中小学的编制标准显然低于城市，加之农村中小学有人数少、校点分散、成班率低等问题的存在，这样农村学校教师编制就少了，而开的课程并不少。政府及教育主管部门对农村中小学教师在编制方面应制定特殊政策，进行倾斜扶持，使农村教师有比较充足的时间和精力进行自我提升。

（一）统一城乡学校编制标准

根据农村人口居住分散、学生成班率低、校点多、形不成规模效应的实际情况，农村中小学在坚持城乡义务教育学校教职工编制标准统筹的基础上，必须实行更加宽松的教职工编制标准。建议根据学段不同，按照教职工与学生数的一定比例核定，将现行义务教育学校 1∶19 的编制标准放宽为初中 1∶13，小学 1∶17，以适应《国家中长期教育改革和发展规划纲要（2010—2020 年）》提出的全面提高教育质量，进行基础教育课程改革，实行小班化教学的需要。

（二）编制标准适当向农村学校倾斜

在城乡中小学教师统一编制标准基础上，根据义务教育均衡发展的要求，充分考虑农村的实际情况，对农村、边远、少数民族集中、教学点分散或成班率低的地区，在编制标准上应切实按照国家相关政策的规定适当倾斜，增加农村义务教育学校教师编制。学生规模 100 人以下的农村小学和教学点，可按照生师比和班师比相结合的方式核定教职工编制。按照生师比核定编制后平均每班不足 2.5 名编制的，可补足至平均每班 2.5 名编制，以提高农村学生受教育的质量，满足农村边远地区、少数民族集中、教学点分散或成班率低地区教育教学的实际需要，推动义务教育均衡发展。

（三）增加专业教师编制

农村学校普遍缺少英语、音乐、美术、体育、科学、信息技术教育等学科的专业教师，政府及教育主管部门应该为农村学校增设专业教师编制。但是，这样的专业教师编制不是按学校平均分配的，而是根据乡镇学生数量科学配置，由乡镇统一调配使用。比如，对村小、教学点可实行巡回走教制或集中授课制。

（四）教学和后勤编制分离

目前的中小学教师编制中，包括教师、职员、教学辅助人员和工勤人员。从科学的角度来看，应该将其中的比例再进一步细分，根据学校规模，明确规定各类人员所占的比例，如学校工勤人员，不应该占用中小学教师的编制，在后勤逐步社会化的今天，工勤人员应该从中小学教师编制中分离出来，学校的后勤职能可以通过购买工勤服务来解决或由社会上的专业公司承担。

（五）建立教师退出机制

在农村学校，的确有一些年龄结构老化和知识结构老化的教师队伍，他们中的一些人，即使经过培训也无法胜任教学工作。教育行政部门应采取相关措施，对达到一定年龄而教学效果普遍认为比较差的教师，工资适当上浮，实行强制性退休，空出编制把更多的优秀大学生补充进来。对于新进教师一律实行"凡进必考"的公开招聘制度和教师资格认定制度，严把新聘教师入口关，杜绝不具备教师资格的人员进入教师队伍。在当前要充分利用近些年高等学校毕业生充裕的有利时机，力争经过若干年的努力，使农村小学教师大专学历占主导地位，初中教师本科学历成为主体，同时应通过扩大实施农村中小学教师教育硕士培养计划等多种方式，为农村学校补充一批具有较高素质、较高学历的青年教师。对于新进教师一律实行聘任制，从正式聘任之日起，其养老保险、失业保险、医疗保险等社会保险由聘用部门统一购买，所需资金由财政单列，金额纳入财政预算。彻底打破教师职业的终身制，这种灵活的用人机制有利于教师队伍的管理，同时也在一定程度上保障了教师队伍的质量，从根本上解决广大农村地区中小学教师"有编难补"的问题，切实保障编制紧张学校特别是农村寄宿制学校、教学点分散地区教职工的基本需求。

三、创新教师招聘思路，培养留得住的本土名师

农村中小学师资弱，是一个共性的问题，也是一个很难解决的问题。多数学校在走这样的怪圈，新教师一般招聘不到，偶尔招聘一两个新教师来，从低年级开始入手，学校十分注重年轻教师的培养，教学成效也不错，到第三年这些新教师已经成为学校的骨干，而此时也到了年轻教师调动的最佳时机。年复一年，最终留在农村薄弱学校的仍然是那一批老教师。所以，应加大农村中小学人事制度改革力度，创新教师招聘思路，优化、调整农村教师队伍结构，不要指望在一段时间内有成熟优秀的教师调入或者留住，而是要培养留得住的本土名师，这是农村中小学摆脱困境的根本保证。而要培养留得住的本土名师，实行定向招聘、直接选聘与定向培养不失为一种行之有效的方法。

（一）定向招聘

定向招聘是指面对本乡本土的大学毕业生招聘农村偏远地区中小学教师，教育管理部门和大学毕业生签订合同，大学毕业生必须至少在农村偏远地区中小学或教学点服务 5 年，5 年后可以续签或到其他学校任教。如湖北省恩施市已经进行了几年的实践，效果相当不错。几年来该市已经招聘了 10 多名大学毕业生到农村偏远地区教学点任教，就目前了解的情况而言，这些教师都能在教学点安心工作。如湖北省恩施州恩施市龙凤镇青保小学下辖的龙马教学点，共有 40 多名学生，有 3 名教师，年龄最大的教师有 58 岁，最小的也有 50 多岁了。龙马小学地理位置偏僻，距离龙凤镇有 60 多公里，因为路途遥远，很多教师不愿到那里任教。龙马小学采取定向招聘的办法，和湖北民族学院的一名本乡本土的大学毕业生签订了合同，这名大学毕业生是本村人，承诺 5 年内必须在龙马小学安心任教，5 年后可以续签合同或自由调动，现在这名大学毕业生已经在那里认真从教。

定向招聘的另一做法是，对农村义务教育学校新录用教师使用事业编制实行年薪制。如湖北省农村义务教育学校（不含县城）对新录用教师实行"国标、省考、县聘、校用"的新机制的做法，就是一种非常好的定向招聘方式。新机制的建立，一方面缓解了农村学校教师缺编、年龄和学科结构性矛盾等问题，为农村教育注入了前所未有的活力和持续发展的动力；另一方面打开了优秀青年大学生投身农村教育事业的政策通道，让农村学校教师队伍有了源源不断的新鲜血液。

（二）直接选聘

直接选聘是指直接选聘部分愿意长期献身农村教育事业的优秀资教生，将他们转为正式教师的教师招聘方式。这是一种变被动为主动的做法，既给了资教生希望，又解决了偏远地区农村学校师资问题，使有志于教育事业的资教生能够长期留下来为偏远地区农村教育事业作贡献。如湖北省恩施州恩施市新塘乡河溪村是该市最偏远的村之一，这里山大人稀，山高路险，被称为恩施市的"世外桃源"。由于独特的地理位置和特殊的环境，这里的生产生活条件极为艰苦。河溪小学距离新塘乡中心 60 公里，距离恩施市 130 多公里，有在校学生近 70 人和 5 位教师。由于地处偏远，条件艰苦，教师补充极为困难。为解决这一问题，教育局采取了从资教生中直接选聘的办法，鼓励河溪小学和一位资教大学生直接签订了合同。在当地纯朴的民风感化下，这位老师和这片土地结下了深厚的友谊，安心在该小学工作，这证明直接选聘是成功的。

（三）定向培养

定向培养是指通过合同形式选招部分优秀学生委托相关高等学校培养，毕业后分配到生源所在地的村小或教学点任教的教师培养模式。如为了解决农村偏远地区中小学和教学点教师问题，由江西省教育厅、省发展和改革委员会、人事厅、财政厅及省编办等共同决定实施《定向培养农村中小学教师工作方案》，开始进行定向师范生政策试点工作。该文件规定每年安排专科层次单列定向招生计划 5 000 名左右，用于招收初中毕业生或高中毕业生实行 5 年一贯制和 3 年制定向培养，培养不分专业，采取全科型教学模式。要求学生通过几年的学习，做到"能说（普通话）会道（讲故事），能写（钢笔字、毛笔字、粉笔字）会画（简笔画、儿童画），能弹（乐器）会唱（儿童歌曲），能做（手工制作）会舞（儿童歌舞），能教（教学设计、说课）会导（幼儿心智辅导），能思（教学反思）会研（教学研究）"，成为高素质的全科型教师，毕业后回到生源所在地的乡镇学校、村小或教学点任教。为了保证该文件的顺利实施，定向师范生享受中等职业免费教育政策，前 3 年每生每年可以获得 1 500 元助学金。

经过几年的实践，定向培养政策有效地缓解了农村偏远地区学校师资严重短缺的局面。以江西省崇仁县和上饶县为例，在实施定向师范生政策以前，崇仁县农村偏远地区学校师资短缺问题是令该县教育主管领导最头疼的一件事情。不仅大学毕业生不愿去农村偏远地区学校任教，一些在那里工作的教师都千方百计地调往条件好的学校。每年到了开学前，两县教育主管领导都为农村偏远地区学校的师资问题伤透了脑筋。定向师范生政策实施后，该县根据 5 年后中小学教师退休人数，按照"退一补一"的原则，实施定向师范生招生计划。2007—2009 年，分别招收初中毕业生 34 名、65 名、70 名，高中毕业生 5 名、15 名、23 名，2010 年招收初中毕业生 60 名，2011—2013 年分别招收初中毕业生 46 名，高中毕业生 15 名，实行五年一贯制和三年制定向培养。自 2011 年起，每年都有一定数量的定向师范毕业生充实到农村偏远地区学校，他们全部是本村或本乡人，能长期在家乡学校任教，这就大大缓解了农村偏远地区学校师资严重短缺问题。据该县河上镇中心学校甘校长介绍，他所在学校近两年共引进了 9 名定向师范毕业生。这 9 人中，来自县城的 5 人，来自本乡的 2 人，附近乡镇的 2 人。目前有 2 人在中心小学任教，其余 7 人在村小任教。他认为，和其他院校大学毕业生相比，他更喜欢定向师范毕业生，因为他们是本村或本乡人，不用担心他们的食宿问题，而来自其他县市的大学毕业生，要让他们在村小或教学点任教，其食宿和安全问题是令人非常头疼的一件事情，尤其是目前招聘的大学毕业生女孩子居多。同时，来自本乡本土的定向毕业生的责任心似乎更强一些，原因是他们有一种服务家乡农村教育的责任心和使命感，而其他大学毕业生相比较而言要弱得多。此外，定向师范生上学之初就定位于农村小学教师，毕业后能安心任教，工作积极性较高。

同样，上饶县也实施了定向师范生招生计划，已毕业的定向师范生也都回到签约的农村学校任教，并且没有一名毕业生违约，学校领导和教师都对这些定向师范毕业生评价很高。该县教育局副局长认为，同特岗生相比，农村偏远地区学校更喜欢定向师范生，原因很简单，特岗生是"飞鸽牌"的，3年后都有可能会"飞走"，而定向师范生是"永久牌"，很有可能一辈子都会在这里任教。农村偏远地区学校地理位置偏僻，急需大量"留得下，待得住"的大学毕业生。因此，定向师范生政策是有效缓解当前农村偏远地区学校师资严重短缺最有效的措施之一。

四、大力提高农村教师经济待遇，切实稳定农村教师队伍

改革开放特别是党的十八大以来，农村教师的经济待遇有了较大幅度的提高，教师的物质生活条件也有了很大程度的改善，农村教师队伍基本稳定。但是，相对来讲，农村中小学各方面条件仍然较差，教师待遇较低，要吸引大批优秀教师到农村任教，关键还是要提高农村教师的经济待遇，改善教师的物质生活条件。因为不可否认，根据目前世界上越来越明显的趋势，诸如教师的社会地位及人们对他们职业的评价等其他因素，像在其他许多类似职业中一样，在很大程度上取决于他们的经济地位。

（一）实行省级统筹，建立义务教育学校教师工资保障机制

义务教育学校教师收入缺乏保障，待遇较低。中央政府要求提高义务教育学校教师的经济待遇，地方政府往往以经费不足来应对。政府没钱确实是实情，特别是20世纪90年代实行分税制之后，相当一部分地方政府开支需要自己想办法筹集，甚至有些地方的确也出现过拖欠公务员工资的情况，没钱提高义务教育学校教师的经济待遇也就在所难免。因此，根据我国的实际情况，借鉴其他国家的经验，要提高义务教育学校教师，特别是边远、贫困地区教师经济待遇，就必须进一步明确各级政府的教育财政责任。从我国财政收入分配的格局和多年的实践看，义务教育学校教师工资不能由基层政府负担。除发达地区外，义务教育学校教师工资应实行省级统筹，让省级政府成为教师工资最主要的负担者。所以，《国务院办公厅关于印发乡村教师支持计划（2015—2020年）的通知》明确要求，义务教育经费要按"省级统筹"原则发放，这就意味着包括教师工资在内的义务教育经费，要由省级财政足额保障，地方政府再也不能以没钱为由，维持义务教育学校教师低保障、低待遇

的困窘局面。甚至可以说，即便出现了基层公务员工资被拖欠的情况，义务教育学校教师的工资、待遇也必须不折不扣予以保障。实行省级统筹，让省级政府成为义务教育学校教师工资待遇主要的负担者，这里政策层面上的含义，是尽可能通过上收义务教育事权，将地方基层政府负担义务教育学校教师工资待遇的责任逐步上移至省级人民政府，省级人民政府可以在全省范围内按国家统一规定的编制标准和工资标准，把对教师的工资福利支出采用专款的形式交由银行按月足额发放给教师。这样做，应该说不仅不会对义务教育学校教师工资待遇产生管得过死的弊端，反而有利于防止基层政府或教育部门截留、挪用义务教育经费，拖欠教师工资，同时也有利于在全省范围内为中小学教师创造一个大体相近的工资福利条件，从而有利于贫困落后地区农村教师队伍的稳定和义务教育的均衡发展。

（二）建立激励机制，鼓励优秀教师到边远、贫困地区学校任教

目前我国中小学实行岗位绩效工资制度。岗位绩效工资由岗位工资、薪级工资、绩效工资和津贴补贴四部分组成，其中岗位工资和薪级工资为基本工资。基本工资执行国家统一的政策和标准，城乡、地区之间差别不大，近年来平均水平变化也不大，但绩效工资、津贴补贴、社会保障等辅助性工资差距巨大。因此，在基本工资制度短期内不会发生大的变化的情况下，关键是要加大绩效工资、津贴补贴、社会保障制度等方面的改革力度。

《中华人民共和国教师法》规定，在待遇上建立面向农村、边远和艰苦地区中小学教师优惠制度，以吸引和稳定教师在该地区任教。为此，国家应建立农村边远和艰苦地区中小学教师特殊津贴制度，并且应根据农村地区的偏远程度、人文环境、经济和财政状况设定一个系数，那些越是在地理位置偏僻、自然条件艰苦农村地区工作的教师，越应该享受更高的特殊津贴，以吸引和稳定优秀教师到该地区任教。也可以借鉴国外的经验，根据地理环境和条件恶劣程度对农村教师补贴进行适当分类，对不同类型地区的农村教师给予高低不等的偏远地区教师津贴，鼓励优秀教师扎根农村偏远地区、献身农村义务教育事业。以日本和韩国为例，日本针对偏远地区教育落后的状况，实施了偏远地区教师津贴，积极鼓励教师到农村偏远地区任教。他们的具体做法是，各都、道、府、县必须以特殊的勤务津贴的方式为处于偏远地区的公立小学、初中的教师及职员发放偏远地区教师津贴。偏远地区津贴每月实际支付额度由工资和抚养补贴的月额之和乘以偏远地区的偏远级别率得出。偏远地区的级别分为五级，一级率为 8%、二级率为 12%、三级率为 16%、四级率为 20%、五级率为 25%[①]。韩国为了改善教师待遇，提高教师

---

① 李文英. 战后日本振兴偏僻地区教育的措施及其启示. 教育研究，2004（12）：74-79.

地位，促进教育事业发展，1991 年制定了为提高教师地位的特例法。该法律规定实行岛屿偏远地区教师津贴，凡是工作在岛屿、偏远地区的教师都可以享受，根据地理位置远近和偏远程度分为五类地区，A 类地区教师每年可以享受 23 000 韩元的岛屿偏远地区教师津贴，B 类地区教师每年可以享受 17 000 韩元，C 类地区教师每年可以享受 12 000 韩元，D 类地区教师每年可以享受 7 000 韩元[①]。借鉴国外的经验，省级政府应依据农村地理环境和条件恶劣程度对农村教师津贴进行适当分类，形成合理的等差梯度，建立全省（自治区、直辖市）统一分类标准的农村教师补贴。这样做的好处是：一方面可以平衡统一省域内义务教育阶段教师收入；另一方面对条件越恶劣、距离越偏远的农村学校教师补贴越多，就越可以激励更多的优秀教师到农村偏远地区任教，从而促进城乡义务教育均衡发展。

（三）健全社会保障制度，保证教师安居乐教

社会保障是指国家通过立法，积极动员社会各方面资源，保证无收入、低收入及遭受各种意外灾害的公民能够维持生存，保障劳动者在年老、失业、患病、工伤、生育时的基本生活不受影响，同时根据经济和社会发展状况，逐步提高公共福利水平，提高国民生活质量。社会保障的本质是维护社会公平进而促进社会稳定发展。健全义务教育学校教师社会保障制度，有利于解决教师的后顾之忧，使他们安居乐教，全心全意投入到教育教学中去。各地应根据实际情况确定各种保险总额。2015 年 1 月 14 日发布的《国务院关于机关事业单位工作人员养老保险制度改革的决定》要求，应为教师建立社会统筹与个人账户相结合的基本养老保险制度。基本养老保险费由政府财政和个人共同负担。政府财政缴纳基本养老保险费的比例为 20%，个人缴纳基本养老保险费的比例为本人缴费工资的 8%，一般应占教师本人基本工资的 20%左右，其中教师个人缴纳 8%左右，剩余部分由地方财政缴纳。机关事业单位在参加基本养老保险的基础上，应当为其教师建立职业年金。政府财政按教师个人工资总额的 8%缴费，个人按本人缴费工资的 4%缴费。教师退休后，按月领取职业年金待遇。教职工无论是公办教师还是代课教师，都按规定缴纳社会保险金，享受基本的社会保险待遇。地方财政要将属于地方政府缴纳部分保险资金全额纳入预算，不得留有资金缺口，不得将责任转嫁给学校或教师个人。同时，应积极实施农村教师住房公积金制度和农村教师安居工程。地方政府要将农村教师住房公积金全额纳入地方财政预算，并保证和当地公务员享受的住房公积金待遇一致。有条件的县还应实施农村教师安居工程，将

[①] 池青山，等. 韩国教育研究. 北京：东方出版社，1995：88.

本地低收入家庭困难的教师纳入政策保障范围，努力争取教师住房享受国家安居工程、经济适用房工程等各项优惠政策，积极争取对建设教师住房进行专项补贴、减免土地费用和税费等政策，努力建立政府、学校和教师共同分担住房建设资金机制。同时，在县城、乡镇政府所在地兴建教师公寓或教师生活小区，实现农村中小学教师生活城镇化，使他们安居乐教。

（四）改善办学条件，调动农村教师工作的积极性

当然，仅仅靠提高工资水平还不足以吸引更多的优秀教师赴农村学校任教。因为教师不只在意工资水平，还在意专业发展、尊重和认同、职称晋升、子女教育等方面。所以，要实现大量优秀教师自愿选择去农村学校任教，让农村学生也能享受到有质量的教育，必须要为农村教师提供足够好的工作条件、福利待遇和发展机会，给予全方位的特殊支持。因此，要稳定农村教师队伍，政府和教育主管部门就必须加强对农村教育各项基础设施的投入，包括修建、修缮合格的校舍，加快实施边远艰苦地区农村学校教师周转宿舍建设，购置现代化教学设备，保障体育场地等配套设施，同时完善用水、用电和娱乐等生活配套设施，使教师有个良好、舒适的生活环境。一手提高农村教师的待遇，一手改善农村学校的办学条件、改善农村教师的工作环境，两手都要硬，缩小农村学校与城市学校在办学条件方面的差距，让农村教师成为令人羡慕的职业。这将会极大地调动农村教师工作的积极性和稳定农村教师队伍。

第三节　高度重视县域城乡薄弱学校建设

从我国学校目前的发展状况来看，可从不同角度对学校进行不同分类，从学校性质来划分，可以分为公办学校、民办学校和混合制学校；从学校规模来划分，可以分为大规模学校和小规模学校；从学生是否住校来划分，可以分为寄宿制学校和非寄宿制学校；按学校质量和声誉来划分，可以分为重点学校、一般学校和薄弱学校等等。但从推动城乡教育一体化发展的角度来看，当前及今后相当长一段时间农村教育发展最需要重视的仍然是薄弱学校的建设。

农村大量薄弱学校的存在，其原因是相当复杂的。从办学条件上来看，因为

长期以来政府经费多数投入到城镇学校、重点学校，所以农村薄弱学校往往经费紧缺，设施陈旧，校园环境与其他学校不可同日而语。其中，最薄弱的地方体现在农村小规模学校和乡镇寄宿制学校。农村小规模学校因为学校规模很小，按照生均经费拨款，经费总量上不去，所以，维持日常运转就很困难。寄宿制学校的问题则主要是办学条件不足、学生床位不够等。从管理方面来看，农村薄弱学校管理相对落后，教育理念陈旧，规章制度不健全。从师资方面来看，教师整体素质偏低，优秀师资外流，本土师资开发潜力不大。从生源方面来看，生源基础往往较差，优秀生源留不住，学生辍学现象严重等。上述种种原因导致农村县域城乡薄弱学校办学水平不高，社会声誉不佳，学校只能在困境中缓慢向前发展。而农村薄弱学校能否由弱变强不仅关系到教育资源能否合理配置，而且直接涉及广大中小学学生、家长和教师的切身利益。因此，仍然必须高度重视县域城乡薄弱学校建设，让广大农村适龄儿童都能公平接受教育。

一、增加投入，改善办学条件

农村薄弱学校之所以"弱"，与政府行为有很大关系。如长期以来，重点中小学、城镇学校可以得到政府更多的投入，有时候，县域内一所重点学校得到的实际经费是当地其他所有学校经费的总和。这又提高了重点学校、城镇学校吸引优秀教师的能力，强化了自身的"造血"功能，而薄弱学校得到政府的投入少、经费少、教学设备差，加之社会声誉低，对社会赞助者缺乏吸引力。经年累月，与重点学校的差距越来越大。因此，政府及其教育主管部门应采取切实可行的措施加大对薄弱学校的教育投入，尽快改善其办学条件。从长远来看，一个国家如果不能向所有受教育者提供相对统一和一致的学校教育，那么面向本民族的国民教育将会在内容和结果上产生巨大差异，进而影响到全体国民素质的提高，国家的教育意志也无法体现和实现。因此，改善农村薄弱学校办学条件追求的是同级同类学校的教学条件与教育品质的一致性，这既尊重了基础教育的公共产品性质，也顺应了教育公平理念，同时，又是容易做到和见成效的。

例如，自1998年以来，湖北省恩施州恩施市先后利用"国家贫困地区义务教育工程""农村中小学危房改造工程"、西部地区"农村寄宿制学校建设工程"等契机，完成了对远城区中小学的教学楼、学生宿舍楼和教师周转房的新建与改造。调查中发现，最偏远的地区也拥有漂亮的教学楼，该市新塘民族中学距离市区70多公里，校园幽雅宁静，既有参天古木，也有崭新舒适的公寓式学生宿舍，乡间自然与现代城市气息在此完美结合，营造了一个良好的学习环境；远离市区100多公里的红土民族中学，经过近10年的改造，已形成了教学区、生活区和娱乐活动区三区分明的校园布局，其办学条件绝不亚于任何一所城市初中。

山西省浮山县地处太岳山南麓，属省级贫困县。2007年以来，该县以全面提高义务教育质量和水平为目标，以推进全县义务教育内涵发展、规范发展、均衡发展为重点，充分利用农村中小学布局调整和危房改造的契机，大力推进全县中小学教育信息化工程，扩大优质教育资源，最大限度地实现了优质教育资源共享。与此同时，按照"合理规划，分步推进"的指导思想，浮山县还大力加强了薄弱学校建设，从政策上、经费上向薄弱学校倾斜，按照寄宿制学校建设规范实施，启动学校远程教育工程，学校校舍建设基本达到标准化建设要求。2008年，按照义务教育标准化建设的基本要求，该县又投资1 000万元，实施学校基础设施配套"三·三"工程，即水、暖、电配套工程，图书、仪器、文体器材配套工程，校园绿化、美化、香化工程，顺利通过了山西省组织的义务教育标准化建设专家组的评估验收。目前，浮山县多数学校的基础设施、设备基本达标，全县城乡中小学的办学条件差距不断缩小，以此推进了农村薄弱学校建设和义务教育均衡发展。

二、选好校长，配好班子

农村薄弱学校很大程度上"弱"在管理，一所优质学校，必然拥有一个好的班子，一位好校长。陶行知先生曾经讲过，校长是一个学校的灵魂，要想评论一个学校，先要评论学校的校长。因此，要改变农村薄弱学校的面貌只是增加投资、改善办学条件是不够的，关键是选好校长，配好班子。班子强，校长的觉悟高、能力强，精神状态好，即使办学条件差，也会想方设法改善条件，提高教育教学质量。班子弱，校长的觉悟低、能力弱，精神状态不好，即使办学条件好，也不一定能提高教育质量。大量的案例充分证明了这一点。如湖北省宜昌市伍家岗区教育局为加强农村及边远地区薄弱学校建设，共为该区6所农村及薄弱学校配置校级干部23名，其中选派青年干部14名，占干部总数的61%。这14名干部的平均年龄为35岁，均是从该区窗口学校的校级干部及中层干部中选派的优秀干部，将他们充实到农村薄弱学校，使领导班子整体素质明显提升。现在，6所薄弱学校23名干部中党员干部20人，占干部总数的87%；19人为本科学历，占83%；专业技术职务为中高的6人，小高的10人，小高以上职务的占总人数的70%。这些干部业务强、有活力、肯干事，为薄弱学校注入了新鲜血液，大力提升了6所薄弱学校的管理水平，改变了薄弱学校的面貌，促进了全区教育的均衡发展。

三、建立定期交流轮岗制度，组织重点中小学教师对农村薄弱学校进行帮扶

要改变农村薄弱学校的面貌，还必须尽最大努力加强教师队伍建设。薄弱学校之所以"弱"，教师素质是一个重要原因。因此，要提高农村薄弱学校教师的素质，政府及其教育主管部门应从提高薄弱学校教师待遇、改善工作环境入手，采取有力措施，千方百计加强薄弱学校教师队伍建设。就当前来讲，建立教师定期交流轮岗制度是一种行之有效的方法，组织城镇重点中小学教师对农村薄弱学校进行帮扶。交流的重点是由城市向农村、由强校向弱校、由超编校向缺编校定期流动。在部分地区已经开始探索的基础上，尽快建立城镇教师到农村薄弱学校任教服务期制度，并以此作为教师职务晋升和评优的重要条件；鼓励城镇教师到农村支教，鼓励他们当中的优秀者去最艰苦的地区工作；城镇重点中小学要不定期地委派有关学科教师到被扶持的农村薄弱学校讲课、听课、指导备课和教学，形成"一帮一""一带一"的态势，尽快提高农村薄弱学校教师的教学业务能力，并且这种扶持不应当是有偿的，而应把它看作对广大人民群众长期关心、支持重点中小学发展的一种回报。

如湖北省恩施州恩施市施州民族小学帮扶薄弱学校的做法就取得了很好的效果。该校是一所州市共建的城区小学，学校生源有 40% 是农村学生，由于集中投入，该校在践行城乡教育发展一体化的过程中发挥着重要作用。除了强化自身管理，提高本校教学质量以外，该校在促进城乡义务教育均衡发展过程中对农村薄弱学校进行"一对一"的帮扶。如该市新塘中心小学是一所离市区 60 公里左右的乡镇小学，为了帮助新塘中心小学规范管理，施州民族小学每年派 5~7 名优秀年轻教师到新塘中心小学支教，该校副校长也是从施州民族小学派过来的中层干部，通过"送下去"的方式向农村中小学提供先进的教学经验和教学管理理念。同时，新塘中心小学每年派 5~7 名教师到施州民族小学跟岗学习，教师和领导跟岗的时间在一周左右，还有一名教师跟岗时间长达一年。到 2016 年为止，新塘中心小学已经派教师 140 人次跟岗学习，效果尤为明显。中层干部带来了新的管理方式，教师带来了先进的教育理念和教学方法，带动了农村薄弱学校的课程改革和管理方式改革。恩施市施州民族小学的做法，对于加快薄弱学校教师队伍建设，促进城乡教师交流和义务教育均衡发展，具有十分重要的作用。此外，还可根据需要推行政府购买教师岗位，让新补充教师先到最需要的农村薄弱学校工作；实施大学毕业生服务农村教育和大学毕业生青年志愿者行动计划，鼓励大学毕业生到基层、到农村薄弱学校任教、支教；推进高等学校留校青年教师、各级党政机关新进公务员到农村薄弱学校支教服务行动。

四、采取有力措施，均衡城乡学校生源

生源均衡是校际均衡的基础和保障，如果任意择校则会无形之中形成重点校，优质生源与学校声誉之间的互动，必然引起优质教育资源的集中，这种集中又会反过来刺激新一轮择校，长此以往，必将危及学生公平接受义务教育。但长期以来，义务教育发展不均衡导致了各地生源大战越演越烈。如湖北监利县是个农业大县，全县总面积 3 118 平方千米，人口 160 万人，2009 年全县中考前 4 名全部流失，前 10 名仅留下 4 人，流失率 60%；2010 年中考前 6 名全部流失，前 94 名流失 59 人，流失率达 62.8%；2014 年优质生源流失更为严重，前 6 名全部流失，前 11 名流失 8 人，前 29 名流失 20 人。大量优质生源外流给农村学校教师，特别是年轻教师造成了很大的负面影响。这样一来，农村学校的师资自然就参差不齐和明显不足。为了有效抑制日趋激烈的生源大战，不少地方都采取有力措施均衡城乡学校生源。

如山西省隰县教育科技局为缩小县域内城乡学校的生源质量和数量差距，出台了以下禁令：在生源分配上，初中学生要按照就近免试入学的原则在当地学校就读，严禁把初中优质学生集中到县城学校就读；严禁民办初中学校通过考试或变相考试选拔优秀学生；严禁农村学生到城镇学校、片内初中学生到其他初中学校择校就读；严禁各类初中学校举办重点班、实验班、初三补习班或插班就读；积极推行同级学校校长交流和强校与弱校教师交流制度，把优秀教师资源和优质学生资源均衡地分配到各个学校，从根本上解决班级规模过大和家长无序择校问题，努力实现城乡之间、学校之间的教育公平。

为规范义务教育阶段学校办学行为，严肃办学纪律，维护正常的教育教学秩序，广西南宁市武鸣县规定各镇中小学校、县城中小学校要坚持依法办学，落实"划片招生，就近入学"原则，努力让所有学生享有同等的教育机会和享受同等的学习条件。严格执行义务教育阶段不得举办重点学校，学校不得设重点班的规定。在政策的强力干预下，武鸣县优质生源向城市流动的取向得到了有效抑制，城乡重点学校与薄弱学校的生源质量逐步均衡。

湖北省恩施州恩施市通过近 10 年的布局调整，城乡学校布局基本合理。但是，由于城乡之间办学条件、师资力量悬殊较大，城区学校及郊区农村学校在教学质量等方面占有很大优势，致使初升高学生人数分布偏向于城区，从而加剧了本已存在的择校现象。为此，恩施市教育局一方面尽力加强边远地区农村师资力量；另一方面采取将示范高中指标分配到各乡镇的措施，以此缓解择校现象，确保初中学校之间均衡发展。指标的分配主要以辖区内适龄儿童人数和各乡镇人口为依据，利用万人比来分配指标。这样，择校到别的乡镇就会直接影响到该乡镇指标，乡镇学校无利可图，自然就会想尽办法拒绝择校者。目前恩施市第一中学每年都拿出40%的指标按照上述原则分配到各乡镇中学，使城区学校与乡镇学校生源大致均衡。

总之，只要政府及其教育主管部门切实加大农村薄弱学校改造的力度，使之提高教育教学质量，就能为学生提供更多接受优质教育的机会。优质教育的供给增加了，农村教育健康发展才会逐步变为现实。

第四节　竭力关注三类儿童的教育问题

义务教育是国家依法统一实施、所有适龄儿童少年必须接受的教育，具有强制性、免费性和普及性，是教育工作的重中之重。对于义务教育，无论是从其性质，还是从公共产品的角度，或是从实现社会公平的角度，政府都应承担起全部责任，使包括留守儿童、流动儿童、贫困儿童、孤残儿童等在内的所有儿童都能公平地接受教育，享有均等的受教育权利。从目前的现实情况来看，未来农村教育发展需要竭力关注的是三类儿童的教育问题。

一、留守儿童的教育问题

党的十八大以来，在党、各级政府和社会各方的共同努力下，农村留守儿童的数量有较大幅度的减少，但从总体上看，留守儿童的教育问题仍然是当前和今后相当长一段时间内存在的一个社会问题。能否成功地解决农村留守儿童公平接受教育的问题，不仅直接关系到他们能否健康成长和义务教育能否均衡发展，而且涉及乡村振兴战略能否顺利实施，关系到中国现代化的成败。

留守儿童教育问题的产生，主要是家庭教育的严重缺失，农村教育环境的不理想及社会缺乏实质性的关注使监护权得不到落实所造成的。所以，立足农村留守儿童将会长期存在和无法享受正常的亲情关爱的现实，由学校、家庭、社会及政府各方面共同努力，通力合作，采取积极措施，切实营造一个留守儿童健康成长的良好社会环境，无疑将会成为现阶段解决留守儿童教育问题的重要政策选择。

（一）充分发挥学校教育的主体作用，全面承担起留守儿童的教育与管理的责任

农村留守儿童由于父母双方或一方已离开家庭外出打工，他们很难得到父母的关怀，而被关怀是孩子的基本需要。如果家庭不能满足孩子对关怀的需要，那么其他机构必须提供这一需要，这就需要从其他途径寻求有力的责任者。而学校就是这样一种机构和责任者，在家庭功能不健全的情况下，学校应成为留守儿童社会化过程中一个极其重要的场所，因为学校是负有培养人这一特殊使命的机构，当然也是留守儿童的教养主体，理应全面承担起留守儿童的教育与管理的责任，使他们公平接受教育。如果学校能给予留守儿童更多的关爱与帮助，将会在很大程度上弥补他们在家庭教育上的缺憾和保证他们公平地接受教育。而要弥补留守儿童在家庭教育上的缺憾和保证他们公平地接受教育，搞好农村寄宿制学校建设不失为一种好的选择。寄宿制学校可以解决留守儿童无人照看、学习和安全得不到保障的问题，解除进城务工人员的后顾之忧。因此，在推进义务教育均衡发展的过程中，应在有条件且必要的地方改扩建一批农村中小学寄宿制学校，同时加强对寄宿制学校教学、生活、安全方面的管理，注重留守儿童心理健康教育和亲情关爱，及早发现和纠正个别留守儿童的不良行为。特别是学校应有专门的部门和人员来承担与留守儿童家庭的联系，实施全天候跟踪管理，并协调各方的关系，如建立留守儿童的专门档案，建立与留守儿童父母及监护人的联系卡，开通"亲情热线"，让外出务工家长定期与子女通电话，开通"师长热线"，让外出务工家长随时与班主任进行沟通，以制度形式保障与留守儿童父母及监护人经常性的联系，以充分发挥学校教育的主体作用，帮助留守儿童克服面临的各种困难。

（二）积极营造良好的家庭教育氛围，让留守儿童感受父母的关爱和家庭的温暖

在孩子的成长过程中，父母的帮助教育作用是其他人无法取代的。父母通过亲子关系、家庭互动及所营造的家庭氛围影响孩子的行为和价值观，通过教育影响孩子的学习成就感，通过教养方式让孩子养成良好的生活习惯。因此，必须强化父母和其他监护人的监护责任并提高其监护能力，加强家庭教育指导服务，引导外出务工父母以各种方式关心留守儿童。首先，留守儿童中问题最为严重的是父母双双外出，以及那些完全没有亲人在身边的孩子。这些孩子缺少日常生活的照料，起床、洗澡、洗衣、理发、吃饭、室内卫生等都成为问题。其次是遇到困难时无人相助。因此，作为留守儿童的父母应充分认识到自己的重要性，认识到

孩子教育的重要性，尽自己最大的努力把他们带在身边，给他们一个完整的家，让他们时时刻刻能够享受到父母的关爱和教育，从而使他们拥有一个良好的家庭教育氛围。如果条件不允许，应尽最大可能降低母亲出行率。调查中，当留守儿童被问及"如果父母有一个要外出打工，你希望谁留在身边时"，有80%的留守儿童回答是母亲。因为不管是照顾孩子饮食起居，还是教育孩子，母亲更有优势。母亲在家孩子会感觉有安全感，有倾诉对象。留守儿童有母亲在身边，虽然也会有溺爱、父爱缺失、约束失控等缺憾，但一般不会存在太大的问题。母亲丢下孩子外出打工，对孩子的健康成长是弊大于利。同时还要注意家庭教育方式，不要溺爱孩子。当孩子做错了事要及时管教，一般情况下，不要满足孩子正常需要之外的要求，以养成孩子自我克制的习惯。如果父母都在外务工，父母应该充分利用农忙季节、春节返乡等机会，多向老师和监护人了解孩子在学校、家里的学习、生活情况，或借助电话多与孩子交流沟通，让孩子感受到父母的关爱、家庭的温暖。

（三）调动社会各方力量，为农村留守儿童公平接受教育创造良好的外部环境

农村留守儿童的整体生活环境主要可以分解为两类：第一类是家庭生活、学校生活和同辈群体生活。第二类是社区及宏观的社会文化生活环境。尽管学校生活是留守儿童最主要的生活方式之一，但是整个社会生活中的任何一类因素都会或主或次、或隐或现、或直接或间接地影响留守儿童的成长与发展。从所调查的情况看，绝大多数农村留守儿童的心理障碍和失范行为，都可以从他们现实生活环境的差异、矛盾和冲突中找到原因。因此，要保证农村留守儿童公平接受教育，必须动员社会各方面的力量实行齐抓共管。

1）政府有责任为留守儿童创造健康成长的良好环境。有关部门应当积极采取措施，积极制定和实施关爱留守儿童的工作计划与方案。要加快完善农村的基础设施建设，改善小城镇的投资环境，增加农村剩余劳动力在家庭附近就业的机会，使他们能在乡镇里打工，从而可以缩短农民工回家的周期。另外，针对目前农村学校普遍的经费不足、人员流失、教学设施差的现状，政府要加大对农村社区、乡镇的教育投入，制定和实施相应的政策和措施，从根本上帮助学校走出当前所面临的困境，如在有条件的地方，可以考虑适当恢复被撤并的村小和教学点，使留守儿童能够就近入学，这样学校才能心有余，力也足，把留守儿童问题真正重视起来。

2）在进城务工人员较多的地方，应积极鼓励社会力量开办各种各样的看护中

心、寄宿公寓，给有不同需求的打工子女提供不同的学习、看护和寄宿条件，针对目前一些地方出现的"代理家长""抚养中心"之类的民间托管形式，国家应制定相应的政策，明确其职责，规范其行为。

3）政府的公安、文化、新闻、出版等职能部门应切实履行自己的职责，与学校共同承担起留守儿童教育和保护的责任。当前尤其要加强农村乡镇文化建设，大力整治校园周边环境，打击违法经营的网吧，根治各种精神污染对学生的毒化，让农村中小学生在良好的环境中接受教育和熏陶。

4）积极组织"青年志愿者"和大中专学生参与农村留守儿童的教育工作，以多种形式为留守儿童提供教育和生活支持；同时，应强化社会关爱，充分发挥各地"关工委"和"五老"的作用，组织机关干部、社会热心人士与留守儿童结对子，让富有爱心、责任心的成年人在一定程度上扮演父母的角色，引导留守儿童成长。此外，政府可以招聘义工帮助留守儿童，或将现在的选聘村干部改为选聘义工，将解决农村留守儿童问题作为义工职责。

5）在充分调动社会各方面的力量帮助农村留守儿童健康成长的同时，地方各级党委和政府，尤其是乡镇党委和政府、村党支部和村民委员会，要把关心留守儿童作为维护农民工的合法权益，加快本地经济发展，构建和谐社会的一件大事来抓。

6）开展城乡少年"手拉手"等活动，支持为农村学校捐建手拉手红领巾书屋，建设流动少年宫，丰富留守儿童精神文化生活。

此外，政府有关部门应对进城务工的农村家长进行引导和教育，强化农民工家长的家庭教育观念，让农民工家长学会与孩子沟通、交流及掌握教育孩子的正确方法，发挥家长对孩子独特的教育功能，引导孩子健康成长。如有可能，政府可以设置农村留守儿童保教专项经费，通过支付一定的专项经费，支持父母中的一方回乡与15岁以下子女共同生活以履行保教监护责任，尽可能减少父母双方外出的留守儿童数量。

（四）积极鼓励城市公办中小学降低入学门槛，尽可能地接纳进城务工人员子女入学

积极鼓励城市公办中小学尽可能接纳进城务工就业人员子女入学，一方面可以减少农村留守儿童的比重；另一方面更为重要的是可以使农村的孩子能够从小接受较为优质的教育，融入城市文明。因为从某种意义上说，在当前城乡教育非均衡发展的情况下，即使是城市里的薄弱学校，在农村一些地方均可称得上是优质学校。因此，城市政府应切实贯彻"两为主"的精神，尽可能放宽进城务工就业人员子女就学的限制，降低入学门槛，让有经济能力的父母将15岁以下

的孩子能够带在身边就学和生活。这些孩子进入公办中小学后，应有正式学籍，并在评优奖励、竞赛活动、升学等方面和城里学生享有统一的权利和标准，以消除进城务工就业人员子女在城市接受教育所遭受到的歧视，为他们提供公平接受教育的机会。

二、流动儿童的教育问题

如果说留守儿童教育问题产生的主要原因是家庭、学校和社会缺乏实质性的关注使监护权得不到落实，那么流动儿童教育问题产生的根本原因是遭受社会排斥从而使受教育权得不到充分实现。

社会排斥是指主导群体在社会意识和政策法规等不同层面上对边缘化的贫弱群体的排斥。它是一种被抛弃、被隔离和被边缘化的情感体验，是一种非短暂性的、局部性的现象，是个人、历史过程与国家相互推拉与强化的结果。流动儿童的教育问题与社会排斥之间同样存在着某种内在的逻辑关联。接受义务教育是我国每个适龄儿童所理应享受的一项基本社会权利，且具有强制性。而作为流动儿童群体，虽然我们不能武断地认为他们的受教育权利被否认，但至少可以肯定的是他们在城市的受教育权利并没有得到充分实现。流动儿童在城市受教育的艰难性，上不了学和上不了好的学校应该是对他们受教育权没有得到充分实现的最好描述，而这又与其遭受以户籍制度为核心的社会排斥难以融入城市生活有着密切的关系。

目前，由于流动人口的管理政策尚不完备，全国义务教育发展水平不平衡、不充分，城乡的教育条件、教育质量水平存在明显差距，对于流动儿童数量相对较多的地区而言，如果就学条件过于宽松，有可能进一步刺激流动儿童数量的超常规增长，给当地政府和教育行政部门增加压力，同时，不利于大城市、特大城市对流动人口实施规模控制。因此，这些地方所制定的有关就学政策，无形之中增加了一部分流动儿童的就学难度，形成了事实上的社会排斥。因此，要解决流动儿童的教育问题，就必须重点解决以下问题。

（一）流入地政府应为流动儿童的教育负主要责任

根据义务教育的性质，政府应为流动儿童公平接受义务教育提供保障，这是毫无疑问的。现在的问题是，在一个政府被划分为多个层级的大国，流动儿童的义务教育责任在中央政府和地方政府、城市政府和农村地方政府之间如何划分，也就是说，究竟该由哪级政府来为流动儿童的义务教育买单？毫无疑问，流入地政府应负主要责任，应是主要的财政供给者。这是因为，首先，流动儿童进城上学不是择校，而是由于父母工作地点的变化而随迁就学，与其他市民工作调动子女转学并无不同，也与那些工作地和居住地并未变化，仅仅是为了让子女上更理想的学校而择校有本质的区别。其次，大批进城务工人员到城里就业，不仅为城市创造了财富，也为国家提供了税收，并推动了城市经济社会的发展。他们应同城市居民一样享受平等的市民待遇，有权享受当地公共资源和公共服务。最后，在现实社会中，进城务工人员中的绝大多数仍然是城市中的低收入阶层，是社会的弱势群体，应得到社会的关爱和帮助，享受基本的生活保障和教育保障。所以，无论从哪个角度看，流入地政府不仅应为流动儿童上学提供经费支持，而且应是主要的财政供给者，只有这样才能使流动儿童享有与城市孩子平等的受教育权利。当然，强调流动儿童的义务教育以流入地政府为主，决不意味着推卸中央和省级政府的责任。相反，为了合理分担流动儿童教育的成本，中央和省级政府应充分发挥宏观调控作用。特别是对于一些经济发展比较慢、财政困难的地方和城市，尤其是中西部地区经济较为落后的城市，中央和省级政府可以通过财政转移支付的方式设立流动儿童义务教育专项资金，分担流入地政府的财政压力，而绝不能将负担转嫁到进城务工人员的身上。

（二）流动儿童的义务教育应以城市公办学校为主

既然流入地政府应对流动儿童的义务教育负主要责任，那么，要保证流动儿童公平接受教育就必然应以城市公办学校为主。城市公办中小学，均是在政府财政支持下举办的，其存在的理由就是为了提供公共教育服务，因此必须一视同仁地对待所有公民。城市的公共教育资源不仅属于城市居民，也应属于那些未能获得城市居民身份的所有进城务工就业的人员。如果说城市居民的子女可以享受公共教育资源，那么进城务工就业人员的子女也有权享受这一资源。因此，政府不仅应明确规定"两为主"的方针，而且要规定开放包括重点中小学在内的所有城市公办学校，流动儿童可以根据其居住地选择就近入学，并一律免收借读费，流动儿童入学的管理，应以流入地政府教育主管部门为主。

（三）积极鼓励和支持社会力量办学

强调流动儿童上学以公办学校为主并不排斥其他社会力量参与办学。在现代社会，义务教育作为一种特殊的公共产品主要由国家和政府投入。但是，这种投入并不一定必须投入到公办学校或通过建立公办学校来承担义务教育。流动儿童也不一定必须选择公办学校就学。流动儿童可以选择上公办学校，也可选择上民办学校。对于选择民办或民工子弟学校的流动儿童来说，他们也有权利获得与公办学校学生获得的相同的公共财政支持，而接受流动儿童的民办学校或民工子弟学校也应获得政府相应的财政支持。特别是民工子弟学校大多建立在公办学校辐射不到、流动人口密集的区域，在相当程度上弥补了公办学校的供给不足，方便了流动儿童就近入学，更应得到政府的财政支持。为此，应改进义务教育阶段学校拨款制度，促进公办学校和民办学校均衡发展。财政对义务教育阶段同级公办学校和民办学校的拨款制度是影响学校间均衡发展的重要条件，为缩小义务教育阶段同级公办学校和民办学校间发展差别，应对同一城市内实施义务教育的学校，即不分公办学校或民办学校，按照其接纳流动儿童的数量拨付相应的经费，并向办学条件差的民工子弟学校倾斜。当然，在积极鼓励和支持社会力量举办民工子弟学校的同时，政府及其教育行政部门应规范民工子弟学校的办学行为，提升其教育能力，给予其合法地位，但这种规范不是单纯取缔。流入地政府和教育行政部门应参照本地公办学校最低的办学标准，对民工子弟学校的办学资质提出明确的要求。

三、残疾儿童的教育问题

残疾儿童是指生理功能、解剖结构、心理和精神状态异常或丧失，部分或全部丧失日常生活自理、学习和社会适应能力的 15 岁以下儿童。与正常儿童相比，智力残疾儿童由于大脑发育受到不同程度的损害，因而其在感知、记忆、思维、语言、个性等方面都有着明显的差距。特别是他们当中那些失去亲人和自理能力的孤残儿童，通常因身患难以康复的肢残、智残等重残或因难以治愈的严重疾病而被父母遗弃，或是因天灾、不可预测的事故失去父母而成为孤儿，在智力、感官、情绪、身体行为或沟通能力上与正常儿童的差距更加明显。属于社会上的绝对弱势群体，是需要社会救助的人群。

在现代文明社会，残疾人享有平等参与社会生活的人权已成为社会的基本共识，而教育则是残疾人通往享有平等人权社会的必由之路。所以，无论是从社会的进步，还是从残疾儿童的自身发展来说，教育都处于举足轻重的地位。受教育是公民的基本权利，为残疾儿童提供均等的受教育机会是体现社会公平的重要手段，也能体现社会对这一弱势群体的人文关怀。因此，为了帮助残疾儿童，让他们健康快乐成长，在《中华人民共和国教育法》《中华人民共和国义务教育法》《中华人民共和国残疾人保障法》《中华人民共和国残疾人教育条例》等法律法规中，对残疾儿童教育的职责、特点、发展方针、办学渠道、教育方式等做出了全面、系统的规定。《中华人民共和国义务教育法》明确规定："义务教育是国家统一实施的所有适龄儿童、少年必须接受的教育，是国家必须予以保障的公益性事业。实施义务教育，不收学费、杂费。国家建立义务教育经费保障机制，保证义务教育制度实施。"《中华人民共和国残疾人教育条例》规定"地方各级人民政府应当将残疾儿童、少年实行义务教育纳入当地义务教育发展规划并统筹安排实施。县级以上各级人民政府对实施义务教育的工作进行监督、指导、检查，应当包括对残疾儿童、少年实施义务教育工作的监督、指导、检查"。"残疾儿童、少年接受义务教育的入学年龄和年限，应当与当地儿童、少年接受义务教育的入学年龄和年限相同"。接受义务教育是适龄残疾儿童应当平等享有的一项基本权利，保障这项权利不受侵害是政府义不容辞的责任。

通过实地调查和查阅相关资料了解到，经过多年努力，在中国，以在普通学校附设特殊教育班和随班就读为主体、以特殊教育学校为骨干的残疾儿童义务教育格局已经形成；大多数孤残儿童被安排在儿童福利院集中养育，并得到基本的生活护理。2014 年 1 月 20 日，教育部、国家发改委、民政部、财政部等七部委又联合发布《特殊教育提升计划（2014—2016 年）》。中国到 2016 年基本普及残疾儿童少年义务教育，视力、听力、智力残疾儿童少年义务教育入学率达到 90%以上。其中规定了义务教育阶段特殊教育学校生均预算内公用经费标准要在 3 年内达到每年 6 000 元。随班就读、特殊教育班和送教上门的义务教育阶段生均公用经费参照上述标准执行。《特殊教育提升计划（2014—2016 年）》提出了三大任务：①提高普及水平，重点解决 8 万名未入学适龄残疾儿童少年就学问题。②加强条件保障，重点保障特殊教育学校正常运转和提高办学水平，提高特殊教育学校生均预算内公用经费标准，建立健全覆盖全体残疾学生的资助体系。③提升教育教学质量，建立完善的特殊教育学校课程和教材体系。

2015 年 1 月国务院办公厅印发的《国家贫困地区儿童发展规划（2014—2020 年）》再次强调，要保证残疾儿童受教育权利。逐步提高特殊教育学校生均公用经费标准，对残疾学生实行免学杂费、免费提供教科书、补助家庭经济困难寄宿生生活费等政策，进一步加大残疾学生资助力度。按实际需求配足配齐特殊教育教师，落实特殊教育教师倾斜政策，逐步提高工资待遇水平。加强特殊教育教师培养培训，提高专业化水平。积极创造条件，扩大普通学校随班就读规模，鼓励农村残疾儿童就近接受教育。积极推进全纳教育，使每个残疾儿童都能接受合适的教育。学校和医疗机构要相互配合推进医教结合，实施有针对性的教育、康复和保健。建立和完善服务机制，统筹学校、社区和家庭资源，在有条件的地区为不能进校就读的重度残疾儿童少年提供送教上门服务。支持和指导儿童福利机构特殊教育班建设，落实儿童福利机构特殊教育教师的相应待遇。要求到 2020 年视力、听力、智力残疾儿童少年义务教育入学率达到 90%。

总之，残疾儿童少年义务教育是我国义务教育的重要组成部分，残疾儿童少年如果不能公平接受义务教育，也谈不上义务教育均衡发展。为此，当前迫切需要解决的问题是主要有以下几个方面。

（一）转变国人观念与认识

儿童是祖国的花朵，残疾儿童同样是祖国的花朵。残疾儿童教育是衡量一个国家与社会的政治、教育、文化、经济、科技、卫生保健、福利等水平的重要标志之一，是国家及其文明程度的窗口，而不是可有可无的。因此，社会、家庭要转变观念与认识，在残疾儿童受教育的问题上应一视同仁，学校更不应该有先后、多寡、厚薄之别。

（二）加强普法执法与管理

从《中华人民共和国宪法》到《中华人民共和国义务教育法》《中华人民共和国残疾人保障法》《中华人民共和国残疾人教育条例》，无一不渗透着对残疾儿童教育的关怀与具体要求，但从残疾儿童生活、医疗、康复、教育的现状来看，应当承认，我们做得还不够。为此，必须制定系统的残疾儿童救助和权利保护法律法规。针对现有法律法规存在的问题，启动专门的立法程序，由国务院就残疾儿童生活、医疗、康复、教育等环节制定残疾儿童救助与权利保护实施细则，确保各项优惠扶持政策落实到位。①要明确残疾儿童的救助范围。出台专门的行政法律或由民政部制定专门的规章，明确规定将父母双亡或事实上无父母抚养的孤残儿童全部纳入政府养育范围。②确定残疾儿童的最低生活保障标准。保障残疾儿童的生活水平适当高于，至少不低于同期当地居民的平均生活水平。③保障残疾儿童的受教育权利。保障残疾儿童的学前教育、义务教育及义务教育后的继续教育权。④明确残疾儿童权利保护经费保障。国家应当特别强调财政投入机制建设，将残疾儿童的基本生活、医疗、康复、教育等环节所需经费纳入财政预算，建立中央财政与地方财政合理分担机制，建立残疾儿童救助标准动态增长机制。这样才能迅速提高我国残疾儿童的入学率，切实解决当前现实中最紧迫也是最棘手的难题。

（三）健全特殊教育保障机制

按照国家制定的特殊教育学校基本办学标准建设特殊教育学校。鼓励和支持接收残疾学生的普通学校为残疾学生创造学习生活条件。继续抓好随班就读，加强师资培训，采取措施落实特殊教育教师待遇，增强教师对残疾儿童的关爱意识，不歧视残疾儿童，并寻找对残疾儿童进行教育教学的有效方法。特殊教育服务需面向更多的特殊需要儿童，现今我国的特殊教育对象主要是残疾儿童，其实，还有更多的特殊需要儿童，如包括阅读障碍、书写障碍、写作障碍、计算障碍等在内的学习障碍儿童、情绪情感障碍儿童、言语障碍儿童、多动症儿童、行为困扰儿童、品行问题儿童、纪律问题儿童、交往障碍儿童、身体病弱儿童、自闭症儿童、心理健康问题儿童等也需要特殊的帮助。提高现有特殊教育的办学质量，残疾儿童的入学问题解决了不等于残疾儿童受到了适合其身心特点与需要的教育，目前我国特殊教育领域不仅特殊教育班和随班就读的教学质量存在较多问题，而且特殊教育学校的办学质量（教学内容、教学方法等）也亟待改进。

（四）全社会关注和参与特殊教育工作

全社会关注和参与特殊教育工作是当今世界特殊教育发展的趋势之一。因为特殊教育反映了一个国家和地区的文明程度，是国家或地区的政治、教育、文化、经济、科技、卫生、保健、福利等水平的窗口，所以任何一个政府、任何一个社会、任何一个组织、任何一个有理智的人都必须正视特殊教育、关注特殊教育。关注特殊教育工作，关键应做好以下两点：①建立社区教育体系。制定社区教育服务政策措施，推动社区教育工作科学化、制度化、常态化。增强社区教育服务功能，积极为少年儿童健康成长创造有利条件。社区内各类文化、科技、体育场所和公益设施要免费对中小学生开放，机关、企事业单位、社会团体要为中小学生社会实践活动提供便利条件。加强社区教育平台建设，积极创建社区家长学校和社区家庭教育指导中心。②加强家庭教育科学知识宣传和普及。建立学校、家庭与社区良性互动的合作机制，充分发挥社区、学校、家长和社区家庭教育指导中心的功能。强化家庭教育责任，增强家长作为监护人的法律意识，注重家长言传身教、传承中华民族传统美德的作用。建立具有较强专业知识的家庭教育教师队伍，积极开展家庭教育各项主题活动，丰富家庭教育内容。

第五节　努力实现教育"管办评"分离

农村教育要有大的发展，必须解决体制性、机制性的深层次问题。要以转变政府职能和简政放权为重点，深化办学体制和管理体制改革，提高公共教育服务水平。办学体制改革和管理体制改革是农村教育改革系统工程的重要组成部分，也是优化农村教育资源配置，提高教育资源利用率的有效途径，更是农村教育改革进入"深水区"之后的重点和难点。加快农村教育办学体制改革和管理体制改革，必须大力推进政府职能转变和简政放权，进一步理顺政府、学校和社会的关系，实现教育"管办评"分离，形成政府依法管理、学校依法自主办学、社会广泛参与的格局。对此，《国家中长期教育改革和发展规划纲要（2010—2020年）》和党的十八届三中全会通过的《中共中央关于全面深化改革若干重大问题的决定》都做出了部署。《国家中长期教育改革和发展规划纲要（2010—2020年）》提出，要促进"管办评"分离，形成政事分开、权责明确、统筹协调、规范有序的教育管理体制。十八届三中全会的《中共中央关于全面深化改革若干重大问题的决定》更加明确要求，要深入推进"管办评"分离，扩大省级政府教育统筹权和学校办学自主权，完善学校内部治理结构。十八届四中全会对深入推进依法行政、加快建设法治政府做出了一系列制度安排，为深入推进农村教育"管办评"分离、促进政府职能转变指明了方向。

改革开放以来，我国教育体制改革不断深化，政府、学校、社会关系逐步理顺。十八大以来，我国政府又以前所未有的力度推进行政审批制度改革，政府职能转变和简政放权取得新进展，为实现教育"管办评"分离创造了良好条件。但同时也要看到，政府管理教育还存在越位、缺位、错位的现象，学校自主发展、自我约束机制尚不健全，社会参与教育治理和评价还不充分。要想从根本上解决这些问题，必须加快推进教育"管办评"分离、促进政府职能转变，厘清政府及其教育行政部门、学校和社会评价机构之间的权责关系，构建三者之间良性互动机制。因此，"管办评"分离所涉及的主要就是教育行政部门、学校和社会评价机构等三大主体，因此，所谓"管办评"分离也就是要依法保障教育行政部门、学校、社会评价机构这三大主体的基本权益，明确其应尽义务，构建起"政府管教育、学校办教育、社会评教育"的教育发展新格局，让他们明明白白地知道各自的职责，以及不履行职责会受到什么处罚。"管办评"分离必将解放和发展教育生产力，解放和增强教育活力，促进农村教育健康均衡发展。

一、政府依法管教育

"管办评"分离改革的核心就是突出教育行政部门、学校、社会评价机构这三大主体的责任和义务的法定属性。一定要明确，所谓推进"管办评"分离改革，不是剥夺各级教育行政部门的行政管理权力和弱化其应尽义务，而是让其行政管理权利和义务回归法治轨道，进而依法保障其行政管理行为合法有效，从而有效杜绝其滥用行政权力现象的发生，提升治理教育的能力。可以说，要落实"管办评"分离，教育行政部门的行政性质不会改变，不同的是其行政管理职能是依法监管而非行政指令。这样，教育管理就会回归到依法治校的长效机制中，进而依法规范自身，依法管理学校，最终实现"管办评"分离，依法保障农村各级各类学校落实办学自主权，释放教育活力。

在"管办评"分离改革中，管理的改革和创新是上游，是基础性的，是首先需要改革的方面，它之所以重要，是因为管理上的放权将为办学和评价上的创新提供空间，牵一发而动全身。那么放权之后，政府怎么管教育？管什么？教育行政部门并不直接提供教育，教育行政部门提供的是教育政策，直接提供教育的是学校，政府应该由办教育向管教育转变、由管理向服务转变。政府管理教育的改革指向是——把方向，落实好立德树人的根本任务；促公平，推进基本公共教育服务均等化。而管理方式转变的核心要求，就是由微观管理走向宏观管理，由直接管理走向间接管理、由办教育向管教育转变、由管理向服务转变。这就要建立健全教育决策、执行、监督既相互制约又相互协调的权力结构和运行机制，还要健全政府补贴、政府购买服务、基金奖励、捐资激励等制度，鼓励社会力量兴办教育。

（一）由"管理"到"服务"转变

多年来，我们一直存在一个误区，总是说放权，其实，好多权力本来就是学校的，不存在放与不放的问题，确切地说，就是应把属于学校的权力还给学校。因此，政府及其教育行政部门要从根本上转变观念，牢固树立服务意识，改进管理方式，完善管理制度，减少和规范对学校的行政审批事项，依法保障学校充分行使办学自主权，形成制度化。

（二）由"控制"到"督导"转变

放权不意味着放任，政府及其教育行政部门将更多运用法规、规划、标准、政策、公共财政、信息服务等手段引导和支持农村学校发展，加强和改善宏观管理，发挥引导、示范、激励、监管作用。像工商行政管理部门一样，对学校进行注册登记、办学督导和办学指导、办学辅助等。随时深入学校及所属社区、乡镇进行督导，检查所管辖学校是否按国家的教育方针、政策和法规进行办学，依法纠正学校的违法、违规行为，保障教育法律和政策有效实施。督促学校强化依法办学意识，健全中小学依法治校评价指标体系，深入开展依法治校示范学校创建活动。例如，教育部出台的《教育部关于推进中小学教育质量综合评价改革的意见》，从品德发展水平、学业发展水平、身心发展水平、兴趣特长养成、学业负担状况五个方面设立 20 项指标，这可以看作教育行政部门在管教育，设立了评价指标和评价规则，具体的评价可交给专业机构按照规则去评，而这一评价将反过来直接引导学校更好地办学，改变片面应试倾向，全面实施素质教育。

（三）由"指挥"到"扶助"转变

①建立政府补贴制度，政府及其教育行政部门应根据农村不同地区教育的发展水平，实行不同的政府补贴政策，激强扶弱，从而推动整个农村教育的发展，实现教育公平；②政府购买服务制度，就是要实现教育服务均等化，集全社会的教育资源为农村学校所用，通过购买这一市场化手段，将最优秀的社会教育资源引入到农村学校，促进学校教育资源与社会教育资源的互补融合，为农村教育发展服务；③捐资助学制度，就是政府及其教育行政部门要鼓励社会团体和个人，积极捐资助学，形成尊师重教、扶弱济贫、助学帮困的良好社会风尚；④基金奖励制度则是对农村教师的教育科研进行资助，并对优秀教师及其优秀教学成果进行奖励，以激励广大教师投身于当前农村教育教学改革浪潮之中，一展身手，实现自己的教育梦。鼓励社会力量兴办教育，则是要将社会的财力、人力引入到农村教育中，增强社会办学的积极性，提升其竞争活力。此外，当农村学校遇到发展瓶颈，或遇到突发事件时，政府及其教育行政部门应与学校一道，为学校提供危机对应策略指导，帮助学校顺利渡过困难和危机。

二、学校依法自主办学

学校是教育的细胞，教育的主体是学校，办学主要是学校的事情，教育改革只有最终落实到学校层面，体现到教师和学生身上，才能真正见到实效。但是长期以来，学校需要的教师要由人事部门招聘，教师工资要由财政部门发放，教师职称评聘也要由主管部门来管。

其实，农村教育发展并非同一化发展，而是在办学条件、师资水平相对均衡基础上的多元化、特色化发展。学校特色不是凭空产生的，也不是简单的模仿与移植，它是在长期的教育教学实践中，经过自我认识和优化本身独特资源而生长起来的，基于学校，同时又发展于学校。特色是学校的办学思想、办学目标、办学风格、学校管理、校园文化建设、教学模式等方面的综合反映，它是学校办学水平的重要标志，对促进农村教育健康发展，整体提高农村教育质量，满足社会多元化的教育需求是非常重要的。而办学没特色与政府部门越权办学有关。因此，教育行政管理制度改革的重点在于转变政府职能，简政放权，正确处理政府和学校的关系，尊重学校的办学自主权，将办学自主权还给学校，让学校办出自己的特色。具体来讲主要包括以下几个方面。

（一）依法明确和保障学校办学自主权

实施"管办评"分离改革，不是让办学自主权走向绝对化，而是要让学校在法定监管范围内根据法律赋予的办学权利和义务合法地从事教育组织实施活动和教育改革活动。例如，学校依法落实办学责任和义务，依法组织实施国家课程、依法聘用和管理教师、依法规范学生在校行为等，学校如果做了有违国家法律法规明令禁止的事情，教育行政部门则要依法进行问责，追究其责任，并依法进行相应的处罚，从而激发每一所学校的内生活力，提升每一所学校的办学水平，增强每一所学校的教育教学实力，使每一所学校都能为社会提供优质的教育服务。

（二）严格实行校长负责制

农村学校能否办好与校长有直接的关系。要将办学自主权还给学校就必须从根本上落实校长负责制。其实，早在20世纪90年代我国就在全国中小学开始推行校长聘任制，开始各地都比较认真，竞聘申请、施政演讲、民主评议等，但现在已基本流于形式。其原因在于尽管实施了"校长聘任制"，但并没有落实校长负责制，即学校没有办学自主权，校长仍是一个有职无权的角色。所以现在一些地方干脆还是回到任命的方式，由教育行政部门直接指定各学校校长。而要落实校长负责制就必须将校长的遴选、监督、罢免的权力交给由学校全体教职工推举产生的教职工代表大会（以下简称教代会）和由学校所在区域的地方行政官员、乡镇或社区领导和学生家长组成的家长委员会（以下简称家委会），因为校长的好坏直接关系到学校教师和学生家长的利益。由教代会和家委会负责对校长竞聘人员进行审查和遴选，对学校办学团队进行核准，对校长治校过程进行监督，并对校长提出解聘、续聘或罢免的决定。由教代会和家委会聘用的校长，教育行政部门进行资格审定后，只要符合国家规定的基本要求，则必须备案认定。非经教代会和家委会同意，包括政府及其教育行政管理部门在内的任何组织和个人均无权对在职校长进行调动、解聘和罢免。这样才能真正建立有利于教育家办学的制度，真正让热爱教育、懂教育的人管理学校，使校长能够真正承担、行使好政府还给的权力。因此，严格实行校长聘任制，落实校长负责制，并建立其合法性授权机构——教代会和家委会，是当前农村教育发展与改革迫切的任务之一。

（三）完善学校内部治理结构

落实办学自主权是一个系统的改革过程，首先是政府要管住自己，其次是要有比较完善的内部治理结构。放权给学校的同时，要同步设计监督制度，要构建关住权力的笼子，包括学校副校长、中层干部的产生方式，如何依法组织好教代会、全体教职工大会、家委会等。要充分发挥基层党组织的政治核心作用。坚持和完善校长负责制，农村中小学要建立由学校负责人、教师、学生及家长代表、社区或乡镇代表等组成的校务委员会，对学校发展规划及年度工作报告，对重大教育教学改革及涉及学生、家长、社区工作重要事项的决策等提出意见建议，完善民主决策程序。农村中小学要加强家委会建设，保障家委会对学校教育教学、管理活动实施监督，提出意见建议。推动家长、学生、校友、社区或乡镇代表的有效参与，有监督、有协商，汇集各方资源，形成育人合力。

三、社会依法评价

从"管办评"分离改革的客观需要看，在理顺教育监管、自主办学和社会评价三大主体责权利关系的前提下，我们必须把教育监管水平和学校办学水平的评价职能从政府和学校手中分离出来，必须改变政府一边监管一边自己评价自己和学校的陈旧方式，而要把评价权交给社会教育教学专业机构，不能自己监管又自己评价自己，不能自己办学又自己评价自己；也不能由监管者直接评价学校的办学水平，因为监管者和自主办学者之间存在直接的利益关系，学校要主动申报或者自觉接受社会教育教学专业机构的评价。但评价应当是多样化的，是多元主体参与的。"管办评"分离要做到"分工、互动、协同"为一体，因为任何事物都是相互联系的，"管办评"也无法完全割裂。因此，评价应该包括必要的政府评价、学校的自我评价和社会评价。

（一）政府教育督导评估

强化政府教育督导，是保障农村教育均衡发展的重要举措，与农村教育在整个国家发展、民族未来中的地位是相匹配的。对于强化政府教育督导，首先要做好合格评估，合格评估是教育质量的底线，基本的办学条件、教学管理、教学质量，国家不能不管。其次，制订切实可行的督导评估方案。在强化统一办学标准，确保每一所学校都能达到国家统一要求的基础上，还应给予学校自主发展的空间，便于学校根据本地、本校的实际情况建设和发展学校。地方政府和教育督导、管理部门在对学校进行督导评估时，应在全面领悟农村教育发展实质的基础上，改变以往对学校的评价方式，不以一把尺子评价学校，而应该立体评估、单项运作、多元组合，构建多元化学校评价体系，保证评价科学、公正、合理，充分发挥教育评价的针对性、导向性、诊断性、鉴别性、激励性作用，积极引导农村学校基于自身发展的差异打造特色，发挥督导评估的导向作用，引导农村学校多元特色发展。此外，地方政府和教育督导、管理部门应对学校进行经常性随访督导，督促学校认真落实国家教育法律法规、方针政策及省（自治区、直辖市）有关教育规章制度，规范办学行为；加强专项督导，对影响农村教育发展中存在的重点难点问题，制订具有针对性的专项督导评估方案，实行专项督导。

（二）学校自我评价

学校是培养人才的摇篮，不同于其他企事业单位和社会，它是为学生的成长和未来事业奠定良好品德及文化科学知识的基础阵地。因此，推动学校积极开展自我评价，是引导学校努力提高教学质量，形成和强化办学特色的切实保障。学校自我评价的关键是对学生的评价。就学生评价而言，学校和老师应尊重学生的个体差异和多样化发展，采用不同的教育方法和评估标准。常言道："多一把衡量的尺子，就会多出一批好学生。"学生评价的过程就是学生智能挖掘、才华展示的过程，评价得当，能够促进学生的个性发展和持续进步。学校和教师对学生评价时，除提出共同性要求外，还应充分关注学生在特色项目学习和活动中的表现，获得学生兴趣爱好、天赋特长等方面的信息，采取针对性的措施加以培养。学校应提倡教师根据实际情况对学生提出较高要求、一般要求和最低要求，把原来统一的教学内容变为不同层次的教学内容，让不同层次的学生自主选择适宜自己的目标要求和学习方式，并给予相应的评价。同时，还应让学生在学校特色课程的学习和活动中，通过评价找到一条自主发展特长及个性的途径。

（三）教育的社会评价

教育的社会评价是专业机构和社会组织规范开展的教育评价。社会评价有以下特点：①客观性强，从一定社会的角度来考察和审视同一事物可以避免主观片面性；②真实性强，可避免主观评价过低或者评价过高的问题；③要求严格，参与评价和组织评价的人员都不清楚自己的身份与职责，因而能够比较认真负责地完成评价工作。因此，必须大力培育专业教育服务机构，发挥社会组织在教育评估监测中的作用。为此，必须充分调动行业协会、专业学会、基金会等社会组织参与农村教育公共治理的积极性，鼓励专门机构和社会中介机构评估监测教育质量，适时将委托社会组织开展教育评估监测纳入政府购买服务程序之中，作为完善评估监测制度体系的重要运作方式。对于如何委托社会组织开展对农村学校的评价，当务之急是政府采取措施，积极培育第三方社会专业组织，也可以用购买服务的办法让高等学校、科研机构、行业协会等参与进来，尽快形成一支专业力量。同时，加快相关法律法规建设，确保社会组织依法开展评价，独立承担相关责任。

总之，中国教育已经从数量时代走进质量时代，农村教育要办出高质量，办出特色，都应推进"管办评"分离的改革。而"管办评"分离，说到底，就是要保证农村学校校长和教师按照教育规律一心一意办好学校，保证学校办学质量和水平，促进农村教育健康发展。

索 引